신 영 어 학 총 서

고문	조성식
주간	전상범
편집위원	김인숙 박병수
	김영석 박영배

신영어학총서　전12권

1. 영어학개론 (전상범)
2. 영문법론 (조성식)
3. 영어품사론 (문 용)
4. 영어음성학 (구희산)
5. 영어사 (박영배)
6. 영어음운론 (정 국)
7. 영어형태론 (김영석)
8. 영어통사론 (이환묵)
9. 영어의미론 (이익환)
10. 미국영어 (김인숙)
11. 문법이론: GB · LFG · HPSG
    (박병수 · 윤혜석 · 홍기선)
12. 영문법 (조병태)

신·영·어·학·총·서 *11*

문법이론

(Grammatical Theories: GB, LFG & HPSG)

박병수·윤혜석·홍기선

한국문화사

New English Linguistics Series 11

Grammatical Theories:
GB, LFG and HPSG

copyright by
Byung-Soo Park, James Hye-Suk Yoon, Ki-Sun Hong

1999

Hankuk Publishing Co., Seoul

문법이론

(Grammatical Theories: GB, LFG & HPSG)

한국문화사

「신영어학 총서」 간행에 부쳐

    1883년에 설립된 통변학교(通辯學校)를 우리나라 영어 교육의 효시라고 한다면 우리의 영어 교육도 이제 1세기를 넘긴 셈이며, 해방 후부터의 영어 교육도 반세기를 넘기게 되었다. 그간 영어는 우리가 처하게 된 특수한 사정과 국제적인 대세의 영향으로 그 중요성이 더욱 강조되어 왔다.

    그간 우리가 영어에 대해 쏟은 노력과 정열은 막대하다. 그러나 그 성과는 결코 만족스러웠다고 할 수 없다. 이것은 경험의 부족에서 오는 시행착오의 탓이기도 하지만, 그 보다는 영어 자체에 대한 학문적 접근 방법이 만족스럽지 못했다는 데에 그 원인이 있다고 할 수 있다.

    그러나 우리가 이 방면에 노력을 게을리 한 것은 아니다. 전국의 모든 대학에 영어영문학과나 영어교육학과가 있으며, 또 이들 과에는 여러 과목의 영어학 강좌가 개설되어 있다. 그럼에도 불구하고 이들 강좌들의 내용과 폭이 충분히 깊고 넓지 못했다는 것 또한 사실이다. 물론 이것은 영어학에서만 볼 수 있는 현상은 아니고, 아직도 일천한 우리나라의 학문 분야 전반에 해당되는 현상이기도 하다.

    이와 같은 현상을 극복하려는 노력이 영미어문학 총서라는 이름으로 몇몇 출판사에 의해 시도되었다. 그러나 이들은 그 이름이 말해주듯이 영어학만의 총서도 아니며, 대부분의 경우 완간을 보지 못한 채 오늘에 이르렀다. 그리하여 영어 교육 100년이라는 역사를 거치면서도 우리는 영어학 전문의 총서 하나 갖지 못하고 있다. 「신영어학 총서」는 이와 같은 상황에서 영어학도들의 욕구를 충족시켜야 한다는 시대적 요구에 의해 계획되었다.

    통상적으로 문법의 역사는 다음과 같이 분류된다.

(Ⅰ) 전통문법
　　문법 A: 규범문법(Varro, Murray)
　　문법 B: 문헌문법(Jespersen, Poutsma, Curme)
(Ⅱ) 언어학적 문법
　　문법 C: 구조주의문법(Fries, Trager/Smith)
　　문법 D: 변형생성 문법(Chomsky, Halle)

　해방 이전에 우리나라에서 교습된 영문법은 주로 규범문법이었으며, 문헌문법은 50년대에 들어와서야 그것도 극히 제한된 일부 대학에서 교습되었을 뿐이다. 한편 50년대 말부터 구조주의 문법이 관심 있는 일부 영어학도들 사이에 알려지게 되는 것과 거의 동시에 60년대에 들어서면서 변형 문법의 큰 파도가 학계를 휩쓸게 되었다. 우리는 서구에서 2,000여 년에 걸쳐 겪은 문법의 변천을 불과 100여 년 안에 경험한 셈이다.

　이처럼 우리나라의 영어학계는 해방 후 50여 년 동안 숨가쁘게 밀려오는 새로운 학문의 파도가 가져다 주는 연이은 충격에 노출되어 왔다. 그러나 너무 짧은 시간 동안에 겪어야 했던 너무 많은 변화가 적지 않은 혼란을 가져온 것도 사실이다.

　혼란의 가장 큰 원인은 언어학과 영어학을 구분하지 못하였다는 데에 있다. 구조주의문법과 변형생성 문법은 어디까지나 언어학이다. 따라서 문법 C와 문법 D에서 영어가 운위된다고 하더라도 그것은 근본적으로는 영어 그 자체에 대한 관심에서 출발한 것이 아니라 언어의 본질을 규명하기 위해 영어를 하나의 예로 삼고 있는 것에 불과하다. 영어학이 영어의 실증적인 면에 대한 관심이 높았던 대신 언어학은 언어 보편적 원리에 더 많은 관심을 가졌던 것이다.

　이와 같은 근본적인 차이에 대한 몰이해는 결국 언어학과 영어학 사이에 상대방에 대한 비하라는 바람직하지 못한 결과를 가져 왔다. 언어학적 문법가들, 특히 변형생성 문법가들은 이론적 바탕이 없는 지식의 축적은 별 의미가 없다는 생각을 가져 왔고, 전통문법가들은 새로운 언어 이론이 영어에 대한 우리의 이해를 넓히는데 이렇다할 도움을 주지 못한다고 믿어왔다. 양자의 주장 모두 타당하다. 이론의 뒷받침이 있을 때 자료가 빛나는 것도 사실이지만, 이론만 있다고 해서 영어학이 성립되는 것은 아니기 때문이다.

이와 같은 혼란 속에서 그간 우리나라에서의 영어학 연구, 특히 변형생성문법이 소개된 이후의 영어학 연구는 확실한 항로를 결정하지 못한 채 표류할 수밖에 없었다. 본 총서의 가장 큰 목적은 이와 같은 상황에서 바람직스러운 영어학의 위상을 정립한다는 데에 있다.

본 총서는 趙成植교수님의 발의에 의해 본인을 비롯한 金寅淑, 朴秉洙, 金永錫, 朴榮培 다섯 편집위원이 이론과 지식의 접목이라는 보다 원대한 목적을 위해 "언어로서의 영어에 대한 이해의 증진"을 목적으로 계획되었다. 각 분야의 권위자들에 의해 집필되는 본 총서가 해방 이후 혼미를 거듭해 온 우리 나라 영어학계에 그 나아갈 길을 밝혀줌으로써 작으나마 한국의 영어학에 공헌할 수 있게 된다면 총서를 주간한 사람으로서 더 없는 보람으로 여길 것이다.

정축년 초봄에

田 相 範

머 리 말

이 책은 생성 문법(generative grammar)의 기본을 설명하는 입문서이다.

생성 문법은 1957년 미국의 언어학자 Noam Chomsky의 혁명적 저서 *Syntactic Structures*와 더불어 시작 된 이후 발전과 변화를 거듭하면서 세계의 언어학계를 지배해 온 문법 이론이다. 생성 문법의 목표는 인간 언어 능력의 본질을 밝힘으로써 궁극적으로 인간성의 이해에 도달하는 것이다. 생성 문법은 철저한 과학적 방법론의 수립과 논의의 명증성(explicitness)을 가장 중요한 이론적 요건으로 삼는다.

생성 문법의 역사가 반 세기에 접어들면서 초기의 획일적인 학풍에서 벗어나 오늘 날에는 다양한 이론적 확산을 보게 되었는데, 현재 적어도 세 가지 생성 문법 이론이 경쟁적 위치에 있다.

첫째, Chomsky 자신이 주도해 온 이론은 1970년대말 이후 **지배 결속 이론 Government and Binding(GB)**으로 발전하여 생성 문법의 주류를 이루고 있다. 둘째, 1980년대 초부터 Joan Bresnan이 어휘 정보와 문법 기능에 초점을 맞추고 새 이론을 개발한 **어휘 기능 문법 Lexical Functional Grammar(LFG)**이 있다. 셋째, 이와 거의 같은 시기에 Ivan A. Sag과 Carl Pollard가 단층위의(monostratal), 비변형적 생성 문법(non-transformational generative grammar)을 개발하여 **핵어 중심 구구조 문법 Head-Driven Phrase Structure Grammar (HPSG)**라고 명명하였다. 이 두 이론이 제시한 생성 문법의 새로운 방향은 현재 전 세계적으로 상당한 호응을 얻으며 GB에 도전하고 있다.

우리는 이 책에서 이 세 이론을 균형있게 다루려고 한다. 그렇게 함으로써 오늘의 생성 문법의 발전된 모습을 종합적으로 조명할 수 있고, 나아가서 생성 문법의 미래를 내다 볼 수 있도록 하려고 한다. 우리나라 영어학계에 GB 이론은 비교적 널리 알려져 있고 다수의 학자들이 이를 전공하고 있으나 LFG 나 HPSG는 아직도 널리 소개되지 않고 있으며 소수의 학자들이 일각에서 연구하고 있는 형편이다. 우리 필자들은 이러한 상황에서 이 세 이론을 같은 비중으로 다룸으로써 균형 감각을 유지하는 것이 더욱 필요하다고 생각한다.

생성 문법 이론은 급속도로 발전해 왔으며 지금도 계속 변화하고 있다. 이 과정에서 때로는 격렬한 이론적 충돌이 있었고 학자들 사이에 배타적 태도가 팽배한 적이 있었던 것도 사실이다. 그러나 이번에 우리가 이 세 이론의 성과를 정리하는 작업을 하면서 이들 이론 사이에 부분적으로 심각한 차이점들이 있는 것이 사실이지만, 한편 이들 이론들 간에 많은 공통점이 상존하고 있다는 것을 확인할 수 있었다. 원래 이 세 이론은 근원적으로 뿌리가 같고 언어관과 연구 방법론에 있어서도 동일한 기본 입장을 취하고 있다. 이들 근본적인 언어관의 유사성 뿐만 아니라 이론적 장치나 세부적인 기술적인 면에 있어서도 차이와 갈등보다는 은연중에 절충과 조화의 방향으로 가고 있는 조짐을 도처에서 발견하게 된다. 생성 문법을 처음 공부하는 독자들은 과거 세 이론의 이론적 갈등에서 오히려 자유 분방한 지적 다양성을 발견할 수 있게 되기를 우리는 희망한다.

우리는 가능한 한 최신의 이론을 이 책에 담으려고 노력했다. GB는 Chomsky (1981, 86) 등에서 제시된 원리 매개(Principles and Parameters) 이론을 주축으로 하였다. 그 이후 등장한 최소 주의 이론(Mnimalist Program)은 아직 그 방향이 미지수이고 연구 결과도 유동적이어서 이 입문서에서는 다루지 않기로 하였다. LFG는 Bresnan(1982)과 Bresnan(근간)에 기초를 두었다. HPSG는 Pollard와 Sag(1994)를 근간으로 하고 Sag와 Wasow(1999)의 내용도 일부 수용하였다.

우리는 이 책의 제 1부에서 GB, 제 2부에서는 LFG, 제 3부에서는 HPSG를 각각 독립적으로 다루었다. 이 세 이론 중 어느 한 이론에만 관심이 있는 독자는 그 부분만 공부해도 지장이 없도록 하였다. 그러나 생성 문법 이론의 전체 모습에 관심을 두고 이 세 이론의 접근 방식을 비교 평가해 가면서 읽는다면 더욱 알찬 공부가 될 것이다.

　이 책의 일차 목적은 문법 이론을 이해하게 하는 것이지만, 우리는 "영어에 대한 이해의 증진"이라는 이 총서의 큰 목적을 항상 염두에 두고 이론을 설명하려고 노력하였다. 영어의 주요 구문들을 공부하는 가운데 자연스럽게 생성 문법 이론을 이해할 수 있게 되도록 하려는 것이다. 이 취지에 따라 영어 통사 구조의 중요한 국면 다섯 가지를 선택하여 세 문법 이론이 각각 이에 어떻게 접근하는지를 보여 주도록 하였다. 그 다섯 가지 영역은 다음과 같다.

　1. 영어의 기본 문형과 보조 구조(Complement Structures): 동사와 형용사의 통사적 역할을 다룬다. 문장의 핵심 요소가 동사와 형용사이므로 이들을 정확하게 분류하고 그 기능을 밝히는 것은 영어 통사론의 한 핵심과제이다.

　2. 장거리 의존 구문(Long Distance Dependency Constructions): 동사구 안에서 동사와 직접 목적어(예컨대 saw her, loves him 등등)와 같이 인접한 두 요소 간에 문법적 관계가 있을 뿐만 아니라, 멀리 떨어져 있는 두 요소 사이에도 그러한 문법적 관계가 존재한다. 가령 Who does Sandy like? Who do you believe Sandy likes? 같은 문장에서 who와 like 또 who와 likes 사이에 위의 loves와 him 사이의 관계와 같은 관계가 성립한다. 이런 관계가 성립하는 구문은 Wh 의문문 이외에도 관계절, 주제문 등 여러 가지가 있다. 이런 구문을 의존 구문이라고 부르는데 생성 분법 초기 시절부터 오늘에 이르기까지 이 현상에 대한 기술 방법은 항상 논란의 대상이 되어 왔다.

　3. 결속(binding) 현상: 재귀 대명사(himself, themselves, myself 등)와 상호 대명사 (each other, one another)와 같은 특수 대명사를 조응사(anaphor)라고 부른다. 1980년대 이후 이들 조응사와 그 선행사(antecedent)와의 관계를 정의하는 문제가 복잡 다기한, 흥미있는 통사론 논의를 파생시켰다.

　4. 통어(Control) 현상: 영어의 to 부정사와 ing동명사는 학교 문법에서나 이론 문법에서나 영어 문법론의 중심 과제 중의 하나로 다루어져 왔다. 이 문제 중에서 to 부정사의 "의미상" 주어의 정체성에 관한 문제는 생성 문법의 가장 큰 관심사가 되어 상승(raising), Equi NP 삭제 등의 이름으로 논의되어 온 문제들이다.

　5. 형태론과 통사론의 상호 작용과 어휘부(lexicon)의 조직: 통사론에서 형

태소를 어떻게 다루어야 하는가? 통사론의 최소 단위는 형태소인가? 단어인가? 어휘부는 어떤 구조로 되어 있는가? 이런 문제를 분명히 다루지 않고는 거의 모든 통사론의 문제들이 미완성의 상태에 머물 수밖에 없다. 형태론과 통사론의 interface 문제는 오늘 날 문법 이론의 성패를 좌우하는 중대한 문제이다.

　우리는 이 책이 오늘의 생성 문법의 발전 양상을 이해하고 여러 생성 문법 이론들을 비교 평가하는 데 도움이 되기를 기대하고, 나아가서 영어 통사 구조에 대한 종합적인 이해의 증진에도 공헌하기를 희망한다.

1999년 8월　필자 일동

문법이론
(Grammatical Theories: GB, LFG & HPSG)

목 차

제1부 지배 결속 이론 (Government-Binding)

1장 원리-매개 이론의 윤곽 19
  1.1 원리-매개 이론의 역사적 배경 - 변형 문법 19
    1.1.1 변형 문법 19
    1.1.2 변형 문법의 제문제와 그 해결 방안 26
  1.2 원리-매개 이론의 이론적 개요 29
    1.2.1 이론의 개관 29
    1.2.2 문법 모델(Model of Grammar) 31
  1.3 원리-매개 이론과 기타 생성통사 이론-유사점과 차이점 34

2장 통사 구조 결정 원리 및 보어 구조 37
  2.1 통사 구조의 어휘적 결정 38
  2.2 논항 구조 39
    2.2.1 논항 구조와 통사 구조 40
    2.2.2 논항 실현 원리(Argument Realization Principle) 45
  2.3 통사 구조와 X-bar 이론 49
    2.3.1 어휘 구조의 투사 - X-bar 이론 50
    2.3.2 과생성의 문제 54
  2.4 절의 구조와 보문 유형 55
    2.4.1 주절의 성분 분석 55

2.4.2 내부주어 가설(VP-Internal Subject Hypothesis) ·············· 58
　　2.4.3 종속절의 성분 구조 분석 ·············· 59

3장　의존 구문 ·············· 65
　3.1 핵어 이동 현상 ·············· 66
　3.2 논항 이동, 문법 관계 및 격 이론(A-Movement, Grammatical
　　　Relations and Case Theory) ·············· 71
　　3.2.1 문법 관계와 격 ·············· 72
　　3.2.2 지배와 격 할당 ·············· 75
　　3.2.3 논항 이동 ·············· 79
　　3.2.4 논항 이동 의존 구문 ·············· 80
　3.3 비논항 이동(A'-Movement) ·············· 86
　　3.3.1 의문문에서의 의문사 이동 ·············· 87
　　3.3.2 관계절 구문 ·············· 97
　　3.3.3 기타 WH-이동 구문 ·············· 105
　3.4 α-이동의 제약 ·············· 110
　　3.4.1 α-이동에 대한 제약 ·············· 110
　　3.4.2 구조에 관한 제약-공범주 원리 및 기타 제약 ·············· 119
　　3.4.3 논항 이동 및 핵 이동의 국부성 ·············· 125
　3.5 요약: α-이동의 속성 및 제약 ·············· 130

4장　결속 및 통제 현상 ·············· 133
　4.1 결속 현상 ·············· 133
　　4.1.1 결속 원리 - 대명사와 재귀사의 상보적 분포 ·············· 138
　　4.1.2 결속 원리와 공범주 ·············· 143
　　4.1.3 결속 이론과 PRO의 문제 ·············· 149
　　4.1.4 수정 결속 이론 ·············· 151
　4.2 대명사적 공범주 - PRO와 pro ·············· 157
　　4.2.1 통제 현상 ·············· 158
　　4.2.2 pro와 영주어 매개변인(null subject parameter) ·············· 162
　　4.2.3 요약 및 결론 ·············· 168

XI

제2부 어휘 기능 문법 (Lexical Functional Grammar)

1장 이론의 윤곽 171
1.1 서론 171
1.2 LFG의 주요 특징 173
1.3 LFG의 기본 구조들 178
1.3.1 서론 178
1.3.2 어휘부 179
1.3.3 논항 구조 181
1.3.4 범주 구조 186
1.3.5 기능 구조 193
1.3.6 결론 202
1.4 결론 211

2장 기본 문형 213
2.1 수동태: 어휘 형태 조작 원리의 적용 213
2.2 try, persuade 류의 동사: 기능 통제(Functional Control) 215
2.3 seem, believe 류의 동사: 기능 통제와 비의미역 주어 (non-thematic SUBJ) 218
2.4 기타 XCOMP 구문 220
2.5 명사적 동사구(nominal VPs) 225
2.6 결론 228

3장 통제 이론 231
3.1 서론 231
3.2 기능 통제 233
3.2.1 부정사구 XCOMP 233
3.2.2 기타 XCOMP 238
3.2.3 XADJUNCTS 239

   3.3 대용어적 통제 ·· 240
   3.4 결론 ··· 244

4장 장거리 종속성 ·· 245
   4.1 서론 ··· 245
   4.2 기능불확정성 원리 ··· 246
   4.3 예문 분석 ·· 253
   4.4 성분 등위접속(Constituent Coordination) ················ 259
   4.5 결론 ··· 265

5장 결속 현상 ··· 267
   5.1 서론 ··· 267
   5.2 초기 결속 이론 ·· 268
   5.3 최근 결속 이론: 원리 C의 수정 ································· 275
   5.4 부가어 결속 ··· 278
   5.5 결론 ··· 287

6장 어휘부와 통사론 ·· 289
   6.1 서론 ··· 289
   6.2 기본 원리들 ··· 289
   6.3 원리의 적용 ··· 291

7장 이론의 전망 ··· 303
   7.1 서론 ··· 303
   7.2 최적통사론(OT-LFG)의 개발 ····································· 303
   7.3 형태통사론(Morphosyntax)의 계속적인 연구 ············ 305
   7.4 제약에 기반을 둔 의미론(Constraint-Based Semantics) ········ 305
   7.5 자료중심 분석(Data-Oriented Parsing: DOP) ·········· 306
   7.6 결론 ··· 307

제3부 핵어 중심 구구조 문법
(Head-Driven Phrase-Structure Grammar)

1장 서론 311

2장 HPSG의 기본 개념과 이론적 특징 313
   2.1 자질 이론(Feature Theory)과 통사 범주(Syntactic Category) 313
   2.2 비변형적 접근(Nonderivational Approach) 323
   2.3 제약 기반의 문법(Constraint-Based Grammar):
      구구조의 통사론 327
      2.3.1 어휘 제약과 결합가(Valence) 327
      2.3.2 문법 규칙(Grammar Rules) 331
   2.4 유형 계통(Type Hierarchy)과 구문(Constructions) 340

3장 기본 문형과 보어 구조: 동사의 하위 분류
(Subcategorization) 351
   3.1 서론 351
   3.2 동사 유형의 논항 구조(Argument Structure)와 결합가 354
   3.3 영어 동사의 유형과 유형 제약 359
   3.4 능동태와 피동태 369
   3.5 결론 383

4장 장거리 의존 구문(Dependency Constructions) 385
   4.1 서론 385
   4.2 WH 의문문 386
   4.3 관계절 397
   4.4 Tough 구문 417
   4.5 결론 424

5장 결속 현상 427
- 5.1 서론 427
- 5.2 비형상적(Nonconfigurational) 결속 이론 427
- 5.3 면제된 조응사(Exempt Anaphors): 담화의 기준을 따르는 조응사 434
- 5.4 결론 443

6장 통제 현상(Control) 445
- 6.1 서론 445
- 6.2 통제 현상의 의미론적 성질과 통사적 연관성 446
- 6.3 통제자 실현의 문제 455
- 6.4 통제자의 이동 현상(Controller Shift) 465
- 6.5 결론 472

7장 통사론과 형태론의 상호 작용과 어휘부의 조직 475
- 7.1 머리말 475
- 7.2 형태론과 통사론의 상호 작용 475
- 7.3 어휘부에서 유형 위계의 역할 481
- 7.4 어휘부(lexicon)와 통사부의 접합(interface) 485
- 7.5 결론: 기호 위주(Sign-Based)의 언어 이론 493

참고 문헌 495
국문 색인 513
영문 색인 526
한/영 대조표 537

제1부
지배 결속 이론
Government-Binding

1장 원리-매개 이론의 윤곽

1.1 원리-매개 이론의 역사적 배경 - 변형 문법

흔히 "지배-결속" 이론(Government-Binding Theory, GB Theory)이라고 알려져 있는 원리-매개 이론(Principles and Parameters Approach, PPA)은 Chomsky(1981, 1982, 1986a,b)와 여러 학자들의 관련 연구를 통해 제시된 통사이론에 관한 일련의 생각들을 지칭한다. 이 것은 Chomsky가 그의 저서 Chomsky(1955/75, 1957)에서 주창한 변형 문법(Transformational Grammar)에서 발전된 것이다. 그러므로 이 절에서는 원리-매개 이론의 모체가 된 변형-생성 문법을 개략적으로 소개하겠다.

1.1.1 변형 문법

변형 문법은 모국어 화자가 내재적으로 가지고 있는 통사 지식을 명확히 규명하고자 하는 첫 번째 시도였다고 보아야 할 것이다. 변형 문법은 언어의 문법이 어휘부와 두 종류의 통사 규칙-구구조 규칙(Phrase Structure Rule)과 변형 규칙(Transformations)-으로 구성되어 있다고 가정한다. 이를 상정함으로 토박이 화자들이 모국어에 관해 갖고 있는 통사적 지식의 모델을 제시한다. 아래의 문장을 보며 "통사적 지식"에는 어떤 사실들이 포함되는가를 구체적으로 살펴보자.

(1) The boy chased the dog.

영어를 모국어로 쓰는 사람이라면 이 문장을 구성하고 있는 단어들이 각각 다른 통사적 범주에 속해있다는 사실을 알고 있다. 예를 들어

"chased"란 단어는 (타)동사이고 "boy"라는 단어는 명사라는 것을 안다. (여기서 '안다'는 것은 물론 잠재적으로 안다는 뜻이다.) 또한 이 문장이 단순히 단어의 나열이 아니라 성분 구조(constituent structure)를 가지고 있다는 것도 알고 있다. 즉, "the dog", "chased the dog"은 하나의 성분 (constituent)을 이루지만, "boy chased", "chased the"는 성분을 이루지 못한다는 사실을 알고 있다. 이 뿐 아니라 각 구성 성분(constituent)이 문장 안에서 서로 다른 기능(function)과 분포(distribution)를 갖고 있다는 사실도 알고 있다. 즉, "the dog"이 쓰이는 자리에 "chased the dog"이 쓰일 수 없지만 "the boy"와 "the dog"은 서로 같은 성분에 속한다는 지식을 갖고 있다. 이러한 사실 이외에도 토박이 화자는 "chased"란 동사가 지시하는 사건에 대해 "the boy"라는 구가 지시하는 지시체가 행위자의 역할을 하며, 반면에 "the dog"은 그 행동에 의해 영향을 받는 사물을 지시하고 있다는 사실도 알고 있다. 생성 문법 학자들의 임무는 지금까지 위에서 살펴 본 것과 같은 통사적 지식을 명시할 수 있는 모델을 제시하는 것이다. 위에 대해 변형 문법에서 제시하는 설명은 다음과 같다.

첫째, 변형 문법에서는 어휘의 속성이 어휘부에 명시되어 있다고 가정된다. 예를 들어 "chase"라는 동사는 어휘부에서 통사부에 필요한 다음과 같은 정보들을 지니고 있다고 가정된다.

(2) CHASE: [+V, −N]
   +[___ NP]
   <Agent, Patient>

이 어휘 표상(lexical representation)의 첫 줄은 이 어휘 항목(lexeme)이 동사라는 것을 두 가지 범주 자질을 사용하여 간접적으로 나타낸다. 왜 이렇게 간접적으로 나타내는지에 관해서는 여기서 언급하지 않겠다. 두 번째 줄은 이 동사가 타동사라는 사실을 명시한다. 즉 이 동사 뒤에는 명사구가 함께 쓰여야 한다는 것을 명시하고 있다. 셋째 줄은 의미에 관하여 정보이다. 이 동사가 행위자(Agent)와 수동자(Patient) 두 논항을 취

한다는 것을 보여 주고 있다.
 둘째, 구구조 규칙은 어떤 구성 성분이 갖는 기능뿐만 아니라, 그것의 분포(distribution)를 기술한다. 예를 들어, "chased the dog"라는 구는 다음과 같은 구구조 규칙에 의해서 허가된다고 변형 문법에서 가정한다.

(3) VP → V NP

다시 쓰기 규칙(Rewrite Rule)의 형식인 이 규칙은 동사 다음에 명사구(NP)로 기능하는 요소가 나타나는 구성 성분이 동사구(VP)로 기능한다는 사실을 명시적으로 나타내고 있다. (1)번 문장의 다른 구성 성분들은 다음의 규칙을 상정함으로 설명된다.

(4) S → NP Aux VP
    NP → DET N

이 규칙들도 (3)과 같은 방식으로 이해하면 되겠다.
 이러한 설명이 매우 상식적인 것 같아 보이지만 영어 화자가 (1)과 같은 문장을 말하고 이해하는 데 필요로 하는 통사 지식의 여러 면모를 정확히 나타내주고 있다는 점에서 토박이 화자들의 잠재적인 지식에 의존했던 전통 기술 문법과 다르다.[1]
 언어학자들이 Chomsky의 이론에 관심을 두게된 가장 큰 이유는 그가

---

[1] 변형 문법에서는 전통적으로 문법의 중요한 범주로 인식되어온 문법 관계(grammatical relations)는 간접적으로 정의된다. 주어는 S에 의해 직접 지배되는 절점(node)이고 직접목적어는 나무 그림에서 동사와 자매관계에 있으며 VP에 의해 직접 지배되는 NP이다. 그러므로 변형 문법은 문법 관계가 형상성(configuration)에 따라 결정된다고 주장한다. LFG와 HPSG는 이런 주장을 받아들이지 않는다.
 나무 그림에 나타나 있지 않은 정보로서는 동사가 표상하는 사건에 참여하는 의미역을 들 수 있다. 전통 변형 문법에서는 의미역에 관하여 깊은 논의를 하고 있지 않지만, 근래에 들어서는 의미역이 술부가 지니는 어휘적 의미에 포함된다고 가정하고 있다. 통사부와 관련해서는 의미역들이 어떻게 (기저)문법 관계에 '투사'되는가 하는 점 외에는 논의에 큰 영향을 주지 않는다. 어휘부와 통사부의 관계는 원리-매개 이론을 소개하는 부분에 가서 자세히 논의될 것이다.

구구절 규칙과는 다른 통사 규칙 - 즉, 변형 규칙(Transformational Rule) - 을 제안했기 때문이다. 변형 규칙은 (5)와 같은 문장을 이해하는 데 수반되는 내재적인 통사 지식을 명시한다.

(5) a. What did you say that your brother thought I gave to him?
b. You said that your brother thought I gave this pencil to him.
c. *What did you say that your brother thought I gave the pencil to him?
d. *You said that your brother thought I gave to him.

영어를 모국어로 쓰는 사람이라면, (5a)에서 문장 앞으로 전치된 "what"이 동사 "gave"의 직접 목적어로 기능한다는 사실을 알고 있다. 이것은 (5a)와 비슷한 구조를 가진 (5c) 문장에서 동사 "gave"의 목적어 자리에 다른 성분("the pencil")을 집어넣을 수 없다는 점에서 확인된다. 또한 (5d) 문장의 비문법성을 통해서 "gave"는 (5a)와 같은 경우를 제외하고 직접목적어를 요구한다는 것을 알 수 있다.

구구조 규칙만을 가진 문법에서는 위의 문장들이 보이는 특징을 설명하는 데 몇 가지 문제점이 발생한다. 첫째, 구구조 규칙으로만 위의 문장을 설명하자면 "gave"같은 동사(아래에서 이 동사가 속한 하위범주를 첨자 [2]로 표기한다)는 평서문일 때는 (6a), 의문문일 때는 (6b)의 구구조 규칙으로 허가된다고 보아야 한다.

(6) a. $VP_{[2]}$ —> $V_{[2]}$ NP PP
b. $VP_{[2]}$ —> $V_{[2]}$ PP

또한, (7)이 보여 주듯이, 의문문을 허가하는 구구조 규칙은 의문사와 도치된 조동사가 S의 앞부분에 온다는 사실을 명시하여야 한다.

(7) S[inv] —> QP Aux NP VP (QP = 의문사)

이러한 규칙들을 상정함으로 (5a) 같은 문장의 구조를 아래와 같이 분석할 수 있다. 즉, S1은 도치구문을 인가하는 (7)로, VP3은 (6b)의 규칙으로 허용된다고 보면 이 문장의 분석이 구구조 규칙만으로도 가능할 것처럼 보인다.

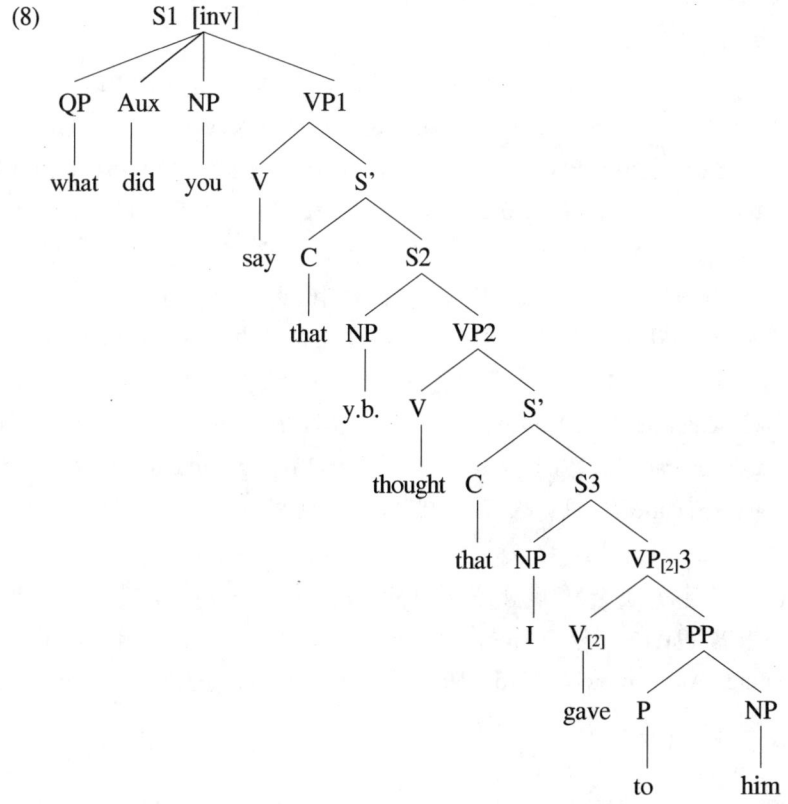

(8)

 그러나 이러한 분석은 하위범주화(subcategorization)와 성분 전치(constituent fronting)의 의존 관계를 포착하는 데 실패한다. (2)에서 보듯이 하위범주화된 성분은 하위범주화하는 핵(head)의 자매(sister)의 위치에 나타나야 한다. "Give"라는 동사는 +[___ NP PP]의 하위범주 자질을 갖고 있다.

(5b 참고) (8)의 나무 그림에서는 이 동사의 하위범주화가 VP3 동사구에서 만족되지 못하고 있음에도 불구하고 문장은 정문이다. 또한 (5a-d)가 보여 주듯이, 하위범주화가 VP3에서 만족되지 않더라도 하위범주화에서 빠진 요소가 나무 그림의 윗 부분에 전치되어 있으면 문장이 정문이고, 그 외의 경우에는 비문이 된다. 물론 전치된 성분이 나무 그림의 윗 부분에 나타날 경우 하위범주화된 자리에는 다른 성분이 나타나지 못한다. (5a 참고)

구구조 규칙 문법으로는 하나의 구조를 허가하는 구구조 규칙들 간의 상호 의존 관계(dependencies among PS-rules licensing a structure)를 나타낼 수 있는 방법이 없다. 여기서 말하는 의존 관계란 (7)이 S1에 적용되면 이 규칙으로 인허된 local tree와 인접해 있지 않은 다른 local tree VP3는 (6a)가 아니라 반드시 (6b)로 인허되어야 한다는 사실을 말한다. 구구조 규칙들은 문법 내에서 하나의 집합(set)을 구성하고 있다고 전통적으로 생각되었기 때문에 이런 상관 관계를 기술할 수 없게 된다.

Chomsky는 이와 같은 문제를 해결하기 위해 통사부는 단순 구조 (kernel sentences)들을 허가하는 구구조 규칙과 구구조 규칙으로 기저생성(base-generated)되는 문장의 "기저형"(underlying structure)과 "표면형" (surface structure)을 연결해 주는 또 다른 종류의 규칙 – 즉, 변형 규칙 – 이 존재한다고 가정하였다.

(5a)와 같은 문장을 변형 문법에서 분석하면 다음과 같다. 이 문장의 기저형인 (9a)는 구구조 규칙으로 생성되고 이 구조가 여러 변형(WH-Fronting, Aux-Inversion, Affix Hopping, Do-Support 등)을 거쳐 (9b)의 표면 구조로 도출된다.

(9) a. Q you PST say that your brother PST think that PST give what to him.
   → WH-Fronting, Aux-Inversion, Affix Hopping, Do-Support, etc.
   b. What did you say that your brother thought that I gave to him.

여기서 주목할 만한 사실은 (5a)/(9b)와 같은 문장은 하나의 통사 구조로 이루어진 것이 아니라 두 개(이상)의 구조로 이루어졌다는 가정이다. 이 가정을 받아드림으로 앞에서 야기된 문제를 해결할 수 있다. 기저(심층)구조에서는 어휘소 "give"가 가진 하위범주화 자질들이 만족된다고 가정하자. ("what"에 의해 NP가 만족되고 "to him"에 의해 PP가 만족된다.) 표면 구조는 여러 가지 변형 규칙들의 요구사항을 반영하고 있다. 특히 WH-전치 변형 규칙에 의해 명사구 "what"이 주절의 의문요소로 주절문장 앞에 놓인다. 이런 변형 규칙을 사용할 경우 WH-전치가 적용될 때만 의문사와 함께 도치된 문장이 생성되고 동시에 VP3에 하위범주화된 의문사가 나타나지 않게 됨으로 도치구문이 S1으로 나타날 때 VP3가 (6a)의 규칙을 선택하여 생기는 잉여 생산(overgeneration)의 문제(*5c, d 참고)가 일어나지 않는다.2)

---

2) 구구조 분석의 문제점 중의 하나가 복합구조를 허가하는 구구조 규칙 간의 상호관계를 포착하지 못하는 것이라면 새로운 종류의 규칙(즉, 변형 규칙)을 도입하는 대신에 구구조 규칙들 간의 관계를 나타낼 수 있게 이론을 수정하는 방법을 생각해 볼 수 있다. 현대판 구구조 통사이론 중 이런 가능성을 모색하는 이론이 있다. 핵어 중심 구구조 문법(Head-driven Phrase Structure Grammar)의 모체인 일반 구구조 문법(Generalized Phrase Structure Grammar)에서는 이런 가능성을 이론적으로 발전시켰다.

물론, 변형 규칙으로 설명하는 현상을 다루기 위해 구구조 문법을 수정하는 것은 수학적으로 아무 문제를 일으키지 않는다. 그러나 변형 규칙이 다루는 언어현상이 구구조 문법을 확대해서 자연스럽게 다루어야 할 영역인지 아니면 구구조 규칙들과는 근본적으로 성격이 다른 규칙을 설정해서 다루어야 더 자연스럽게 설명되는 영역인지는 문제로 남는다.

어떤 문법현상을 설명하는 형식체계의 "자연스러움"에 관한 문제는 LFG이론에서 논외되고 있다. 이 이론에서는 성분 구조와 문법 관계를 나타내기 위해 각각 다른 두 형식체계를 가정한다. (P-marker와 Attribute-Value Matrix, AVM.) 이는 성분 구조를 가장 "자연스럽게" 표상할 수(represent) 있는 형식 기재는 P-marker이고 문법 관계를 자연스럽게 나타낼 수 있는 형식 기재는 AVM이라는 입장에서 연유한 것이라고 보아야 하겠다. 앞에서 보았듯이 변형 문법에서는 둘 다 P-marker를 통해서 나타낸다. 그 반면 HPSG에서는 AVM만 사용한다.

1.1.2 변형 문법의 제문제와 그 해결 방안

- 설명적 적절성과 기술적 적절성(Explanatory Adequacy vs. Descriptive Adequacy)

변형 문법은 인간이 소유하고 있는 내재적인 통사 지식을 명확히 기술하고 있다는 점에서는 성공했지만 몇 가지 문제점을 안고 있었다. 이런 문제들은 경험적이라기 보다는 개념적인 문제들이었다.

변형 문법이 가지고 있는 개념적 문제들은 Chomsky가 그의 저서 "통사 이론의 제문제"(Aspects of the Theory of Syntax, 1965)에서 제시하고 있는 문법 분석에 관한 적절성 기준(criteria of adequacy for grammatical analysis)으로부터 출발한다. Chomsky는 여기서 문법 기술은 기술적 혹은 관찰적인 적절성(descriptive or observational adequacy)만을 추구해야 할 것이 아니라 궁극적으로는 설명적 적절성(explanatory adequacy)을 추구해야 한다고 주장한다.

문법이 한 언어에서 정문인 단어의 배열(grammatical strings of words)과 그렇지 못한 단어의 배열을 구분해 줄 수 있을 때 관찰적 적절성을 갖게 된다. 그러나 기술적으로 적절하기 위해서는 문법이 문법적인 단어의 배열과 비문법적인 배열을 구분할 수 있을 뿐만 아니라 언어 사용자들이 문장에 대해 가지고 있는 통사 구조, 문법 기능, 관련된 문장에 대한 직관 등도 설명할 수 있어야 한다. 설명적인 적절성은 좀 더 차원이 높은 것을 요구한다. 즉, 언어학자가 제시한 문법이 언어습득의 용이성, 신속성, 보편성 등을 설명해 줄 수 있는 기반을 제공해야 한다는 것이다.[3]

그의 주장대로라면 변형 문법은 기술적 적절성까지는 성취했으나, 설

---

[3] 즉, 기술적으로 적절한 문법은 영어에서 "the cat chased the rat"과 같은 단어 배열은 문법적이지만 "*cat the rat chased"와 같은 단어 배열은 비문법적이라는 것을 판단할 수 있어야 한다. 이 뿐 아니라 문법적인 문장의 성분 구조를 올바르게 설정하며 능동문과 수동태 문장인 "the rat was chased by the cat"과의 관계 등을 설명해야 한다.

명적 적절성을 이루었다고 볼 수 없었다. 문제는 모국어 화자의 문법지식을 형식적인 기재(구구조 규칙, 변형 규칙)를 통하여 명시적으로 기술하는 데는 성공하였지만 이러한 규칙들을 사용하여 쓰여진 문법들에 대한 실질적인 제약(substantive constraints)이 무엇인지 분명치 않았다는 점이다. 즉, 어린아이가 자연언어 통사부가 구구조 규칙과 변형 규칙으로 구성되었다는 지식만을 가지고 어떻게 그의 주변에서 사용되는 언어의 문법을 빠른 시일 내에 정확히 습득하게 되는지 설명하지 못한다는 것이다. 구구조 규칙과 변형 규칙이 언어와 본질적으로 연관되어 있는 것이 아니라 때로는 일상 언어와 동떨어진 분야에서도 형식화의 도구로 사용된다는 점을 고려해 볼 때 이 문제는 더욱 심각해진다.4)

- **변형 규칙과 비변형 규칙 간의 이론적인 분업**

초기 변형 문법 이론의 변형 규칙은 통사적으로 관련된 구문(syntactically related constructions) 간의 모든 관계를 나타내는 기재였다. 그렇기 때문에 거의 모든 구문마다 이를 도출해내는 변형 규칙을 상정하게 되었고 그 결과 방대한 수의 변형 규칙이 생기게 되었다.5) 그러나 점차 학자들은 관련된 구문간의 모든 관계가 변형으로 설명되어서는 안된다는 것을 발견하게 되었다. 예를 들어 Chomsky(1970)는 (10a)와, 이 문장에서 명사화(nominalization) 변형으로 도출된 것으로 초기 변형 문법(Lees 1960)에서 분석되던 구문인 (10b)간의 관계를, 변형적으로 설명해서는 안되며 대신 문법의 다른 부분에서 이들의 관련성을 다루어야 한다고 주장했다.

---

4) 예를 들어 변형 문법은 자연언어 뿐 아니라 '귀환적으로 가산할 수 있는'(recursively enumerable) 어떤 형식체계도 기술할 수 있다. (Peters & Ritchie 1973) 이 점은 변형 규칙의 수학적 제약만 가지고는 자연언어 문법체계에 나타나는 실질적인 제약을 포착하는 데 한계가 있다는 것을 의미한다. 실질적인 제약의 대표적인 예로는 Ross의 섬 제약 (Island constraints)을 들 수 있겠다.
5) 그러나 생성 의미론(Generative Semantics)에서는 술부 인상(Predicate Raising)과 같은 적용폭이 넓은(maximally general) 변형 규칙이 여러 문장의 도출과정에서 작용한다고 가정하였다. 이것은 원리-매개 이론에서 사용하는 "@-이동"(Move Alpha)과 같이 적용폭이 넓은 규칙의 전신이라고 보아야겠다.

(10) a. John refused the offer.
　　 b. John's refusal of the offer.

　Lees (1960)는 두 문장의 유사성을 (10a)의 문장으로부터 (10b)가 도출된다고 분석함으로 포착하려고 했다. 즉, "John"과 "John's"는 두 문장에서 주어와 같은 역할을 하고 있고 "the offer"와 "of the offer"는 목적어와 같은 역할을 하고 있다는 사실을 (10b)를 (10a)와 같은 기저 구조로부터 도출함으로 설명했던 것이다.
　Chomsky가 Lees의 분석에 반대한 이유는 (10a, b)와 같은 문장과 전통적으로 변형 규칙으로 분석되는 문장들(예를 들어, 능동-수동, 의문사 전치 구문)간의 차이점 때문이었다. 즉, (10a, b) 구문 간의 관계는 전형적인 변형 규칙으로 분석되는 문장 간의 관계에 비교해 볼 때 덜 생산적(productive)이라는 점이다. 다시 말하면, 생산적인 통사적 관계만이 변형 규칙으로 포착되어야 한다는 주장이었다. 그러므로, (10a)와 (10b)의 관계는 "refuse"와 "refusal"가 어휘부에서 어휘 잉여규칙(lexical redundancy rule)에 의해 연결되어 있다고 가정함으로 설명한다. 한편, 주어와 목적어 같은 "범범주적"(cross-categorial) 문법 관계를 설명하기 위하여 "핵계층 이론"(X-bar Theory)을 제안한다. 즉, "John"과 "John's"는 각각 S와 NP 내에서 범주적으로 주어(엄밀히 말해서 지정어, specifier)의 역할을 하고 있다는 주장이다.
　이와 같이 통사적으로 관련된 구문의 속성을 기술함에 있어서, 변형 규칙과 비변형 규칙이 둘 다 사용됨에 따라 두 가지 규칙 간에 이론적 분업의 문제(division of labor)가 야기된다. 다음 절에서 보는 것과 같이 원리-매개 이론은 전통적인 변형 문법이 직면하고 있는 이러한 문제들에 대한 해답을 제시함으로써 설명적 적절성을 성취하는 이론을 지향하고 있다.

1.2 원리-매개 이론의 이론적 개요

1.2.1 이론의 개관

원리-매개 이론은 앞 절에서 살펴 본 기술적 적절성과 설명적 적절성 사이의 갈등을 해소하려는 노력의 결과로 생긴 이론이다. 현존하는 언어의 다양성과 서로 다른 언어의 통사적 차이점을 나타내기 위해서는 각 언어마다 개별적이고 특수한 규칙을 상정하여 개별 언어 문법의 기술적인 적절성을 높이면 된다. 그러나 이 경우 어린아이가 부분적이며 체계적이지 못한 입력에 입각해 일관성 있게 목표 언어를 배우게 된다는 사실을 설명해야 하는 설명적인 적절성이 결여된 문법이 되고 만다.

Chomsky와 그와 뜻을 같이하는 학자들은 이런 갈등의 원인이 규칙체계의 성격(the nature of the rule system)에 있다고 보았다. 어떤 특정한 구문을 기술하기 위하여 규칙들(구구조 규칙, 변형 규칙)을 임의로 설정하다 보면 설명적 적절성을 만족시키지 못하는 제약이 결여된 이론을 만들게 된다. 이런 단점을 보완하기 위하여 규칙 적용을 규제하는 상위의 원리들 - 즉, 보편 문법의 원리 - 에 대한 연구가 중점적으로 행해지기 시작했다. 이 결과 문법의 실제 규칙들은 아주 단순하고 보편적인 형태로 남게 된다. 이제 이 이론의 특징을 개략적으로 살펴보자.

- 원리(제약)에 기반한 이론(Principle/constraint-based theory)

전 단계 이론의 구구조 규칙은 사라지게 되며 각 언어 간의 구구조의 차이는 핵계층 이론을 매개화 시킴으로 설명하게 된다. 이전의 변형 규칙은 보편적 변형 규칙인 @-이동(Move Alpha)으로 대치된다. 이런 규칙들은 아주 보편적인 규칙이기 때문에 잉여 생산(overgeneration)의 문제를 야기 시킨다. 보편적 원리만 가지고는 어떤 특정 구조의 문법성을 완전히 설명할 수 없기 때문이다. 적용 폭이 넓은 규칙들이 야기하는 잉여 생산의 문제는 이 규칙들에 대한 언어 보편적인 제약들을 상정함으로 해결된다.

- 매개변인을 상정하는 이론(Parametric theory)

 이쯤 되면 혹자는 어떻게 이런 이론이 언어의 다양성을 설명할 수 있는지 의아해 할 수 있다. 보편적인 핵계층 이론, 보편적인 변형 규칙, 그리고 보편적인 제약만 있다면 모든 언어의 통사적 속성은 같아야 된다는 예측이 생기게 되기 때문이다. 만일 모든 언어가 동일하다면 설명적 적절성의 문제를 쉽게 해결할 수 있을 것이다. (아이들이 모두 동일한 언어를 배운다는 결과가 생기니까.) 그러나 각 언어의 통사부가 서로 다르다는 것은 부인할 수 없는 명백한 사실이다.

 원리-매개 이론에서는 설명적 적절성을 유지하면서 언어 간의 차이점을 이론적으로 설명하기 위해 매개변인(parameter)이라는 개념을 설정한다. 보편 문법은 언어 보편적인 규칙과 제약을 가지고 있는 한편, 언어 간의 차이점을 설명할 수 있는 제약 - 즉, 매개(변인)화된 원리(parameterized principles/constraints) - 도 포함한다. 보편적 원리들과 매개화된 원리들은 어린아이가 모국어를 배우는 데 세우는 가설의 수를 제한시킴으로써 언어 습득 과정을 단순화시킨다. 어린아이는 문법을 백지 상태(a clean slate)에서 창조해 내는 것이 아니라 보편적 원리와 목표 언어 문법에 알맞는 매개변인만 선택하면 된다. 이렇게 함으로 문법은 언어의 다양성(기술적 적절성)과 언어의 다양성에 대한 제약(설명적 적절성)을 동시에 만족시킬 수 있게 된다.[6]

- 보편 문법, 핵심 문법, 실제 문법의 구분(The division of labor among Universal Grammar, Core Grammar, and Particular Grammars)

 보편 문법이란 개념은 추상적이다. 왜냐하면 실제 언어는 차용어, 언어접촉, 역사변이 흔적, 문법화-숙어화 등 보편 문법으로 설명이 안되는

---

[6] 매개변인이란 단순히 언어 간의 표면적 차이를 기술하는 것은 아니다. 매개 이론은 설명적 적절성이 요구하는 질문에 합당한 답변을 해야 한다. 그러므로 매개변인에 제한이 가해져야 한다. 근래에는 매개변인은 어휘적 자질에 국한된다고 본다.

요소들을 포함하기 때문이다. 실제 우리가 사용하는 언어의 문법(particular grammar)에서는 보편 문법의 원리들에 의해 이루어진 핵심 문법(core grammar)과 방금 언급한 요소들로 구성된 주변 문법(peripheral grammar)을 구분할 수 있다. 그러나 실제 언어 분석에서 핵심 문법과 주변 문법을 구별하는 것은 어렵다. 또한 핵심 문법에만 집착할 경우, 실제 쓰이는 다양한 구문의 복잡성을 간과하게 되고, 결국 기술적 적절성을 희생하게 된다.

1.2.2 문법 모델(Model of Grammar)

원리-매개 이론에서는 통사부(연산 체계(Computational System)라고도 불림)와 어휘부의 기본적인 분리와 아울러 통사부는 4개의 구조 (구조 층위, levels of representation) - 심층 구조(D-structure), 표면 구조(S-structure), 논리 형태(Logical Form), 음성 형태(Phonetic Form) - 로 이루어졌다고 본다. 심층 구조, 표면 구조, 논리 형태는 핵심 통사부(core syntax)를 구성하며 이들은 도출(derivation)로 맺어져 있다. 음성 형태는 통사부와 음운 체계의 접합점이라고 볼 수 있다. 보편 이동 규칙인 @-이동(Move Alpha)에 의해 심층 구조는 표면 구조로 사상되고(mapping) 표면 구조는 논리 형태로 사상된다. 반면에 통사부에서 음성 형태로의 도출은 @-이동을 수반하지 않는 것으로 생각된다.[7]

- 각 구조 층위의 특성

초기 변형 문법이 부딪힌 문제는 '가능한 변형 규칙이란 무엇인가?'라는 질문에 대한 대답의 부재였으며 이것은 변형으로 연결되는 구조(구조 층위)들의 성질을 제대로 이해하지 못했기 때문이라는 것을 기억해 볼 필요가 있다. 원리-매개 이론에서는 각 구조(층위)가 어떻게 전반적

---

[7] 형태부는 심층 구조와 음성 형태의 중간에 놓이기도 한다. (Halle & Marantz 1993) 반면에 수의적인 통사이동을 음성 형태에 놓는 학자도 있다. (Zubizarreta 1995)

인 연산 체계에 기여하는지 또한 각기 구조가 다른 구조와 어떻게 다른지에 대한 이론을 발전시켜 나감으로 이러한 문제점을 보완하려고 한다. 이제 각 구조의 특징을 알아보자.

심층 구조(D-structure)는 연산부와 어휘부의 접합점(interface of the computational system and the lexicon)이다. 심층 구조는 의미역 기준(Theta Criterion)과 논항 연결 원리(Argument Linking Principle)를 만족시키며 어휘 구조의 특징을 형상적으로 표현한다. 어휘 항목은 핵계층 이론(X-bar Theory)에 맞게 통사적으로 투사된다. 그러므로 변형 규칙은 통사적으로 투사된 어휘 정보를 입력으로 삼는다. 이 것이 앞에서 제기된 질문에 대한 대답이다. 변형 규칙의 입력은 어휘적 정보가 통사적으로 투사된 구조이다.

논리 형태(Logical Form)는 연산부와 의미-개념 구조(Conceptual-Intensional System)의 접합점이고 음성 형태(Phonetic Form)는 연산부와 발화-지각 구조(Articulatory-Perceptual System)의 접합점이다. 이와는 달리 표면 구조(S-structure)는 언어 외적인 구조 층위와의 접합점(interface)을 형성하지 않는다. 그러나 표면 구조에서 적용되는 많은 제약들이 표면 구조가 존재해야 함을 입증한다.8)

통사부에 상정되는 각 구조들이 서로 무한정 다를 수 없다. 구조 간의 차이를 제한하는 원리로 인해 모든 구조에 공통적으로 나타나야 하는 속성들이 있다. 첫째, 통사적으로 투사된 어휘 정보는 투사 원리(Projection Principle)에 의해 모든 통사 구조에서 표현되어야 한다. 투사 원리는 의미역 기준과 함께 심층 구조에서 나타나는 어휘적 정보가 표면 구조와 논리 형태에서도 나타나도록 제약한다. 이 결과 이동으로 생성된 구조에서는 어휘적 구조를 보존하는 흔적(trace)이라는 장치를 도입할 수밖에

---

8) 전통적으로 구조 층위 (level of representation)를 설정할 때 이와 같은 논리를 따랐다. 그러나 최근 들어 원리-매개 이론에서는 각 구조는 언어 외적인 구조와 "접합점" 역할을 한다는 것을 강조한다. 이런 견해를 따르면 표면 구조는 순전히 문법 내적으로 필요한 구조이고, 심층 구조도 어느 정도는 이론 내적(theory-internal)인 개념이라고 볼 수 있다. 원리-매개 이론을 승계한 최소주의 이론(Minimalist Program)에서는 문법 내적인 이유로 설정되어 있는 심층 구조와 표면 구조를 제거하였고, 음성 형태와 논리 형태의 두 접합점만을 설정한다.

없게 된다.

 음성 형태와 논리 형태는 연산부 내에서 언어 외적인 체계와 접합을 이루는 구조들이다. 언어 외적인 체계는 인류가 공통적으로 소유하고 있기 때문에 접합점의 역할을 하는 이 구조들은 언어 보편적인 요소들로 구성되어 있다고 보아야 한다. 이 개념을 일컬어 완전해석 원리(Principle of Full Interpretation)라고 한다. 이것은 각 언어가 어휘부의 차이를 제외하고는 논리 형태나 음성 형태에서는 같다는 것을 의미한다. 이런 가정은 여러 언어의 연구를 통하여 입증되고 있다.

- 도출에 관한 제약

 과거 변형 규칙과는 달리 @-이동("아무 범주나 어디든지 옮겨라") 자체에 대한 제약이 거의 없기 때문에 변형 규칙은 잉여 생산한다. 곧 보게 되겠듯이 잉여 생산은 @-이동에 대한 보편적인 제약으로 여과된다. @-이동에 관한 제약에는 두 가지가 있다. @-이동은 이동할 때 이동의 각 단계가 얼마만큼 멀리 떨어져 있을 수 있는지를 규제하는 하위인접조건(Subjacency)을 지킨다. @-이동에 관한 또 다른 제약은 이동에 의해 남겨진 흔적이 어떻게 허가되는지를 규정하는 공범주 원리(Empty Category Principle)이다.

- 구조에 관한 제약

 각 통사 구조에는 여러 제약이 있다. 각 구조에 대한 제약/원리에 대한 정당성을 논의하는 것은 차후로 미루고 여기서는 제약을 단순히 나열하겠다.

 <u>심층 구조</u>: 투사 원리, 의미역 기준, 핵계층 원리, 연결 원리
 <u>표면 구조</u>: 결속 원리, 격원리, 통제 원리; 투사 원리(의미역 기준, 핵계층 이론)

논리 형태: 공범주 원리; 투사 원리; 완전해석 원리(의미역 기준 등등),
   결속 이론
음성 형태: 완전해석 원리 (음성에 관한)

1.3 원리-매개 이론과 기타 생성통사 이론—유사점과 차이점

이 절에서는 본 서에서 다루어지고 있는 다른 생성통사 이론인 LFG 이론, HPSG 이론과 비교하여 원리-매개 이론의 주요 특징을 살펴보고자 한다. 이들 이론 간에는 차이점과 아울러 공통점도 발견된다. 독자들은 이런 특징들을 명심하면서 각 이론을 비교하기 바란다. 원리-매개 이론의 특징은 특별한 순서 없이 나열되어 있으며 저자가 생각하기에 특징적인 것을 Culicover(1997)를 참조하여 기술한다는 것을 밝혀 둔다.

- **형상성(Configurationality)**

원리-매개 이론에서는 c(성분)/m(최대 투사)-통어, 결속, 선행사-지배, 지배, 지정어-핵 일치 등의 나무 그림의 구조적 관계로 정의되는 개념 (tree-geometric definitions)을 사용하여 대부분의 문법적 관계를 형상적으로 기술한다. 이 점에서는 통사적 기술에 기능적 개념과 구조적 개념을 동시에 사용하는 LFG 이론과 HPSG 이론과 다르다.

- **통사화(Syntacticization)**

원리-매개 이론은 문법 현상을 기술하는 데 있어 통사론적 설명을 극대화하는 특징을 가지고 있다. 이러한 특징을 보이는 까닭은 통사부 안에 여러 구조 층위를 설정함으로 단층 구조의 통사부를 상정하는 이론보다 통사부의 기술 범위가 넓기 때문이다.

- 다층 구조(Multi-stratality)

 통사 현상을 각각 다른 종류의 통사적 정보를 표상하는 구조들을 상정함으로 설명한다. 반면에 HPSG 이론에서는 통사부에서 단층 구조만을 설정하므로 원리-매개 이론에서 다층 구조를 빌어서 하는 설명을 의미/화용론과 통사부의 상호 작용으로 이해한다. LFG 이론에서는 통사부에 두 구조 층위를 설정한다. 이런 면에서는 원리-매개 이론과 마찬가지로 통사부에 하나 이상의 구조가 필요하다는 것을 인정한다.

- 변형 규칙/도출의 상정(Transformational-Derivational)

 지금까지 살펴 본 특징 중 이 점이 다른 이론과 가장 큰 차이점이다. LFG 이론과 HPSG 이론에서는 변형 규칙을 통해 각 구조가 가지고 있는 상이한 정보를 연결시키지 않고, 각 구조에 담긴 정보들이 통합(unification)이라는 기재를 통해 서로 연결된다.

- 어휘적 속성에 의한 통사 구조의 결정(Lexical Determination of Syntax)

 통사 구조를 결정하고 제약하는 데 어휘가 가지고 있는 특성이 중요한 역할을 한다. 투사 원리와 의미역 기준은 어휘부와 통사부를 연결시키는 기본적 역할을 한다. 통사부의 대부분이 어휘 구조의 표현이라는 생각은 HPSG 이론과 LFG 이론에서 공통적으로 받아드려지는 직관이다.

- 공범주(Empty Categories)

 음성적으로 실현되지 않는 일련의 통사 범주들은 원리-매개 이론 안에서 아주 중요한 역할을 하는 반면 다른 이론에서는 가능한 한 음성적으로 실현되지 않는 통사적 공범주를 없애려고 노력한다. 어떤 공범주들은 어휘부에 명시되어 있고(PRO, pro), 다른 것들은(흔적, trace) 도출의 결과로 생긴다. 공범주를 상정하는 원인은 앞에서 언급한 통사화의 가정과 연관이 있다고 이해하면 된다.

2장 통사 구조 결정 원리 및 보어 구조

다음 (1)과 같은 구구조 규칙들을 보면서 이 규칙들만을 가지고 주어진 문장을 허가할 수 있는지 생각해 보자.

(1) a. VP → V (NP) (PP/NP)
    b. S → NP (Aux) VP
    c. NP → (Det) N (PP/S)

이에 대한 대답은 부정적이다. 그 이유는 다음과 같다. 예를 들어 (1a)의 규칙은 다음의 사실을 명시하고 있다. 동사구(VP)는 동사와 그 뒤에 수의적으로 따라오는 명사구(NP)로 이루어져 있다. 이 명사구(NP) 뒤에는 다시 수의적으로 명사구(NP)나 전치사구(PP)가 따라 나올 수 있다. 그러나 이 규칙에서 수의적인 요소들(괄호 안에 나타난 범주)을 선택할 것인가 아닌가를 결정하기 위해서는 어떤 동사가 동사 자리에 오는지 알아야 한다. 예를 들어 "run"과 같은 동사를 핵으로 하는 동사구는 (1a)의 수의적인 요소들이 없어야만 한다. 반면에 "prove"와 같은 동사는 동사 다음에 NP가 있어야만 하고 "give" 같은 동사는 두 성분 모두 나와야 그 것이 핵이 되는 동사구가 인허된다.
  이 점이 시사하는 바는 주어진 통사 구조를 허가하는 데 있어서 구구조 규칙 뿐 아니라 (핵으로 기능하는) 어휘의 특성이 중요한 역할을 한다는 것이다. 즉, 어떤 어휘 항목이 수형도의 한 절점에 삽입되기 위해서는 그 절점과 같은 범주를 가져야 할 뿐 만 아니라 이 어휘 항목의 하위범주화(subcategorization)도 만족되어야 한다.

(2) /run/: Cat: +V, −N
          Subcat:+[___]⁹⁾

/give/: Cat: +V, −N
Subcat: +[___ NP NP/PP]

(2)에서 /run/의 하위범주화 자질은 동사가 보충어를 취하지 않는다는 점을 명시한다. 반면에 /give/의 자질은 NP와 NP/PP 보충어가 뒤따라야 한다는 사실을 명시하고 있다.

하위범주화 자질은 어휘 항목이 나타날 수 있는 통사적 구조를 부분적으로 제약하는 역할을 한다. 구구조 규칙도 물론 마찬가지 역할을 한다. 그러므로 이 둘 사이의 잉여성이 생긴다. 이 문제에 대한 원리-매개 이론의 대답은 어휘적인 정보가 통사 구조를 결정하는 데 큰 역할을 하기 때문에 이 잉여성은 구구조 규칙을 보편화 혹은 단순화함으로 해결할 수 있다는 입장이다.

통사 구조의 속성을 결정하는 어휘적 자질은 하위범주 자질뿐 아니라 다른 것들도 있다는 것이 이 이론의 주장이다. 다음 절에서 이를 구체적으로 살펴보기로 한다.

2.1 통사 구조의 어휘적 결정

원리-매개 이론에서는 다음에 열거된 세 가지 종류의 어휘적 정보가 통사 구조의 특성을 결정하는 데 큰 역할을 한다고 가정한다.

(3) a. 범주 자질 (Categorial feature)
     b. 하위범주화 자질 (Subcategorization feature)
     c. 논항 구조 자질 (Argument structure)

---

9) 꺽쇠괄호 앞에 나오는 더하기 부호(+)는 그 안에 나오는 정보를 긍정적으로 혹은 부정적으로 명시하므로 하위범주화를 이분(+, −)가치를 가지는 다른 자질들과 비슷하게 만든다.

범주 자질은 어휘 항목이 핵(head)으로 나타나는 성분의 통사적 분포를 결정한다. 핵어의 범주가 전체 성분의 범주를 결정하기 때문에 구구조 규칙에서 구의 범주를 나타내는 것은 잉여적인 것이 되고 만다. (예: 1a의 VP.) 이런 의미에서 범주 자질은 구의 외부적 통사 속성(external syntax)에 관여하는 자질이다. 하위범주화 자질은 핵과 공기(co-occur)할 수 있는 자매범주의 종류와 수를 명시하여 구의 내부적 통사 속성(internal syntax)을 제약한다. 마지막으로 논항 구조 자질은 논항 실현 원리(연결 원리)와 더불어 주어진 논항이 통사부에서 어떤 문법적 관계를 갖는지를 결정짓는 역할을 한다.

2.2 논항 구조

논항 구조는 어휘의 의미 구조 중 통사적으로 관련이 있는 일부 속성을 표상한다. 한 단어의 논항 구조는 술어가 지시하는 사건(eventuality)에 참여하는 의무적 참여자들의 수와 종류를 명시한다. 술어는 나타나는 논항의 수에 따라 0, 1, 2, 3자리 술어로 구분될 수 있다. 또한 논항의 종류에 따라 구분되어 질 수 있다. 논항의 종류에 관한 연구는 그간 의미역(thematic roles)이라는 주제 하에 이루어 졌다.[10] 다음은 흔히 사용하는 의미역과 그 정의이다.

(4) 대표적 의미역:
   행위자(Agent): 술어에 의해서 표현되는 행동을 의도적으로 시작하는 대상
   목표/수여자(Goal/Recipient): 행동이 향하여지는 대상
   기점(Source): 어떤 행동의 출처
   장소(Location): 표현되는 행동이나 상태가 위치하는 곳

---

10) 최근 연구에서는 의미역이 더 이상 분해될 수 없는 원소적 개념(atomic concepts)이 아니라 어휘의 의미 구조를 통해 정의되는 개념으로 본다. (Levin & Rappaport 1995)

경험자(Experiencer): 술어가 나타내는 상태를 경험하는 대상
도구(Instrument): 표현되는 행동을 일으키는 대상
호의자/피해자(Benefactive/Malefactive): 술어가 나타내는 행동에 의해 호의적인 영향 혹은 손해를 당하는 대상
대상(Theme): 술부가 나타내는 행동에 의해 영향을 받는 대상

위의 정의에 의해 예를 들어 "give"의 논항 구조는 Agent, Goal, Theme의 의미역을 가진 세 개의 논항으로 이루어져 있다고 볼 수 있겠다. 반면에 "run"의 논항 구조는 하나의 논항인 Agent로만 구성되어 있다. 논항 구조를 어휘 표상(lexical representation)에 포함하면 (2)의 어휘들은 다음과 같은 표상을 갖는 것으로 분석할 수 있다.

(5) /run/: Cat: +V, −N
    Subcat: +[___]
    A-str: {Agent}
  /give/: Cat: +V, −N
    Subcat: +[___ NP NP/PP]
    A-str: {Agent, Goal, Theme}

2.2.1 논항 구조와 통사 구조

통사부와 관련하여 논항 구조가 하는 첫 번째 역할은 어떤 성분이 술어가 핵을 이루는 구조에서 통사적으로 표현되어야 하는지를 결정하는 것이다.

(6) John quickly hid the book under the covers before Bill came in.

(6)에서 어떤 성분들은 수의적으로 탈락할 수 있는 반면에 ("quickly" "before Bill came in") "John", "the book", "under the covers"와 같은 성분

들은 탈락할 수 없다. 그 이유는 전자의 경우는 수식어나 부가어인 반면 후자의 경우는 술어가 가진 논항을 나타내는 성분이기 때문이다. 그러므로 논항은 통사적으로 반드시 표현되어야 한다는 사실을 우리는 알 수 있다.

뿐만 아니라 하나의 통사적 성분은 반드시 하나의 논항을 표현해야 한다. 다음을 보자.

(7) a. *Bill, John hid the book under the covers.
    b. *John hid the book the document under the covers.
    c. *John hid the book under the covers behind his back.

이 문장들은 모두 비문이다. (7c의 경우 두 전치사구가 모두 숨기는 장소를 지칭할 때.) 왜냐하면 주어진 논항을 표현하는 성분을 각각 하나 이상 갖고 있기 때문이다. (예: 7a에서 Bill과 John.)

논항은 반드시 통사적으로 표현되어야 하며 통사 성분과 일대일의 대응을 이루어야 한다는 것이 의미역 기준의 내용이다.

(8) 의미역 기준(Theta Criterion)
    (ⅰ) 하나의 논항은 하나의 의미역을 받는다.
    (ⅱ) 하나의 의미역은 하나의 논항에 주어진다.

다음 문장에서와 같이 술어의 논항이 나타나야할 자리에 논항으로 역할하지 못하는 요소 – 즉 허사(expletive) "there" ('there is a problem with that solution'와 같은 경우) 혹은 "it" ('it is obvious that Bill is avoiding me.'와 같은 경우)이 쓰일 때 문장이 비문이 되는 사실도 의미역 기준으로 설명될 수 있다.

(9) a. **There* caught the burglar
    b. *John caught *there/it$_{expl}$*

의미역 기준은 심층 구조에서만 적용되는 것이 아니라 투사 원리(Projection Principle)에 의하여 모든 구조 층위(level of representation)에 적용되어야 한다.

(10) 투사 원리(Projection Principle)
어휘적 특징들이 통사부의 각 구조 층위에 투사되어야 한다.

투사 원리를 모든 구조에 적용하는 결과가 무엇인지 보기로 하자. 예를 들어, 다음 문장에서 목적어 자리에 어떤 성분이 나타날 경우 그 문장은 비문법적이 된다. 이는 (11a)에서 "smashed"라는 수동형 동사가 어휘적 특징으로 수동 변형으로 주어자리로 이동된 명사구 이외 다른 목적어를 허용하지 않기 때문이다. 이 어휘적 특징이 모든 구조 층위에 투사됨으로 (11a)는 비문이 된다.

(11) a. *John was smashed *his head* by Ronnie.
　　　　(심층 구조: [e] was smashed John by Ronnie)
　　b. *What did Johny smash *his head*?
　　　　(심층 구조: [e] Johny did smash what)

투사 원리가 모든 구조에서 만족되어야 한다는 가정은 변형 규칙이 어휘정보로부터 투사된 통사 구조를 '변형'시키는 데 제약을 가하는 역할도 한다. 구체적인 예를 보기 전에 먼저 어휘정보(논항 구조)에 의해 인허되지 않는 문법 기능소를 살펴 볼 필요가 있다. 다음 문장의 주어와 목적어를 보자.

(12) a. *seems [that John is a liar]
　　　a'. *It* seems [that John is a liar]
　　　b. *arose [a fierce storm] off the coast
　　　b'. *There* arose [a fierce storm] off the coast

c. [John] ran
   c'. *[John] ran it/there_expl

(12a, b)의 주절의 동사는 1항 논항 동사이다. 그러나 이 문장의 주어 자리에 허사가 오지 않으면 이 문장들은 비문이 된다. 이를 통하여 우리는 동사의 논항 구조에 상관없이 주어 자리는 항상 통사적으로 존재해야 한다는 것을 알 수 있다. 이것이 주어와 목적어의 다른 점이다. (12c)와 (12c')의 대조를 통해 알 수 있듯이 목적어 자리에는 허사가 올 수 없다. 다음의 원리는 주어가 의미역과 상관없이 투사되는 것을 보장해준다.

(13) 확대 투사 원리(Extended Projection Principle)
    주어는 문장에서 반드시 투사되어야 한다.

확대 투사 원리는 투사 원리와 더불어 변형으로 연결된 구조들이 심층 구조와 얼마만큼 다를 수 있는지를 제약하는 역할을 한다. 이를 구체적으로 살펴보자.

(11)에서 보았듯이 투사 원리는 이동으로 인하여 빈 자리에 어휘적으로 허가되지 않는 요소를 삽입하는 것을 금지한다. 또한 의미역 기준과 투사 원리는 이동이 일어날 때 의미역이 주어진 자리로 이동이 일어날 수 없도록 제약한다. 그러나 주어자리는 의미역을 받지 않아도 반드시 투사되기 때문에 의미역을 받지 않는 주어자리로의 이동은 가능하다. (14)가 이 사실을 보여준다.[11]

(14) a. [John]$_i$ seems [e$_i$ to be a liar]
        (cf. It seems [John is a liar])
    b. [A fierce storm]$_i$ arose e$_i$ off the coast
        (cf. There arose [a fierce storm off the coast])

---

[11] 이제부터 이동이 시작한 원래 자리에 생긴 공범주와 이동되어 나간 자리를 관련짓기 위해 같은 지표를 사용하여 표시하겠다.

위와 같은 경우를 제외하면 모든 이동은 화제나 초점같은 담화적 기능을 표현하는 비논항 자리로 일어난다.

(15) a. [John]ᵢ, I will invite eᵢ to the party
     (cf. I will invite [John] to the party)
  b. I gave eᵢ to a friend of mine, [a copy of Bill's reference grammar of Kikuyu]ᵢ
     (cf. I gave [a copy of Bill's reference grammar of Kikuyu] to a friend of mine)

투사 원리는 표면적으로 유사해 보이지만 논항 구조가 상이한 다음 두 구문 간의 차이점을 설명할 수 있다.

(16) a. John expects [Mary]/[her] to help her students
     (cf. *John expects Mary [that she will help her students])
  b. John persuaded Mary [that she should help her students])
     (cf. John persuaded Mary [that she should help her students])

얼핏 두 문장에서 모두 "Mary"가 선행하는 동사의 목적어 같이 보이지만, 전자의 경우 "Mary"는 동사의 논항이 아니고 후자의 경우는 논항이다. 전자의 경우 "Mary"는 종속절 술부의 논항이다. 그러므로 이 두 문장은 투사 원리에 의해 심층 구조가 달리 설정되어야 한다.

(17) a. John expects [Mary to help her students] (16a 심층 구조)
  b. John persuaded Mary [PRO to help her students] (16b 심층 구조)[12]

---

12) PRO는 'help'의 외부 논항의 역할을 하는 공범주를 나타내며 'Mary'와 공지시하는 것으로 이해된다. 공범주 대명사 허가에 관한 기술적인 문제는 뒤에서 다루겠다.

(16/17a)에서 "Mary"는 표면적으로 목적어 같아보이지만, 실제는 주어와 같은 속성을 보이는 반면 (16/17b)의 "Mary"는 그렇지 않다.

허사는 주어자리에만 올 수 있다. 그렇기 때문에 (16/17a)의 경우에는 표면적으로 주절 동사의 목적어와 같이 보이는 자리에 허사가 쓰일 수 있으나 (16/17b)의 경우에는 그것이 불가능하다. 이는 전자의 경우에만 해당 명사구가 (심층)주어이기 때문이다.

(18) a. John expects there to be difficulties with the proposal
 b. John expects it to be unlikely that he will be promoted
vs.
 c. *John persuaded there to be plans to fire Bill
 d. *John persuaded it to be certain that he will be promoted

2.2.2 논항 실현 원리(Argument Realization Principle)

투사 원리는 논항이 통사 성분과 일대일의 관계로 실현되어야 할 것을 요구하지만 논항이 구체적으로 어떤 통사적 기능을 갖고 통사부에 투사되는지에 관해서 명시하지 않는다. 예를 들어 "hit"와 같이 두개의 논항을 취하는 동사의 경우 어떤 논항이 주어로 표현되고 어떤 논항이 목적어로 표현되는지 투사 원리는 관여하지 않는다. 그러나 논항이 통사적으로 실현될 때 의미역에 따라 일관성 있게 통사적 기능을 갖게 된다. 예를 들어 Agent와 Theme을 논항으로 갖는 동사가 쓰이는 단문에서 주어는 항상 Agent이고 목적어는 항상 Theme 논항이 된다. (19a)를 보면 이 사실을 확인할 수 있다.

(19) a. John hit the ball.
 b. The ball hit John.
 c. The ball was hit by John.

보통 무생물일 경우 Agent로 쉽게 이해되지 않지만 그럼에도 불구하고 (19a)에서는 "the ball"이 Agent로 이해되고 "John"은 Theme으로 인식된다. 반면 (19c)에서는 Theme이 주어로 기능한다. 그러므로 겉으로 보면 방금 진술한 연결 규칙에 위반되는 것 같다. 그러나 이 문장의 표면 주어는 심층 구조의 목적어 자리에서 도출되어 나온 것이다. 그러므로 Theme이 심층 구조에서 목적어 자리에 투사된다는 원칙의 예외가 되지 않는다.

위의 사실에 기초하여 우리는 심층 구조의 문법 기능소와 이에 대응하는 논항의 종류에는 규칙성이 있음을 알 수 있다. 이런 규칙성은 연결 규칙성(Linking Regularities)이라고 알려져 있으며 논항과 문법 기능소를 연결하는 규칙을 일컬어 논항 실현 규칙(Argument Realization Principle) 혹은 연결 규칙(Linking Rules/Principles)이라고 한다. 보편 연결 가설(Universal Alignment Hypothesis)은 이런 연결 규칙이 모든 언어에 적용됨을 주장한다. 위의 연결 규칙은 다음과 같은 도식으로 표현될 수 있다.

(20) a. 행위자(Agent) ↔ 심층 구조 주어(Deep Structure Subject)
     b. 대상(Theme) ↔ 심층 구조 목적어(Deep Structure Object)

다음 예문들을 통하여 영어의 경우 이러한 연결 규칙이 어떻게 적용되는 지 보겠다.

표면상 Agent가 주어로 나타나지 않고 Theme이 목적어로 나타나지 않는 문장들은 (20)을 위반하는 것처럼 보인다.[13]

---

13) 그러나 다음의 문장들은 (20)에 반례가 되지 않는다.

  (i) a. The key opened the door.
       b. The boys entered the room.

(ia)의 주어는 Instrument인 반면 (ib)의 목적어는 Goal이다. 그러나 (20)이 쌍방적인 조건(biconditional)이 아니라 일방적인 조건으로 표현되어 있기 때문에 행위자만 주어로 표현될 수 있다고 말하지 않는다. 그러므로 (20)의 반례를 찾기 위해서는 행위자를 가지는 동사가 행위자를 주어로 취하지 않고 대상을 취하는 동사가 목적어로 대상을

(21) a. The ball(Theme) was hit by John(Agent)
　　 b. The ice(Theme) melted
　　 c. These pictures(Theme) frightened the boys
　　 d. They gave the boys(Goal) some money(Theme)

그러나 전통적으로 (21a)는 Theme이 심층 구조에서 목적어로 기능하며 변형에 의해 표면 구조의 주어로 역할을 한다고 가정하였다. 이 분석을 받아 드리면 수동태 문장은 (20)에 반례가 되지 않는다.

수동태 문장이 기저생성(base-generated)되지 않고 표면형과 다른 기저형에서 도출된다는 증거로 다음과 같은 사실을 들 수 있다. (Radford 1988:422ff)

(22) a. The government kept tabs on his operations.
　　 b. *Tabs won't affect me.
　　 c. *Everyone needs tabs.
　　 d. Close tabs were kept on all the Thatcherites.

(22a)에서 보듯이 명사구 "tabs"는 매우 제한된 분포를 가지고 있다. "keep"과 같은 동사의 목적어로만 쓰이며 동사와 어울려 숙어적인 의미를 가진다. 이 명사는 (22c)와 같은 동사의 목적어로 쓰일 수 없고 (22b)에서와 같이 주어 자리에 올 수 없다. 그러나 (22d)에서 "keep"의 수동태 형태와 함께 쓰일 때는 이 명사가 문장의 주어로 쓰일 수 있다는 것을 보여준다. 이러한 예외적인 분포는 (22d)의 주어가 심층 구조에서 동사 "keep"의 목적어 자리에서 도출되었다고 가정하면 설명된다.

수동태 문장의 표면 주어가 심층 구조의 목적어 자리에서 도출되었다는 두 번째 증거로 결과 표현(resultative predicate)의 분포를 들 수 있다. (Levin and Rapport 1995)

취하지 않는 경우를 찾아보아야 한다.

(23) a. Mary licked her fingers clean.
　　b. Her fingers were licked clean.
　　c. She came home tired.

(23a)에서 결과 표현인 "clean"은 목적어('her fingers')에 대한 술어이지, 주어에 대한 술어가 아니다. 즉, 이 문장은 Mary가 그녀의 손가락을 빤 결과로 피곤해졌다는 의미를 갖지 않고 손가락이 깨끗해졌다는 의미를 갖는다. Clean이 주어에 대한 술어로 해석될 때는 결과 술어가 아닌 주어의 상태를 가리키는 상태 술어(depictive predicate)로 해석된다. 이러한 결과 술어의 분포에 관한 제약을 직접목적어 제약(Direct Object Restriction)이라고 한다. 그러므로 (23b)와 같이 손가락을 빤 결과로 손가락이 깨끗해졌다는 의미로 수동태의 주어에 대해 결과 술어가 쓰인다는 것은 이 제한에 명백한 위배인 것처럼 보인다. 그러나 수동태의 주어가 심층 구조의 목적어 자리에서 도출되었다고 보면 이러한 예외적인 사실을 쉽게 설명할 수 있다. 그러므로 수동태 문장도 (20)의 연결 규칙을 준수한다고 결론지을 수 있다.

이제 (21b)를 보자. 능동태와 수동태의 동사가 다르다는 것은 수동형태소의 추가로 보아 쉽게 알 수 있다. 그러나 이와는 달리 이 문장의 Theme 주어가 심층 구조의 목적어 자리에서 도출되었다는 것을 가시적으로 보여 주는 형태론적인 표지가 없다. 그러므로 이 문장은 (20)의 연결 규칙을 위반하는 것 같아 보인다. 그러나 (20)이 언어보편적으로 적용된다고 가정하는 학자들은 (21b)와 같은 문장도 도출된 구조라고 본다. (Perlmutter 1978, Rosen 1981, Burzio 1986, Levin and Rappaport 1995) Theme을 주어로 갖는 자동사 구문의 주어는 도출된 주어라는 가설이 바로 비대격 가설(Unaccusative Hypothesis)이다. 이 가설을 뒷받침하는 예는 영어에서도 발견된다.[14]

---

14) Unaccusative Hypothesis는 다양한 언어에서 입증되었다. Perlmutter와 Burzio는 이탈리아어에서 이 가설을 뒷받침하는 강력한 증거들을 찾았다. 이 곳에 나온 영어의 분석은 Levin and Rappaport(1995)를 따른 것이다.

(24) a. John(Agent) ran extremely tired.
　　 b. John(Theme) arrived extremely tired.

(24a)에서 tired는 행위자 주어를 가리키는 결과 술어로 해석될 수 없고 상태 술어로만 해석이 가능하다. 즉, (24a)는 John은 매우 피곤한 상태에서 달렸다는 의미를 갖는다. 반면 주어가 Theme인 (24b)는 이와 같은 해석이 가능하다. (20)의 연결 규칙에 의하면 이러한 차이점이 쉽게 설명된다. 행위자 주어는 심층 구조에서 주어로 투사되고 대상 주어는 심층 구조에서 목적어로 투사되어 표면 구조의 주어자리로 이동한다. 그러므로 (24b)의 술어는 심층 구조 목적어에 서술되어 직접목적어 제약을 만족시키지만 (24a)의 술어는 이 제약을 만족시키지 못한다.

여기서 (21a, b)는 다루지 않겠지만 이 문장들도 (20)의 연결 규칙을 적용하면 쉽게 설명되는 것을 볼 수 있다. 즉, (21b)의 주어와 (21a)의 목적어는 각각 (20)을 준수하는 심층 구조로부터 도출되어 나온다고 가정하면 이들은 (19)의 예외가 아닌 문장으로 분석될 수 있다.[15]

2.3 통사 구조와 X-bar 이론

이제껏 우리는 통사 구조를 인허하는 데 어휘적 정보가 큰 역할을 한다는 것을 보았다. 즉, 구구조 규칙이 존재하더라도 구의 핵이 되는 어휘의 하위범주화, 논항 구조 및 통사 범주에 의해 그 규칙이 명시하는 요소 중 어느 성분이 필수적으로 나타나며 어느 것이 수의적으로 나타나는지가 결정된다는 점을 알았다.

이 절에서 우리는 구구조 규칙의 성격을 살펴보겠다. 앞에서 언급했듯이 어휘정보(특히, 하위범주화 자질)와 구구조 규칙 둘 다 통사 구조를

---

[15] Belletti & Rizzi(1988)는 (21c)에서 쓰인 "심리 동사"(psych verb)가 연결 규칙을 준수한다는 것을 보여 주는 대표적인 분석이다. Larson(1988)은 (21d)구조가 도출된 구조임을 주장한다.

명시함으로 이론적 잉여성(redundancy)을 유발한다. 이런 잉여성을 해결하는 한가지 방법은 어휘적 정보를 최대화하며 구구조 규칙을 단순, 보편화 시키는 것이다. "X′-이론(X-bar Theory)"이라고 알려진 통사 구조에 관한 이론(Jackendoff 1977)은 구구조 규칙의 보편화, 단순화를 달성하려는 일련의 생각을 지칭한다. X-bar Theory로 보편화된 구구조 규칙은 어휘정보와의 상호 작용으로 성분 구조의 분석을 담당한다. 그럼 이제 X-bar 이론에 대해 알아보기로 하자.

2.3.1 어휘 구조의 투사 - X-bar 이론

구구조 규칙은 한 성분의 통사 범주, 그것을 구성하고 있는 성분들의 범주, 그리고 구성원 간의 어순을 명시한다. 어순을 "$\cap$" 연산자로 표시한 다음의 규칙들은 이런 정보를 명시하고 있다.

(25) a. PP → P$^\cap$NP ("in the park")
 b. VP → V$^\cap$NP$^\cap$PP ("give a book to the boy")
 c. AP → A$^\cap$PP ("proud of his achievements")

보편 문법을 발견하려면 언어 보편적인 속성을 찾아야 한다는 것은 당연하다. 그러나 위의 구구조 규칙을 볼 때 형식적인 제약 — 즉, 다시 쓰기 규칙(rewrite rule) 중에 context-free rewrite rule이라는 사실 — 을 제외하고는 별로 보편적인 성격이 보이지 않는 것 같다.

예를 들어, 언어마다 구의 핵(Head)과 그 자매성분 간의 어순이 다르다. (25)에 해당하는 한국어의 규칙은 모두 핵어가 구의 마지막에 나타난다.

(26) a. PP → NP$^\cap$P ("학생(NP)-에게(P)")
 b. VP → PP$^\cap$NP$^\cap$V ("학생-에게 돈-을 주다")
 c. AP → NP$^\cap$A ("학생-이 자랑스럽다")

또한, 핵어와 결합하는 자매성분의 수나 종류도 핵어에 따라 다르다. 이런 차이점을 각 구구조 규칙에 명시해야만 하는 것 같아 보인다.

그러나 자세히 살펴보면 구구조 규칙이 갖고 있는 보편적인 제약이 보이기 시작한다. 첫째, (25), (26)의 규칙들은 내심성(Endocentricity)이라고 알려진 속성을 보이고 있다. Endocentricity는 구의 범주가 핵어의 범주에 의해 결정된다는 사실을 말한다. 또, 비록 영어의 (25)와 한국어의 (26) 규칙이 어순의 차이를 보이지만 영어의 구구조는 항상 핵어가 다른 자매성분을 선행하고 한국어의 규칙들은 핵어가 구의 제일 마지막에 위치한다는 사실을 알 수 있다.

위에서 언급한 이 두 가지 사실 중 첫 번째 사실은 모든 구구조 규칙에 적용되는 보편적 제약(universal constraint)이며 두 번째 사실은 구구조 규칙들이 보편 문법적으로 보일 수 있는 매개변인(parameter)의 예가 된다. 이 두 사실을 구구조 규칙의 분석에 반영하여 다음의 제약을 설정해 보자.

(27) Endocentricity (1차 정의)
    XP → ... X ... (X = 범주를 지칭하는 변항)

(28) 핵어 어순 매개변인 (Headedness Parameter)
    나무 그림의 국부 구조(local tree)[16]에서 핵어는 {첫째, 마지막} 항목이다.

이 원칙들에 의하면 영어의 구구조 규칙인 (25)는 보편적 제약 (27)과 "첫째"를 선택한 핵어 어순 매개변인 (28)을 만족시킨다.

X-bar 이론에서 발견된 구구조에 관한 다른 제약들은 다음과 같다. 구구조의 보편문법적 특성의 연구 결과 핵어와 보충어(complement)로 이루어진 구와 이 구에 부가어(adjunct)나 지정어(specifier)를 병합한 구가 존재한다는 것이 발견되었다. 두 가지 구의 종류를 BAR라는 자질로 표시하면 핵어는 <BAR:0>, 핵어와 보충어로 이루어진 중간단계의 구는 <BAR:1>, 그

---

[16] local tree란 tree of depth one, 즉 두 개의 절점의 길이로 구성된 나무 구조를 지칭한다.

리고 최대 투사의 구는 <BAR:2>로 표시할 수 있다. 여기서 보듯이 BAR의 값은 단어로부터 나무 구조를 따라 올라가면서 단계적으로 증가하게 되어 있다. 이러한 제약을 승계성(Succession, Kornai & Pullum 1990)이라고 부른다. Endocentricity와 Succession을 포함한 구구조 도식은 다음과 같다.

(29) Endocentricity + Succession
$X^m \rightarrow ... X^n ...$ ($n \leq m$, $0 \leq \{n, m\} \leq 2$)

즉, 구구조는 BAR의 값 0과 2사이에서 어미 절점(mother node)이 핵딸 절점(daughter node)과 BAR의 값이 같거나 하나 더 커야 하며 그 범주는 같아야 한다.

X-bar 이론의 다른 제약들을 이제 소개하고자 한다. 핵어의 보어는 항상 핵어의 최소투사인 <BAR:1>구 안에 실현되고 지정어는 <BAR:1>과 결합해 <BAR:2>의 구를 투사한다. 또한 구구조 도식에서 핵이 아닌 다른 요소들은 항상 최대투사(즉, <BAR:2>의 구)이어야 한다. 이 제약은 부가어 최대투사제약(Modifier Maximality Constraint)이라고 불린다. 구구조 도식 (phrase structure schema)은 범주를 명시할 수 없다는 중립범주제약(Category Neutrality Constraint)도 X-bar Theory의 제약 중 하나이다.

위의 제약을 만족시키는 영어의 구구조 도식들은 다음 세 가지로 집약된다.

(30) a. 지정어-핵 도식(Specifier-Head Schema)
$X'' \rightarrow Y''$, X'
b. 부가어-핵 도식(Adjunct-Head Schema)[17]
$X^m \rightarrow X^m$, Y^n (m = 1, 2면 n = 2, m = 0이면 n = 0)
c. 핵어-보충어 도식(Head-Complement Schema)
$X' \rightarrow X$, Y''*[18]

---

[17] comma는 부가어가 핵의 앞이나 뒤에 올 수 있다는 의미이다. 여기서도 알 수 있듯이 이 도식들은 어순을 명시하는 구구조 규칙과 성격이 다르다.

위에서 보았듯이 X-bar 이론은 각 언어의 구구조 규칙을 보편적 제약(및 매개변인의 선택)을 만족하는 X-bar 도식(schema)으로 대체한다. 이렇게 함으로 이론의 설명적 적절성이 증가됨은 말할 나위 없겠다. 이제 영어의 성분 구조가 어떻게 (30)의 도식으로 분석되는지 살펴보자.

지정어-핵 도식(Specifier-Head schema)을 만족시키는 통사 구조는 상당수가 된다. (Radford 1988 참조)

(31) a. N″ → N″ N′ ([John's [pictures of Mary]])
b. V″ → Q″ V′ ((the students) [all [came home]])
c. P″ → Adv″ P′ ([right [behind the counter]])
d. A″ → Deg″ A′ ([so [confused about the results]])
e. I″ → N″ I′ ([John [would not come home]][19])
f. C″ → N″ C″ ([what [did you do to Mary]][20])

영어의 통사 구조 중 부가어-핵 도식으로 분석될 수 있는 것은 다음과 같다.

(32) a. N′ → A″ N′ ((a) [Cambridge [student]])
b. N′ → N′ P‴ ((the) [[student] with long hair])
c. V′ → Adv″ V′ ([quickly [hide the loot]])
d. V′ → V′ Adv″ ([[hide the loot] quickly])
e. P′ → Adv″ P′ ([definitely [in the red]])
f. P′ → P′ P‴ ([at odds] with his friends])
g. A′ → Adv″ A′ ([extremely [interesting]])

---

18) * 연산자는 보충어가 영에서 무한대까지 올 수 있다는 표시이다. 위의 X-bar 도식은 다분지(n-ary branching)를 허용한다. 그러나 Larson(1988) 등에서는 X-bar 도식은 이분지(binary branching)로 제한되어야 한다고 가정하고 있다.
19) Modal동사 will은 I(NFL) 범주에 속하는 것으로 분석된다. 그러므로 "S"는 I의 최대 투사인 IP가 된다. "S"의 X-bar 도식분석에 관해서는 Radford(1988), 한학성(1995)을 참조할 것.
20) S′는 보문자(Comp)의 최대투사인 CP로 분석된다.

마지막으로, 핵어-보충어 도식으로 인허되는 구조들은 다음과 같다.

(33) a. N′ → N P″ ([student [of physics]])
　　 b. N′ → N C″ ([claim [that we will win]])
　　 c. V′ → V N″ ([buy [boxed lunches]])
　　 d. V′ → V N″ N″ ([send [Mary] [a dozen roses]])
　　 e. V′ → V V″ ([keep [beating around the bush]])
　　 f. A′ → A P″ ([anxious [for success]])
　　 g. A′ → A C″ ([certain [that we will win]])
　　 h. P′ → P N″ ([on [the top of the world]])
　　 i. P′ → P C″ ([after [John leaves]])
　　 j. Adv′ → Adv P″ ([independently [of his friends]])

2.3.2 과생성의 문제

X-bar 도식은 자연언어 구구조의 보편적인 속성과 매개변인적인 속성을 담은 적용범위가 넓은 도식이다. 한 개의 도식으로 분석될 수 있는 구조의 수가 상당히 많다. 그렇기 때문에 X-bar 도식은 과생성의 문제를 야기한다. 예를 들어 (30c)의 Head-Complement Schema를 보자. 이 도식에 의하면 어떤 핵어이건 모든 통사 범주의 보충어를 영에서 무한대까지 취할 수 있어야 한다. 그러나 (33)에서 보듯이 물론 그렇지 않다. 예를 들어 Adv가 핵으로 취할 수 있는 보어는 극히 제한되어 있다. 또 하나 이상의 보충어를 취하는 핵어는 동사 밖에 없다. 이런 과생산 문제를 어떻게 해결할 것인가? 그 대답은 바로 어휘적 정보에 있다. 핵의 어휘 정보, 즉, 하위범주화 자질과 X-bar 도식을 동시에 만족하는 구조만이 인허될 수 있다는 이야기이다. 문법현상을 문법의 각기 다른 부분의 상호 작용으로 설명하는 방법을 조합적(modular)인 설명이라고 한다.[21]

---

21) 그러나 이런 설명이 (30a, 지정어-핵 도식)이나 (30b, 부가어-핵 도식)의 과생산 문제를 해결할 수 있는지 분명치 않다. (30b)의 경우 수식어와 피수식어 사이에 공기(co-

2.4 절의 구조와 보문 유형

원리-매개 이론과 다른 생성 통사이론의 통사 구조 분석에는 여러 가지 차이점이 있으나 그 중에 특히 대조되는 면이 절(clause)의 구조 분석이다. 절 이외의 다른 범주는 대략 X-bar 이론에 의거한 분석을 여러 이론들이 따르고 있기 때문에 이 절에서는 원리-매개 이론에서 어떻게 절을 분석하는가 살펴보고자 한다. 이 과정에서 우리는 이 이론의 특징을 잘 이해하게 될 것이다. 먼저 주절(matrix clause)로 기능하는 절의 구조를 보고 다음에 보문절(complement clause)이나 부가절(adjunct clause)로 기능하는 절의 구조를 살펴보기로 한다. 미리 일러두겠지만 이 이론의 절 구조의 분석에는 두 가지 특징이 있다. 첫째는 Projection Principle에 입각해 의미적으로 명제(Proposition)를 나타내는 성분들은 통사적으로 반드시 절의 구조를 갖는 것으로 분석되어야 한다는 것이다. 이 점에서 원리-매개 이론은 통사부와 의미부 간의 간극(syntax-semantics mismatch)을 허용하지 않는다. 둘째로 표면 구조를 중시하는 다른 이론과는 달리 구구조 분석에 있어서 추상적으로 보이는 기능 범주(functional categories)가 상정된다는 것이다. 그 이유에 대해서도 알아보기로 하겠다.

2.4.1 주절의 성분 분석

영어에서 독립적으로 쓰이는 절, 즉 주절에 나타나야 하는 필수적인 요소가 여러 가지 있다. 구구조 규칙으로 표현하면 (34)와 같이 그 제약

---

occurrence) 제약이 있는데 이를 설명하려면 핵어가 수식어를 선택(select)한다고 가정해야한다. 그러나 수식어는 보충어와는 달리 어휘 항목의 선택 자질에 속하지 않는다는 깃이 원리-매개 이론의 일반적 생각이기 때문에 이런 공기 제약을 어떻게 기술할 것인지는 문제로 남는다. 반면, HPSG에서는 MOD라는 자질로 핵어와 부가어의 선택을 설명한다.
(30a)의 경우에는 지정어-핵 일치(Specifier-Head Agreement, SHA)라는 기재로 공기제약을 설명할 수 있다. 그러나 타 이론과는 달리 원리-매개 이론에서는 SHA가 정확히 형식화되어 있지 않다.

을 기술할 수 있을 것이다.

(34) S → NP Aux[fin] VP

즉, 영어의 주절에는 주어, 술어인 VP, 그리고 조동사적 요소인 finite tense가 나타나야 한다. 이것이 어겨지는 절은 비문이 된다.

(35) a. John may come.
　　 b. *John come
　　 c. *May come
　　 d. *John may

그러나 (34)에는 두 가지 문제가 있다. 첫째 문제는 S라는 범주가 X-bar 이론을 지키지 않는다는 것이고, 둘째는 전치된 의문사나 도치된 조동사가 위치할 자리가 없다는 사실이다. ((36) 참조)

(36) a. [? What did [s you read]]
　　 b. [? Did [s John come home]]

두 번째 문제는 Bresnan(1970)을 따라 '?'의 범주를 S'-규칙 (S'→ Comp S)으로 인허되며 전치된 의문사는 Comp에 부착이 된다고 가정함으로 해결할 수 있다고 생각되어 왔다. 그러나 이 분석에서도 첫 번째 문제에 대한 대답은 나오지 않는다. 왜냐하면 S나, S'를 허가하는 규칙이 X-bar 이론을 어기기 때문이다. 이런 이유로 원리-매개 이론에서는 S를 INFL 이라는 범주의 최대투사인 IP, 그리고 S'를 Comp의 최대투사인 CP로 분석한다. 핵어인 I는 VP를, 그리고 C는 IP를 보충어로 선택한다.

(37) a. I″ → N″ I′
　　　　 I′ → I V″

b. C″ → X″ C′
   C′ → C I″

   지면 관계상 이러한 재분석을 뒷받침하는 증거를 논의하지 않겠다. 그러나 여기서 한가지 집고 넘어가고자 하는 점은 절구조의 재분석의 중요한 결과 중 하나가 INFL, COMP 등의 기능 범주의 상정이라는 점이다. 원리-매개 이론의 통사부 내에서 기능 범주의 역할은 매우 중요하다. 사실 여러 이유를 들어 Pollock(1989) 등의 학자들은 (37)의 절 구조조차 미흡하다고 주장한다. Pollock은 INFL을 AGR와 TENSE라는 범주로 분리할 것을 주장하며(물론, 이들은 X-bar 이론에 맞게 최대투사인 AgrP, TenseP를 투사한다), Rizzi(1997)는 CP 구조도 TopP, FocP, ForceP 등으로 더 세분화되어야 한다고 주장한다.

   이와는 대조적으로, 적어도 HPSG 이론에서는 S의 X-bar 이론상 문제점을 다르게 해결하고 있다. 즉, S는 V의 최대투사라는 입장을 취한다. 기능 범주도 Comp를 제외하고는 상정하지 않고 Comp도 S를 보어로 취하는 핵이 아닌 일종의 부가어(marker)로 분석한다. 이 반면, 최근 LFG 이론에서는 CP와 IP의 구조를 상정하고 있다. (Bresnan 1998)

   그러면 여기서 잠깐 이론 간의 차이점이 어디서 오는지에 대해 생각해 보자. HPSG나 LFG는 어휘주의적 이론(lexicalist theory)들이다. 어휘주의 가설(lexicalist hypothesis)이란 통사부의 원소(atom)는 단어라는 생각을 지칭한다. 그러나 원리-매개 이론에서는, 예를 들어, INFL이라는 기능 범주는 단어인 양태 조동사(modal auxiliary) 뿐 아니라 어미인 인칭, 수 어미도 포함한다. 왜냐하면 finiteness라는 개념이 어떤 때는 단어로 표시되지만 다른 경우에는 어미로 표현되기 때문이다. 기능 범주가 곧 lexicalist hypothesis의 위배를 의미한다는 가정 하에 HPSG에서는 이를 배제한다. 그 반면 최근 LFG 이론에서는 기능 범주를 받아들인다. 그 이유는 다음과 같다.

   기능 범주를 상정하는 이유는 여러 가지가 있겠지만 그 중에 가장 납득하기 쉬운 이유는 어휘 범주와 기능 범주의 핵의 위치가 다르다는 사실에 있다. 예를 들어 다음을 살펴보자.

(38) a. John has not come
b. *John not has come
c. *John not have come
d. John have+s not e come
　　　↑＿＿＿＿＿｜

　부정어 not의 위치가 일정하다고 가정할 때 우리는 finite (조)동사는 항상 not 앞에 오지만, non-finite 동사는 그 뒤에 오는 것을 알 수 있다. 이것을 보아 finite, non-finite 동사의 통사적 분포가 다른 것을 알 수 있다. 원리-매개 이론에서는 finite 동사는 INFL의 위치에, non-finite 동사는 V의 위치에 자리하고 있다고 가정한다. 이 뿐 아니라 finite 동사는 VP내의 V자리에서 접사로 구성된 INFL 자리로 옮겨간다고 가정한다.

　이 마지막 가정이 어휘론자들에게 문제가 되는 것이기 때문에 LFG에서는 INFL과 V의 두 위치가 상이하다는 점은 인정하지만 INFL이 접사로 구성되어 있다는 점은 수긍하지 않는다. 그 대신 영어의 조동사는 V 또는 INFL 범주에 속한다고 분석한다. 이런 식으로 LFG는 기능 범주를 인정하면서도 어휘주의 가설을 유지한다.

2.4.2 내부주어 가설(VP-Internal Subject Hypothesis)

　원리-매개 이론의 절구조 분석의 또 하나의 특징인 내부주어 가설(VP-Internal Subject Hypothesis)은 앞에서 논한 기능 범주와 실질/어휘 범주의 구분과 관련이 깊다. 이 가설은 동사의 의미상 주어가 (37a) 규칙의 I의 지정어 자리에 기저생성되는 것이 아니라 V의 지정어 자리에 생성되었다가 I의 지정어 자리로 이동한다는 가정이다. 이를 도식화하면 다음과 같다.22)

---

22) 여기서 편의상 not을 VP의 부가어로 분석한다. 그러나 not도 기능 범주인 NegP의 핵

(39) [IP John$_i$ [I' has$_j$ [VP not [VP t$_j$ [VP t$_i$ [V' come]]]]]

이 가설에 대한 경험적-이론적 증거는 상당하다. McCloskey(1997)에서 그 간의 논의들이 잘 정리되어 소개되고 있다. 지면상 그 논의들을 일일이 소개하지 못한다. 그 대신 이 가설이 함의하는 바를 잠깐 다루기로 하겠다. 이 가설의 한 가지 결과는 절 구조에 있어서 어휘 범주와 기능 범주의 역할 및 그 영역이 확연히 구분된다는 것이다. 즉, 동사의 논항인 주어는 심층 구조에서 어휘 범주의 최대투사 안에 투사된다. 이것은 어휘 범주의 투사 안에서 의미역 할당이 이루어진다는 것을 의미한다. 그 반면, 주어라는 논항의 표면적 속성인 격(Case)과 일치자질(agreement)은 주어가 어휘투사 내에서 기능투사의 지정어 자리(후에는 자질 점검 자리-checking position-라고도 불림)로 이동을 한 후에 점검되어진다는 것이다.

여기서 우리는 이동의 역할을 이해할 수 있게 된다. 어휘적 자질과 기능적 자질이 다른 영역으로 투사되기 때문에 어휘적 자질(즉, 의미역)과 기능적 자질(격, 일치 등)을 갖고 VP 내에 병합되는 주어 논항은 "필연적으로" 이동해야만 그 것의 두 가지 자질이 모두 점검될 수 있다고 생각할 수 있겠다. 이 생각은 최소주의(Minimalist Program)에 와서 모든 이동의 핵심적인 성격으로 파악된다. 최소주의 이론은 그러므로 VP-Internal Subject Hypothesis에 기반을 두었다고 할 수 있겠다.23)

2.4.3 종속절의 성분 구조 분석

이 장의 마지막 주제로 종속절의 성분 분석을 살펴보겠다. 종속절이

이라는 분석이 있다. Zanuttini(1991), Haegemen(1995)들을 참조할 것.
23) 우리는 목적어의 경우에도 주어와 똑같은 생각을 해 볼 수 있겠다. 목적어는 의미역을 V에서 받지만 기능적 자질(격)을 어떤 기능 범주에 의해 점검 받는가? 이에 대한 대답으로 여러 학자들은 목적어 일치소(AgrO)라는 기능 범주를 상정해 이를 (주어를 포함한) 전체 VP 위에 두거나 주어와 동사 + 목적어 경계 사이에 둔다. 목적어는 SpAgrOP로 이동하여 기능적 자질을 점검받는다고 가정한다.

주절과 같이 CP(=S')가 될 수 있다는 사실은 논란의 여지가 없다. 보문자가 직접 나타날 수 있기 때문이다.

(40) a. *That John has come home.
     b. (I know) that John has come home.

그러나 의미적으로 Proposition을 나타낸다는 면에서 종속절로 분석될 수 있는 성분들 가운데 주절이 보이는 성격을 결여하는 여러 성분이 있다. 이들을 어떻게 분석을 해야 하느냐가 원리-매개 이론(과 그 전신인 변형 이론)과 HPSG, LFG 이론 사이에 중요한 관건이 되어 왔다. 우선 문제가 되는 구문들을 보자.

(41) a. I believe John to be sincere
     b. John seems to be intelligent
     c. I tried to leave
     d. I persuaded John to leave
     e. I consider John dishonest

전통적으로 Subject-Object Raising 및 Subject-Subject Raising 구문으로 알려진 (41a)와 (41b)는 각각 밑줄 친 부분이 심층 구조에서 절을 이루는 것으로 분석된다. 그 이유는 다음과 같다.

투사 원리에 의하면 believe나 seem 같은 동사가 의미적으로 Proposition을 선택한다는 사실이 통사적으로 이들의 보어가 절이라는 사실로 반영되어야 한다. 그렇기 때문에 비록 표면에서 한 성분(constituent)을 이루지 못하더라도 심층 구조에서는 하나의 구성 성분으로 분석되어야 하는 것이다. (41a)는 PPA 이론(원리-매개 이론을 이렇게 약하겠음)에서 다음과 같이 분석한다.

(42) I believe [$_{IP}$ John$_i$ to be [$_{AP}$ t$_i$ sincere]]

여기서 우리가 주목하는 것은 종속절이 CP가 아닌 IP로 분석된다는 점이다. 여러 이론 내적인 이유가 있으나, 차후에 살피기로 하고 여기서는 '절'-이라는 성분이 반드시 CP투사를 갖지 않아도 된다는 점에 주목하자. 그 이유는 VP-Internal Subject Hypothesis에 기대어 설명할 수 있을 것이다.

비록 초창기 PPA 이론에서는 구분이 이루어지지 않았지만(Chomsky 1981), 의미적으로 "명제"라는 범주는 엄밀히 보면 절의 어휘 범주의 최대투사(maximal projection of the lexical category heading a clause)에 해당한다고 보는 것이 가장 합리적이다. 명제는 자체적으로 진리조건이 없고, 거기에 시제, 양상 등을 첨가함으로 진리조건이 주어진다. 진리조건을 주는 이 후자들이 바로 기능 범주에 해당된다. 그러므로 "절"이라는 의미적-기능적 복합체(thematic-functional complex)에서 가장 핵심이 되는 부분은 명제성을 나타내는 어휘 범주의 투사(lexical projection expressing propositionality)이지 기능 범주의 투사가 아니라는 점을 생각해 볼 수 있겠다. 그렇기 때문에 IP도 절의 역할을 할 수 있다.

(41b)의 분석도 (41a)와 유사하다. 심층 구조에서 seem의 보어는 IP로 표현되는 절이다. 이 절의 주어는 seem의 표면주어 자리까지 이동한다.24) 이를 도식화하면 다음과 같다.

(43) John$_i$ seems [$_{IP}$ t$_i$ to be [$_{AP}$ t$_i$ intelligent]]

HPSG나 LFG 이론에서는 의미적 명제가 통사부에서 항상 절의 구조로 투사되어야 한다는 가정을 받아들이지 않는다. 이들 이론에서는 통사부와 의미부의 mismatch를 허용한다. 또한 투사 원리를 받아들이지 않는다. 그러므로 (41a)에서 believe로부터 의미역을 받지 않는 목적어가 존재한다는 사실이 이론적 문제가 없다고 본다. 그 결과 (41a)는 'John'이 believe의 목적어로, to-부정사는 believe의 보어인 VP로 분석이 된다. 그

---

24) 그 이유는 주어의 격 점검과 상위문의 주어 자리가 확대 투사 원리(Extended Projection Principle)에 의해 채워져야 하기 때문이다.

러면 이들 이론에서 believe 같은 동사와 목적어에 의미역을 주는 동사 (예: persuade)와의 차이를 어떻게 나타낼까? 그 답은 어휘정보에 있다. 어휘 정보에 그 차이를 명시함으로 설명하고 있다.

(41c), (41d)는 Equi, 혹은 Control(통제)이라고 알려진 동사의 보문 유형이다. PPA 이론에서는 (41c), (41d)를 다음과 같이 분석한다.

(44) a. I tried [$_{CP}$ [$_{IP}$ PRO to leave]]
   b. I persuaded John [$_{CP}$ [$_{IP}$ PRO to leave]]

즉, "try"라는 동사는 "seem"과는 달리 상위문 주어에 의미역을 부여하고 동시에 명제를 나타내는 범주를 보충어로 선택한다. 투사 원리에 의해 보문절의 주어가 나타나지 못함에도 불구하고 공범주인 대명사 PRO를 설정하여 이 사실을 반영한다. "persuade"는 "believe"와는 달리 의미역을 할당하는 목적어와 명제를 나타내는 범주를 보충어로 택한다. 앞에서와 같은 이유로 부정사구에는 PRO라는 의미역을 받는 주어가 상정된다. HPSG와 LFG 이론의 분석은 물론 다르다. 부정사구는 VP로 분석되고 try나 persuade의 의미속성은 어휘부에 명시된다.

이상의 논의에서 우리는 앞에서 개요적으로 언급한 PPA 이론의 통사화(syntactization) 경향과 공범주의 사용을 보았다. 둘 다 통사부와 의미부의 긴밀한 상호 작용을 상정하고 mismatch를 허용하지 않으려는 의도에서 나왔다고 볼 수 있겠다. 한편, (41c)는 다음과 같이 분석된다.

(45) I consider [$_{AP(=SC)}$ John dishonest]

위에서 AP로 지칭된 성분은 초기 PPA 이론에서 소절(Small Clause)이라고 불리던 성분이다. 이 성분이 "절"로 분석되는 이유는 독자들에게 이미 친숙할 것으로 판단된다. 소절 성분이 명제를 나타내고 consider라는 동사가 명제를 '의미적으로 선택'(s-select)하기 때문이다. (45)에서와 같이 소절이 표면에 직접 나타나는 것이 VP-Internal Subject Hypothesis

와 최소주의에서 상정하는 어휘 범주의 영역과 기능 범주의 영역의 확연한 구분에 대한 직접적인 증거라고 생각할 수 있겠다. 그러나 과연 (45)의 소절이 순수히 어휘 범주의 투사로만 구성되었는지에 대해서는 논란의 여지가 있겠다. 소절의 술어인 dishonest가 John에 의미역을 할당한다 하더라도 이 명사구의 격은 기능 범주에 의해 점검되어야 한다고 가정할 때 문제가 생긴다.25) 또한 여러 언어에서 (45)와 같은 소절에서 John과 술부 사이에 일치현상이 관찰된다. 이를 위해 적어도 AgrP를 AP 위에 투사시켜야할 것이다.

통사부와 의미부, 통사적인 범주(절)와 의미적 범주(명제) 사이에 PPA 이론에서 가정하는 것처럼 긴밀하고 체계적인 관계가 있는지 더 많은 연구를 해야 하겠다. 그러나 이 가정이 통사 구조 분석에 가져다 주는 통찰도 적지 않다고 생각된다.

---

25) 초기 PPA 이론에서는 John의 격(대격)이 상위문 동사에 의해 "예외적 격할당"(Exceptional Case-marking)에 의해 인허되었다고 생각하였다. 최근 이론에서는 John이 상위문 동사구 위에 투사된 기능 범주의 지정어 자리로 이동한 후 격점검을 한다고 분석한다.

3장 의존 구문

　본 서에서는 변형 문법에서 '이동'으로 분석되는 구문들을 이론-중립적(theory-neutral)인 명칭인 '의존 구문'(Dependency Constructions)으로 지칭하기로 한다. 의존 구문이란 어떤 통사 구조의 두 성분 A와 B사이에 통사적인 의존 관계-예를 들어 의미역 공유, 자질 공유, 등등-가 있을 때 그런 구문을 지칭하는 명칭이다. 결속-통제 구문에도 의존 관계가 있지만, 여기서 우리는 전통적으로 '이동'으로 분석되는 의존 관계를 논의하고자 한다. 의미역의 공유가 이런 의존 관계의 가장 특징적인 성격이라고 할 수 있다. 의존 구문의 영역을 정하는 데 있어서 세 이론의 입장이 각각 다르다. PPA 이론에서 이동을 수반한 것으로 분석되는 구문은 크게 세 가지이다. 핵어 이동(Head Movement), 논항 이동(A-Movement), 그리고 비논항 이동(A'-Movement)의 의존 구문이 구별된다. 이 중 세 번째 구문을 '무한 의존 구문'(Unbounded Dependency Construction, UDC)이라고 부르기도 한다. 이 반면에 HPSG 이론에서는 PPA에서 핵어 이동과 논항 이동으로 분석하는 구문을 의존 구문의 일부로 보지 않고 어휘부 내에서 어휘잉여규칙(lexical redundancy rule)으로 그 속성을 기술한다. 그러므로 세 번째 경우만이 의존 구문으로 파악된다. 물론 HPSG에서는 의존 관계를 분석함에 있어 이동이라는 기재를 쓰지 않고 있다.
　LFG 이론에서도 세 번째 구문만이 의존 구문으로 분석된다. LFG에서는 '기능적 불확실성'(functional uncertainty)이라는 기재를 사용하여 이 구문을 분석한다. LFG에서는 핵어 이동 현상에 관해서는 확대 핵(Extended Head)이라는 개념, 그리고 논항 이동으로 기술되는 현상은 어휘사상가설(Lexical Mapping Theory)을 통해 분석하고 있다.
　이 결과 '의존 구문'의 범위와 분석하는 기재가 각 이론마다 다를 수밖에 없다. 이 장에서는 PPA 이론에서 위의 세 가지 의존/이동 현상을 어떻게 분석하고 있는지를 살펴보고자 한다. 1절에서 의존현상에 대한 개략적인 소개와 핵어 이동 현상을 다룬다. 2절에서는 논항 이동 현상과 그것에 관련된 주제인 문법 관계(Grammatical Relations) 및 격 이론(Case Theory)에 대해 소개하겠다. 3절에서는 비논항 이동 현상에 관해 논의하겠다. 마지막 4절에서는 이 세 가지 이동 현상이 모두 'α-이동'(Move Alpha)으로 통합될 수 있다는 것을 보여 주고, 그럴 경우 각 이동 현상의 차이점을 어떻게 설명할 수 있는지를 논의하겠다.

3.1 핵어 이동 현상

핵어 이동 현상을 논하기 전에 우선 PPA 이론에서 이동으로 분석되는 의존현상이 어떤 것인지를 살펴보기로 하자. 아래 (1)에서 보듯이, 자연언어에는 한 성분이 그것이 기저생성된 자리(이태릭체로 표시)가 아닌 것처럼 보이는 다른 자리에서 발음이 되는 현상이 발견된다.

(1) a. Can John _ take Sue home?
      (John *can* take Sue home.)
   b. John was arrested _ by the authorities.
      (The authorities arrested *John*.)
   c. What did you tell John to read _ ?
      (You told John to read *the book/what*.)

Chomsky(1995)는 이런 현상이 인공언어(예를 들어 컴퓨터 프로그래밍 언어)에서는 발견되지 않는 속성임에 주목하여 이 현상 자체가 인간언어의 핵심적인 속성이라고 본다. PPA 이론에서는 이런 현상을 '이동'(movement)라는 기재를 통해 분석한다. 더 나아가서 모든 '이동' 현상은 하나의 보편적인 변형 도식인 'α-이동'(Move Alpha)으로 분석이 될 수 있다는 가설을 내세우고 있다. α-이동 가설은 구구조 규칙의 영역에서 X-bar 이론이 이루어 놓은 설명적 타당성의 근접 가능성을 재래식 변형 규칙의 영역에서 담당하는 역할을 한다. 즉, 언어를 배우는 습득자는 각 의존 구문마다 독특한 변형/이동 규칙을 상정할 필요가 없이 'α-이동'이라는 보편적 규칙, 보편적 제약과 어휘적 특성만 알면 이동으로 분석되는 구문의 속성을 배울 수 있게 된다는 것이다. 이것이 사실이라면 변형에 관련된 통사 지식을 습득하는 것이 그리 어렵지 않을 것이다. 그 결과 우리는 설명적 타당성에 근접한 문법체계를 이룩할 수 있게 되는 것이다.

이 논의를 배경으로 하고 핵어 이동 현상을 살펴보기로 하자. Head-Movement는 다음과 같은 구문에서 나타나는 것으로 분석되고 있다.

(2) a. John annoy-s me.
    a'. John will annoy me.
    b. John ha-s annoyed me.
    b'. John will have annoyed me.
    c. Will John _ tell the truth?
    c'. John will tell the truth.

(2c')와 비교하여 (2c)가 이동의 결과로 생긴 것이라는 것은 우리의 직관에 맞는 분석인 것으로 생각된다. 그러나 과연 (2a, b)가 이동 현상인지 외견상 분명치 않다. 그렇기 때문에 HPSG 이론에서는 이를 의존 현상으로 보고 있지 않다.26) 그러나 자세히 보면 절의 동사가 finite form을 갖는 경우와 그렇지 않은 경우의 차이를 이동의 차이로 볼 수 있다는 것을 알게 된다. (Radford 1988) 다음의 문장들을 살펴보며 이 점을 설명하고자 한다.

(3) a. He has not finished yet.
    b. *He not has finished yet.
    c. He may not have finished yet.

---

26) (2c)는 HPSG 이론에서 통사적으로 (2c')과 관련이 있다고 보지만 이동관계에 있는 것으로는 보지 않는다.

(4) a. He has probably been working.
   b.*?He probably has been working.
   c. He will probably have been working.

부정어 not과 부사 probably의 위치가 고정되어 있다고 가정할 때 have 의 finite form인 has는 항시 이들 앞에 오나 non-finite form은 뒤에 온다는 것을 알 수 있다. 이 차이를 이동의 증거로 삼을 수 있다. 즉, finite verb는 VP 내에서 VP 왼쪽 경계를 이루는 이 요소들을 넘어 밖으로 이동하는 것으로 분석될 수 있다. 부정어나 부사가 VP의 왼쪽 경계에 위치하고 있지 않다고 치더라도 finite V가 VP의 기저자리에서 이동했다는 증거가 존재한다.

Radford(1988)는 다음의 사실에 입각해 finite V의 이동을 주장하고 있다. (5a)에서 보듯이 조동사 축약(auxiliary contraction)은 빈자리-즉, 조동사가 공백화(Gapping)로 생략된 자리-를 건너뛰어 일어날 수 없다.

(5) a. I could have been playing, and you've been playing soccer.
   ≠ you [e](=could)'ve been playing soccer.
   = you've(=have) been playing soccer.
   b. They've completed the project.
   b'. They [ɪe] [vp've completed the project].
   b". They ['ɪve] [vp t completed the project].

그러나 (5b)에서는 contraction이 가능하다. 만약 절 구조가 앞장에서 분석한대로 IP구조를 가진다고 할 때, 조동사 have가 VP에서 밖으로 이동하지 않았다면(5b'에서처럼), 축약의 조건을 어기게 된다. 그러나 (5b")에서처럼 조동사가 I로 이동했다고 가정하면 축약되는 것을 설명할 수 있다.27)

---

27) Finite V의 I로의 이동은 조동사의 경우만 나타난다. (2a)의 "annoy-s" 같은 본동사는 I 위치로 이동하지 않았다는 증거가 있다. 여기서 본동사의 finite form의 분석은 다루

핵어 이동을 수반하는 것으로 분석되는 다른 구문은 조동사-주어 도치구문(Subject-Auxiliary Inversion Construction)이다.

(6) a. Will you go home tonight?
    b. What will you do without Bill?
    c. Never in my life have I seen such cowardice.

위의 문장들에서 조동사가 기저생성된 자리로부터 이동되었다는 사실은 금방 보아 알 수 있다. 그러나 어떻게 어디로 이동하였는지 분명치 않다.
우리는 다음의 사실에 입각하여 조동사가 (I를 거쳐) C로 이동하였다는 것을 알 수 있겠다. (Radford 1988)

(7) a. Will [[John [e] tell the truth] and [Bill [e] recant his story]]?
    b. *Could they've done something to help?
       (=Could they [e]'ve done something to help?)
    c. She wondered [whether he would come back].
       ?[would he come back]
       *[whether would he come back]

(7a)가 보여주는 것은 조동사가 IP 밖의 위치로 이동한다는 것이다. 이 위치에서만이 접속된 두 개의 IP를 모두 지배할 수 있기 때문이다. (7b)는 조동사가 I 위치에서 다른 위치로 이동하였다는 사실을 보여준다. I 위치가 비어있기 때문에 조동사 축약이 제약되는 것이다. (7c)는 종속절에서 Comp와 도치된 조동사가 공기(co-occur)하지 못하는 것을 보여 준다. 이 사실에서 우리는 도치된 조동사가 Comp 자리에 위치함을 유추해 낼 수 있다.
전통 변형 문법에서는 V에 시제접사가 결합하는 현상과 조동사가 문

지 않기로 하겠다.

두로 도치되는 것을 각기 다른 변형 규칙으로 기술했다. (전자는 Affix Hopping, 후자는 Subject-Aux Inversion.) 그러나 PPA에서는 두 경우 다 핵어 이동(Head Movement)으로 분석한다. 더 나아가서 핵어 이동은 α-이동의 한 가지 실현 양상이라고 주장한다. 그러므로 우리는 먼저 과연 두 구문의 동사이동 현상에 공통점이 있는가를 물어야 할 것이다. 그래야만 두 구문 모두 핵어 이동을 수반한다는 주장이 성립될 수 있기 때문이다.

Affix Hopping(Verb-to-Infl Raising)과 Subject-Aux Inversion(Infl-to-Comp Raising)은 많은 유사점을 갖고 있다. 이제 그 공통점을 살펴보자.

(7c)와 (8a)에서 볼 수 있듯이, 첫째, 두 구문의 변형은 대치변형(Substitution)이다. 즉, 이동할 자리(landing site)가 차 있으면 이동이 불가능하다.

(8) a. *George [I will] has not [VP e been working].
    b. George [I will] not [VP have been working].

두 번째 공통점은 이동이 필수적(obligatory)이라는 사실이다. 이동해야 할 때 이동하지 않으면 문장은 비문이 된다.

(9) a. *George [e] not [VP has/have been working].
    b. *What [e] [IP John will do at home]?

세 번째로 동사의 이동이 국부적(local)이다. 여러 개의 동사가 있을 경우 나무 구조 가장 위에 있는 동사만 이동을 할 수 있다.

(10) a. George has$_i$ not [VP [e$_i$] [VP been [VP working]]].
     a′. *George is$_i$ not [VP have [VP [e$_i$] [VP working]]].
     b. Has$_i$ John [e$_i$] [VP [e$_i$] [VP been [VP working]]].
     b′. *Been$_i$ John has [VP [e$_i$] [VP working]]].

마지막으로 영어에서 I 자리로 이동을 하지 못하는 동사(즉, 본동사)는 C 자리로 이동을 하지 못한다는 공통점을 갖고 있다.

(11) a. *John works not on Sundays.
  b. *Works John not on Sundays?

(10)과 (11)이 보여주는 사실은 만약 어떤 동사가 VP 내에서부터 C까지 이동하려면 직접 V에서 C로 갈 수 없고 반드시 I를 거쳐서 가야 한다는 점이다. 이를 우리는 이렇게 해석해 볼 수 있다. 동사가 다른 동사적 위치로[28] 이동할 때 기저생성된 자리에서 가장 가까운-즉, 국부적으로 성분 통어하는 (locally c-commanding)-자리로만 옮겨갈 수 있다. 핵어 이동에 대한 위의 제약을 핵어 이동 제약(Head Movement Constraint(HMC) - Travis 1984)이라고 부른다. 뒤에서 보겠지만 HMC는 α-이동의 보편적 제약의 일부로 파악될 수 있다.

3.2 논항 이동, 문법 관계 및 격 이론(A-Movement, Grammatical Relations and Case Theory)

PPA 이론에서 다루는 두 번째 의존 관계는 소위 논항 이동 혹은 명사구 이동(A-movement or NP-movement)이라고 불리는 이동 현상이다. 이 이동 현상을 이해하기 위해서는 PPA 이론에서 어떻게 문법 관계(Grammatical Relations, GR)와 격(Case)의 문제를 분석하는가를 먼저 다루어야 하기 때문에 다음 절에서 격 이론과 문법 관계를 간단히 살피고 3.2.2에서 본격적으로 논항 이동을 다루기로 하겠다.

---

[28] I와 C는 Grimshaw(1990)의 확대투사이론(Extended Projection Theory)에서 [+V, -N] 자질을 가진 범주로 "동사적"이라고 볼 수 있겠다.

3.2.1 문법 관계와 격

논항으로 역할하는 성분은 인허(license)되어야 한다. PPA 이론에서는 논항의 인허 조건으로 두 가지를 상정한다. 첫째로 논항은 술어로부터 의미역을 받아야 한다. 둘째로, 논항은 격(Case)을 받아야 한다. 여기서 격이란 추상격(abstract Case)을 지칭하며 대문자로 시작되는 Case라고 쓴다.

우리는 먼저 논항이 술어의 의미역을 받는 것만으로 인허되지 않는다는 사실을 보여야 한다. 그 증거는 다음에서 발견된다. (12)에서는 의미역을 할당받았다고 생각되는 논항 성분들이 외현적으로 나타나지 못하는 자리가 있다.

(12) a. *It seems [Susan to be here].
　　 a′. It seems [that Susan is here].
　　 a″. Susan seems [t to be here].
　　 b. *There were killed John and his family.
　　 b′. John and his family were killed t.

(12)에서 Susan은 의미역을 종속절의 술부로부터 받는다.29) 그러므로 (12a′)에서 종속절 주어의 자리에 나타날 수 있다. 그러나 (12a)에서는 이것은 불가능하다. Susan은 반드시 상위문 주어의 위치로 이동을 해야 한다. (12b 참조) (12b)의 경우도 마찬가지이다. John and his family는 수동분사 killed의 내부논항으로 기능하기 때문에 연결 규칙(linking rule)에 의해 killed의 보충어 자리에 투사되어야 한다. 그러나 이 자리에서 발음이 될 수 없고 반드시 이동하여야 한다. (12b′ 참조)

PPA 이론에서는 이런 현상을 다음과 같이 설명한다. (12a)와 (12b)의 명사구들은 의미역을 받았지만, 격을 받지 못했기 때문에 기저생성된 자

---

29) 엄밀히 말하자면 Susan은 [sc Susan here]의 소절의 주어자리에서 의미역을 받는다. 이 분석에서도 Susan은 의미역을 받은 위치에서 발음될 수 없기는 마찬가지이다. cf. *It seems [to be [Susan here]].

리에 나타날 수 없다는 것이다. 격 할당(Case assignment)이 이동과 긴밀히 관련이 있음을 우리는 (12a″)와 (12b′)를 보아 금방 알 수 있다. 즉, 격을 얻지 못하는 논항이 이동을 하여 격을 얻을 수 있는 자리에 위치하게 되면 그 논항은 이동된 위치에서 발음이 될 수 있다는 것을 알 수 있다. 논항은 격을 받아야 인허된다는 생각은 다음의 원리에서 나타난다.

(13) 격 여과(Case Filter)
 NP가 외현적(overt)일 때 격이 있으면 안된다. (S-str에서 적용.)

(14) 가시화 조건(Visibility Condition)
 격은 논항이 받은 의미역을 가시화시킨다.

(13)은 지금까지의 논의와는 약간 벗어나는 감이 없지 않다. (14)와는 달리 (13)은 '격'이라는 것을 단지 의미역을 받는 논항뿐 아니라 외현적으로 나타나는 모든 명사구의 속성으로 파악하기 때문이다. 반면에 (14)는 격과 의미역의 상관 관계를 분명히 맺어주고 있다. (13)과 (14) 중 어느 것이 옳은지의 문제는 이론적으로 흥미 있는 문제이나 여기서 다루지는 않겠다. 대신에 만약 (14)가 옳다면, 그리고 아래서 보게 되겠지만, 격이라는 것이 형태론적인 격이 아니고 '추상'격이라고 할 때, 과연 통사부의 '격'이 나타내는 것은 무엇인가라는 질문에 대답하고자 한다.
 (14)와 함께 이해되는 '추상격'은 전통적인 문법 관계(Grammatical Relation)를 기술하는 것으로 보아도 큰 무리는 없다. 이 문제에 들어가기 전에 우선 왜 우리가 격을 추상격(Case)으로 보아야 하는지를 생각해 보자. 그 이유는 다음과 같다. 첫째로, 격 이론은 보편 문법의 원리 중 하나이다. 그러므로 형태론적 격이 없는 중국어 같은 언어에도 적용이 되어야 한다. 그래서 '격'은 추상격이어야 한다. 둘째로, 이동으로 생긴 공범주도 격을 받아야 하는 경우가 생긴다. 공범주는 음성적 실현이 되지 않기 때문에 만약 그것이 격을 받아야 한다면 필연적으로 추상격을 받을 수밖에 없다. 공범주(즉, WH-trace)가 격을 받는 위치에 있어야 한

다는 증거는 다음과 같다.

(15) a. Who$_i$ is it likely [t$_i$ went home]?
b. *Who$_i$ is it likely [t$_i$ to go home]?

위에서 보듯이 WH-trace가 finite clause 주어(격 할당이 되는) 위치에 오면 정문이지만 non-finite clause의 주어 자리에 있으면 비문이 된다. 여기서 WH-이동은 다른 원리나 제약을 어기지 않고 있기 때문에 (15b)가 비문인 이유는 격 이론(즉, (13)/(14)의 위배) 밖에 없다고 보아야 한다.

(14)에 의하면 모든 논항은 추상격을 받아야 한다. 그러나 (13)은 외현적인 논항만 추상격을 받는다고 말하고 있다. 그 이유가 무엇일까? 바로 통제 구문에서 나타나는 PRO 때문이다.

(16) a. John tried [PRO to leave].
b. *John tried [him/Bill to leave].

위에서 보듯이 PRO는 논항임에도 불구하고 (leave의 외부논항) 그것이 나타나는 자리에는 외현적(overt) 논항이 올 수 없다. 또한 통제의 PRO가 나타나는 자리는 아주 제한되어 있다. 그러므로 외현적인 명사가 오지 못하는 사실에 비추어 PRO는 격이 없는 자리에만 온다고 생각될 수 있다. 이 사실 때문에 격 여과를 (13)과 같이 외현적인 명사(구)에 적용되는 것으로 제한했고 그 결과 가시화 조건 (14)에 대해서는 PRO가 예외인 것으로 생각되었다. 그러나 최근에는 PRO의 분포를 격이 없는 자리에만 오는 것으로 설명할 것이 아니라 PRO도 논항임으로 격을 받으나, PRO가 받는 격은 아주 특수한 격-즉, 영격(null Case)-이기 때문에 외현적 논항들은 이 격을 받을 수 없다는 주장이 대두되고 있다. (Chomsky & Lasnik 1993) 이 제안은 한편으로는 가시성 조건이 PRO에도 적용됨을 보여주나, 다른 한편으로는 '영격'이라는 자의적인(ad hoc) 기재를 상정하기 때문에 문제점이 있는 것으로 판단된다.

논의상 **PRO**까지 격을 받는다고 가정하고 왜 (14)의 가시성 조건이 문법에 필요한지를 고려해 보자. 앞에서도 말했듯이 (14)가 요구하는 논항이 갖추어야 할 두 가지 조건 중 추상격은 문법 관계를 지칭하는 것으로 이해될 수 있겠다. 술어의 논항이라는 것은 의미적인 관계이고 문장의 주어, 목적어, 보어 등은 통사적 관계이다. 이 두 가지 기능을 모두 갖추어야만 논항이 통사 구조 내에서 쓰일 수 있다는 사실을 (14)가 말하는 것이 아닌가 한다.

3.2.2 지배와 격 할당

위에서 우리는 논항이 어떤 자리에서는 추상격을 받고 다른 자리에서는 그렇지 못함을 보았다. 이는, 의미역을 술어가 할당하듯이 통사 구조에서 논항이 어떤 핵어와의 관계에 따라 격을 받을 수 있는 여부가 결정된다는 것을 시사하는 것이다. 이를 각 핵어의 어휘자질에 명시하면 격을 할당하는 핵어와 그렇지 못한 핵어의 차이를 설명할 수 있게 된다. 예를 들어 우리는 다음과 같은 어휘표상을 제시할 수 있다.

(17) INFL[+fin]:
 ARG-ST: < >
 CASE: {NOM}[30]

 V:
 ARG-ST: <Ag, Th>
 [+trans], [+active]
 CASE: {ACC}

---

[30] ARG-ST의 값은 list인 반면 Case value의 값은 multi-set으로 표시할 수 있겠다. 왜냐하면 같은 격을 한번 이상 할당하는 핵어도 있기 때문이다. 우리말 격 중출 현상을 이와 같이 분석하면 될 것이다.

INFL[-fin]: (raising)
ARG-ST: <   >
CASE: {   }

V:
AGR-ST: < , Th>
[+trans], [-active]
CASE: {   }

INFL[-fin]: (control)
ARG-ST: <   >
CASE: {NULL}

　AVM의 형식을 빌어 각 범주의 논항 구조와 격 수가(Case valence)를 표시하면, finite INFL이나 능동태 타동사는 각각 NOM과 ACC를 격 수가의 값으로 갖고 있으며 수동태 동사나 Raising구문의 non-finite INFL은 영가를 갖고 있다. 영격가설에 따라 통제 구문의 non-finite INFL은 NULL이란 격 수가를 갖는다.

　다음의 문제는 핵어가 어떻게, 그리고 어떤 영역 안에서 격 수가를 할당하는가의 문제이다. 술어의 의미적 논항이 술어의 최대투사범주 내에서 국부적(local)으로 실현되는 것과 마찬가지로 격 수가도 핵어와 국부적인 관계를 맺는 영역 안에서 실현된다. 이 국부성을 나타내는 것이 바로 지배 조건이다. 즉, 격은 격 수가를 갖고 있는 핵어의 지배 영역(government domain) 안에서 실현된다. 지배는 여러 정의가 있지만, 편의상 다음과 같이 정의할 수 있다.

(18)　지배(Government)
　　　α가 β를 지배하려면
　　　(i) α가 지배자(governor)이어야 한다.

(ii) α가 β를 m-통어하여야 한다.
(iii) β를 성분 통어(c-command)하며 α를 성분 통어하지 못하는 X^0인 γ가 없어야 한다.

즉, 위의 정의에 의하면 격-지배자인 핵어는 자신의 지정어, 보어 및 보어의 지정어를 지배할 수 있으나 그 밖의 다른 성분은 지배할 수 없다. 이를 도식화하면 다음과 같다.

(19)

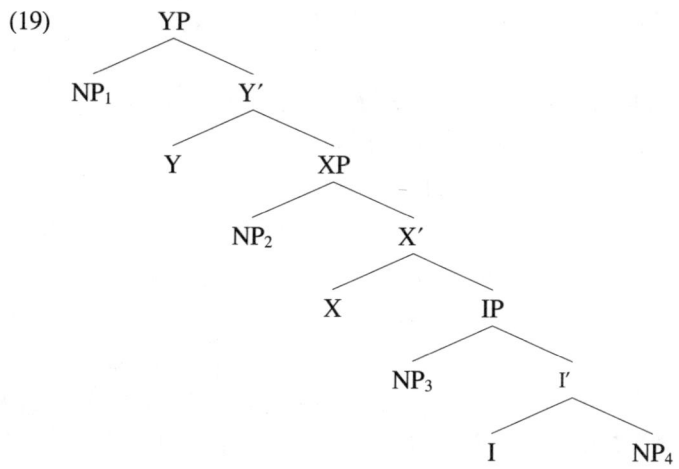

X가 격-지배자이면 X는 NP_2, IP와 NP_3에 격을 할당할 수 있으나 NP_1이나 NP_4에는 격을 주지 못한다. 다음의 구문들이 지배에 근거한 격 분포의 설명이 옳다는 것을 보여 준다.

(20) a. He may [hire her].
 a′. *Him may [hire she].
 b. John is meeting [with her].
 b′. *John is meeting [with she].
 c. [For him/*he to do so] is selfish.

      d. I consider [him/*he (to be) competent].

  (20a)의 주어는 INFL인 may의 지배영역 안에 있으나 동사 hire의 지배 영역 밖에 있다. 목적어는 그 반대이다. 그러므로 주어의 격은 주격, 목적어의 격은 목적격일 수밖에 없다. (20b)에서 전치사의 보충어인 her는 전치사를 성분 통어하는 동사나 INFL로부터 격을 받을 수 없다. 영어에는 사격(oblique Case)이 없는 관계로 전치사의 보어의 격이 목적격과 같은 형태로 실현되지만 사격을 가진 언어에서는 보어가 목적격을 갖고 나타나지 못한다. 터어키어의 경우가 그렇다.

(21) a. ihtilal-ler ve devrim-ler-den beri
         revolution-pl and reform-pl-ABL since
         "since the revolutions and reforms"

      b. *ihtilal-ler ve devrim-ler-ø(nom)
                                          -i(acc)

  위에서 보듯이 beri라는 후치사는 사격의 하나인 **ABLATIVE**를 할당한다. 그러므로 이 후치사의 보충어에는 주격이나 대격이 허용되지 않는다.
  주격이 동사가 아닌 INFL 범주에 의해 할당된다는 사실은 의미역과 격의 차이점을 드러내준다. 즉, 격은 "표면적"인 속성으로 의미역과 상관없이 주어질 수 있다는 사실을 알게 된다. (20c, d)도 같은 사실을 보여준다. 기능 범주인 INFL과 달리 동사나 전치사는 의미역을 할당할 수 있는 범주이다. 그럼에도 불구하고 경우에 따라서는 자신이 의미역을 할당하지 않는 성분에 격을 할당할 수 있다. (20c, d)의 경우가 그렇다. (20c)에서는 전치사적 보문자 for가 보충어 IP의 지정어에, (20d)에서는 동사 consider가 보충어인 IP/소절의 지정어에 각각 격을 할당하고 있다. 이런 식의 격 할당을 예외적 격 할당(Exceptional Case-marking)이라고 부른다.

이제껏 소개한 것 이외에도 격 이론에서 논의되어야할 점이 여러 가지 있다. 그러나 지면 관계상 주된 논의인 의존 구문 분석, 특히 논항 이동의 분석의 논의를 시작하기 위해 격 이론을 이 정도 설명하고 마치겠다.

3.2.3 논항 이동

앞에서 우리는 의미역을 받은 논항이 격을 받지 못하는 자리에서 격이 있는 자리로 이동하면 격 여과/가시화 조건을 만족할 수 있다는 것을 보았다. 그러므로 논항 이동은 격과 긴밀한 관계가 있는 것이다. 논항 이동의 적용으로 분석되는 구문을 다루기 전에 우리는 의미역 기준과 논항 이동의 관계를 살펴보자.

의미역 기준은 통사부에서 논항이 하나의 의미역을 받아야 한다고 제한하고 있다. 그러므로 논항 이동은 의미역을 받는 자리에서 의미역을 받지 않는 자리로의 이동이어야 한다. 의미역이 있는 자리를 thematic(θ)-position이라 하고 없는 자리를 non-thematic($\bar{\theta}$)-position이라고 부른다. 이동이 의미역 기준을 지키기 때문에 논항 이동으로 인해 생긴 연쇄(chain)는[31] 의미역을 하나만 갖게 된다. 또한, 논항 이동은 격이 부여될 수 있는 자리로 논항을 이동시켜야 한다. INFL의 지정어 자리가 이런 자리 중 하나이다. 이런 위치를 가리켜 논항 자리(A-position)라고 하고, 그렇지 않은 자리는 비논항 자리(A'-position)라고 한다. 후자에 속하는 자리 중 지정어로는 유일하게 Comp의 지정어 자리가 포함되며 부가된 자리(adjoined position)는 모두 여기에 속한다.

그러므로, 논항 이동의 결과로 생긴 연쇄의 머리(head)는 $\bar{\theta}$/A-position, 그 꼬리(논항이 D-structure에서 투사된 자리)는 θ/A-position이어야 한다. 또한, 격 이론에 의해 우리는 머리인 $\bar{\theta}$/A-position이 격을 받는 자리이어야 함을 가늠할 수 있겠다. 논항 이동이 순차-순환적(successive-cyclic)으

---

31) 이동은 도출적인 개념이고 연쇄는 표시적(representational)인 개념이다. 이동이 흔적을 남기기 때문에 항상 이동의 "역사"를 표시적인 개념인 연쇄로 나타낼 수 있다.

로 일어나야 할 경우가 생기는데 이 경우 연쇄의 머리와 꼬리 사이에 위치한 중간 자리 모두 θ/A의 성격을 갖는다. 단, 이 중간 자리들은 격을 갖지 못한다고 통상 생각되어진다. 위의 사실을 형식화한 것이 아래의 연쇄조건(Chain Condition)이다.

(22) 연쇄 조건(Chain Condition, Chomsky 1986a)
논항 연쇄 C = <a_1, a_2, ..., a_n>에 있어서 머리인 a_1은 유일한 격 할당자리이고 꼬리인 a_n은 유일한 의미역 할당 자리이다.

물론 여기서 a_n은 θ/A-position이고 a_1, ..., a_{n-1}은 $\bar{\theta}$/A-position이다. 이러한 연쇄조건을 만족하는 이동이 실제로 어떤 구문에서 발견되며, <α_i, α_{i+1}>, 즉, 연쇄의 (연결) 고리(link)에 어떤 제약이 있는지 다음 절에서 살펴보기로 하자.

3.2.4 논항 이동 의존 구문

논항 이동 의존 구문의 대표적인 것이 수동태 구문이다. 수동태 구문은 다음과 같이 도출되는 것으로 가정된다. (Radford 1988)

(23) DS: ___ will be put [the car] in the garage.
=> A/NP-movement
SS: [The car] will be put t in the garage.

즉, 수동태 문장의 표면 주어는 심층 구조 목적어 자리에서 이동된 것으로 분석된다. 수동태 문장에서 심층 목적어와 주어 간에 의존 관계가 있다는 것을 보여 주는 것은 어렵지 않다. 몇 가지 증거만 들어보자.
앞에서 보았듯이 'keep tabs' 'pay heed' 같은 동사구에서 목적어 명사구가 예외적으로 관사 없이 나타날 수 있는 사실에 주목하자. 관사 없이 쓰일 경우는 이들이 해당 동사의 목적어일 경우만 가능하다.

(24) a. The police kept tabs on John.
 b. They paid heed to our advice.
 c. *Tabs are necessary on students.
 d. *Heed warns against trouble.

그러나 해당 동사들이 수동태 구문에 나타날 때, 관사 없는 명사구가 주어 자리에 인허된다.

(25) a. Tabs will be kept t on suspected terrorists.
 b. Little heed was paid t to our advice.

이러한 사실은 (25)의 문장의 표면 주어가 심층 목적어로부터 도출되었다고 가정하면 쉽게 설명된다.

이외에도 수동태 구문이 이동을 수반한다는 여러 가지 경험적-이론적 증거가 있다. 이론을 도입하는 부분에서 다루었던 결과 술어(resultative predicate)의 직접목적어 제한(Direct Object Restriction)을 하나 더 들고 논의를 계속하고자 한다. 다음의 구문들은 수동태 구문의 주어가 심층 구조의 목적어라고 가정을 할 때 쉽게 이해할 수 있다는 사실을 이미 언급한 바 있다.

(26) a. *John$_i$ insulted Bill$_j$ tired$_{*i/j}$.
 b. The prisoner$_i$ was stripped t$_i$ naked$_i$.

결과 표현은 (26a)에서 볼 수 있듯이 목적어에 대해서만 쓰일 수 있다. 그러나 (26b)의 수동문의 주어는 결과 표현과 어울려 해석이 될 수 있다. 이 사실은 수동문의 주어가 심층 구조에서 목적어라는 가정에 의해 간단히 설명될 수 있다.

수동문에서의 이동은 앞 절에서 본 논항 연쇄의 성격을 갖고 있다. 즉, 연쇄의 꼬리에 의미역이 부가되나 격이 주어지지 않는다. 이 때문에 이동이 일어나야 하며 목적어가 이동하는 자리는 θ/A-position인 주어 자리이다. 물론 주어 자리에서 논항은 INFL[fin]로부터 격을 받게 된다.

위의 사실은 한 개 구문에만 적용되는 전통 변형 문법의 변형 규칙과 PPA 이론에서 상정되는 적용폭이 넓은 규칙(예를 들어, 논항 이동 규칙)과의 차이점을 잘 보여 준다. 과거의 수동 변형(passive transformation)이 수동구문의 분석에만 적용된 반면 지금의 논항 이동(A-movement)은 다른 여러 구문의 분석에도 유용하기 때문이다. 종전에 주어 상승(Subject-to-Subject Raising)으로 분석되던 구문에서 나타나는 이동도 수동 구문에서와 마찬가지로 A-movement로 분석될 수 있다.

(27) DS: ___ seems [IP John to be competent]
=> A-movement
SS: John$_i$ seems [IP t$_i$ to be competent]

(27)의 표면 구조가 변형으로 도출되었다는 새삼스런 증거는 댈 필요가 없겠다. 전통 변형 문법이래 풍부한 논의가 있어 왔기 때문이다. 대신에 주어인상 구문에서의 이동이 과연 수동 구문에서와 같은 이동인지를 논의하기로 하자.

(27)의 기저 구조가 그대로 표면 구조가 되면 비문법적이라는 사실에 비추어 우리는 종속절의 주어가 격을 받지 못하는 자리에 있음을 알 수 있다. 종속절의 주어가 인상(Raising)의 결과로 격을 받는 자리를 차지하면 물론 정문이 된다. 여기서의 이동도 격이 없는 θ/A-position에서 격이 있는 θ/A-position으로의 이동이라는 점에서 수동구문에서 나타나는 이동과 동일한 속성을 보인다.

주어인상과 수동태 변형이 같은 규칙이라는 또 하나의 증거는 절을 보문화하는 동사가 수동형이 되면, 보문절의 주어가 수동이동으로 인해 인상되어, 주어인상과 같은 현상이 나타난다는 점이다.

(28) a. They consider [IP John capable of doing this job].

b. ___ is considered [IP John capable of doing this job].
  c. John_i is considered [IP t_i capable of doing this job].

(28c)의 "수동" 변형은 (27)의 주어인상 변형과 똑같은 성격을 갖는다. 수동문과 인상구문 이외에 논항 이동으로 분석될 수 있는 다른 구문들을 다음과 같다.

(29) a. 비대격 인상구문
    DS: ___ froze [the lake]
      => A-movement
    SS: The lake_i froze t_i.

  b. 계사구문
    DS: ___ is [SC John competent].
      => A-movement
    SS: John_i is [t_i competent].

  c. 존재구문
    DS: ___ is [SC a man in the room].
      => A-movement
    SS: A man_i is [t_i in the room].

  d. 심리동사구문(Belletti & Rizzi 1988)
    DS: ___ [VP [v·surprises John] his friends].
      => A-movement
    SS: John_i [[surprises t_i] his friends].

  e. 여격교체구문(Larson 1988)
    DS: John [VP ___ [v· [v· gave Mary] a book]].

=> A-movement + Verb movement

SS: John gave$_j$ [$_{VP}$ Mary$_i$ [$_{v'}$ [$_{v'}$ t$_j$ t$_i$] a book]].

이 구문들이 왜 논항 이동으로 분석되야 하는지 지면 관계상 논의하지는 않겠다.

위의 구문 뿐 아니라 보통 이동이 일어났다고 생각되지 않는 능동구문에서도 논항 이동이 일어난다는 주장이 있다. 앞에서 보았듯이 이 가설은 **VP-Internal Subject Hypothesis**이라고 불린다. 이 가설에 의하면 능동태의 문장은 다음과 같이 분석이 된다.[32]

(30) DS: ____ can [$_{VP}$ John [$_{v'}$ solve this problem]].
SS: John$_i$ can [$_{VP}$ t$_i$ [$_{v'}$ solve this problem]].

과연 (30)과 같은 분석에 대한 증거가 있을까? 앞에서 살폈듯이 물론 이 분석이 이론적으로 장점을 갖고 있다. 그러나 어떤 경험적인 증거가 있을까? Koopman & Sportiche(1991)는 다음의 사실들을 들어 이 가설을 지지한다.

(31) a. A griffin$_i$ might [t$_i$ be lurking on the 15th level].
 a′. A griffin$_i$ seems [t$_i$ be lurking on the 15th level].
 b. The men$_i$ have [[t$_i$ all]$_j$ been arrested t$_j$]].
 c. [$_{IP}$ I [$_{I'}$ t$_i$ have sinned] but [$_{I'}$ will be forgiven t$_j$]].
 d. [t$_j$ proud of himself$_{*i/j}$] Bill$_i$ knows that John$_j$ can be.
 d′. [Which picture of himself$_{i/j}$] does Bill$_i$ think that John$_j$ likes?

(31a)에서 우리는 de dicto/de re 중의성을 발견한다. 즉, 어느 특정한 (de re) griffin이 의도될 수도 있고 그렇지 않을 수(de dicto)도 있다. 이런

---

32) 앞에서 언급했듯이 목적어도 격점검을 위해 논항 이동을 한다는 주장이 있다. 이 문제는 여기서 다루지 않는다.

중의성이 논항 이동에 의해 생긴다는 사실을 주어인상문과 (31a′)과 비교하여 알 수 있다. 그러므로 (31a)의 주어도 인상된 주어라는 결론을 얻을 수 있겠다.

(31b)의 양화사 이동(Quantifier floating) 구문을 Koopman & Sportiche (1991)는 양화사가 VP 내의 주어 자리를 차지하고 있고 주어가 양화사구(QP)에서 이동해나간 것으로 분석한다. 이렇게 보면 양화사가 주어의 기저위치에 있는 셈이 된다. (31c)는 Burton & Grimshaw(1991)의 문장이다. 전통적으로 능동문의 주어가 도출된 것이 아니고 수동문의 주어만 도출되었다고 가정하면 (31c)는 문제가 된다. 왜냐하면 능동문의 주어는 θ/A-position이고 수동문의 주어는 θ̄/A-position이어야 하기 때문이다. 물론 한 자리가 동시에 θ/θ̄ position일 수는 없다. 그러나 제시한 대로 능동문의 주어도 도출된(derived) 주어라고 가정하면 등위접속 구문에서 나타나는 현상인 전역적(across-the-board) 이동으로 이 구문을 분석할 수 있다. 마지막으로 (31d)는 WH-이동이 논항의 결속범위를 확대시키는 것 (31d′ 참조)과는 달리 술어를 WH-이동했을 때는 재귀사가 기저 구조의 주어에만 결속될 수 있다는 사실을 보인다. (Huang 1993) 이 사실을 우리는 전치된 술어 내에 항상 주어(즉, John)의 흔적이 있다고 보면 설명할 수 있다.

이상 우리는 논항 이동의 범위가 실로 넓다는 것을 보았다. 여러 구문에서 논항 이동으로 분석되는 현상이 나타난다. 이제 논항 이동의 성격을 정리해 보자. 이 성격을 만족시키는 이동은 모두 A-movement이다. 그런 의미에서 다음의 속성들은 논항 이동을 진단하는 속성(A-movement diagnostic)이 되겠다.

(32) 논항 이동의 성격
    a. 연쇄조건(Chain Condition)을 만족시킨다.
    b. 연쇄 내의 모든 자리는 A-position이다.
    c. 논항 이동은 다음의 이동제약을 준수한다.
       - CP를 넘는 이동은 불가능하다. (Tensed Subject Condition.)

- 주어를 넘는 이동은 불가능하다. (Specified Subject Condition.)[33]

다음 절에서 우리는 세 번째 의존 관계인 비논항 이동(A′-movement)에 대해 논하겠다. A′-movement 혹은 의문사 이동(WH-movement)으로 분석되는 구문은 실로 다양하다. 또한 A′-movement에 대한 이동의 제약은 60년대 중반이래 집중적으로 연구되어 온 과제 중 하나이다. 이 장의 마지막 부분에서는 어떻게 세 가지의 의존 관계 - 핵어 이동, 논항 이동, 그리고 비논항 이동 - 가 'α-이동'이라는 하나의 이동으로 분석될 수 있는지를 논하고 이동의 성격과 이에 대한 제약, 그리고 각 구문 간의 차이점을 어떻게 이해할 수 있는지의 문제를 논하겠다.

3.3 비논항 이동(A′-Movement)

표면상 보기에 서로 다른 여러 구문들이 의문사 이동이라는 같은 변형을 수반하는 것으로 분석될 수 있다는 것을 처음 보여준 것은 **Chomsky** (1977)에서였다. 이 절에서 먼저 의문문에서의 의문사 이동의 속성을 살펴보고 이 속성을 가진 이동이 다른 구문에서도 나타난다는 것을 보이고자 한다.

---

33) 이 제약들은 초기 PPA 이론에서는 결속 이론 A-원리(Principle A of Binding Theory)를 논항 연쇄에 적용함으로 설명했다. 그러나 지금에 와서는 결속 이론이 이동의 제약을 설명한다는 사실을 대부분 믿지 않고 있다. 그러므로 TSC나 SSC는 이동 자체의 성격, 또는, 연쇄에 대한 제약 등으로 설명해야 한다. Rizzi(1990)는 SSC를 연쇄의 고리가 지켜야 하는 상대최소성(Relativized Minimality)으로, TSC는 공범주 원리(Empty Category Principle)로 설명한다. 반면 최소주의에서는 SSC를 이동 자체의 조건인 최소고리조건(Minimal Link Condition)으로 설명한다. TSC에 대해서는 최근의 논의가 없다.

3.3.1 의문문에서의 의문사 이동

이 절에서 우리가 관심의 대상으로 두는 의문문은 Yes-No Question이 아닌 의문사 의문문이다. 영어의 의문사가 "WH-"로 대부분 시작되기 때문에 의문사 의문문은 흔히 WH-의문문(WH-Question)이라고 불린다. 다음 문장을 살펴보면서 그 속성을 개략적으로 논의하겠다.

(33) a. *John told Mary about what?
 b. *What$_i$ John told Mary about t$_i$?
 c. What$_i$ did$_j$ John t$_j$ tell Mary about t$_i$?
 d. What$_i$ did John tell who about t$_i$?
 e. *What$_i$ who$_j$ did John tell t$_j$ about t$_i$?

위의 문장들을 보며 알 수 있는 첫 번째 사실은 영어에서는 반향의문문(혹은 메아리 의문문, echo question)이 아닌 경우 의문사는 반드시 문두로 이동을 해야 한다는 것이다. (33a와 33c를 대조.) 둘째 사실은 주절의 WH-의문문은 반드시 I-to-C 이동을 수반해야 한다는 것이다. (33b와 33c를 대조해 볼 것.) 셋째로는 Czech어, Bulgarian어와는 달리 하나 이상의 의문사가 문장에 있을 때 한 개의 의문사만이 문두로 이동할 수 있다는 사실이다.[34]

앞에서 우리는 조동사 도치를 INFL에서 Comp로의 핵어 이동으로 분석했다. 도치된 조동사 앞에 의문사가 하나밖에 올 수 없다는 사실은 전치된 의문사를 C의 지정어로 분석하면 설명될 수 있다. 왜냐하면 부가어는 귀환적(recursive)으로 올 수 있는 반면 지정어는 하나밖에 올 수 없기 때문이다. (3.3.1절의 (29)를 참조할 것.) 이를 도식화하면 다음과 같다.

---

34) When and where did you meet Bill? 같은 의문문은 접속에 의해 하나의 성분을 이루는 WH-의문사가 이동한 것으로 영어에서 multiple WH-movement가 있다는 증거가 되지는 않는다.

(34)

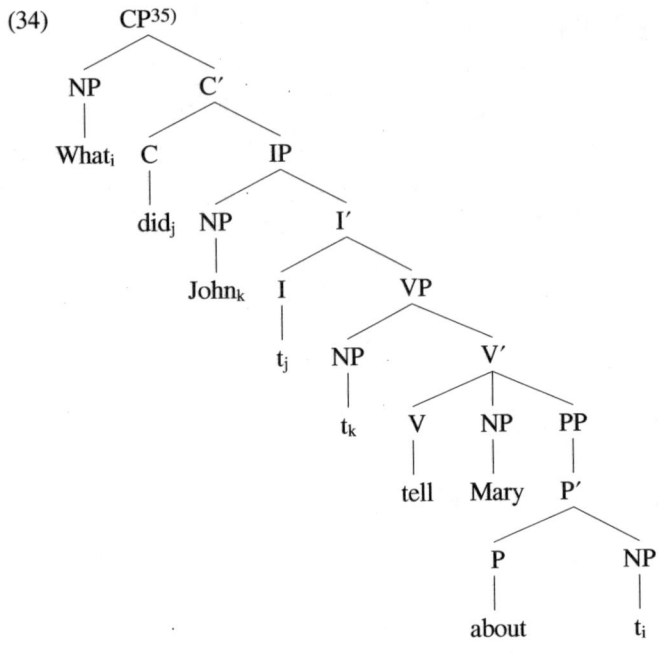

    의문문에서 의문사 이동이 의존 구문을 형성한다는 데 대해서는 이견의 여지가 없다. 그러나 각 이론 간의 분석방법에는 차이가 있다. **PPA** 이론에서는 (34)에서 전치된 what이 about의 보어 역할을 한다는 사실을 그 것이 심층 구조에서 about의 어휘적 특성을 따라 보어 위치에 투사되었기 때문이라고 분석한다. 표면 구조는 이동의 결과로 나타나고 이동된 what과 about의 보어 자리에 있는 흔적(trace)은 공지표(coindex)되어 의미역과 격을 공유한다. PPA의 의문사 이동구문 분석의 가장 핵심적인 직관은 이 현상이 형상적(configurational)이라는 것이다. 심층 구조도 나무 구조로 나타나고 표면 구조에서의 의문사의 위치도 나무 구조로 나타난다. 반면 **LFG** 이론에서는 의문사 이동 현상은 문두에 있는 의문사가 그

---

35) 이 문장의 분석에 있어서 VP-Internal Subject를 가정해 VP 지정어에서 주어를 도출했으나 tell이 핵인 VP의 내부 구조는 3분지를 허용함으로 Larson(1988)을 따르지 않았다. 본 논의와 별 상관이 없기 때문이다.

자매인 절이 내포하고 있는 문법 관계 중 "빠진" 관계와 통합되는(unify) 구조적-기능적인 현상으로 분석한다. HPSG 이론에서는 GPSG의 분석을 따라 의문사 이동 현상을 통사 범주의 자질을 확대 해석함으로 분석한다. 즉, 이동의 흔적을 안고 있는 것으로 분석되는 VP는 그 핵어의 어휘 구조에서 보충어가 SLASH라는 자질의 값으로 나타나는 것으로 분석되고 SLASH를 지배하는 원리에 의해 "전치"된 의문사와 연결이 된다.

어떻게 보면 Chomsky가 즐겨 쓰는 표현대로 "하나의 지배적인 직관을 다르게 풀어 나가는 것"(different executions of the same leading idea)으로 각 이론 간의 차이를 생각해 볼 수도 있겠으나 사실 그렇지만은 않다. 적어도 분석의 기재의 차이가 WH-movement의 이동제약을 얼마나 자연스럽게 설명할 수 있느냐에 있어 차이를 보인다. 이제 다시 의문사 이동으로 돌아와서 그 성격을 더 자세히 알아보자.

우리는 의문사 이동이 필수적(obligatory)이라는 사실에서 이 이동의 성격을 이해할 수 있게 된다. 논항 이동의 경우 역시 필수적이었고 그 이유는 이동을 해야만 NP가 격을 점검할 수 있기 때문이라고 이론적으로 설명했었다. 이와 마찬가지로 WH-의문사에 대해서도 그것이 이동하지 않으면 어떤 자질이 점검되지 않는다고 생각해 볼 수 있을 것이다. Rizzi (1991)는 이 사실을 WH-기준(WH-Criterion)이라는 원리로 설명한다. 즉, 의문사의 [+wh] 자질은 NP의 격자질과 같이 "점검"되어야 할 자질이라는 것이다.[36] WH-의문사가 그 자질을 점검해줄 수 있는 핵의 지정어로 이동할 때 점검은 완료된다. 여기서 우리는 [+WH] 자질을 가진 Comp가 자질을 점검할 수 있는 기능 범주임을 알 수 있다. 다시 말해서, INFL이 문법 기능(grammatical function)을 가진 성분인 주어를 지정어에 인허하듯이(격 할당/점검을 통해) [+WH] Comp는 담화기능(discourse function)을 가진 성분인 전치된 의문사를 그 지정어 자리에서 인허한다고 볼 수 있다. 그러므로 적어도 두 가지 면에서 A-movement와 WH-movement가 유

---

36) 이는 앞 장의 논리를 따르면 WH 자질이 어휘적 자질이 아닌 "기능적" 자질이라는 말이 되겠다. 기능적 자질은 기능 범주의 지정어에서 점검됨을 보았다. 그러므로 우리는 왜 WH 의문사가 기능 범주의 지정어로 이동하는지 이해할 수 있게 된다.

사하다고 하겠다. 첫째는 둘 다 지정어 자리로 이동하는 대치(substitution) 변형이라는 점이며 둘째는 자질의 점검을 위해 필수적으로 일어나는 이동이라는 것이다. 여러 가지 이동 현상이 하나의 'α-이동'의 각 다른 구현이라는 가설을 증명하려는 우리에게 이런 유사점은 상당히 고무적인 것이다.

우리는 논항 이동이 상당히 원거리(long-distance)를 걸쳐 일어날 수 있는 것을 보았다. 그러기 위해서는 절을 보문화하는 동사들이 인상동사나 그와 성격이 같은 수동형 동사이어야 함도 보았다. 예를 보자.

(35) DS: ___ is likely [$_{IP}$ ___ to seem [$_{IP}$ ___ to be [John arrogant]]]
=> A-movement
SS: John$_i$ is likely [$_{IP}$ t$_i$ to seem [t$_i$ to be [$_{SC}$ t$_i$ arrogant]]]

그러나 CP나 주어를 넘어가는 논항 이동은 불가능하다. 다시 예를 보자.

(36) a. *John$_i$ is likely [$_{CP}$ for [$_{IP}$ t$_i$ to be [SC t$_i$ tired]]]
b. *John$_i$ is likely [$_{CP}$ for [$_{IP}$ Bill to dislike t$_i$ tired]]

이와는 달리 의문사 이동은 CP 밖으로도, 또 주어를 넘어서도 가능하다. 이런 이유로 의문사 이동은 무한 의존 구문(Unbounded Dependency Construction, UDC)을 형성한다고 생각되었다. 그 예를 보자.

(37) What$_i$ do you think [$_{CP}$ that Bill suggested [$_{CP}$ that Mary should bring t$_i$]]

그러나 의문사 이동이 항상 무한대의 거리를 걸쳐(unbounded) 일어날 수 있는 것은 아니다. 일찍이 Chomsky(1964)와 Ross(1967)가 지적했듯이 WH-trace와 전치된 WH-의문사 사이에는 소위 섬 제약(Island constraints)이 발견된다. Island constraint는 다음과 같이 개략적으로 도식화할 수 있다.

(38) WH ... [ₚ ... t ...]
    WH는 섬인 P 안에 있는 흔적과 연결될 수 없다.

즉, island 밖으로 WH-이동이 불가능하다는 말이다. P의 역할을 하는 성분들은 다음과 같다.

(39) Ross의 섬 제약
   a. <u>복합명사구 제약</u>(Complex NP Constraint, CNPC)
      NP에 의해 지배되는 S속에 있는 요소는 NP 밖으로 이동할 수 없다.
   b. <u>주어절 제약</u>(Sentential Subject Constraint, SSC)
      S에 의해 직접 지배되는 NP에 의해 직접 지배되는 S(=이것은 당시 sentential subject의 분석을 말하는 것) 속에 있는 요소는 그 S 밖으로 이동할 수 없다.
   c. <u>등위구문 제약</u>(Coordinate Structure Constraint, CSC)
      등위접속구조에서 어느 접속성분(conjunct)도 그 구조 밖으로 이동할 수 없고(접속성분 조건-Conjunct Condition), 접속성분 내의 어느 성분도 등위접속구조 밖으로 이동할 수 없다(성분 조건-Element Condition)[37]
   d. <u>좌분지 제약</u>(Left Branch Condition, LBC)
      어느 성분의 가장 좌쪽 분지인 성분은 그 성분으로부터 이동할 수 없다.

이제 각 제약을 위배하는 문장들을 보자.[38]

---

[37] 그러나 Element Condition에는 예외가 있다. 만약 모든 접속성분에서 전역적 이동(Across-the-Board Movement, ATB movement)이 일어나면 가능한 문장이 된다. 다음을 비교해 보라.

   (i) a. *Which book$_i$ does [[John like t$_i$] and [Bill hate chocolate]]?
        b. Which book$_i$ does [[John like t$_i$] and [Bill hate t$_i$]]?

[38] Ross는 이외에도 오른쪽 지붕 제약(Right Roof Constraint)을 제시했으나 이는 왼쪽으

(40) a. *Who$_i$ did you read [$_{NP}$ the book [$_{CP}$ that Bill wrote about t$_i$]]
   (CNPC 위반)
   b. *Who$_i$ did [$_{IP}$ [$_{CP}$ that John appointed t$_i$] disappoint Bill]?
   (SSC 위반)
   c. Who$_i$ does [[$_{IP}$ Bill like Mary] but [$_{IP}$ Paul hate t$_i$]]?
   (CSC 위반)
   d. *Whose$_i$ did you see [$_{NP}$ t$_i$ brother]?
   (LBC 위반)

Ross의 섬 제약 이외에도 WH-movement를 막는 구조들이 있다. 대표적인 것으로 다음의 제약들이 있다.

(41) a. <u>WH-섬 제약</u>(WH-island constraint)
   WH-의문사로 시작되는 의문절에서 어떤 요소도 밖으로 이동시킬 수 없다.
   *?Who$_i$ did you ask Bill [$_{CP}$ why John nominated t$_i$]
   b. <u>부가어 제약</u>(Adjunct Island constraint)
   부가어로 기능하는 절 밖으로 어느 성분도 이동할 수 없다.
   *Who$_i$ were you reading a book [$_{CP}$ before [$_{IP}$ Mary introduced you to t$_i$]]?

또한 Ross의 주어절 조건을 확대 해석한 주어제약(Subject Condition)에 의하면 주어인 어느 성분 밖으로 이동이 불가능하다.

이런 섬 제약이 발견된 후 이에 대한 많은 연구가 있었다. 우리는 여기서 섬 제약의 두 가지 측면을 부각시키고자 한다. 첫 번째는 섬 제약이 그 적용 유·무를 통해 의문사 이동구문과 같은 구문을 찾아낼 수 있는 진단적 자질(diagnostic property)의 역할을 한다는 사실이다. 앞으로 보겠지만 관계화 구문, 주제화 구문 등 표면에 의문사가 나타나지 않는

로 이동하는 의문사 이동과는 상관이 없는 제약임으로 논의하지 않기로 한다.

구문들의 분석에 의문사 이동과 같은 비논항 이동(A′-movement)을 상정하는 중요한 증거가 바로 섬 제약의 적용이다. 두 번째로 우리가 논의할 점은 Ross의 섬 제약들을 어떤 통합된 보편적인 원리에서 도출해낼 수 있는가의 문제이다. 앞에서 기술한 섬 제약은 WH-movement가 일어날 수 없는 구조들을 잡아내고 있지만 과연 이런 구조들이 어떤 특성을 갖고 있기에 무한대(unbounded)로 일어날 수 있는 WH-movement가 제약이 되는지 의문을 제기할 수 있다. 이에 대한 대답은 Chomsky의 초창기 가설인 하위인접 조건(Subjacency)을 비롯하여 여러 가설이 있다. 이런 가설들을 소개하는 작업도 우리가 할 일 중 하나이다.

WH 의문문의 큰 특징 중 하나가 Island constraint를 준수하는 것이지만 그 외에도 여러 가지 제약이 있다. 이들을 살펴보기로 하자. Island constraint로는 설명하기 어려운 제약이 다음의 보문자-흔적 여과 (Complementizer-trace filter, 혹은 "that-t" filter)이다.

(42) a. *Who$_i$ did you say [$_{CP}$ that [$_{IP}$ t$_i$ likes John]]?
 b. Who$_i$ did you say [$_{CP}$ (that) [$_{IP}$ John likes t$_i$]]?
 c. Who$_i$ did you say [$_{CP}$ ∅ [$_{IP}$ t$_i$ likes John]]?

WH-의문사가 종속절의 목적어일 때는 종속절의 보문자 that과 무관하게 주절의 SpecCp로 이동이 가능하다. 그러나 주어인 WH-의문사가 이동할 때는 보문자가 없어야만 이동이 가능하다. 다른 보문자들도 똑같은 효과를 갖는다. 다음을 보자.

(43) a. *Who$_i$ did you wonder [$_{CP}$ if [$_{IP}$ t$_i$ went early]]?
 b. ?Who$_i$ did you wonder [$_{CP}$ if [$_{IP}$ John invited t$_i$]]?

(43b)가 WH-Island constraint를 약하게 위반하는 반면 (43a)는 이 위반으로만 설명할 수 없을 정도로 강한 비문법성을 보인다. 이것 역시 Complementizer-trace Filter로 설명하면 이해될 수 있을 것이다.

의문문이 보이는 또 다른 제약은 의문사가 하나 이상 나타날 때 발견된다. (33d, e)에서 보았듯이 영어는 다른 언어와는 달리 의문사가 하나만 [+WH] C의 지정어로 이동할 수 있다. 그러나 재미있는 사실은 여러 WH 중 어느 것이 이동하느냐에 따라 문법성의 차이가 생긴다는 것이다.

(44) a. [$_{CP}$ Who$_i$ [$_{IP}$ t$_i$ read what]]?
b. *[$_{CP}$ What$_j$ did [$_{IP}$ who read t$_j$]]?

이 현상은 우위성 조건(Superiority Condition)에 의해 설명된다. 우위성 조건은 하나 이상의 의문사가 절에 있을 때 구조적으로 가장 우위한-즉, 다른 모든 의문사를 비대칭적으로 성분 통어하는-의문사가 이동해야 한다는 조건이다. (44)의 문장에서 주어가 목적어를 성분 통어하지만 그 역은 성립하지 않기 때문에 두 의문사 중 주어가 이동해야 하는 것이다.

또한 영어의 의문문은 주절인 경우 C 자리에 도치된 조동사는 허용하지만 다른 언어(예를 들어 Arabic어)와 같이 의문사와 보문자가 공기(co-occur)하는 것을 허용하지 않는다. 이 제약은 종속절에서도 발견되며 종속절의 경우에는 도치된 조동사조차 C 자리에 허용되지 않는다.

(45) a. [$_{CP}$ What$_i$ [$_{IP}$ you read t$_i$ last night]]?
b. *[$_{CP}$ What$_i$ that [$_{IP}$ you read t$_i$ last night]]?
c. I wonder [$_{CP}$ what$_i$ (*that) [$_{IP}$ you read t$_i$ last night]].[39]
(*if)
(*did)

위의 현상은 "Comp 이중 채우기 제약"(Doubly-filled Comp Filter)으로 설명되었다. 이를 현대이론에 맞게 해석하자면 C의 지정어에 WH가 있

---

[39] 종속 의문절에서의 WH-이동도 주절과 같이 이해하면 된다. 즉, wonder 같은 상위동사는 의문문을 하위범주화한다. 이 사실은 이 절의 핵인 C가 [+WH] C라는 자질을 갖는 것으로 표현되며 그 결과 지정어에 WH 의문사 ~이동이 있어야 한다. WH의 자질이 이런 식으로 점검되기 때문이다.

으면 C는 보문자로 채워질 수 없다는 말이다. 그러나 이 제약으로 왜 도치된 조동사가 C를 차지하는 것은 금지되지 않는지는 분명치 않다. (Rizzi 1990 참조)

  의문문의 속성 중 마지막으로 WH-의문사의 정의와 관련된 현상인 수반현상(Pied-piping)에 대해 논하고자 한다. 보통 우리가 의문사라고 생각하는 성분은 두 종류로 나눠 생각할 수 있다. 첫째는 어휘적으로 의문사인 성분들이다. What, who, when, which, whom, why, how가 여기에 속한다고 보면 된다. 둘째는 WH 성분을 포함하고 있는 성분이 의문사로 기능하는 경우이다. 이 경우 포함된 WH 성분의 자질이 큰 성분으로 pied-pipe되었다고 말한다. 다음의 문장들이 Pied-piping을 보여 준다.

(46) a. [$_{NP}$ Which man]$_i$ did John point to t$_i$?
  b. [$_{PP}$ In [which book]$_i$ did Chomsky discuss the WH-Island Constraint t$_i$?
  c. [$_{AP}$ How successful]$_i$ does one have to be t$_i$ to earn a billion dollars?
  d. [$_{AdvP}$ How quickly]$_i$ did the thief hide the stolen loot t$_i$?
  e. [$_{NP}$ Which person's father's car]$_i$ did the thief steal t$_i$?
  f.*[$_{NP}$ A book about what]$_i$ did John write t$_i$ while in Italy?
  g.*[$_{CP}$ What you will buy]$_i$ did John expect t$_i$?
  g'. What$_i$ did John expect that you will buy t$_i$?

 여기서 우리가 알 수 있는 사실은 WH 성분을 포함한 더 큰 성분이 의문사로 기능하기 위해서는 WH 성분이 그 성분의 지정어에 있어야 한다는 점이다. 또한 (46e)에서 보듯이 지정어인 WH 성분은 귀환적(recursive)으로 그 자질을 지배하는 성분에 투사할 수 있다는 점을 알 수 있다. 여기에는 두 가지 예외가 있다. 첫째는 PP의 경우 P의 보충어에서도 WH 자질이 PP로까지 투사된다는 것이다. 그러나 P의 보어가 되는 범주 내에서는 WH 성분이 지정어라야 한다. 다음을 보자.

(47) *[In [the book about what]]ᵢ did John propose the theory of generalized alignment tᵢ?

　두 번째 예외가 되는 것은 절(CP)이다. (46g)에서 볼 수 있듯이 WH 성분이 지정어에 자리하고 있는 CP 성분은 의문사로 기능할 수 없다. 흥미있는 사실은 이 제약이 언어 보편적인 것이 아니라는 것이다. Quechua (Cole 1982), Basque(Ortiz de Urbina 1987), Hungarian(Horvath 1997)에서는 (46g)와 같은 의문문이나 (46g′)의 의문문이나 둘 다 가능하다. (46g)에서 보이는 현상을 절-수반현상(Clausal Pied-piping)이라고 부른다.
　여기까지의 논의를 정리해 보자. 영어의 WH-의문문은 WH 성분이 CP의 지정어로 이동하여 형성된다. 이 이동은 [+WH] 자질의 '점검'을 위한 것이라고 이해될 수 있다. 둘째로 WH 성분은 섬 제약(Island Constraints)을 위배하지 않는 한 무한대의 거리를 이동할 수 있다. 섬 제약 이외에도 WH 이동은 Complementizer-trace Filter와 Superiority Condition을 준수한다. CTF는 섬 제약과는 달리 보편 문법적인 제약이 아니며 영어에서 발견되는 매개변인적인 제약이라는 점을 확인했다. 마지막으로 우리는 WH 성분의 Pied-piping에 관해서 보았다. 여기서도 언어 보편적인 것으로 보이는 제약(즉, 지정어에서 지배하는 성분으로 WH 자질이 투사된다는 점)과 영어에 국한된 제약(clausal pied-piping의 불허)을 구별할 수 있었다.
　이제 우리는 WH-의문문 뿐 아니라 다른 구문에서도 비논항 이동-좀더 정확히 말해서 운용자(operator)의 SpecCP로의 이동-이 일어난다는 것을 보이고자 한다. 이러한 논증은 WH-의문문에서 발견된 제약을 이들 구문에 적용함으로써 이루어진다. 즉, 이들 구문에서 일어나는 이동의 성격이 WH-의문문에서 일어나는 이동의 성격과 같다는 사실을 증명함으로 이 구문들이 똑같이 비논항 이동을 수반하고 있다는 결론을 도출해 낼 것이다.

3.3.2 관계절 구문

영어의 관계절 구문은 다음과 같이 분류될 수 있다.

(48) 제한적 관계절(Restrictive Relative Clause)
    a. The man [who Bill visited]
    b. The book [that you lent me]
    c. The meal [you fixed us]
    d. The man [for us to visit]

(49) 비제한적 관계절(Non-restrictive Relative Clause)
    a. John, [who was at the party with me], (is a good friend of mine).
    b. John is in Hawaii, [where Bill is also].
    c. John is extremely convinced about the matter, [which we all are as well].

(50) 자유관계절(Free Relative Clause)
    a. [What(ever) you say] is always right.
    b. I will follow you [where(ever) you go].
    c. [Whatever happens], I will always be with you.

이렇게 관계절의 종류와 그 제약은 다양하기 때문에 우리는 논의를 제한적 관계절로부터 시작하기로 한다. 그 중에서도 **WH-Relative**를 첫째 논의의 대상으로 삼겠다.

WH-Relative절 내에 공백(gap)이 있어야 한다는 사실은 이 구문이 이동을 수반함을 말해 준다. (48a 참조, *the man who Bill visited Paul은 공백이 없기 때문에 비문이다.) 그러면 관계절 내의 이동의 성격이 어떤지 살펴보기로 하자.

(51) the man ...
 a. *[who$_j$ what$_i$ [Bill gave t$_i$ to t$_j$]]
 b. *[who$_i$ that [Bill gave the book to t$_i$]]

우선 우리는 (52)에서 WH-Relative의 WH 성분이 CP의 지정어로 이동한다는 것을 알 수 있다. 두 개의 WH가 올 수 없다는 사실이 이를 단적으로 증명해준다. (52b)에서 알 수 있듯이 CP의 지정어와 핵어 사이에 성립하는 제약인 Doubly-filled Comp Filter도 관계절에서 유효한 제약이다. 위 두 사실에 입각하여 우리는 관계절에서의 WH 이동이 SpCP로의 대치 이동이라고 결론짓기로 한다. 이어서 관계사 WH 이동의 다른 속성이 어떤가를 살펴보기로 하자.[40]

(52) the man ...
 a. [who$_i$ [Bill thought that Mary believed that John hired t$_i$]]
 b. *[who$_i$ [Bill read [the book that criticized t$_i$]]]
 c. *[who$_i$ [[that Bill criticized t$_i$]] was reported in the press]]
 d. *[who$_i$ [[that Bill criticized t$_i$] and [Paul published his book]]]
 e. *[who$_i$ [[Bill read [$_{NP}$ t$_i$ biography]]]
 f. *[who$_i$ [Bill was reading a book [while Mary insulted t$_i$]]]

(52a)는 WH-Relative에서의 이동이 unbounded movement라는 것을 보여 준다. (52b)에서 (52f)까지의 문장은 관계사 이동이 섬 제약을 위배할 수 없다는 사실을 보여 준다. (53b)는 CNPC, (52c)는 SSC, (52d)는 LBC, 그리고 (52f)는 CSC를 위배함으로 제외된다.
관계사 이동과 의문사 이동은 보문자에 관련된 제약에 관해서도 같은 속성을 보인다. 아래 (53)에서 우리는 관계사 이동이 WH 의문사 이동과 마찬가지로 Complementizer Trace Filter(CTF)를 지켜야 한다는 것을 알

---

40) 여기서 우리는 관계절의 WH 성분을 의문사가 아닌 관계사로 규정한다. 그 이유는 앞에서 보겠듯이 의문문의 WH와 관계사 WH는 여러 차이점을 보이기 때문이다.

수 있다.

(53) the man ...
    a. *[who$_i$ [Bill said [that t$_i$ hired Mary]]]
    b. [who$_i$ [Bill said [t$_i$ hired Mary]]]

의문사 이동의 제약 중 하나인 Superiority Condition은 관계절에서 직접 검증할 수 없다. 그 이유는 의문문과는 달리 관계사 WH는 관계절에서 하나밖에 쓰일 수 없기 때문이다.
마지막으로 관계절에서의 Pied-piping현상을 보자.

(54) the man ...
    a. [whose father$_i$ [we met t$_i$]]
    b. [whose father's friend$_i$ [we met t$_i$]]
    c. [the rumors about whom$_i$ [we heard t$_i$]]
    d. [to be an acquaintance of whom$_i$ [is considered a great honor]]

관계사가 그것을 지배하는 성분에 관계사 자질 -[+R]- 을 투사(percolate)하는 것은 지정어(의 지정어)에서 뿐만 아니라 보충어의 자리에서 가능하고(54c참조), 또 비록 비제한적 관계절에서만 발견되지만 (54d)에서와 같이 [+R] 자질은 절에까지 투사될 수 있음을 알 수 있다. 이 점이 의문사와 관계사의 차이점이다. 그러나 이 차이점이 이동에 관한 것이 아니기 때문에 두 구문에서의 이동이 같은 것이라는 가설에는 영향을 주지 못한다.
이제 다른 종류의 제한 관계절의 속성을 알아보자. 우선 보문자 that으로 시작되는 that-관계절(That-relative clause)을 다루기로 한다. 물론 여기서도 관계절 안에 공백(gap)이 있어야 한다. 이 사실을 설명하기 위해 전통문법에서는 that을 wh-관계사와 같은 관계대명사로 분석했다.

(55) the book [that$_i$ [I lent t$_i$ John]]

이를 요즘 식으로 말하면 that이 CP의 지정어를 차지하는 것이라는 분석이 되겠다. 그러나 Radford(1988)에 의하면 이 분석은 틀린 분석이다. 다음의 사실로 보아 that은 보문자 that으로 보아야 한다.

(56) a.*the book [about that] they were arguing.
　　 b.*the man [that's father] we met.
　　 c. the man [that] we saw at the club.
　　　　　　　　[who]
　　　　　　　*[which]
　　 d.*(she's not) a person [that] to rely on.
　　 d'. (she's not) a person [that] you can rely on.

(56a)는 that이 Pied-piping을 허용하지 않음을 보여 준다. (56b)는 whose와는 달리 that의 소유격 형태가 관계절에서 허용되지 않음을 보여 준다. (56c)는 that이 대명사로서는 무정물을 지칭하는데도 불구하고 관계절에서는 유정물인 the man을 수식하는 관계사로 쓰일 수 있음을 보인다. 마지막으로 (56d)는 that이 finite relative에서만 쓰이고 infinitival relative에서는 쓰일 수 없음을 보여 준다. 이 모든 사실은 that이 finite clause에 쓰이는 보문자라고 분석하면 설명될 수 있으나 그것이 관계대명사라는 분석에서는 설명할 수 없는 사실들로 남는다. 그러므로 that-relative에서 gap과 연관지어져 있는 요소는 that이 아닌 다른 것이어야 한다. 그렇다면 무엇이 관계절 내의 흔적을 결속하고 있는 것일까?

(55)에서 핵어 명사(head noun)인 (the) book이 직접 이동했을까? 전통 변형 문법이나 Kayne(1994)을 제외하고는 이 분석을 받아들이는 사람들이 거의 없다. 그러므로 우리는 아래 둘 중 하나의 분석을 받아들여야 한다. 첫째 분석은 (56)에서도 WH-관계사가 이동을 하여 SpCP를 차지하고 있다는 분석이다. 이 분석에서 WH-관계사와 that-보문자가 둘 다

발음되지 못하는 이유는 Doubly-filled Comp(DFC) Filter 때문이라고 보면 된다. 최적성 이론(Optimality Theory)의 틀에서 Pesetsky(1997)는 이런 분석을 제시하고 있다. 즉, DFC Filter라는 언어개별적인 사실로 인해 보문자만이 발음된다는 것이다.41) 둘째 분석은 PPA이론의 분석으로 that-relative에서는 WH에 해당하는 covert relative operator (OP)가 이동을 한다는 것이다.

어느 분석을 받아들이던 that-관계절에서의 이동도 WH-의문사 이동과 유사한 성격을 갖는다는 사실을 알 수 있다. 위에서 소개한 첫째 분석을 따르면 that-relative는 DFC Filter를 지킨다. 물론 WH-의문사나 WH-관계절도 이 제약을 준수해야 한다. 둘째로, that-relative의 trace와 선행사(생략된 WH, 또는 OP) 사이에 섬(island)이 있으면 안된다. 다음의 문장들이 이 사실을 보여 준다.

(57) the man ...
    a. *[Op$_i$ that [Bill read [the book which criticized t$_i$]]]
    b. *[Op$_i$ that [for Bill to criticize t$_i$] was deemed unnecessary]]
    c. *[Op$_i$ that [[Bill criticized t$_i$] and [Paul published his book]]]
    d. *[Op$_i$ that [Bill was reading a book [while Mary insulted t$_i$]]]

That-relative가 Complementizer Trace Filter를 준수한다는 사실은 다음에 나타난다.

(58) a. *the man [Op$_i$ that [Bill thought [that t$_i$ was lying]]]
    b. the man [Op$_i$ that [Bill thought [t$_i$ was lying]]]

---

41) DFC Filter는 CP의 지정어와 핵이 모두 발음되는 것을 막지만 어느 성분이 "생략" 되는지는 규제하지 않는다. 그러므로 DFC Filter를 만족시키는 방법은 여러 가지가 있을 수 있다. 생략이 자유롭다는 가정하에서 보문자가 생략되면 WH-Relative가 되고 Spec이 생략되면 that-relative가 되며, 둘 다 생략되면 zero-relative가 나온다. zero-relative의 제약은 앞에서 다루기로 한다.

(58a)의 종속절의 주어는 이 Filter를 어기기 때문에 이동할 수 없다. 그러나 다음의 문장들은 의문사 이동의 경우와 다른 성격을 보인다.

(59) a. the man [Op$_i$ that [t$_i$ saw Bill]]
 b. *the man [Op$_i$ [t$_i$ saw Bill]]

문제는 주어가 이동했는데도 불구하고 어떻게 보문자가 허용이 되는 가이다. 이에 관해서는 뒤에서 언급하기로 하겠다.

제한 관계절 중에는 zero-relative도 있다. 이름에서 알 수 있듯이 이 관계절에는 관계사도 보문자도 나타나지 않는다.

(60) a. the man [Bill saw t$_i$]
 b. *the man [t$_i$ saw Bill]

(60b)가 비문인 이유는 (59a)가 비문인 이유와 같이 이해하면 될 것이다. 이 관계절의 분석은 앞에서 소개한 DFC Filter와 관계가 있다.

영어에서 CP의 지정어나 핵이 복원가능할 때까지(up to recoverability) 자유롭게 생략될 수 있다. 여기서 우리는 recoverability를 잠시 생각해 보자. 우선, that은 생략되어도 무방하다. 그러므로 추후에 설명할 (59b), (60b) 같은 경우를 제외하고 that은 항상 생략될 수 있다고 보아야 한다. 다음으로 관계사는 그것이 지정하는 지시의 범위가 핵어 명사(head noun)가 지시하는 것과 같고 관계사의 생략으로 다른 문법적인 정보가 유실되지 않을 때 언제든지 생략될 수 있다. 다음의 문장이 이 사실을 보여 준다. (외곽선은 생략을 표시한다.)

(61) a. *the man [who$_i$ that [Bill met t$_i$]] (DFC 위반)
 b. the man [who$_i$ that [Bill met t$_i$]]
 c. the man [who$_i$ that [Bill met t$_i$]]
 d. the man [who$_i$ that [Bill met t$_i$]]

(62) a. *the man [about whom$_i$ that [we conferred t$_i$]] (DFC 위반)
    b. the man [about whom$_i$ that [we conferred t$_i$]]
    c. *the man [about whom$_i$ that [we conferred t$_i$]] (Recoverability 위반)
    d. *the man [about whom$_i$ that [we conferred t$_i$]] (Recoverability 위반)

DFC Filter와 Recoverability에 의한 관계절의 분석은 zero-relative가 이동에 관한 한 WH-relative나 that-relative와 다를 바 없이 행동할 것을 예측한다. 독자들이 확인할 수 있겠듯이 zero-relative에서의 이동은 모든 island constraints를 준수한다. 또한 종속절 주어에 대한 complementizer-trace filter도 준수한다.

이상에서 우리는 finite restrictive relative clause의 분석을 제시하였다. 이제 infinitivial relative clause를 잠시 살펴보자. 이 관계절의 분석에는 여러 문제점이 있다.

(63) a. a book [for [us to read t$_i$]]
    b. *a book [which for [us to read t$_i$]]
    c. *a book [which [to read t$_i$]]
    d. a book [[PRO to read t$_i$]]

(64) a. *a book [about which for [us to write t$_i$]]
    b. a book [about which [to write t$_i$]]
    c. *a book [which [to write about t$_i$]]
    d. *a book [[PRO to write t$_i$]] (= to write about의 의미로)

Infinitival relative에서도 gap이 있어야 하고 gap과 선행사는 island constraint를 지켜야 한다. 그러므로 여기서의 이동도 비논항 이동의 일종으로 분석된다. 그러나 infinitival relative의 CP "지역"에서 일어나는 현상을 설명하기는 쉽지 않다. 예를 들어 Pied-piping이 일어나야만 WH-관계사가 나올 수 있고(64b 참조), 그 이외에는 여러 가지의 복잡한 제약이 발견된다. 앞서 소개한 DFC Filter로 설명할 수 없는 현상도 많이 있다.

이러한 경우 어떻게 할까? Chomsky가 PPA 이론에서 한 가지 방법론적으로 채택하는 것은 다음과 같다. 어떤 구문의 모든 속성을 다 설명할 때까지 분석을 시작조차 못하는 완벽주의보다는 각 구문에 공통적으로 적용될 수 있는 불완전하지만 심도 있는 설명을 추구하자는 것이다. 그러므로 infinitival relative clause의 경우에도 이 구문이 α-이동을 수반한다는 사실-좀 더 명확히 이야기하면 비논항 이동을 수반한다는 사실-이 핵심적으로 설명되어야 할 관건이지 infinitival relative 구문의 표면적 모든 속성을 설명 못하는 것은 그리 심각한 문제가 아니라는 것이다. 이는 이 구문의 속성 중 보편 문법으로 설명치 못하는 많은 부분이 언어개별적(language-particular)인 속성이기 때문이라는 가정에서 기인한다. 물론 언어개별적인 속성-특히 이것이 매개변인적(parametric)일 때-을 설명하는 것도 문법의 중요한 관심사가 아닐 수 없다. 그러나 방법론 상 보편문법적인 속성을 탐구하는 것보다는 우선 순위가 낮은 과제이다.

HPSG 이론은 기술적 타당성(descriptive adequacy, descriptive range)을 대단히 중요시한다. 그렇기 때문에 언어 보편적인 원리의 탐구와 아울러 한 언어의 문법사실을 철저히 기술하는 것을 목표로 한다. 이 두 가지 사실이 서로 상충될 때는 오히려 기술의 완벽성을 중시한다. 그러므로 HPSG 이론에서는 PPA 이론이 기술적 타당성을 등한시하기 때문에 보편문법적인 원리들을 주장할 수 있다고 비판하고 있다. LFG 이론은 중도의 입장을 택한다. 즉, explanatory adequacy(보편 문법의 탐구)와 descriptive adequacy를 둘 다 중요시하되 어느 것도 희생하지 않으려는 입장이다. 이와는 달리 Chomsky는 explanatory adequacy를 위해 descriptive adequacy를 희생시키는 것을 조금도 주저하지 않고 있다.

과연 어느 접근 방법이 가장 적절한 것인지는 문법을 어떤 궁극적인 이유에서 연구하느냐에 많이 달려있다. HPSG 이론은 종종 그 분석의 결과가 응용 분야-전산언어학 분야-에 직접 쓰인다. 그러므로 한 언어의 문법 체계를 총체적으로 자세히 분석해야할 필요를 많이 느끼게 된다. 반면 반대의 극단에 있는 Chomsky의 이론은 실제로 이것을 응용 분야에 적용할 수 있는 이론으로 만들려면 많은 작업을 해야 한다. 왜냐 하면 Chomsky는 순수 이론적, 혹은 관념적인, 문제들에만 관심을 두기 때문이다.

Free Relative Clause와 Non-restrictive Relative Clause의 분석에도 수많은 기술적인 문제들이 잠재해 있다. 그러나 우리는 여기서 Chomsky의 입장에 따라 이들이 어느 정도 추상화된 차원(at a certain level of abstraction)에서는 WH-의문사 구문이나 WH-관계절과 마찬가지의 속성을 보인다는 사실에 입각해 이 구문들의 분석에서 비논항 이동을 상정하겠다.

3.3.3 기타 WH-이동 구문

이 절에서는 의문문이나 관계절 이외에 비논항 이동 구문-즉, CP 지정어로 operator가 대치이동(substitution)하여 도출된 것으로 분석되는 구문들을 소개하고 필요에 따라 그들의 성격을 잠시 논하겠다. (Radford 1988 참조)

(65) WH-감탄문
    a. [What a nice pear]$_i$ Mary's got t_i!
    b. [How charming]$_i$ he can be t_i!

(66) 분열문(Cleft sentence)
    It is John who$_i$ [she really loves t_i]
             that
             ø

(67) 의사분열문(Pseudo-cleft)
    a. [What$_i$ I bought t_i] is a car.
    b. [What$_i$ I feel t_i now] is that we were all mistaken.

(68) (WH)-비교구문((WH)-comparative)
    a. %John is taller than [what Mary is t_i]
    b. Mary isn't the same as [what she used to be t_i][42]

위의 구문들은 "어느 정도 추상화된 차원"에서 WH-이동을 수반하고 있다고 보아야 한다. 그 증거는 이들이 DFC Filter와 Island constraint를 준수한다는 사실에서 발견된다. Cleft construction을 예로 보자.

(69) a. *It is John [who$_i$ that [she really loves t_i]] (DFC 위반)
    b. *It is John [who$_i$ [she dated [the man who hates t_i]]]
       (Island constraint 위반)

다른 구문들도 이와 같은 성격을 보인다는 것을 독자들이 직접 시험해 보면 알게 될 것이다.

위 구문들은 이미 Chomsky(1977)에서 WH-구문(WH-construction)으로 파악되었다. Chomsky(1977)는 다른 여러 구문도 같은 방식으로 분석할 것을 제의한다. 앞으로 보게 될 이 구문들은 이제껏 다룬 구문과는 달리 WH 성분이 외현적으로 나타나지 못한다. 그럼에도 불구하고 이 구문들은 WH-이동/비논항 이동이 일어났다는 증거를 보인다. 이들을 살펴보기로 하자.

(70) 주제화 구문(Topicalization)
    a. John$_i$, I really like t_i.
    b. *John$_i$, who$_i$/that I really like t_i.

(71) Tough 구문
    a. John$_i$ is difficult [to please t_i]

---

[42] %표시는 이 문장이 방언에 따라 정문이 될 수 있다는 표지이다. 비표준 영어에서 이런 문장이 자주 쓰인다.

b. *John$_i$ is difficult [who to please t$_i$]

(72) 부정성분 전치구문(Negative Preposing)
　　a. [Few people]$_i$ would I trust t$_i$ with such a mission.
　　b. *[Few people]$_i$ who would I trust t$_i$ with such a mission.

(73) VP 전치구문(VP-preposing)
　　a. [Find it]$_i$ John thought that Mary could not.
　　b. *[Find it]$_i$ which John thought that Mary could not.

이 구문들이 WH-이동적인 성격을 보인다는 것은 다음의 사실에서 확인된다. 주제화의 예를 들어 설명하겠다.

(74) a. *John$_i$, I really hate [the man who recommended t$_i$] (CNPC 위반)
　　b. *John$_i$, [[that Shirley recommended t$_i$] resulted in this mess.
　　　(SSC 위반)

주제화 이동은 위에서 볼 수 있듯이 Island constraint를 준수한다. 그런 의미에서 WH-이동과 같다고 보아야 할 것이다. 주제와 WH-성분이 공기(co-occur)하지 못하는 사실은 여러 가지로 설명될 수 있겠다. Radford (1988:527)는 그 이유가 WH-성분이나 위에서 전치된 성분들이 CP의 지정어 자리로 이동하기 때문이라고 한다. 지정어 자리는 하나밖에 없으니까 당연히 이들 중 하나밖에 이 위치를 차지할 수 없다는 이야기이다. Radford의 예를 보자.

(75) a. *[Never ever] [who] would [$_{IP}$ he trust with such a mission]?
　　b. [How many people] [work late] do [$_{IP}$ you really think would]?
　　c. *[In which battle] [such gallantry] did [$_{IP}$ the soldiers show that they were all awarded medals]?

그러나 Radford의 분석에는 문제가 있다. 다음의 문장을 보자.

(76) a. *I wonder [what that [Bill bought t_{i}]].
     that what
   b. John said [that [never in his life] had he seen such a spectacle]].
   c. *John said [never in his life] that he had seen such a spectacle.

(77) Around Christmas, the book, you should buy.

(78) He is a man ...
   [to whom liberty [we could never grant]] (Baltin 1982)

(76a)는 종속절에서의 의문사 이동이 보문자 that과 공기할 수 없는 반면에 종속절에서 Negative Preposing은 that을 따라오는 한 공기할 수 있음을 보여 준다. 이 뿐 아니라 조동사의 도치까지 가능하다는 사실을 알 수 있다. (77)은 주제화가 하나 이상의 성분을 이동시킬 수 있음을 보여 준다. (78)은 주제화가 WH-관계절에서도 가능하다는 것을 보여 주고 있다. (78)과 같은 현상은 Italian에서는 더 많이 나타나는 것으로 알려져 있다. (Rizzi 1997 참조) 이를 우리는 어떻게 설명할 것인가? 여러 가지 방법이 있겠지만 대략 아래 두 가지 해법 중 하나를 택하면 될 것이다.

만약 주제화가 하나 이상의 성분을 전치시킬 수 있다고 하면 이에 대한 분석이 두 가지 있을 수 있겠다. 첫째는 주제화는 주제화된 성분이나 이와 공지표로 해석되는 주제화 운영자(Topic Operator, Chomsky 1977)가 CP의 지정어 자리로 대치(substitute)되는 것이 아니라 IP에 부가(adjoin)되는 것이라는 분석이 가능하겠다. (Baltin 1982, Lasnik & Saito 1992) Adjunction은 recursive하기 때문에 하나 이상의 성분이 adjunction에 의해 이동될 수 있기 때문이다. 두 번째 방법은 주제화도 대치라는 가정을 유지하면서(예를 들어 Top이란 기능소의 지정어 자리로) 주제화 성분을 지정어로 갖는 범주(TopP)가 recursive하게 투사될 수 있다고 가정하는 것

이다. (Rizzi 1997)

그러나 negative preposing은 달리 분석되어야 한다. 왜냐 하면 하나 이상의 성분이 도치되어 나타날 수 없기 때문이다.

(79) *[Rarely in my life] [few people] have I trusted with such a decision.

그러므로 이 구문에서의 이동은 대치로 분석되어야 한다. 한 가지 방법은 CP와 다른 기능 범주(예를 들어 NegP)의 지정어 위치에 부정 성분이 온다고 보는 것이다.

만약 이런 결론이 옳다면 앞에서 주장한 이 여러 구문의 이동 현상이 모두 WH-이동, 혹은 비논항 이동이라고 분석하는 것에 큰 문제가 생기지 않을까 의심할 수 있겠다. 그러나 반드시 그렇지 않다. 논항 이동과는 달리 의문문, 관계절, 기타 WH-구문, 그리고 이 절에서 본 구문들이 모두 공통적으로 소지하고 있는 속성은 어떤 성분(WH이건 Op이건)이 비논항 위치로 이동한다는 것이다. 즉, 이동의 착지점(landing site)이 $\bar{A}/\bar{\theta}$-position 이라는 것이다. 이 점을 감안해 우리는 다음의 결론을 내릴 수 있겠다. 비논항 이동은 그것이 대치(substitution)이건 부가(adjunction)이건 간에 Island constraint와 관련된 제약을 지킨다. 그러므로 우리는 원래 Chomsky (1977)가 생각했던 것과는 조금 다른 결론이지만 이 많은 구문에서 나타나는 이동 현상이 하나의 현상이라는 주장을 견지할 수 있게 된다.[43]

이제껏 우리는 '의존현상'이 핵어 이동, 논항 이동, 비논항 이동 세 가

---

43) 여기서 우리가 다루지 않는 중요한 이동 현상이 있다. 이제껏 분석한 구문에서의 이동은 왼편으로 향한 이동이었다. (leftward movement.) 그러나 후치(postposing), 혹은 오른쪽으로 이동하는 현상(rightward movement)도 존재한다. 오른쪽으로의 이동으로 분석된 구문 중 Extraposition, Right Node Raising 등이 있다. Rightward movement는 leftward movement 보다 훨씬 제한된 국부성(locality)을 엄수해야 한다. 즉, 오른쪽으로의 이동은 Ross의 Right Roof Constraint를 지킨다. 이런 이유로 볼 때 Rightward movement는 'α-이동'의 일부로 생각하기 어려운 점이 있다. 우리는 여러 학자들이 Rightward movement를 이동이 아닌 것으로 재해석한다는 점을 지정하고 넘어가는 것으로 이들에 대한 언급을 끝맺겠다.

지로 나뉘어짐을 보았다. 각각의 이동 규칙은 전통 변형 규칙에 비하면 그 적용 범위가 아주 넓다는 데 특징이 있다. 예를 들어 핵어 이동을 수반하는 '구문'의 수는 상당수이다. 논항 이동도 많은 구문에서 발견된다. 뿐만 아니라 비논항 이동으로 분석되는 구문의 수는 실로 방대하다. 그러나 아직 우리는 이 세 가지 종류의 이동 규칙을 'α-이동'으로 통합할 수 없다. 왜냐하면 세 이동 규칙이 서로 차이점을 보이기 때문이다. 어떻게 이 차이점을 보편적인 원리를 빌어서 자연스럽게 설명할 수 있는지를 보여 주어야만이 우리는 이들이 하나의 보편적 이동의 각기 다른 구현이라고 할 수 있을 것이다. 이것이 우리의 남은 과제이다. 다음 절에서는 이 작업을 하기 위해 우선 섬 제약과 그 외의 비논항 이동에 적용되는 제약들을 어떻게 종합화할 수 있는지를 보이겠다. 그 다음 우리는 'α-이동'이 준수하여야하는 도출에 관한 제약(Constraints on Derivation)에 기반을 두고 각 이동 규칙간의 차이점을 어떻게 설명할 수 있는지를 구조에 관한 제약(Constraints on representation)을 소개함으로 보이고자 한다.

3.4 α-이동의 제약

3.4.1 α-이동에 대한 제약

우리는 지금 세 종류의 이동 규칙이 α-이동의 실현이라는 가설을 세워 나가려고 한다. 우선 α-이동 자체의 속성을 우리는 도출에 관한 제약(Constraint on Derivation)이라고 부르기로 하자. 그 이유는 이동이 통사부의 각 층위구조(levels of representation, strata)를 연결하는 도출의 기재이기 때문이다. 이동으로 분석되는 각 구문에서 나타나는 이동의 제 양상은 도출에 관한 제약과 각 구조에 관한 제약의 상호 작용으로 설명된다.

도출에 관한 조건은 다음 세 가지이다. (Radford 1988 참조)

(80) 도출에 관한 제약(Constraints on Derivation)
(ⅰ) 상향이동 조건
이동한 성분은 S-structure에서 그것이 남긴 흔적을 성분 통어해야 한다.

(ⅱ) 엄밀순환 조건(Strict Cycle Condition)
순환범주(cyclic node)인 A에 의해 전적으로 지배되는 순환범주 B에 지배된 요소만을 영향을 주는 규칙은 A의 영역에서 적용될 수 없다. (No rule can apply to a domain dominated by a cyclic node A in such a way as to affect solely a proper subdomain of A dominated by a node B which is also a cyclic node.)
(순환범주(cyclic node) = NP, CP)

(ⅲ) 적용제한 조건(Bounding Condition)
이동은 적용제한 조건을 준수한다.

첫 번째의 제약부터 논의하자. (80i)는 모든 이동은 상향적(upward)이어야 한다고 규정한다. 즉, 이동이 남긴 흔적은 이동한 성분에 의해 비대칭적으로 성분 통어(asymmetrically c-command)되어야 한다. 이 제약은 다음과 같은 도출은 비문이 되는 이유를 설명할 수 있다.

(81) a. *t_i wonders [$_{CP}$ who$_i$ [$_{IP}$ John likes Mary]]
    cf.
  b. John wonders [$_{CP}$ who$_i$ [$_{IP}$ Mary likes t_i]]

Wonder는 indirect question을 종속절로 하위범주화 한다. 그러므로 종속절 CP의 지정어로 WH-의문사가 이동하여야 한다. (81a)의 이동은 이 조건을 만족시킨다. 그러나 문제는 이동이 상향적이 아니라 하향적(downward)이라는 점에 있다.
어떤 학자들은 이 조건이 도출의 조건이 아닌 구조의 조건(Condition

on representation)으로 설명될 수 있다고 생각된다. 그러나 여기서 우리는 이 조건을 도출에 적용되는 조건으로 보겠다.[44]

둘째 제약인 Strict Cycle Condition(SCC)은 적용제한 조건(Bounding Condition)의 논의 후에 살펴보는 것이 이해하기 쉽기 때문에 먼저 Bounding Condition을 소개하고자 한다.

Bounding Condition은 하위인접 조건(Subjacency)라는 이름으로 Ross의 섬 제약을 보다 보편적인 원리로 설명해 보려는 시도에서 그 연구가 출발되었다. Subjacency는 Ross의 섬 제약 일부 및 WH-Island Constraint를 설명할 수 있는 원리이다.

(82) 하위인접 조건(Subjacency)
   아래의 구조에서 α, β가 적용제한 범주(bounding node)일 경우 X와 Y는 이동으로 연결될 수 없다.

   [...X... [$_\alpha$ [$_\beta$...Y...]...]
   적용제한 범주 = {IP, NP}

Ross의 섬 제약 중 Subjacency로 설명되는 것은 CNPC와 LBC이고 WH-Island Constraint(WIC)도 Subjacency로 설명된다. 그 이유는 다음의 개략적인 나무 그림을 보면 이해할 수 있다.

---

[44] PPA 이론내에서는 Move-α 자체를 제약하는 것을 꺼리는 경향이 있다. 그런 이유로 Lasnik & Saito (1984, 1992)에서는 Move-alpha는 거의 제약이 없는 것으로 이해된다. 이들은 하향적 이동도 허용한다. 단지 그런 이동으로 도출된 통사 구조 (S-structure, LF)가 구조적 조건(Condition on representation)을 만족시키면 된다고 생각한다. 그 반면, 최근 최소주의 이론에서는 이동 자체에 제약을 두고 구조적 조건을 최소화하려는 경향이 있다.

(83) a. <u>CNPC</u>

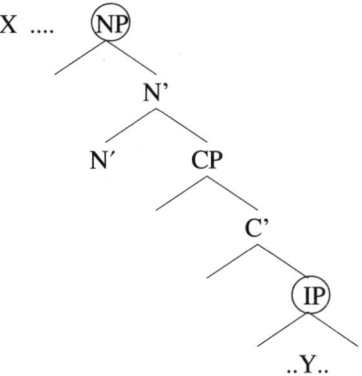

O = Bounding Node

b. <u>WIC</u>

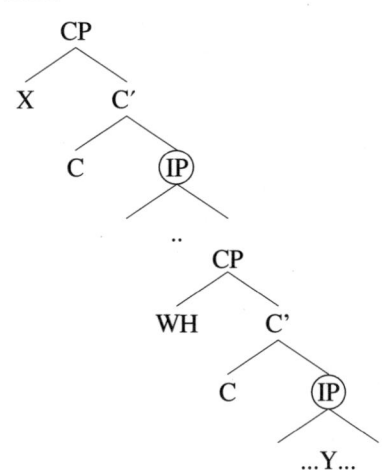

그러나 Chomsky의 Subjacency Condition은 보조가설(auxiliary hypothesis) 없이는 다른 섬 제약을 설명하지 못한다. SSC의 경우가 좋은 예이다.

(84) SSC

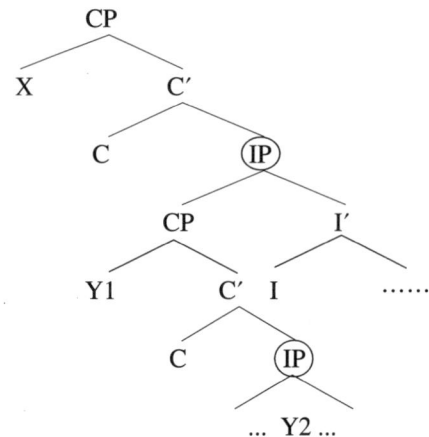

　Subjacency에 의해 sentential subject 안에서 상위문으로 이동이 안되지만(Y2의 경우) CP의 지정어에서 상위문의 SpCP로 이동하는 데는(Y1의 경우) 하나의 Bounding Node밖에 존재하지 않기 때문에 이동이 가능해야 한다. Ross 시대에는 Sentential Subject는 항상 NP에 지배되는 CP라고 가정을 했기 때문에 CP를 지배하는 NP가 또 다른 Bounding Node의 역할을 했으나 이 것은 Endocentricity를 어기는 분석으로 지금은 받아들일 수 없다.45)

　Adjunct Condition의 경우도 마찬가지이다. 다음의 그림을 보면 문제를 이해할 수 있다.

---

45) Subject Condition의 경우 주어가 NP이기 때문에 Subjacency로 설명이 가능하다. 주어를 넘어나올 때 Bounding Node를 넘기 때문이다. 그러나 Subject Condition과 SSC가 같은 현상이라고 볼 때 우리는 둘 다 자연스럽게 설명할 수 있는 기재가 필요하다.

(85)

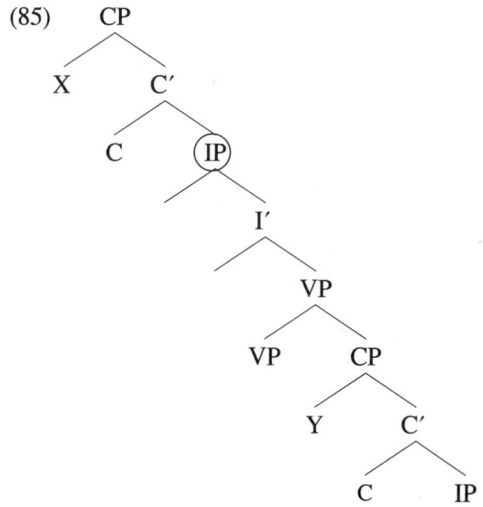

위 그림에서 VP에 부가된 부가절 CP와 주절 SpCP 사이에는 하나의 Bounding Node 밖에 존재하지 않는다.

이런 문제들을 해결하기 위해 Chomsky(1986b)는 장벽이론(Barriers)이라는 Bounding Condition에 대한 새로운 해석을 제시한다. 이제 그의 분석을 간단히 살펴보자.[46]

장벽이론에는 여러 가지 복잡한 정의와 보조가설들이 있지만 그 핵심은 다음과 같다. 장벽이론에서의 Bounding Node는 Subjacency 이론에서와 같이 어떤 특정한 범주가 아니라 어느 범주(최대투사)라도 그것이 통사 구조 내에서 갖는 의존 관계(dependency)에 따라 Bounding Node가 될

---

46) Ross의 제약 중 LBC는 언어 보편적인 제약이 아님으로 보편 문법에서 다루어서는 안 된다고 본다. CSC-ATB는 이론에 따라 언어 보편적인 제약으로 보기도 한다. 그러나 Lakoff(1986) 등이 보여 주었듯이 CSC는 예외가 많다. 그러므로 CSC는 통사적 제약이 아닌 의미-화용론적 제약일 가능성이 크다. (Culicover & Jackendoff 1997 참조) 그렇다면 통사적 조건인 Bounding Condition은 CSC-ATB를 예측해서는 안 될 것이다. Chomsky(1986b)의 체계에서도 CSC-ATB는 설명되지 않는다. 이는 옳은 예측이라고 할 수도 있겠다. 이런 이유로 우리는 CSC-ATB의 문제를 더 이상 다루지 않기로 한다.

수도 있고 그렇지 않을 수도 있다. 즉, 모든 최대투사(XP)는 잠재적으로 장벽(potential barrier)이다. 장벽은 곧 Bounding Node를 뜻한다. 그러나 XP가 어휘 범주의 보충어일 때는 장벽으로 역할하지 않는다고 가정한다. 이 사실만 가지고도 우리는 왜 successive-cyclic movement이 항상 보문절에서 다른 보문절로 이동하는지 알 수 있고, 왜 같은 CP라 해도 그것이 주어이거나 부가어일 때는 이동을 막는지 이해할 수 있다. 이 두 경우, CP는 어휘 범주의 보충어가 아니기 때문이다. 다음 그림을 보자.

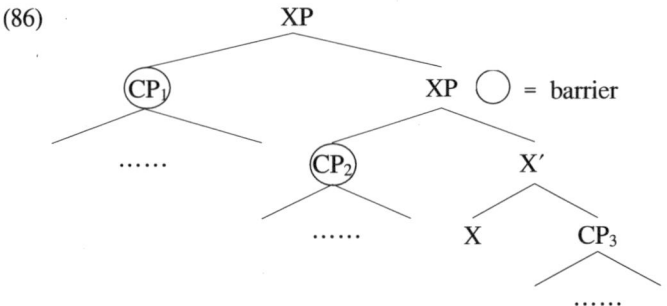

(86)

X라는 어휘 범주가 CP를 부가어(CP₁), 지정어(CP₂), 보충어(CP₃)로 취한다고 할 때, CP₃만이 그것이 지배하는 영역 안에서 밖으로 어떤 성분의 이동을 허용한다. 어휘 범주의 보어이기 때문이다. 이렇게 보면 우리는 SSC(Subject Condition까지 포함해서), Adjunct Condition, 그리고 관계절이 내포된 구조에서의 CNPC를 쉽게 설명할 수 있다. 이들 모두 보충어가 아닌 절을 안고 있는 구조이기 때문이다.

중요한 island constraint 중에 장벽이론으로 설명이 잘 안되는 것이 WIC이다. 그 이유는 다음의 그림을 보면 쉽게 이해된다.

(87)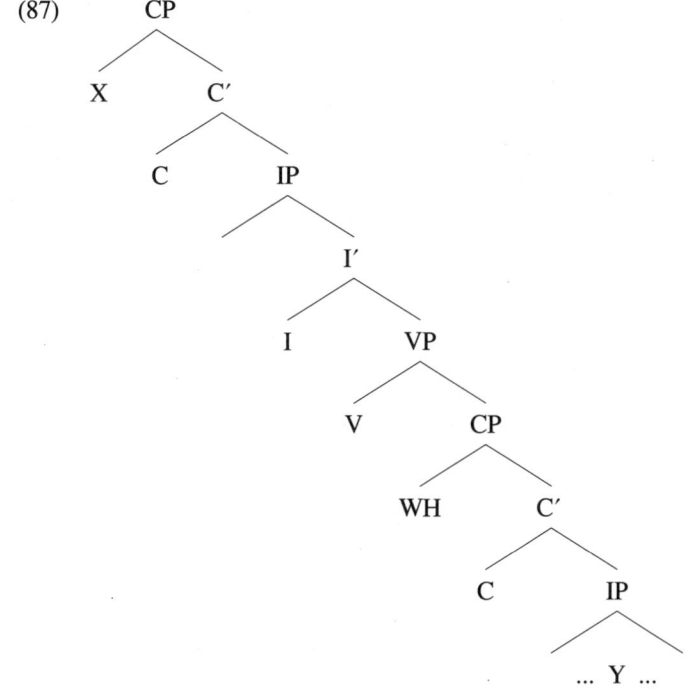

위에서 보듯이 WH-Island로 역할하는 CP는 보충어이다. IP도 보충어이다. 그리고 X가 이동하면 통과하는 범주는 모두 보충어이다. 그러므로 장벽이론에서는 종속절 CP 지정어에 WH가 있다는 사실이 이동을 막는 아무런 역할을 하지 않아야 한다. Chomsky는 이 문제를 해결하기 위해 여러 보조가설을 세운다. 종속절의 CP를 Barrier로 만드는 기재(상속된 장벽-inherited Barrier)를 제안한다. 뒤에서 우리는 Rizzi(1990)가 제안한 방법으로 이 현상을 설명하겠다. Rizzi의 이론은 구조의 조건(Condition on Representation)에 속한다. 그러므로 논의를 다음 절로 미루기로 하고 이제 도출 조건의 마지막인 Strict Cycle Condition을 살펴보기로 하자.

Strict Cycle은 WH-island에서 Subjacency를 위반하지 않고 나올 수 있는 다음의 도출을 막기 위해 필요하다. 그림을 다시 보자.

(88)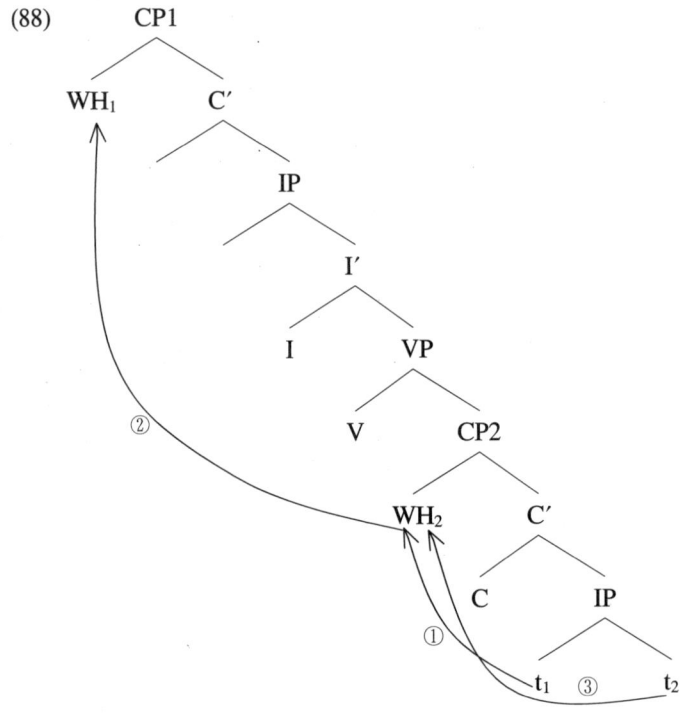

    종속절 IP 내에 있는 두 개의 WH 중 WH_1이 먼저 종속절 SpCP2를 통해 주절 SpCP1으로 이동한 다음, WH_2가 종속절의 SpCP로 이동할 경우의 도출은 Subjacency를 위배하지 않는다.
    이것을 여러 방법으로 막을 수 있으나 앞에서 소개한 SCC로 막을 수 있다. 즉, cyclic node인 두개의 CP 중 주절인 CP1의 영역까지 이동이 와 있을 때 종속절인 CP2의 영역에 국한된 이동은 허용하지 않는다는 것이다. 그러므로 WH_2가 CP2의 지정어로 먼저 이동해야 하고 그 뒤에 WH_1이 Subjacency를 어기며 CP1으로 이동할 수밖에 없다.

3.4.2 구조에 관한 제약-공범주 원리 및 기타 제약

앞 절에서 우리는 Rizzi(1990)의 분석을 소개하기로 약속했었다. Rizzi (1990)의 배경은 앞에서 논의된 섬 제약 이외의 WH-이동에 대한 다른 제약들을 보편적 원리로 분석하려는 일련의 연구의 선상에서 이해되기 때문에 먼저 배경이 되는 논의를 하겠다. 이 논의는 흔히 공범주 원리 (Empty Category Principle, ECP)라는 제목 아래 이루어진다.

우리는 앞에서 CTF가 섬 제약 즉, Subjacency와 무관한 것이라고 말했다. CTF(혹은 that-trace filter)의 예를 다시 보자.

(89) Complementizer Trace Filter
    a. *Who$_i$ do you think [$_{CP}$ t$_i$′ that [$_{IP}$ t$_i$ left]]?
    b. Who$_i$ do you think [$_{CP}$ t$_i$′ [$_{IP}$ t$_i$ left]]?

(89a)는 CTF를 위배해서 비문이지만 (89b)는 정문이다. 이동이 종속절 SpCP를 통과하는 것은 공통된 점인데 왜 (89a)만 비문일까? CTF는 이 현상을 기술할 뿐이지 설명을 제공하지는 못한다. 보다 깊이 있는 설명이 요구된다. 초창기 PPA 이론에서는 (89)의 구문들이 놀랍게도 Superiority Condition과 연관이 있다고 분석했다. Superiority Condition은 다음의 예문에서 나타난다.

(90) Superiority Condition
    a. [$_{CP}$ who [$_{IP}$ t$_i$ read what]]?
    b. *[$_{CP}$ what did [$_{IP}$ who read t$_i$]]?

(89a)와 (90)의 공통점은 Bounding Condition과는 무관한 다른 어떤 제약이 주어이동을 목적어(보충어)이동에 비해 제한하고 있다고 생각하면 이해될 수 있다. 분명 도출의 조건인 Subjacency와는 무관한 조건이기 때문에 이 조건은 이동이 남긴 흔적-trace-에 관한 조건일 것이라고 처음

부터 생각되어 왔다. 이 조건에 대한 '지배적인 직관'(leading intuition)은 이동이 남긴 흔적은 주위에 있는 어휘 범주에 의해 인허되어야 한다는 것이다. 이것을 불러 고유지배(proper government)라고 한다. 목적어(보충어)는 동사에 의해 고유지배되나 주어의 흔적은 그렇지 못하다고 보면 (89)가 우선 이해된다. 먼저 이 제약을 소개하겠다.

(91) 공범주 원리(Empty Category Principle, ECP – 일차적 정의)
흔적은 고유지배되어야 한다.
고유지배1(Proper government1) = 어휘 범주에 의한 성분 통어하의 지배

(89a)를 다시 보자. 주어의 흔적인 t_i는 격을 점검하는 INFL과 CP의 핵어인 that에 의해 지배(govern)될 수 있다. 그러나 고유지배를 받지는 못한다. INFL이나 Comp 모두 어휘 범주가 아니며 그나마 INFL은 흔적을 성분 통어하지 못한다. 그러므로 Subjacency와 무관하게 (89a)는 ECP를 어기게 된다. 그러면 (89b)는 왜 정문이 되는가? HPSG나 GPSG 이론에서는 그 이유가 (89b)의 종속 성분이 절이 아닌 VP이기 때문이라고 주장한다. 이 주장은 PPA 이론에서는 받아들일 수 없다. 왜냐하면 종속절은 투사 원리에 의해 항상 절로서의 성격을 갖추어야 하기 때문이다. 그러므로 (89b)는 ECP를 만족한다고 분석할 수밖에 없다. 여러 가지 분석이 있겠지만 Chomsky(1986b)는 그 이유가 고유지배를 만족할 수 있는 또 하나의 방법이 있기 때문이라고 가정한다.

(92) 공범주 원리(수정정의)
흔적은 고유 지배되어야 한다.
고유지배
  (1) 어휘 범주의 성분 통어하의 지배(=어휘 지배(lexical government))
  혹은
  (2) 선행사(즉, 공지표되고 성분 통어하는 성분)에 의한 "지배"

(=선행사 지배(antecedent government))

즉, (89b)의 경우 SpCP에 있는 t_i' 라는 선행사가 주어의 흔적인 t_i를 "지배"함으로 고유지배를 만족시킨다는 것이다. 이렇게 볼 때 우리는 (89a)에서 t_i'가 t_i를 고유지배하지 못한다고 보아야 한다. Chomsky(1986b)는 그 이유가 that이라는 더 가까운 지배자(closer governor)가 있기 때문에 더 먼 지배자인 t_i'가 t_i를 지배하지 못한다는 것이다. 목적어의 흔적은 that의 유무와 관계없이 항상 동사에 의해 고유지배를 받게 된다. 그러므로 목적어 이동은 CTF의 제약과는 무관하게 행동한다.

이 정도로 CTF를 논의하고 (91)의 ECP에 의한 분석을 소개하겠다. (91)의 성격을 이해하려면 이제껏 우리가 논의하지 않았던 통사 층위구조인 LF구조에 관한 소개가 필요하다. LF의 성격은 아직 확실히 규명되지 않았지만 적어도 앞에서 소개한 WH-Criterion이 적용되는 곳이다. 이동하지 않은 WH-의문사(in-situ WH)가 LF 구조에서는 이동을 하여 [+WH] Comp와 점검관계인 위치에 자리해야 한다는 말이 되겠다. Huang(1982)은 WH- 이동이 표면에서 나타나지 않는 중국어와 같은 언어에서도 LF에서 모든 WH가 이동한다고 가정하면 영어와 중국어의 WH의문문의 유사점을 설명할 수 있다는 것을 보여 주었다. 그를 따라 (91) 문장들의 LF 구조를 그리면 다음과 같이 될 것이다.

(93) (=(91)의 LF 구조)
    a. [$_{CP}$ [what$_j$ [who$_i$]]$_i$ [[+WH] [$_{IP}$ t_i read t_j]]]
    b. *[$_{CP}$ [who$_j$ [what$_i$]]$_i$ [[+WH] [$_{IP}$ t_j read t_i]]]

ECP가 LF에(도) 적용이 된다는 가정을 하고 각 흔적들의 고유지배 만족 여부를 살펴보자. 앞에서와 마찬가지로 목적어의 흔적은 동사에 의해 고유지배되기 때문에 논의에서 제외한다. (93a)의 주어 흔적인 t_i는 선행사에 의해 고유지배 받는다. 왜냐하면 LF에서 what이 who에 부가되어도 who가 핵이기 때문에 who의 지표가 전체의 지표가 된다. 그러므로 SpCP

에 있는 복합체의 지표와 t_i가 공지표 되어 고유지배가 성립한다. 그러나 (93b)는 그렇지 못하다. who가 what에 부가되어 복합체가 what의 지표를 갖기 때문에 주어의 흔적은 고유지배 받지 못한다.

지금까지 소개한 것이 소위 "고전적 ECP"(classical ECP)의 분석으로 Chomsky(1981), Lasnik & Saito(1984, 1992), Chomsky(1986b)가 견지하는 ECP에 대한 생각이다. 그러나 Rizzi(1990)는 classical ECP의 수정을 제의한다. 그 간의 논의를 단순화하여 핵심적인 사실만 소개하자면 다음과 같다. 선행사 지배에 관한 많은 연구 결과 주어의 흔적 뿐 아니라 부가어이동의 흔적도 항상 선행사 지배를 받아야 하는 것이 발견되었다. 그렇다고 할 때 생기는 문제는 두 가지이다. 첫 번의 문제는 부가어의 이동은 CTF 제약을 위배할 수 있다는 점이다.

(94) a. How$_i$ did you think [$_{CP}$ t_i' that [$_{IP}$ John fixed the car t_i]]?
     b. ?Who$_i$ did you wonder [$_{CP}$ whether [$_{IP}$ John thought [$_{CP}$ t_i' [IP t_i' stole the garment]]]]?
     c. ??What$_i$ did you wonder [$_{CP}$ whether [$_{IP}$ John thought [$_{CP}$ t_i' 」 [$_{IP}$ Mary stole t_i]]]]?
     d.**How$_i$ did you wonder [$_{CP}$ whether [$_{IP}$ John thought [$_{CP}$ t_i' [$_{IP}$ Mary stole the garment t_i]]]]?

(94a)에서 부가어 how의 흔적인 t_i가 선행사 지배를 받아야 한다고 가정하면 즉시 문제가 발생한다. (89)의 주어의 흔적은 보문자 that이 있을 때 고유지배되지 못했다. 부가어는 보충어가 아니기 때문에 적어도 Chomsky(1981, 1986b)나 Lasnik & Saito(1984)의 분석에서는 어휘 지배로 고유지배를 만족시킬 수 없다. 그러므로 선행사지배가 되어야 하는데 그런 지배를 막는 that이 선행사인 t_i'와 t_i 사이에 위치하고 있다. 둘째 문제는 (94b, c)와 (94d)의 대조에서 야기된다. (94b-d)의 도출은 WH-island를 넘는 Subjacency 위배인 것은 분명하다. 그러나 논항인 주어(94b)나 목적어(94c)가 WH-island를 넘을 때와는 달리 부가어인 how가 island 밖

으로 이동할 때는 비문법성이 아주 강한 문장이 된다. 목적어 이동의 경우에는 그 이동이 Subjacency를 위반하고 ECP를 만족했다라고 보면 약한 비문법성을 어느 정도 이해할 수 있지만 주어와 부가어의 차이는 어떻게 설명을 할 것인가? 둘 다 Subjacency와 ECP를 어기는데 어떻게 그 차이점을 설명할 수 있을까?

Rizzi는 이 문제들을 다음과 같이 해결할 것을 제의한다. 고전적 ECP는 이접적(disjunctive)으로 정의되어 있다. 즉, ECP를 만족하려면 어휘 지배나 선행사지배 중 하나만 만족하면 된다. 그러나 그는 ECP가 접속적(conjunctive)인 정의로 이해되어야 한다는 것이다. 즉, 고유지배의 첫째 disjunction인 lexical government는 원래 흔적(original trace)이 만족해야 하는 조건이라는 것이다. 그리고 선행사 지배도 다른 어떤 인허 방법이 없는 한 이동의 모든 고리(link)가 만족시켜야 한다는 것이다.

목적어의 흔적의 경우 어휘 지배를 항상 받게 되기 때문에 문제가 없다. 그러나 주어와 부가어의 흔적의 경우는 다르다. Rizzi는 이에 대해 다음을 제의한다. Chomsky나 Lasnik & Saito와는 달리 Rizzi는 부가어의 흔적은 어휘 지배를 받는다고 가정한다. 그러므로 that이 있어도 that보다 밑에 있는 기능 범주(T나 Agr 등)가 부가어의 흔적을 어휘 지배한다는 것이다. 주어의 경우 (88a)에서 보듯이 that은 분명히 어휘 지배자에서 제외되어야 한다. 그러나 (88b)에서 Rizzi는 영형보문자는 어휘 지배자가 된다고 제의하고 있다. 그 이유는 다음의 구조를 보면서 설명하겠다.

(95) a. *... [$_{CP}$ t_i' that [$_{IP}$ t_i ...]]
     b. ... [$_{CP}$ t_i' C_{agr} [$_{IP}$ t_i ...]]

(95b)의 경우 zero Comp는 SpCP에 있는 t_i'과 일치하여 그 자질을 공유하게 된다. 이런 Comp는 다른 Comp(즉, that)와는 달리 주어흔적의 어휘 지배자가 될 수 있다는 주장이다. Rizzi는 이런 어휘 지배를 가리켜 고유핵지배(Proper Head Government)라고 부른다. 이렇게 Rizzi는 (94)에서 제기된 첫 번째 문제를 해결한다. 그러면 두 번째 문제는 어떻게 해

결할 것인가?

두 번째 문제는 WH-Island Constraint와 관련이 있다. 앞 절에서 우리는 Chomsky(1986)의 장벽이론에 의한 Bounding Condition의 재분석에 있어서 한가지 문제점은 WH-Island인 것을 보았다. (87)에서 보았듯이 연속되는 보어 구조(successive complementation structure)임에도 불구하고 이동이 제한되는 것을 보았다. Rizzi는 그 이유가 선행지배의 조건에서 온다고 본다. 이런 사실을 설명하기 위해 그는 Chomsky(1986b)의 최소성 조건(Minimality Condition)을 확대한 상대 최소성 조건(Relativized Minimality, RM)을 제의한다. RM은 지배-즉, 선행사지배(antecedent government)-가 지켜야 할 조건이다. 간략히 소개하면 RM은 다음과 같다.

(96) 상대 최소성 조건[47)
 X ... [Z ... Y]의 구조에서 다음의 경우 X가 Y를 지배(선행사)할 수 없다.
 (i) X가 A′-Specifier일 경우 Z = A′-Specifier
 (ii) X가 A-Specifier일 경우 Z = A-Specifier
 (iii) X가 Head일 경우 Z = Head

여기서 우리는 (96 i)에 주목하고자 한다. 이 조건은 Y가 X로 이동했을 때 X가 A′-Specifier자리이면 Z가 A′-Specifier인 경우 X가 Y를 선행사지배할 수 없다는 것이다. 이것이 최소성의 성격을 띠는 이유는 Y가 X와 Z라는 두 A′-Spec 중 가까운 Z를 건너뛰어 X로 이동할 수 없다는 점 때문이다. (96 i)는 WH-Island Constraint를 쉽게 설명한다. 다음의 예를 보자.

(97) *How$_i$ did you wonder [$_{CP}$ whether$_j$ [$_{IP}$ John wrote the book t$_i$]]?

---

47) 필자가 나름대로 정리한 정의임으로 Rizzi(1990)와 다른 점이 있어도 이해하기 바란다. 그러나 논의에는 아무 영향도 미치지 않는다.

(97)에서 how는 A′-Spec인 SpCP에 위치하고 있다. 이 자리에서 how는 그것의 흔적인 t_i를 선행사 지배해야 한다.[48] 그러나 이런 지배는 t_i에 더 가까이 있는 종속절 SpCP를 건너서 성립되지 못하기 때문에 ECP를 어기게 된다는 주장이다. 즉, Rizzi의 분석에 의하면 WIC 위배는 ECP의 위배를 의미하게 된다.

그렇다면 (94)에서 본 부가어와 주어/목적어 이동의 차이가 문제로 대두된다. Rizzi의 분석에 의하면 (94b, c, d) 모두 RM을 위배하여 ECP를 어기는 문장이 되어야 한다. 왜냐하면 proper head government와 상관 없이 중간 흔적인 t_i'와 선행사 사이에 더 가까운 A′-Spec이 있기 때문이다. 이 문제는 Rizzi에게 큰 고민거리가 된다. 그래서 그는 다음의 제의를 한다. 주어/목적어는 논항이고 이들은 지시적인 의미역(referential theta role)을 받는 반면 부가어는 시간, 장소, 이유 등의 비지시적 의미역(non-referential role)을 갖는다고 가정한다. 그는 또 referential theta role을 받는 요소는 이동이 아닌 결속(Binding)의 관계로 연결될 수 있다는 것이다. 결속은 그 성격상 국부성 조건(locality condition)이 없다. 그러므로 X와 Y사이에 A′-Spec이 있어도 결속이 가능하다는 주장이다. 그렇다면 왜 (94b, c)가 완벽하지 않느냐 하는 문제가 제기된다. 여기에 대해서 Rizzi는 이것이 Subjacency를 어기기 때문이라고 한다. 그러나 앞에서 보았듯이 적어도 Chomsky(1986b)의 체계 하에서 이것이 Subjacency violation이라고 주장하는데는 여러 가지 보조적 가설(auxiliary hypothesis)이 필요하다. 그러므로 Rizzi의 대답은 석연치 않은 면이 있다고 생각된다. Manzini(1992)는 Rizzi(1990)의 체계를 좀 더 개선해서 이 문제를 다루고 있다. 지면 관계상 그의 논의는 생략하기로 하겠다.

3.4.3 논항 이동 및 핵 이동의 국부성

이제껏 논의를 정리해 보면 적어도 A′-movement에 있어서는 두 가지

---

[48] t_i는 proper head government를 만족한다고 가정하자. 그러나 Rizzi의 체계에서는 t_i는 conjunctive ECP를 만족해야 함으로 선행사에 의해 고유지배되어야 한다.

의 locality principle이 있다. 하나는 도출의 조건인 Bounding Condition이다. 이에 대한 이론으로는 Chomsky(1986b)를 소개했다. 두 번째는 구조의 조건인 ECP이다. 이에 대한 이론으로 우리는 Rizzi(1990)의 conjunctive ECP를 소개했다. 이동에는 A′-movement, A-movement, Head movement 세 부류가 존재한다. 그러므로 이 셋이 Move Alpha의 각기 다른 실현이라면 그것들의 차이점을 설명할 수 있는 이론이 필요하다. 이 절에서는 논항 이동과 핵 이동의 locality를 어떻게 설명할 수 있는지 살펴보고자 한다.

우선 우리는 다른 종류의 이동으로 생긴 연쇄(chain)가 서로 섞이는 것을 방지해야 한다. 섞일 수 있는 유일한 경우는 A-movement가 일어난 연쇄의 머리(head)가 A′-movement로 이동을 하는 것 밖에 없다. 이를 도식화하면 다음과 같다.

(98) a. (A′ ... A ... A)
  b. *(A′ ... H ... H)
  c. *(A′ ... H ... A)
  d. *(A ... A′ ... H)
  e. *(H ... A ... A)
   ......

이렇게 서로 다른 이동이 서로를 먹이는(feeding) 것을 방지하는 기재로는 다음의 제약이 있다.

(99) <u>연쇄 동일성 조건</u>(Chain Uniformity Condition)
  연쇄 C=(P_1, ... P_n)에서 모든 자리(position) P는 X-bar이론적 성격(즉, 핵이냐 XP냐의 문제)과 연쇄 종류(즉, A′, A, H의 속성)가 동일해야 한다.

(99)는 Emonds(1976)의 구조 보존 조건(Structure Preservation Condition)을 확대시킨 것이다. 이 조건은 우선 연쇄의 모든 자리가 X-bar 이론상

핵이냐 최대투사냐의 문제에서 일치해야 하며 또한 연쇄의 종류-A′, A, H-에 대해서도 일치해야 한다는 것이다. 이 조건에 대해서 (98a)가 문제가 되나 자연언어에서 (A′, A) 관계, ─ 즉 운용자-변항(operator-variable) 관계 ─ 가 필연적이라는 이유로 허가되어야 한다고 본다. (98d)는 부적절이동 조건(Improper Movement Condition)이라고도 불리는 조건이나 (99)의 한 경우에 불과함을 우리는 알 수 있다.

(99)의 조건만 가지고 각 연쇄의 특징적인 조건을 다 설명할 수 없다. 앞에서 보았듯이 핵 이동은 강한 국부성을 보인다. 즉, HMC를 만족해야 한다. HMC가 요구하는 locality는 Subjacency가 요구하는 것보다 훨씬 국부적이다. 그러므로 핵 이동의 경우 Subjacency는 전혀 독립적인 제약의 역할을 하지 못한다. HMC를 어기는 문장을 예시하겠다.

(100) *Have$_i$ [$_{IP}$ John will [$_{VP}$ t$_i$ [gone home]]]?

논항 이동의 경우도 문제는 마찬가지이다. A-movement의 locality는 TSC와 SSC로 알려져 있다. 이 두 조건이 요구하는 locality는 Subjacency보다 훨씬 더 제한적이기 때문에 A-movement의 경우에도 Subjacency의 역할은 잉여적이 되고 만다. 다음의 문장들이 이를 보여 준다.

(101) a. *John$_i$ is likely [$_{CP}$ (that) [$_{IP}$ t$_i$ will resign]](TSC 위배)
b. *John$_i$ is likely [$_{CP}$ for [$_{IP}$ Bill to fire t$_i$]](SSC 위배)

이 문장들은 Subjacency를 어기지 않는다. Chomsky(1986b)의 분석에서는 종속절 CP가 보조적 가설에 의해 Barrier가 되지만 그렇다 해도 A′-movement와는 달리 barrier를 하나 넘는 이동이 아주 나쁘다는 사실을 설명할 수 없다.[49]

이 두 가지 문제는 Rizzi의 RM 체계에서 쉽게 설명될 수 있다. 이 점

---

49) (93)에서 보았듯이 논항의 A′-movement가 WH-island constraint를 어길 때 과히 나쁘지 않은 문장으로 토박이 화자들은 판단한다.

이 그의 이론의 큰 장점이라고 하겠다. (100)은 (96 iii)으로 설명된다. RM에 의해 have는 더 가까운 핵인 will을 건너 t_i를 선행사 지배할 수 없다. 마찬가지로 (101b)에서 Subjacency와 상관없이 John은 더 가까운 A-Spec에 있는 Bill을 건너 흔적인 t_i를 선행사 지배할 수 없게 된다. 그러나 (101a)의 경우는 RM으로 설명할 수 없다. 왜냐하면 선행사와 흔적 사이에 더 가까운 A-Spec이 없기 때문이다. Rizzi(1990)는 (101a)는 proper head-government의 위반이라고 분석한다. 앞에서 보았듯이 보문소는 proper head governor가 되지 못한다. 그러므로 주어 흔적인 t_i는 이 조건을 위배하게 된다. 반면에 다음의 경우는 proper head government가 성립한다. 동사가 고유핵 지배자이기 때문이다.

(102) John$_i$ is likely [$_{IP}$ t_i to leave]]

(101a)에서 Comp가 proper head-governor가 될 수 있는 유일한 방법은 SpCP에 있는 흔적과 일치하여 C_{agr}가 되는 것이다.

(103) (=102a) *John$_i$ is likely [$_{CP}$ t_i' C_{agr} [$_{IP}$ t_i will resign]]

그러나 여기서의 이동은 (99)의 연쇄동일성 조건을 어긴다. 그러므로 이런 도출은 불가능하다.

Rizzi의 분석 방식이 옳다는 어느 정도의 증거가 있다. 주어흔적이 고유핵지배(proper head government)를 받지 못하는 것은 영어문법의 제약이지 보편 문법적 제약은 아니다. 그러므로 A-movement에서 TSC를 어길 수 있는 언어가 있을 수 있다는 예측이 생긴다. 이런 언어들은 A′-movement에서 CTF를 어길 수 있는 언어일 것이다. Yoon(1996), Moore (1997) 등은 Rizzi(1990)의 체계 하에서 이들 언어를 분석함으로 그 체계의 예측이 옳다는 것을 보이고 있다.

A-movement에 관해 마지막으로 Chain Condition(CC)에 관련된 논의를 정리하고자 한다. 앞에서 본 TSC나 SSC violation은 Chain Condition도 어

긴다. 즉, 흔적의 위치가 격할당 위치이기 때문에 CC의 위반으로 TSC나 SSC와 상관없이 배제된다고 생각할 수 있다. 그러나 이 결론은 문제가 있다. Yoon(1996)이나 Moore(1997)가 보여 주듯이 TSC를 어기는 (101) 같은 구문이 정문인 언어가 있다는 사실은 CC가 A-movement의 보편적인 제약이 될 수 없음을 보여 준다. 또한 영어에서도 CC의 위반이 없는 다음의 A-movement 구문이 비문이라는 사실은 CC와 상관없이 TSC-SSC를 상정해야 한다는 것을 보여 준다.

(104) *John$_i$ seems [that [it is likely [$_{IP}$ t$_i$ to leave]].

인상 동사인 be likely는 격을 주지 않는 동사임으로 (104)에서는 CC는 문제가 되지 않는다. 그럼에도 불구하고 아주 좋지 않은 비문이 된다. RM은 이 사실을 간단히 설명해 줄 수 있다.

이 절의 논의를 정리하자. 우리는 RM과 같은 기재로 핵 이동, 논항 이동, 그리고 비논항 이동 간의 국부성(locality)의 차이와 각 연쇄들이 자의적으로 섞일 수 없다는 사실을 설명했다. Move-Alpha의 자체적 조건으로는 상향이동 조건과 Bounding Condition, 그리고 SCC를 상정한다. 이동의 과생성 문제는 연쇄동일성 조건과 ECP(RM을 포함하는)라는 구조적 조건(condition on representation)으로 다룬다. 그 결과 문법의 생성기재(generative device)의 하나인 이동 자체를 각 구문에 맞게 제한시킬 필요가 없게 된다. 이 논의의 큰 부산물은 이제 자연언어의 "이동"이라는 것의 진정한 속성이 무엇이며 그것을 제약하는 보편적, 혹은 매개변인적인 원리들이 어떤 것인지에 대한 이해가 깊어졌다는 것이다. 이런 결과는 과거 피상적인 속성만을 탐구하던 변형 문법의 방법론으로는 이루어 낼 수 없는 중대한 발전이라고 생각된다.

3.5 요약: α-이동의 속성 및 제약

이 장의 논의를 요약하면 다음과 같다. 첫째 α-이동의 고유한 속성 -즉, 도출의 조건-은 다음과 같다.

(105) (i) 이동은 상향적이다.
     (ii) 이동은 Bounding Condition을 지킨다.
     (iii) 이동은 Strict Cycle Condition을 지킨다.

둘째, 이동에 관련된 구조의 조건은 다음과 같다.

(106) (i) 이동으로 생성된 연쇄는 Chain Uniformity Condition을 지킨다.
     (ii) 이동으로 생성된 흔적은 Empty Category Principle을 지킨다.

마지막으로, 우리는 논항 이동에서 관찰되었던 (대치)이동에 관한 조건인 Chain Condition - 즉, 이동은 이동하는 요소의 기능적 자질 점검을 위해 일어난다는 조건 - 을 A′-movement와 Head Movement에도 확대 적용할 수 있겠다. A-movement의 경우 점검되는 자질은 격(Case)이라고 생각된다. A′-movement의 의문사 구문의 경우 WH-Criterion에 의해 점검되는 자질은 [+WH] 자질이다. 다른 A′-movement의 경우도 WH-Criterion을 확대하면 자질 점검을 위한 이동으로 볼 수 있을 것이다. 즉, 모든 이동은 X-Criterion을 만족시키기 위해 일어나며 X에 해당하는 자질은 여러 가지가 있을 수 있겠다.

Head Movement는 어떤 자질을 점검하기 위해 일어나는 것일까? 대개 형태론적 자질이라고 생각한다. 즉, INFL이 affix이기 때문에 affix를 필요로 하는 동사 어근이 이런 "자질"을 점검받기 위해 이동한다고 본다. 또는 최소주의에서처럼 동사 위치에 활용된 동사가 심층 구조에서 삽입되지만 이 위치에서는 동사의 활용 자질(inflectional features)이 점검되지 않기 때문에 INFL 위치로 이동해야 된다고 생각할 수 있겠다. 이런 식의 분석에 의하면 Adjunction의 경우를 제외하고 모든 이동은 '자질 점검'을 위해 일어난다는 결론을 내릴 수 있겠다. 그렇다면 이것 또한 보편 문법적인 이동의 성격인 것이다. 또한 Chain Condition에서 보았듯이 어떤 자질 F가 P의 위치에서 점검되면 더 이상 P에서 이동이 일어나지 않는다고 상정해 볼 수 있겠다. 이를 정리하여 다음과 같다.

(107) 이동은 이동하는 요소의 자질의 "점검"을 위해 일어난다. 자질이 점검된 위치에서 더 이상의 수의적 이동은 없다.

4장 결속 및 통제 현상

  원리-결속 이론의 마지막 주제로 우리는 결속(Binding) 및 통제(Control) 현상과 관련된 문제들을 다루고자 한다. 여기에는 이동으로 생성되지 않은 공범주, 즉, 대명사적 공범주(pronominal empty categories)의 허가 문제도 포함된다. 이 장의 논의를 다음과 같이 펼쳐 나가고자 한다. 먼저 결속 현상과 관련된 지시표현들의 분류와 결속 원리를 소개하겠다. 그 다음에 결속 원리와 공범주와의 관계를 논한다. 이와 관련하여 두 가지 공범주, pro와 PRO의 분포와 해석에 대한 이론들을 소개하겠다. 마지막으로 통제 현상에 대해서 설명하기로 한다.

4.1 결속 현상

  자연언어에는 언어외적 사물이나 개념을 지시(refer)하는 역할을 하는 범주가 있다. 통사적으로 이런 표현들은 대부분의 언어에서 명사(구)의 범주로 실현된다. 지시적 표현으로 쓰일 수 있는 명사(구)의 문법적 속성이 다 같은 것은 아니다. 보통 명사가 있다는 것은 우리가 잘 아는 사실이다. 보통 명사와는 달리 지시하는 범위가 상황의존적인 명사들도 존재한다. 이 것들이 소위 대용사류(anaphora)라고 불리는 표현들이다.50) 인칭 대명사, 재귀 대명사, 상호 대명사 등이 대용사류에 속한다. Anaphora로 분류되는 표현들의 특징은 지시하는 지시체를 직접 지칭하지 않고 다른 지시적 표현에 의존해 간접적으로 지시할 수 있다는 점이다. 한 표현이 다른 표현에 이런 의존 관계를 보일 때 우리는 이를 지시

---

50) Anaphora는 대용사 현상을 총칭하는 표현으로 결속원리 A에 지배되는 대용사(anaphor)와 구별된다.

적 의존 관계(referential dependence)라고 부른다. Referential dependence는 공지시 관계(co-reference)와 구별되어야 한다. 왜냐하면 하나 이상의 지시적 표현이 우연히 같은 사물을 지시할 수 있기 때문이다. 즉, 우연적 공지시(accidental co-reference)의 관계는 referential dependence의 관계와는 다르다.

결속 이론(Binding Theory)이라고 알려진 이론은 구조의 조건(Condition on Representation) 중 하나이다. 이 이론의 영역은 문장 내에서 일어나는 지시적 의존 관계의 분포와 제약이다. PPA 이론에서의 결속 이론의 특징은 다음과 같다.

우선 우리는 명사류를 지시적 속성에 따라 분류해야 한다. 공범주가 아닌 어휘적 명사의 경우 지시적 표현(Referential Expression, R-expression), 대명사(pronominal), 그리고 대용사(anaphor)로 삼분된다. 이 중 대명사와 대용사는 대용사류(anaphora)에 속하는 표현들이다. 대용사는 재귀사(reflexive)와 상호사(reciprocal)로 다시 이분된다.

이 분류의 기준은 다음과 같다. R-expression은 스스로 사물을 지시하며 다른 표현에 의존해 지시하지 않는다. Pronominal의 경우 R-expression처럼 직접 지시할 수 있는 경우도 있다. 이럴 경우 지시적 대명사(deictic pronoun)라고 부른다. 그러나 anaphor처럼 referential dependency를 형성하여 지시할 수도 있다. 이 경우 조응적인 대명사(anaphoric pronoun)라고 부른다. 그 반면 대용사는 스스로 지시할 수 있는 능력이 없다. 반드시 지시적 의존 관계에 의해서만 사물을 지시할 수 있다. 다음의 문장들이 이 속성을 잘 보여 준다. 여기서 공지표(coindexing)는 지시적 의존 관계를 나타낸다.

(1) a. *John$_i$ believes that John$_i$ is intelligent.
    b. Everyone$_i$ believes that he$_i$ will win.
    c. He just walked in.
    d. John$_i$ trusts himself$_i$.
    e. *Himself just walked in.

(1a)에서 R-expression인 두 번째 John은 앞에 나온 John에 referential dependency를 가질 수 없다.51) (1c)의 대명사는 앞의 문맥에서 나온 어떤 사람을 지칭한다. 즉, deictic pronoun으로 역할을 한다. 여기서 우리가 알 수 있는 것은 문장을 넘어서는 referential dependency가 성립될 수 없다는 사실이다. (1b)의 대명사는 everyone과 referential dependency 관계를 형성한다. 그 이유는 이 대명사의 선행사가 지시적인 표현이 아닌 양화사이기 때문이다. 이 문장에서 he의 값은 everyone의 값에 따라 변한다. 즉, he는 묶인 논항(bound variable)으로 그 지시 범위가 전적으로 선행사에 의해 결정된다. (1e)가 보여 주는 것은 재귀사 himself는 앞에 문맥이 주어져도 deictic하게 쓰일 수 없다는 점이다. (1d)의 경우 himself는 John이 지시하는 지시체를 referential dependency를 통해 공지시 한다. 위의 논의에 입각해 명사류의 분류를 정리해 보자.

(2) 명사류의 분류(Referential nominal typology)
 (i) R-expression: John, the man, etc.
 (ii) Pronominal: he, she, they, it, ...
 (iii) Anaphor: himself, themselves, each other, ...

PPA 이론은 referential dependency 관계를 어떻게 분석하는가? Chomsky(1980, 1981)는 선행사와 대용사류의 지시적 의존 관계를 형상적(configurational)인 관계인 결속관계로 파악했다. 결속의 정의는 다음과 같다.

(3) 결속(Binding)
 A가 B를 결속하려면
 (i) A가 B를 성분 통어하며

---

51) 물론 각각 독립적으로 같은 인물을 지칭할 수 있다. 즉, 우연적 공지시(accidental coreference)는 가능하다. 앞에서 말했듯이 이런 경우는 논외로 하겠다. Accidental coreference에 관해서는 Evans(1980)를 참조하기 바란다.

(ii) A와 B가 공지표되어야 한다.52)

즉, 선행사 A와 대용사류 B 간의 지시적 의존 관계는 성분 통어라는 형상적 관계를 통해 이루어진다는 것이다. 둘째로, 위 정의에서 "결속"은 A-position과 A-position 간의 관계를 말한다. 그러므로 이 관계를 A-Binding이라고 부르기로 한다.

선행사가 대용사류를 성분 통어해야 한다는 사실은 다음에서 나타난다. Referential dependency를 검증하기 위해 우리는 대용사로 재귀사와 묶인 논항으로 해석되는 대명사(pronoun construed as bound variable)를 갖는 문장을 예로 삼겠다.

(4) a. John$_i$ likes himself$_i$.
　　b. *[John's$_i$ mother] likes himself$_i$.
　　c. *[Friends of Bill$_i$] encouraged himself$_i$.
　　d. *Himself$_i$ likes John$_i$.
　　e. *[A friend of himself$_i$] invited John$_i$.

(5) a. Everyone$_i$ loves [his$_i$ mother].
　　b. *[Everyone's$_i$ mother] likes him$_i$.
　　c. *After meeting every recruit$_i$, John decided to fire him$_i$.
　　d. *[A friend of his$_i$] invited every student$_i$ to the party.

(4)와 (5)의 문장에서 성분 통어 관계를 계산해보면 (4a)와 (5a)의 경우에만 선행사가 대명사류를 성분 통어하고 있음을 알 수 있을 것이다. 그러나 PPA 이론의 가정과는 달리 형상적인 관계인 성분 통어가 결속에 맞지 않는다는 증거도 상당히 있다. 예를 들어 다음을 보자.

---

52) 공지표된 A, B는 문법적 자질-성, 수, 인칭-을 공유한다. 이 사실은 선행사와 대용사류 사이에 있는 일치 관계를 설명해 준다.

(6) John talked repeatedly to Mary_i about herself_i.

이 문장에서 재귀사의 선행사 Mary가 PP 안에 있기 때문에 herself를 성분 통어할 수 없다. 그럼에도 불구하고 재귀사가 결속된다. 이런 이유로 인해 LFG나 HPSG 이론에서는 결속은 성분 통어가 아닌 문법 관계 간의 위계를 나타내는 다른 통어 관계로 설명해야 한다고 주장한다. HPSG에서는 이 관계를 사격 통어(O(bliqueness)-command)라고 부른다. 즉, 선행사는 그것이 결속하는 대용사류를 사격 통어해야 한다는 것이다. 사격 통어는 사격 위계(Obliqueness Hierarchy)에 의해 결정된다. 예를 들어 (6)에서 to Mary가 about herself보다 Obliqueness Hierarchy에서 더 우월하기 때문에 결속이 가능하다는 것이다.

PPA 결속 이론은 전통 변형 문법과는 달리 결속에 있어서 어순(linear precedence)의 역할을 인정하지 않는다. 얼핏보아 어순이 결속의 결정 요소인 것처럼 보이는 것이 다음의 문장이다.

(7) a. I showed Mary herself(in the mirror).
    b. *I showed herself Mary.

(7)의 VP의 구조가 3분지(ternary branching) 구조라면 Mary와 herself는 서로 성분 통어하기 때문에 구조적으로 어느 것이 더 우월하다고 볼 수 없다. 그러므로 양방향으로 결속이 이루어져야 한다고 예측할 수 있다. 그러나 사실은 그렇지 않다. 그러나 (7a, b)의 차이점을 결속 이론에서 성분 통어 뿐 아니라 어순도 역할을 한다고 보면 설명할 수 있다. 즉, 재귀사는 선행사를 선행하며 성분 통어할 수 없다(precede and c-command)는 조건으로 결속을 분석하면 위의 문장 간의 문법성의 차이가 설명된다. 그러나 Larson(1988)은 (7)의 VP의 구조가 3분지 구조가 아닌 2분지 구조라고 주장한다. 2분지 구조에서는 Mary가 herself를 비대칭적으로 성분 통어(asymmetrically c-command)하게 된다. 그러므로 결속에 precedence를 도입할 필요가 없다고 주장한다.

HPSG에서는 결속의 결정요인이 c-command가 아닌 o-command이기 때문에 Mary가 herself를 결속하는 것을 쉽게 설명할 수 있다. Mary가 사격 위계에서 herself보다 우월하기 때문이다. 재미있는 사실은 이 두 이론이 영어에 대해서는 비슷한 예측을 한다는 것이다. Larson의 분석에서 문법 관계(GR) 간의 '우월성'은 곧 이들간의 asymmetric c-command로 나타난다. HPSG에서는 이런 우월성을 사격 위계로 기술한다. 영어는 문법 관계 간의 '우월성'이 좌-우 어순의 차이로 나타나는 언어이다. 그러나 어순이 자유로운 언어에서는 꼭 그렇지 않다. Larson식의 분석은 항상 좌=우월, 우=열등이라는 결과를 낳는다. 그러므로 이런 이론의 타당성은 자유어순을 가진 언어의 문법 관계의 우월성이 과연 좌-우 어순과 일치하는지에 의해 검증될 수 있을 것이다.

HPSG의 경우 영어에서는 사격 위계가 어순을 정한다고 보고 있다. 그러나 이 위계가 모든 언어에서 좌-우 어순으로 투사된다고는 보지 않는다. 그러므로 자유어순 언어에서 좌-우 어순과 문법 관계의 '우월성'이 불일치하더라도 문제가 되지 않는다.53)

이런 문제를 덮어두고 편의상 우리는 PPA의 두 가지 가정 — 즉, 결속은 성분 통어에 의해 결정되며, 좌-우 어순은 결속 현상에 영향을 미치지 못한다는 가정 — 을 받아들이고 논의를 계속하자.

4.1.1 결속 원리 – 대명사와 재귀사의 상보적 분포

대용사류가 선행사에 결속될 때 성분 통어 이외의 다른 조건도 만족시켜야 한다. 대명사와 재귀사는 선행사와의 "거리"에 대해 차이점을 보인다. 전통 변형 문법에서도 생각해왔듯이 이 둘은 (거의) 상보적인 분포(complementary distribution)를 보이고 있다. 다음의 문장을 보자.

---

53) 참고로 Larson식의 좌=우월; 우=열등의 분석을 모든 언어와 모든 구문에 적용한 것이 Kayne(1994)이다. 이 책에는 재미있는 통찰도 있으나 분석이 지나치다고 생각되는 면도 많이 지니고 있다.

(8) a. John$_i$ said [that Mary likes him$_{i,j}$/himself$_{*i/*j}$]
　　b. John$_i$ likes him$_{*i}$/himself$_{i/*j}$.

(8a)에서 보듯이 대명사는 절 내에서 이접지시 조건(clause-mate disjoint reference condition)을 만족시켜야 한다. 반면에 재귀사는 선행사를 반드시 가져야 할 뿐더러 같은 절 내에서 선행사에 의해 결속되어야 한다. 즉, clause-mate coreference condition을 만족해야 한다. 문장 내에서 성분 통어하는 선행사를 갖지 말아야 하는 R-expression까지 포함하여 우리는 다음의 결속 원리를 세울 수 있겠다.

(9) <u>결속 원리</u>(Binding Theory, Chomsky 1981 - 일차 정의)
　　A. 대용사는 결속 영역(Binding Domain, BD)에서 결속되어야 한다.
　　　(An anaphor must be bound in its Binding Domain.)
　　B. 대명사는 결속 영역에서 결속되면 안된다.
　　　(A pronominal must be free(=not bound) in its Binding Domain.)
　　C. 지시 표현은 어디서나 결속되면 안된다.
　　　(An R-expression must be free.)

여기서 중요한 것은 결속 영역(Binding Domain)을 찾아내는 일이다. 다른 이론에서는 재귀사가 결속되어야 하는 영역을 논항 구조(argument structure)로 정의하기도 한다. 재귀사는 같은 논항 구조 내에 더 우월한 (즉, less oblique한) 논항이 있으면 그것에 의해 결속되어야 한다고 분석하는 것이 HPSG의 입장이다. 그러나 초창기 PPA를 대표하는 Chomsky (1981)에서는 Binding Domain(BD)을 '지배 범주'(Governing Category, GC)라는 개념을 써서 정의한다. GC를 사용하여 (9A)를 다시 써보면 다음과 같다.

(10) (=9A)
　　　대용사는 지배 범주 내에서 결속되어야 한다.

(An anaphor must be bound in its Governing Category(GC).)

GC와 관련된 정의는 다음과 같다.

(11) 지배 범주(GC-한학성 1995의 번역을 따름)
α의 지배 범주 β는 α, α의 지배자 및 α가 접근 가능한 대주어를 갖고 있는 최소의 범주이다(β is the GC for α if and only if β is the minimal category containing α, a governor of α, and a SUBJECT accessible to α.)

(12) 접근 가능성(Accessibility)
(i) β가 α를 성분 통어하고
(ii) β의 지표를 α에 부여해도 *$[\gamma_i ... \delta_i ...]$여과를 위배하지 않을 경우 β에 α가 접근 가능하다(β is accessible to α if (i) β c-commands α, and (ii) assignment to α of the index of β does not violate the filter *$[\gamma_i ... \delta_i ...]$.

(13) 대주어(SUBJECT)
(i) 구조적 주어
(ii) INFL의 AGR 요소

GC의 정의가 이렇게 복잡한 것은 여러 이유에서이다. 그 이유를 살펴보기로 하자.

(14) a. John$_i$ expects [$_{IP}$ himself$_i$ to fail].
b. *John$_i$ expects [$_{CP}$ that [$_{IP}$ himself$_i$ will fail].
c. *John$_i$ expects [$_{CP}$ that [$_{IP}$ Mary will fire himself$_i$].
d. John$_i$ thinks [$_{CP}$ that [$_{IP}$ [$_{NP}$ pictures of himself$_i$] were on display]].

e. *John$_i$ thinks [$_{CP}$ that [$_{IP}$ [$_{NP}$ Mary's pictures of himself$_i$] were on display]].

결속 영역이 항상 절(clause)이라면 가장 간단하겠으나 그렇게 간단할 수 없는 이유가 (14)에서 발견된다. (14a)에서는 종속절의 주어인 재귀사가 주절의 주어에 의해 결속되어 있다. 이를 가능케 하기 위해 GC의 정의에 '지배자'를 포함시킨다. (14a)에서 himself의 지배자는 격을 점검 해주는 상위문 동사 believe이기 때문에, 대주어, 재귀사, 그리고 지배자를 모두 포함하는 최소의 범주는 상위절이 된다.

(14b)는 왜 주어의 정의가 대주어(SUBJECT)이어야 하는지를 보여준다. (14b)에서는 종속절의 주어가 재귀사이다. 그러나 (14a)와는 달리 주절의 주어에 의해 결속될 수 없다. 종속절의 주어에 격을 할당할 수 있는 INFL이 있고 주어가 재귀사이지만 주어 재귀사를 성분 통어하는 다른 주어가 없는 것처럼 보인다.54) 그러므로 (14a)와 같이 상위문에서 종속절 주어가 결속될 수 있어야 할 것 같다. 이를 막기 위해 Chomsky는 SpIP의 주어와 일치관계에 있는 INFL[+AGR, +FINITE]도 "주어"의 역할을 한다고 가정한다. 대주어(SUBJECT)가 이런 이유로 GC의 정의에 포함되는 것이다.55)

마지막으로 GC 정의에 가장 문제가 되는 부분인 접근가능성(accessibility)의 정의가 필요한 이유를 알아보자. 이 정의는 (14d)와 같이 재귀사가 원거리(long-distance)로 결속되었을 때를 인허하기 위한 이론적 장치이다. 즉, 종속절이 finite CP이고 종속절 주어 NP 안에 구조적 주어(즉, NP의 지정어에 있는 possessor)가 없을 때에 그 NP에 의해 지배되는 재귀사는 주절에서 원거리 결속될 수 있다는 사실을 설명하기 위한 기

---

54) X는 X 자신을 성분 통어 할 수 없다. 즉, 통어는 irreflexive한 관계이다.
55) 이것은 재귀사가 TSC와 SSC를 준수한다는 사실을 반영하는 것이다. Chomsky는 SSC와 TSC를 SUBJECT라는 새로운 개념으로 "통합"하고 있다. 그러나 이것은 진정한 의미에서 통합이라고 볼 수 없다. 서로 다른 A와 B를 C라고 부르자고 약정하여 이 둘이 C로 "통일"되었다고 하는 것은 진정한 의미에서의 통일은 아니다. 이런 이유로 Chomsky에서는 SUBJECT의 개념을 버리게 된다.

재이다. 접근 가능성의 정의로 인해 이러한 경우에 종속절의 finite INFL 이 SUBJECT의 역할을 하지 못하게 된다.

여기서 우리는 다음의 사실에 비추어 이런 정의가 필요한지 생각해 볼 수 있겠다. 영어와는 달리 다른 언어의 재귀사는 clause-mate condition을 지키지 않는다. 재귀사가 절 밖에서 결속되는 현상을 장거리 결속(Long-Distance Binding)이라고 부른다. 만약 (14d)를 영어에서도 제한된 상황 하에 Long-Distance Binding이 일어날 수 있는 것으로 분석하고, 결속 원리는 단거리 결속(Local Binding)에만 적용되는 것으로 파악한다면 굳이 복잡하게 Accessibility라는 정의를 도입할 필요가 없다고 생각할 수 있겠다. 실제로 HPSG 이론은 이와 비슷한 입장을 취한다. HPSG에서는 재귀사가 같은 논항 구조 내에 더 우월한 - 즉, 재귀사를 사격 통어(o-command)하는 선행사가 있으면 그것에 의해 결속되어야 한다고 본다. 만약 재귀사가 가장 우월한 논항(즉, 주어의 역할을 하는 논항)이어서 같은 논항 구조 내에 그것을 선행할 수 있는 논항이 없을 경우는 어떻게 되는가? 이 경우 HPSG 이론에서는 재귀사가 결속되지 않아도 된다고 본다. 이런 exempt anaphor 들은 담화구조상 결속 원리(Discourse Binding 혹은 Logophoric Binding)에 의해 자유롭게 결속될 수 있다고 본다.

이런 분석에서는 (14d)의 himself가 exempt anaphor이다. (14e)의 경우는 pictures의 논항 구조 내에서 더 우월한 요소(Mary's)가 투사됨으로 그 안에서 결속이 되어야 하나 사실상 그렇지 않음으로 인해 비문이 된다. (14c)도 마찬가지이다. (14b)는 영어의 재귀사가 주격형(*he-self)이 없기 때문에 결속 원리와 무관하게 비문이 되는 것으로 분석하고 있다.

그러면 왜 Chomsky(1981)는 (14d)가 local binding의 일부로 보고 결속 이론을 Accessibility라는 보조가설로 복잡화시키는 것일까? 아마도 그 이유는 다음의 문장의 문법성과 관련이 있는 것 같다.

(15) John$_i$ suspects [$_{CP1}$ that Susan knows [$_{CP2}$ that [$_{IP}$[$_{NP}$ pictures of himself$_i$] were on display at the museum]].

Chomsky의 분석에 의하면 (15)는 비문이 되어야 한다. 왜냐 하면 CP_1은 접근 가능한 대주어인 Susan을 지닌 절로 himself의 GC를 형성하기 때문이다. 그러므로 himself는 여기서 결속되어야 한다. 반면에 (15)에서 himself가 exempt anaphor라고 보면 himself는 John에 의해 담화 결속 (discourse-bound)될 수 있어야 한다. 그러면 사실은 어떤가? (15)의 결속은 그리 나쁜 것 같지 않다. 그러므로 우리는 Accessibility에 의한 분석 보다는 exempt anaphor식의 분석이 더 타당한 것으로 잠정적으로 결론지을 수 있을 것 같다.

4.1.2 결속 원리와 공범주

결속 원리에 따른 명사는 anaphor, pronominal, R-expression 세 가지로 분류된다. 이제껏 우리는 이들을 원소적(atomic)인 개념으로 생각해 왔다. 그러나 이 절에서 우리는 위의 요소들이 두 가지의 자질 - [±anaphoric], [±pronominal]의 조합으로 정의되는 것으로 보는 것이 더 타당하다는 것을 알게 될 것이다. 어휘적 명사의 분류를 위의 두 자질에 입각해서 한 결과는 다음과 같다.

(16) 어휘적 명사(lexical NP)의 자질분석(feature-based analysis)
    a. [+anaphoric, -pronominal] = anaphor
    b. [-anaphoric, +pronominal] = pronoun
    c. [-anaphoric, -pronominal] = R-expression
    d. [+anaphoric, +pronominal] = ??

(16a, b)는 논의할 필요가 없다. (16c)의 경우 대용사류의 성격을 결여한 것이 바로 지시적 표현이라고 볼 때 왜 R-expression은 [-ana], [-pron]의 자질로 분석되는지 이해가 된다. 문제는 네 번째 요소이다. 결속 이론이 세 개의 원리로 구성되었다는 점에서 우리는 적어도 어휘적 명사 중에는 네 번째 자질을 가진 요소가 없다는 것을 알 수 있다. 그렇다면

그 이유가 무엇일까? 가장 쉽게 생각할 수 있는 이유는 [+ana], [+pron] 자질은 서로 충돌을 일으켜 공존할 수 없다는 가정이다. 마치 음성 자질 [+high], [+low]가 공존할 수 없는 이치와 같다는 가정이 되겠다.

그러나 Chomsky(1981)는 (16d)가 존재하지 않는 이유를 다르게 설명하고 있다. 그의 주장은 다음과 같다. (16d)로 분류되는 명사가 실재 존재한다는 것이다. 그러나 어휘적인 명사(lexical NP)로는 존재하지 못한다고 그는 주장한다. 이 주장이 의미하는 바는 크다. 첫째, Chomsky에 의하면 공범주 명사들도 어휘적 명사와 같이 결속 이론적으로 분류된다는 것이다. 물론 이런 주장은 타 이론에서 성립되기 어려운 주장이다. 둘째로, 공범주 명사들은 결속 이론적 자질체계에 의한 명사의 분류를 어휘적 명사보다 더 "완벽하게" 반영하고 있다는 것을 이 주장이 함의한다. 그럼 과연 공범주 명사들이 결속 이론에 지배되는 것처럼 행동하는가? 우리는 이 문제에 대한 대답을 먼저 알아보고자 한다.

우선 PPA 이론이 설정하는 공범주 명사가 몇 가지나 되는지를 알아야겠다. 이동에 의해 생성되는 흔적이 명사구일 수 있으며 여기서도 논항 이동과 비논항 이동을 구별하면 우리는 공범주로 논항 이동의 흔적-A/NP-trace, 그리고 비논항 이동의 흔적인 A´/WH-trace 두 가지를 우선 설정할 수 있다. 흔적이 아닌 공범주는 무엇일까? 첫째로 통제 구문(I_i tried [PRO_i to go])의 종속절 주어에 나타나는 요소인 PRO를 들 수 있겠다. 그리고 영어에서는 없지만 한국어나 이태리어 등에서 나타나는 finite clause의 공범주 주어인 pro를 들 수 있겠다. 이렇게 보면 어휘적 명사의 경우와는 달리 네 가지 명사류가 확인된다. Chomsky는 이 네 범주가 다음과 같이 결속 이론적으로 분류된다고 주장한다.

(17) 공범주 명사(empty categories)의 결속 이론 자질적 분석
    a. [+anaphoric, -pronominal] = NP-trace
    b. [-anaphoric, +pronominal] = pro
    c. [-anaphoric, -pronominal] = WH-trace
    d. [+anaphoric, +pronominal] = PRO

우선 우리는 과연 결속 원리 A, B, C가 각각 NP-trace, pro, WH-trace
에 적용이 되는지를 확인해야겠다. 두 번째로 우리가 생각해야 될 것은
(17d)의 범주 - 즉 PRO - 의 문제이다. PRO에 대해서 우리는 다음의 질문
을 제기할 수 있다. 결속 원리는 셋인데 PRO가 존재하게 되면 PRO만을
위한 결속 원리가 따로 존재하는 것인가? 아니면 PRO는 결속 원리와 무
관한 명사구인가? 또, 어떤 이유로 공범주 명사의 경우에만 [+ana,
+pron]의 자질 집합이 허용되고 어휘적 명사(구)의 경우에는 허용되지
않을까?

Chomsky는 두 번째 문제에 대해 상당히 흥미있는 답을 제공한다. 그
에 의하면 PRO는 결속 원리와 무관한 범주이며 그 이유는 [+ana, +pron]
이라는 자질 집합체가 어휘적 명사구로 허용되지 않는 이유와 연관되었
다는 것이다. 그의 설명을 소개하기 전에 보다 간단한 문제인 첫 번째
문제를 이 절의 나머지 부분에서 다루기로 하자.

NP-trace와 Principle A와의 관계는 어떻게 보면 너무 당연하다. 왜냐
하면 결속 이론의 GC의 정의는 이전의 Opacity Condition인 TSC와 SSC
를 억지로 통합해놓은 것이기 때문이다. 이 두 조건은 Chomsky(1973)에
서 재귀사 해석 및 NP-movement에 적용되는 것으로 생각되었다. 우리는
이미 NP-movement에 TSC와 SSC가 적용됨을 앞장에서 보았다. 여기서
관련된 문장을 다시 소개하겠다.

(18) 결속 원리 A와 NP-trace

    a. *John$_i$ seems [$_{CP}$ that [$_{IP}$ t$_i$ likes Bill]] - *TSC

    cf.

    a'.*They$_i$ said [$_{CP}$ that [$_{IP}$ **each other**$_i$ were intelligent]] - *TSC

    b. *John$_i$ seems [that it was believed t$_i$ [$_{CP}$ that he stole the car]]
       -*SSC

    b'.*John$_i$ believes [that Mary told **himself**$_i$ [$_{CP}$ PRO to steal the car]]

    c. **John**$_i$ is believed [$_{IP}$ t$_i$ to be clever]

    c'. **John**$_i$ believes [$_{IP}$ **himself**$_i$ to be competent].

(18)에서 보듯이 재귀사가 허용되는 곳에 NP-trace가 허용되고 그렇지 않은 곳에는 허용되지 않는다. 이런 점은 초기 PPA 이론에서 매우 중요한 사실이었다. 왜냐하면 우리가 앞장에서 보았듯이 Move-Alpha의 제약인 Subjacency만으로 막을 수 없는 과생성(overgeneration)의 문제를 해결해야 했기 때문이다. A-movement의 경우 이 역할을 해주는 구조적 조건(condition on representation)이 바로 결속 원리 A라고 생각되었던 것이다. 즉, (18a, b)는 도출의 조건인 Subjacency로 막을 수 없지만 구조의 조건인 결속 이론으로 막을 수 있다고 생각되었다.56)

그러나 과연 A-movement의 흔적인 NP-trace가 보편 문법적으로 결속 이론 A의 지배를 받는지 우리는 물을 수 있겠다. 여러 학자들은 이에 대해 부정적인 견해를 갖고 있다. 소위 "Condition A loophole"이라고도 불리는 구문들이 결속 이론으로 A-movement의 과생성을 막는 것이 문제가 있음을 보여 준다. 한 가지 예를 보자.

(19) *John$_i$ seems [$_{CP}$ that [he$_i$ is believed [$_{IP}$ t$_i$ to like Mary]]

이 문장은 Subjacency를 위배한다. 그러나 Subjacency를 위배하는 다른 문장에 비해 훨씬 더 나쁘다. (Lasnik & Uriagereka 1988) 그러면 무엇이 문제일까? 결속 원리 A를 어긴 때문일까? 그렇지는 않다. 왜냐하면 NP-trace t$_i$가 he$_i$에 의해 결속 원리 A를 어기지 않고 결속되어 있기 때문이다

결속 원리 A(BT-A로 약하겠다)가 A-movement locality를 설명해준다는 가정에 더 큰 문제는 영어 이외의 많은 언어에서는 재귀사가 SSC나 TSC를 어길 수 있으나 NP/A-movement는 영어와 같은 제약을 보인다는 사실이다. 즉, 어휘적 재귀사와 NP-trace의 분포가 상이한 언어들이 존재

---

56) NP-trace와 재귀사의 동일한 분포를 설명하는 데는 이런 방법만이 있는 것은 아니다. 또 다른 방법은 두 현상 다 깊이 보면 한 가지 현상이라는 방법이 있다. 즉, 재귀사가 보이지 않는 구조-LF구조-에서 A-movement로 이동하면 표면에서 NP-trace와 같은 분포를 보일 수 있다. 물론 LF구조에서 A-movement가 가능하고, 또 그것의 제약이 S-structure A-movement의 제약과 같다는 가정이 필요하기는 하다. 실제로 이런 제안을 한 사람은 없다. 그러나 뒤에서 보겠듯이 재귀사가 LF구조에서 핵어 이동(Head Movement)을 한다는 가설들은 있다.

하기 때문에 보편 문법적으로 BT-A가 A-movement로 생성된 연쇄에 적용되어야 한다는 가정은 견지하기 어렵게 된다. 그 반면 앞장에서 살펴본 Rizzi의 Relativized Minimality 중 A-chain에 관한 제약(즉, NP-trace와 선행사 사이에 A-Specifier(주어)가 낄 수 없다는 제약)은 SSC를 그대로 옮긴 것이지만, A-movement locality와 BT-A를 연결시키지 않기 때문에 이와 같은 문제에 봉착하지 않는다. 이런 여러 사실을 고려할 때 NP-trace가 결속 이론적으로 [+anaphoric, -pronominal]의 성격을 가진 공범주라는 주장은 언어 보편적인 주장으로 받아드리기는 어려운 것으로 판단된다. 이는 PPA 결속 이론의 큰 특징인 결속 이론이 공범주 명사구에도 확대 적용된다는 가정을 약화시키는 것으로도 이해될 수 있겠다.

[-anaphoric, +pronominal]의 속성을 가진 공범주는 '영주어 언어'(null subject language)에서 발견되는 pro라고 흔히 생각된다. 이 범주가 대명사와 같다는 사실에는 크게 이견이 없는 것 같다. 전통적으로 이런 구문들은 대명사인 주어가 생략된 것으로 분석되어 왔다. 그런 이유로 이 현상이 pro-drop 현상이라고 지칭되기도 한다. 이 공범주에 관한 주관심사는 그것이 대명사냐 아니냐가 아니라 그것을 소유하고 있는 언어와 그렇지 못한 언어 간의 차이를 어떤 매개변인으로 분석하느냐의 문제이다. 흔히 '영주어 매개변인'(null subject parameter)이라는 연구제목 하에서 언어 간의 차이를 이해해 보려는 시도가 이루어져 왔다.

[-anaphoric, -pronominal]의 공범주는 비논항 이동으로 생겨난 흔적인 WH-trace이다. WH-trace가 결속 원리(BT-C)에 예속되어야 한다는 것을 보여주는 현상은 '강교차'(strong crossover)현상이다. 다음의 문장을 보자.

(20) a. Who$_i$ t$_i$ thinks that Mary likes him$_i$?
 b. *Who$_i$ does he$_i$ think that Mary likes t$_i$?
 c. John$_i$ thinks that Mary likes him$_i$.
 d. *He$_i$ thinks that Mary likes John$_i$.

(20a)와 (20b)는 논리적으로 같은 의미를 지닌다. 즉, 'For which person

x, x thinks that Mary likes x'의 뜻을 갖고 있다. 그러나 (20b)는 비문이며 (20a)만 정문이다. 이 현상을 가장 쉽게 설명할 수 있는 방법은 WH-의문사의 흔적인 t_i가 BT-C를 준수해야 한다고 가정하는 것이다. (20b)에서 BT-C의 위반이 일어나기 때문에 문장이 비문이 된다는 것이다. WH-trace의 자리에 R-expression John을 대치해 놓은 (20c, d)의 차이가 이 분석을 뒷받침해준다.

혹자는 (20a, b)를 결속 이론이 WH-이동이 일어나기 전의 구조, 즉, D-structure에서 적용된다고 보면 WH-trace가 [-ana, -pron]이라는 가정을 할 필요가 없다고 생각할 수도 있겠다. Who가 R-expression이기 때문에 D-structure에서 BT-C를 어기는 (20b)는 비문이 된다는 말이 되겠다. 그러나 이 분석에는 문제가 있다. 왜냐 하면 결속 이론이 S-structure에서 적용이 되어야 한다는 증거가 존재하기 때문이다. 다음의 문장을 보자.

(21) a. It seems to John$_i$ [that he$_i$ should work harder].
 b. *He$_i$ seems to John$_i$ [t$_i$ to work harder (these days)].
 cf.
 b'. ___ seems to John$_i$ [he$_i$ to work harder (these days)].

(21a)가 정문인 것을 보아 우리는 (21b)의 D-structure인 (21b')는 결속 이론을 위배하지 않으리라는 것을 짐작할 수 있다. 그러나 (21a)의 S-structure인 (21b)는 비문이다. 이 문장에서 다른 제약(예를 들어, 격 이론)들이 다 만족되었기 때문에 비문법성을 야기한 것이 BT-C의 위배-즉, John이 he에 의해 결속된 것-때문이라고 결론지을 수 있다. 그러므로 결속 이론은 D-structure가 아닌 S-structure에서 적용되어야 한다고 보아야 한다. 그 결과 (20b)가 D-structure에서 BT-C를 어겨서 비문이 되었다는 주장은 견지할 수 없게 된다.[57]

---

[57] 엄밀히 말하자면 (21)이 보여주는 것은 NP/A-movement가 적용된 후에 결속 원리가 적용되어야 한다는 것이다. NP-movement와 WH-movement를 구별하여 결속 현상, 특히 재구성(Reconstruction)에 관한 이들의 차이점을 설명하고자 하는 시도가 Van Riemsdijk and Williams(1984)이다.

위의 논의에 입각해 볼 때 공범주 명사구가 결속 이론적으로 분류될 수 있다는 주장에 대한 증거는 어느 정도 있다. NP-trace가 BT-A를 지킨다는 증거는 약한 편이고, pro와 WH-trace가 BT-B, BT-C를 각각 준수한다는 사실은 확고하다고 판단이 된다. 다음은 가장 논란이 되고 있는 네 번째 공범주, 즉 [+anaphoric, +pronominal]의 속성을 갖는 것으로 분석되는 PRO의 속성, 그 제한된 분포 및 인허 원칙(licensing principle)에 대해 알아보기로 한다.

4.1.3 결속 이론과 PRO의 문제

앞에서 우리는 PRO에 대해 여러 가지 의문을 제기했다. 첫째는 왜 [+ana, +pron]의 속성을 가진 명사구가 어휘적(lexical)일 수 없는가라는 문제이다. 둘째 문제는 왜 PRO라는 범주는 non-finite clause의 주어자리에만 올 수 있는가의 문제이다. 셋째 문제는 결속 원리가 A, B, C 세 가지인데 만약 [+ana, +pron]의 범주가 존재한다면 공범주 명사에만 적용되는 결속 원리 D가 필요한 것인가 아니면 이런 범주는 아예 결속 원리 밖에 있는 것인가의 문제이다. 또 만약 이것이 결속 원리 밖에 있다면 왜 결속 원리적 자질인 [+ana, +pron]의 자질을 갖고 있다고 가정해야 하는가라고 우리는 물을 수 있을 것이다.

Chomsky(1981)의 이 문제들에 관한 대답은 기발하다. 불행하게도 지금 이론 안에서는 그 대답이 더 이상 유효한 것이 아니지만, PRO의 속성에 대한 일련의 생각들은 그의 뛰어난 사고력(상상력?)을 보여주는 한 예라고 할 수 있다.

Chomsky의 대답은 다음과 같다. 첫째, PRO는 결속 이론 밖에 있다는 것이다. 그 이유는 그것의 자질구성 때문이다. [+ana]로서 PRO는 BT-A를 만족해야 한다. 그러나 [+pron]으로서 PRO는 BT-B를 만족해야 한다. 이것은 이론적으로 불가능하다. 왜냐하면 BT-A, BT-B는 똑같은 범주인 GC 내에서 결속이 되어야 한다는 주장과 결속이 될 수 없다는 상반된 요구를 하기 때문이다. 그러므로 한 성분의 자질분석이 이접적(disjunctive)으로 이해되지 않는 한 PRO는 결코 결속 이론의 영역에 들 수 없다는 것이다. 그렇다면 왜 이 사실이 결속 이론의 위배가 되지 않는가? 왜 두 원칙 A, B의 충돌로 인해 PRO를 가진 구조는 아예 존재할 수 없는 구조가 되지 않는가?

이 문제에 관해 Chomsky는 다음의 해답을 한다. 만약 PRO가 결속 이론의 영역에 속할 수 있고 A, B가 충돌된다면 그것을 가진 문장이 비문이 될 수 있다고 생각할 수 있다. 그러나 PRO는 아예 결속 이론의 정의에 맞지 않는 속성을 갖기 때문에 결속 이론의 적용 여부조차 논할 수 없다는 것이다. 왜 그럴까? 그 답이 바로 PRO의 제한된 분포에서 발견된다. PRO가 결속 이론의 정의에 맞지 않는 이유는 GC를 찾기 위해 필요한 요소인 지배자(governor)가 결여된 곳에만 존재할 수 있기 때문이라는 것이다. Non-finite INFL은 정의상 지배자가 되지 못한다. 그렇기 때문에 물론 격 할당/점검자가 될 수 없다. 왜냐하면 격은 지배자의 일부만이 점검/할당할 수 있는 것이기 때문이다. 물론 PRO가 격을 받지 못하는 자리에 오기 때문에 PRO와 같은 성격을 갖는 어휘적 명사(구)는 존재할 수 없다. 왜냐하면 모든 어휘적 명사는 격 여과에 의해 격을 받아야 하기 때문이다. 이렇게 함으로 PRO의 분포, 어휘적이지 못한 특성, 그리고 결속 이론의 영역 밖에 있는 사실을 모두 설명할 수 있게 된다. 위에서 소개한 일련의 논증을 흔히 "PRO 정리" (PRO-Theorem)라고 부른다.

PRO Theorem에 의해 PRO는 결속 이론 밖에 있다는 결론에 우리는 도달하게 되었다. 그러나 이런 결론은 몇 가지 문제를 야기시킨다. 첫째, 우리는 앞에서 PRO가 격을 받지 않는다는 사실이 격 여과를 재해석한 가시화 조건(Visibility Condition)에 위배됨을 지적한 바 있다. 만약 격이 의미역을 '가시화' 시키는 역할을 하는 것이라고 볼 때 PRO가 받은 의미역은 어떻게 격이 없이 '가시화'될 수 있는가라는 의문을 가질 수 있겠다. 둘째 문제는 PRO-Theorem을 도출해내는 데 중요한 가정 중 하나가 재귀사가 결속되어야 하는 영역과 대명사가 자유로워야 하는 영역은 똑같다는 가정이다. 즉, BT-A와 BT-B 똑같은 크기의 범주 안에서 작용한다는 가정이다. 그러나 이 가정에는 문제가 있다. 이 가정이 성립되지 않으면 더 이상 PRO-Theorem은 성립할 수 없는 것이다. 그렇다면 PRO의 제한된 분포와 어휘적일 수 없는 특성을 다른 방법으로 설명할 수밖에 없겠다. 셋째의 문제는 비록 PRO가 결속 이론 영역 밖에 있다 하더라도 PRO의 지시범위가 자유롭지 않다는 사실이다. PRO는 그것이 나타나는 구조에 따라 선행사를 꼭 필요로 하기도 하고 그렇지 않기도 한다. 즉, PRO의 지시 가능성에 대한 이론이 필요하게 된다.

이 문제들은 대략 다음과 같이 해결이 된다. 우선 BT-A와 BT-B가 똑같은 영역을 GC로 삼는다는 가정이 문제가 되었다. 그러므로 PRO-Theorem은 더 이상 성립하지 않는다. 그 대신 PRO의 분포를 설명하기 위한 대안인 영격(null Case) 가설이 제안된다. 세 번째 문제는 PRO의 지시범위를 결정하는 통제 이론(Control Theory)을 상정함으로 해결한다. 다음 절에서 우리는 GC의 정의를 포함한 Chomsky(1981)의 결속 이론의 문제점을 보완한 Chomsky(1986a)의 수정결속 이론을 알아보겠다. 그 다음 우리는 PRO의 문제로 돌아와서 통제 이론에 대해 설명을 한 후 마지막으로 PRO 및 pro에 관련된 '영주어 매개변인'의 문제를 다루겠다.

4.1.4 수정 결속 이론

Chomsky(1981)의 결속 이론은 개념적 및 경험적 문제를 안고 있다는 점을 이미 지적한 바 있다. 첫째는 대주어(SUBJECT)라는 개념이 서로 다른 두 개의 개념(구조적 주어와 AGR)을 억지 통합한 것이라는 문제이고, 다음은 접근가능성(Accessibility)이라는 보조가설의 필요성의 문제이다. 이는 둘 다 개념적(conceptual) 문제에 속한다. 이 반면 앞선 PRO의 논의와도 직결되는 경험적(empirical) 문제가 있다.

만약 BT-A와 BT-B가 같은 영역을 GC로 삼는다면 재귀사와 대명사가 수의적으로 교체되며 나타날 수 있는 구조는 존재하지 않아야 한다는 예측이 성립된다. 바로 이 결과가 PRO-Theorem을 논증하는 과정에서 중요한 역할을 했던 것을 기억할 것이다. 그러나 다음 문장이 보여주듯이 이 예측은 빗나간다. (Huang 1983)

(22) a. The children_i like [_NP each other's_i friends].
　　 b. The children_i like [_NP their'_i friends].

　위의 두 문제를 해결하는 대안으로 Chomsky(1986a)는 다음의 수정 결속 이론을 제의한다. 이 결속 이론의 핵심은 첫째, GC를 정하는 중요한 요인은 어떤 범주가 완전 기능복합체(complete functional complex, CFC)를 이룰 수 있는가라는 것이라는 가정이다. CFC란 구조적 주어가 나타날 수 있는 범주를 뜻한다.58) 위의 (22)의 경우 절과 목적어 NP가 각각 CFC이다. 둘째는 BT-A와 BT-B는 그 성격이 다르기 때문에 경우에 따라서 이들이 요구하는 GC의 규모가 달라질 수 있다는 가정이다. 즉, 재귀사는 가능한 선행사가 존재할 수 있는 최소의 영역을 GC로 삼는다. 그러나 대명사는 선행사의 존재에 상관이 없이 그것이 속한 최소의 CFC를 GC로 삼는다는 것이다. 그 이유는 재귀사란 그 성격상 선행사를 필요로 하는 것이고(즉, 재귀사는 늘 지시적 의존 관계를 갖는 표현이고), 반면 대명사는 그렇지 않다는 데서 발견된다.

　구체적인 정의는 소개할 필요가 없다고 생각된다. (22)를 보면서 설명을 하자면 다음과 같다. BT-A를 준수해야 하는 each other(재귀사는 소유격이 없기 때문에 상호사인 each other를 쓴다)는 그것이 속한 최소의 CFC인 목적어 NP를 GC로 취할 수 없다. 왜냐 하면 목적어 NP안에서 상호사의 선행사가 될 수 있는 요소가 없기 때문이다. Each other가 SpNP로 NP 내에서 가장 '우월'한 자리에 있기 때문이다. 그러므로 NP는 each other에 대해 '결속 이론이 충족될 수 있는'(B(inding) T(heory)-compatible) 범주가 되지 못한다. 그러므로 다음으로 큰 CFC인 절의 영역에서 결속 이론이 충족될 수 있는지를 점검해야 한다. IP에는 each other 이외에 다른 문법 관계를 가진 요소들이 있으므로 each other에 대해 GC가 될 수 있다. 반면에 his의 경우 그것이 속한 최소의 CFC인 NP에서 결속되지 않

---

58) 여기서 구조적 주어라는 것은 SpIP만을 가리키는 것이 아니다. 소절의 주어, NP의 Possessor도 구조적 주어에 속한다. CFC의 개념은 이런 면에서는 핵의 논항 구조와 일치한다.

았다는 사실로 인해 BT-B를 만족할 수 있다. 그러므로 목적어 NP를 GC로 취하게 된다.

이렇게 결속 이론을 수정하면 재귀사가 SSC를 지켜야 하는 이유는 쉽게 설명이 된다. 그러나 TSC와 이와 관련된 Accessibility가 적용되던 구문들의 분석에 문제가 발생한다. 문장을 보면서 논의하자.

(23) a. *The children$_i$ thought [that each other$_i$ was to blame].
    b. The children$_i$ thought [that [pictures of each other] were on display].

이제 GC가 SUBJECT의 개념으로 정의되지 않기 때문에 (23a)의 each other에 대해서 종속절이 BT-compatible CFC가 되지 못한다. Each other 자체가 주어이기 때문에 그 절에서 결속 이론을 만족할 수가 없다. 주어가 절에서 가장 '우월'한 문법 관계인 탓이다. 그러므로 주절이 GC가 되어야 하고 그 결과 each other는 주절의 주어에 의해 결속이 되면 정문이 되어야 한다는 예측이 나온다. 그러나 (23a)는 비문이다.

이를 해결하기 위해 Chomsky는 다음의 제안을 한다. 재귀사나 상호사에 대해 BT-A는 S-structure가 아닌 LF에서 점검된다. 대용사는 S-structure와 LF 사이에서 이동을 하여 그것의 선행사와 인접한 성분에 부가된다. 이런 가정을 하면 (23a)의 비문법성은 결속 이론과 무관한 것이 되어버린다. 왜냐하면 (23a)의 LF는 다음과 같다고 추정할 수 있기 때문이다.

(24) (=23a의 LF)
    The children$_i$ thought each other$_i$ -INFL [$_{CP}$ that [t$_i$ was to blame]].
    　　　↑＿＿＿＿＿＿＿＿↑ ↑＿＿＿＿＿＿＿＿＿＿｜
    　　　　　BT-A점검　　　　　　LF 이동

즉, LF에서 BT-A는 선행사와 INFL에 부가된 each other가 같은 절에 있기 때문에 간단히 만족될 수 있다. 그러면 (24)의 문제는 무엇인가? Chomsky(1986a)는 다음의 사실에 입각하여 LF이동이 남긴 trace가 문제라고 주장한다.

(25) a. 존은ᵢ [자기가ᵢ 천재라고] 생각한다.
　　 b. 존은 [누가 천재라고] 생각하니?
　　　　 vs.
　　 b'. *Who$_i$ does John believe [that t$_i$ is a genius]?

한국어같은 언어에서는 finite clause의 주어 자리에 anaphor가 올 수 있고(25a 참조), 또한 WH-주어가 Complementizer-Trace Filter(CTF)를 어기지 않고 (LF에서) 이동할 수 있다. (25b와 *25b'를 참조) 이것은 즉, 종속절의 주어 위치가 고유 지배되어 주어 흔적이 ECP를 만족할 수 있다는 사실을 의미한다. 그러나 영어는 그렇지 않다. 그러므로 (24)의 종속절의 주어의 흔적은 ECP를 위반하게 된다는 것이다. 그래서 (24)/(23a)는 비문이 된다. 반면 (23b)는 each other가 보어의 자리에 있기 때문에 ECP를 만족한다. 그러므로 LF-이동에 문제가 없고 물론 BT-A는 선행사와 같은 절에 each other가 있게 됨으로 만족될 수 있다. 이 것이 Chomsky의 제안이다.

그러나 Chomsky의 제안에는 여러 가지 불분명한 점이 있다. 만약 모든 재귀사가 LF에서 이동하는 것이라고 하면 다음의 문장은 어떻게 분석을 할 것인가?

(26)　SS: *John$_i$ thinks [that Mary likes himself$_i$]
　　　LF: John$_i$ himself$_i$-INFL thinks [that Mary likes t$_i$]

(26)의 문장은 비문이다. 그러나 새로운 분석에 의한 LF는 아무런 문제가 없다. himself가 보어이기 때문에 ECP를 만족시키고 BT-A는 물론 만족된다. 이 문제에 대한 해결은 Chomsky가 가정하는 LF-이동의 성격이 무엇인가에 따라 그 답이 달라질 수 있다.

Chomsky가 LF의 주어 흔적이 CTF를 준수한다고 가정하는 점에서 마치 재귀사 이동이 WH-movement인 것처럼 생각하는 것 같다. 그러나 이것은 옳지 못하다. CTF는 보문자가 없으면 나타나지 않지만 재귀사에 대한 TSC효과는 그대로 보존되기 때문이다. 다음을 보자.

(27) SS: *They$_i$ think [$_{CP}$ [each other$_i$ is to blame]].
　　　LF: They$_i$ each other$_i$-INFL think [$_{CP}$t$_i$ [t$_i$ is to blame]].

Chomsky(1986a)의 이론에서나 Rizzi(1990)의 이론에서나 (27)의 종속절 주어의 흔적은 ECP를 만족할 수 있어야 한다. 그럼에도 불구하고 (27)은 비문이다. 둘째 문제는 LF에서 WH-movement는 SpecCP로의 이동이다. 그러나 Chomsky는 이동된 대용사가 INFL에 부가되는 것으로 보고 있다.

그렇다면 재귀사 이동은 나머지 두 종류의 이동 - 핵 이동 혹은 논항 이동 - 중 하나이어야 한다. 장거리 재귀사(long-distance reflexive)를 가진 언어의 분석에서 많은 학자들이 LF 재귀사 이동은 핵 이동이라는 주장을 펴고 있다. (Cole, Hermon, Sung 1990을 참조) 그러나 이 분석들은 많은 문제를 안고 있다. 우리가 알기로 S-structure의 핵 이동은 HMC를 지키는데 어떻게 LF 핵 이동은 그것을 위반할 수 있을까라는 질문이 가장 먼저 대두된다. Cole, et al 등 여러 학자들은 이 문제에 대한 기술적인 대답을 제공하지만 사실 그들의 대답이 이 현상의 진수에 대한 깊은 통찰이라고 보기는 어렵다.

다시 (26)으로 돌아가자. 만약 모든 재귀사가 이동한다면 (26)에서 우리는 LF 이동 자체를 막는 수밖에 없다. 마찬가지로 (24)/(27)에서도 그 이동을 막아야 한다. 어떻게 그것을 막을 수 있을까? 여기서 LF 재귀사 이동이 논항 이동이라고 생각해 보자. 그리고 논항 이동의 제약은 S-structure나 LF나 똑같다는 영가설(null hypothesis)을 받아들이자. 그러면 우리는 (26)의 경우 LF이동이 SSC(혹은 Rizzi의 Relativized Minimality)를 어기고 (24)/(27)의 경우 TSC를 어긴다는 것을 알 수 있다. 그러므로 이 구조들에서 LF 재귀사 이동이 금지된다고 볼 수 있겠다.

그러나 이 분석에도 문제가 있다. 첫째, 재귀사의 착지지점(landing site)이 INFL(이나 INFL')에 부가된 위치라고 보면 그 자리가 비논항 자리이기 때문에 이동이 A-movement라고 보기 어려운 점이 있다.59) 둘째 문제는 (23b)이다. 여기서도 LF 재귀사 이동이 TSC를 어긴다. 그러나 문장은 정문이다.

이런 문제를 고려해서 우리는 다음의 생각을 해 볼 수 있는 듯하다. 앞서 언급한 대로 (23b)의 재귀사가 exempt anaphor, 즉, 결속 이론이 아닌 대화결속(discourse binding)으로 인허된다고 보는 것이 한 방법이다. 즉, core anaphor에만 LF 이동분석을 적용한다고 보면 둘 사이의 차이점이 이해된다.

영어의 재귀사의 경우 위와 같이 분석을 하면 그 분포가 어느 정도 설명이 된다. 그러나 장거리 재귀사를 갖고 있는 언어의 경우 만약 재귀사가 LF 이동을 한다고 가정하면 그 이동의 성격은 A-movement의 성격은 분명히 아니다. 과연 이들 언어에서 재귀사가 핵 이동으로 LF 이동을 하는지는 문제로 남게 된다. 또 만약 재귀사가 LF에서 핵 이동이나 A-movement 둘 다 할 수 있다고 가정하면 어떻게 언어 간의 차이점을 설명할 수 있는지의 문제도 쉽게 해결되는 문제는 아니다.60)

우리는 이 절에서 Chomsky(1986a)의 수정 결속 이론을 소개하고 이 이론의 영향 하에 제시된 재귀사의 LF이동을 간략히 다루었다. 앞에서도 말했듯이 결속 이론의 변화는 곧 PRO의 분석의 변화를 의미한다. 다음 절에서는 PRO와 pro에 관한 논의로 우리의 관심을 다시 돌리기로 한다.

---

59) 이 문제를 해결할 수 있는 방법이 있기는 하다. Chomsky(1986a)의 there-구문의 분석을 따라 재귀사가 선행사인 주어에 부가된다고 보는 것이 한 방법이고, 다른 방법은 약간 역사를 혼동하는 방법이긴 하지만 최소주의의 가정대로 재귀사의 자질만이 INFL에 부착되는 것으로 보는 것이다. 최소주의에서의 자질이동은 A-movement의 속성을 갖는다.

60) 영어와 다른 언어의 차이에 대해 종종 제시되는 설명은 영어의 재귀사는 구(XP)이고 장거리 재귀사를 가진 언어의 재귀사는 핵(X0)라는 주장이다. 그러므로 전자는 XP-이동을, 후자는 X0-이동을 한다고 주장되기도 한다.

4.2 대명사적 공범주 - PRO와 pro

Chomsky(1981)의 이론에서 PRO는 결속 이론 밖에 있다. 그 이유는 상세히 밝힌 바 있다. 그러나 Chomsky(1986a)의 결속 이론에서는 더 이상 'PRO-Theorem'이 유효하지 않을 뿐더러 PRO가 격이 없다고 보면 가시화 조건에 문제가 생긴다. 그러므로 Chomsky & Lasnik(1993)은 PRO의 제한된 분포는 PRO가 특수한 격, 즉, 영격(null Case)을 갖고 있기 때문이라고 주장한다. 영격이라는 것은 PRO만이 가질 수 있는 격으로 PRO가 위치한 non-finite clause 주어의 자리에서만 할당/점검될 수 있다고 이들은 주장한다. 물론 이런 가정으로 PRO가 더 이상 Visibility Condition의 예외가 아니라고 주장할 수 있게 된다. 그리고 PRO의 분포도 정확히 기술할 수 있다. 그러나 영격이라는 개념은 다분히 자의적인 것처럼 보인다. 그렇기 때문에 Chomsky & Lasnik(1993)은 PRO가 격이 있다는 증거로 다음의 예를 든다.

(28) a. *We never expected [there to be found PRO].
b. We never expected [PRO$_i$ to be found t$_i$].

Chomsky(1981)의 이론에서는 (28a)의 비문법성이 PRO가 지배받는 자리인 found의 보어 자리에 오기 때문이라고 했다. 그리고 (28b)의 이동은 PRO가 지배받지 않는 자리로 피하기 위해 이동한다고 생각했다. 그러나 잠시 생각해 보면 이 분석은 상당히 자의적이다. 반면에 만약 모든 논항 이동이 격이 없는 위치에서 격이 있는 위치로의 이동이라고 가정하고 PRO도 격을 갖는다고 생각해 보면 (28b)의 이동이 왜 필요한지 금방 이해된다. 즉, PRO도 격이 없는 위치에서 격이 있는 위치로 이동한다. 단지 어휘적 속성상 PRO의 격을 점검할 수 있는 요소는 non-finite INFL 뿐이라는 결론이 되겠다.

영격가설로 PRO의 분포를 설명한다고 하면 BT-A와 BT-B의 적용에서 GC의 정의가 다르게 나와도 PRO의 분포를 제대로 설명할 수는 있다. 우리는 잠정적으로 Chomsky(1986a)의 수정 결속 이론과 더불어 영격 가설을 받아 드리기로 하자. 이제 남은 문제는 PRO의 제한된 지시범위를 설명하는 일이다. 이 작업은 통제 이론(Control Theory)의 몫이다. 그러나 불행하게도 PPA 이론의 약점 중 하나가 구체적인 통제 이론의 결여라고 생각될 정도로 적어도 '정설'의 지위를 갖는 통제 이론은 없다.

다음 절에서 우리는 설명되어야 할 통제 현상을 우선 소개하고 Manzini(1983)의 통제 이론을 간단히 소개하겠다. 그 후 우리는 pro와 관련된 null subject parameter를 논의하고 pro와 PRO의 통합이론을 내세운 Huang(1989)의 분석을 소개하는 것으로 이 장을 끝맺고자 한다.

4.2.1 통제 현상

이미 언급했듯이 PPA 이론에서는 다음과 같은 통제 구문(Control Construction)의 종속절 주어 자리에 PRO를 상정한다.

(29) John$_i$ tried [$_{CP}$[$_{IP}$ PRO$_i$ to leave his mistress]].

위 문장에서 PRO의 지시범위는 매우 제한되어 있다. 즉, PRO는 John 이외에 다른 것을 지시할 수 없다. 이런 의미에서 (1)은 필수적 통제 구문(Obligatory Control, OC)라고 불린다. 그 반면에 다음의 문장에서는 PRO의 통제자가 없어도 문장은 정문이 된다.

(30) John told Mary that [PRO shaving oneself without a razor] is difficult.

PRO에 의해 결속된 oneself가 보여 주듯이 PRO는 상위절의 John이나 Mary를 지시하지 않고 임의적 해석(arbitrary interpretation)을 갖는다. 즉, PRO는 'people in general' 정도로 이해된다. PRO가 통제될 필요가 없는 이런 구문을 수의적 통제 구문(Non-obligatory Control, Optional Control,

NOC)이라고 부른다. OC와 NOC구문은 대조적인 속성을 보인다.

OC 구문은 첫째로 통제자를 필요로 한다. 다음의 문장들이 이 사실을 나타내준다.

(31) a. *John$_i$ tried [PRO$_k$ to amuse oneself$_k$].
b. *It was tried [PRO to leave].
c. John$_i$ tried [PRO$_i$ to kill himself$_i$].

둘째로, 통제자는 PRO와 근접한 거리에 있어야 한다. (32)에서 바로 위의 주어인 John이 PRO의 통제자가 되어야 한다. 보다 상위문의 주어인 Mary는 통제자가 될 수 없다.

(32) Mary$_i$ believes that John$_j$ tried [PRO$_{*i/j}$ to kill himself/*herself]

세 번째 속성은 통제자가 하나의 성분이어야 한다는 것이다. 즉, 분열 선행사(split antecedent)는 허용되지 않는다.

(33) *John$_i$ promised Mary$_j$ [PRO$_{i+j}$ to promote themselves]

마지막으로 통제자와 PRO간에는 성분 통어가 성립해야 한다. 즉, 통제자는 PRO를 비대칭적으로 성분 통어해야 한다.

(34) a. *It was tried by Bill$_i$ [PRO$_i$ to leave].
a'. Bill$_i$ tried [PRO$_i$ to leave].
b. *John$_i$'s mother tried [PRO to kill himself$_i$].

NOC 구문은 OC 구문과 거의 정반대되는 속성을 보인다. 그 속성을 보자.

(34) a. John$_i$ told Mary [that [PRO$_i$ shaving himself$_i$] was difficult] (cf. 30)

b. [PRO smoking two packs a day] is harmful.

c. John$_i$ told Mary$_j$ [that [PRO$_{i+j}$ allowing themselves$_{i+j}$ a break] would not be such a bad idea].

d. [PRO$_i$ smoking two packs a day] is detrimental to Bill's$_i$ health.

(34a)와 (30)은 NOC 구문에서는 통제자가 수의적이며 만약 통제자가 있다 해도 PRO가 주어로 있는 절의 바로 상위절의 성분일 필요가 없다는 점을 보여 준다. (34b)는 통제자가 수의적임을 다시 보여주고 있다. (34c)는 분열선행사 현상이 가능함을 보여 준다. (34b)는 선행사가 PRO를 성분 통어하지 않아도 된다는 것을 보인다.

OC와 NOC 구문에 나타나는 PRO의 속성은 각각 재귀사와 대명사의 속성과 흡사하다. (Bouchard 1984) 이 사실에 입각해 Bouchard(1984)는 PRO의 속성[+ana, +pron]은 이접적(disjunctive)으로 이해되어야 한다고 주장하기도 했다. 즉, [+ana] PRO는 OC 구문에서 나타나고 [+pron] PRO는 NOC 구문에서 나타난다는 것이다. 그는 PRO의 지시적 속성을 결속 이론으로 설명할 수 있다고 주장했다.

Manzini(1983)의 분석도 이와 같은 선상에 있다. Manzini(1983)는 통제이론은 언제 PRO가 필수적으로 통제를 받아야 하는지를 결정해 주면 된다고 가정한다. 위의 OC와 NOC 구문을 자세히 살펴보면 우리는 OC 구문의 종속절은 다 통제동사의 보어(complement)이고 NOC 구문은 보어가 아닌 주어(나 여기서 예시하지는 않았지만 부가어)로 기능하는 절인 것을 알 수 있다. 이에 착안하여 Manzini의 통제 이론은 PRO를 주어로 갖고 있는 절에 대해 지배 범주를 찾아 그 지배 범주 내에서 PRO가 결속되게 한다. PRO를 포함한 절의 지배 범주를 일컬어 영역지배 범주(Domain Governing Category, DGC)라고 한다. 만약 PRO의 DGC가 있으면 PRO는 그 안에서 결속(즉, 통제)되어야 하고 DGC가 없으면 통제될 필요가 없다고 Manzini는 가정한다. 아래 그림을 보면서 그의 이론을 설명하겠다.

(35a)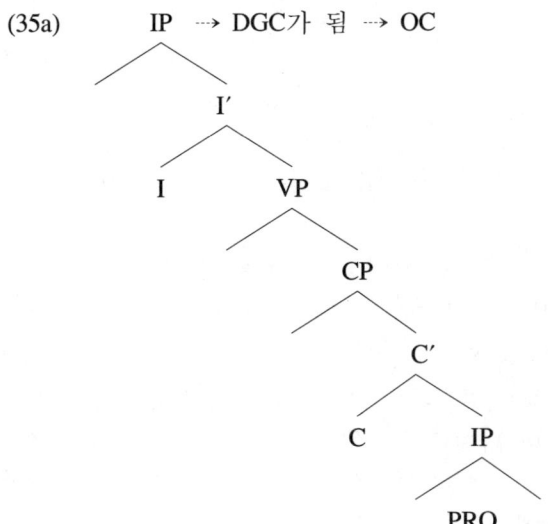

(35b)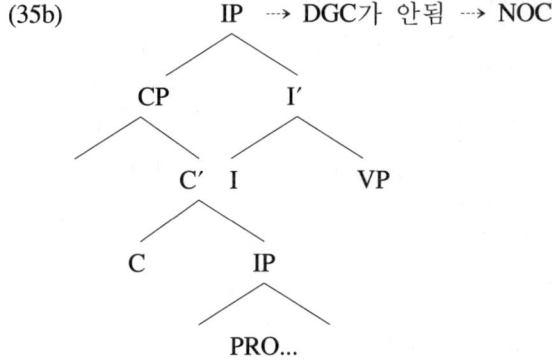

　(35a)와 같은 구문에서 IP는 DGC가 되어야 하고 (35b)의 구조에서는 그렇지 않아야 한다. 이 결과를 유도하기 위해 Manzini는 Chomsky(1981)의 결속 이론을 빌린다. 즉, (35a)의 IP는 접근 가능한 대주어(accessible SUBJECT) - 즉, 상위절 SpIP-를 갖고 있지만 (35b)의 IP는 accessibility의 정의상 접근 가능한 대주어를 갖지 못한다. 그러므로 PRO에 대해 주절

4장 결속 및 통제 현상　161

은 DGC가 되지 못하면 PRO는 통제될 필요가 없다는 것이다. 불행하게도 Chomsky(1986a)의 수정 결속 이론의 GC정의로는 같은 결과를 얻을 수가 없지만 Manzini의 착상은 흥미로운 것이라고 판단된다.

4.2.2 pro와 영주어 매개변인(null subject parameter)

소위 pro-drop언어의 주어 자리에 나타나는 pro의 지시적 속성에 대해서는 큰 논란이 없다. HPSG에서처럼 pro를 통사 구조의 성분으로 인정하지 않는다고 하더라도 pro에 해당하는 요소가 보통 대명사의 속성을 가진 것은 부인할 수 없다. 그러므로 pro의 지시적 범위를 결정하는 일은 BT-B에 맡겨두면 된다. pro는 지시의 문제(선행사의 문제)보다는 그것이 인허되는 문제가 더 관심의 대상이 되어 왔다. PRO가 언어보편적으로 존재하는 반면, pro는 허용되는 언어와 그렇지 않은 언어가 있기 때문에 pro의 인허는 매개변인적(parametric) 문제가 되는 것이다.

소위 Null Subject Parameter라는 것이 pro에 관한 언어 간의 차이를 설명하는 매개변인이다. 전통적으로 pro-drop언어인 로만스계의 언어(이태리어, 스페인어 등)의 분석에서 pro를 인허하는 요소는 자질이 풍부한 AGR('rich AGR')라고 생각되어 왔다. 즉, 영어와는 달리 이들 언어에서는 AGR가 인칭, 성, 수를 세분하여 표시하기 때문에 영대명사 pro가 허용된다는 것이다. 다음의 예를 보자.

(36) a. 영어
      *He said [that pro will come tomorrow].
  b. 스페인어
      pro dijo [que pro vendria mañana].

(36a)의 동사 said는 인칭에 관계없이 불변의 형태로 나타난다. 종속절의 조동사 will도 마찬가지이다. 그러므로 영어의 INFL은 약하다고(weak) 생각할 수 있겠다. 그 반면 스페인어의 동사 dijo(말하다)와 vendria(올것

이다)는 인칭에 따라 형태가 다르다. 이런 의미에서 스페인어의 INFL은 강하다고(strong) 생각할 수 있겠다. 그러므로 강한 INFL을 가진 스페인어에서만 pro가 허가된다.

그러나 이런 분석에는 문제가 있다. 비록 본서가 영어에 관한 시리즈 중에 하나이지만 다른 언어를 보면서 그 문제점을 알아보자. Huang(1984)은 로맨스어 중심의 null subject parameter가 중국어, 일본어, 한국어 등 동양어에 적용되지 않는다는 점을 지적하며 모든 언어에 공통으로 적용될 수 있는 새로운 null subject parameter를 제안한다. Huang(1989)은 Huang(1984)를 확대시켜 PRO와 pro에 모두 적용시키려는 대담한 시도이다. 이제 그의 분석을 소개하겠다.

우리가 잘 알 듯이 중국어, 일본어나 한국어는 pro-drop언어이지만 주어(및 목적어) 일치를 결여한 언어들이다. 그러므로 pro가 rich agreement에 의해 인허된다는 가설은 이들 언어의 pro-drop 현상을 설명할 수 없다. 다음의 예를 보자.

(37) a. pro   kanjian-le Lisi. (중국어)
     I/you/he/she   see-perf Lisi
  b. pro hon-o   katta. (일본어)
     book-acc buy-past
  c. pro 책을 샀다. (한국어)

Huang(1984, 1989)은 동아시아 언어들의 pro-drop과 로맨스 언어들의 pro-drop을 같은 원리로 설명할 수 있다고 주장한다. 그의 생각은 다음과 같다. 로맨스어에서는 기존의 이론대로 rich AGR가 pro를 허가한다고 본다. 동아시아 언어의 특징은 영어처럼 weak AGR를 갖고 있는 것이 아니라 아예 AGR를 결여하고 있다는 점이다. 그는 이 점에 착안해서 AGR가 없는 언어에서는 pro가 AGR에 의해 인허되는 것이 아니라 성분 통어하는 선행사(c-commanding antecedent)에 의해 인허될 수 있다고 가정한다. 동아시아계 언어의 또 하나의 특징은 소위 '주제부각형'(topic-prominent)

언어(Li & Thompson 1976)라는 것이다. 이 두 가지 속성이 pro를 인허할 수 있다고 그는 주장한다. 예문을 보여서 구체적으로 설명하자.

(38) a. *pro came home. (영어)
    b. pro verrra. (이태리어)
       will-come-3sg
    c. pro lai-le. (중국어)
       come-perf

영어의 영주어는 AGR가 빈약하기 때문에 인허될 수 없다. 그러나 이태리어의 rich AGR는 pro를 허용한다. 반면 중국어에는 AGR가 없다. 그렇다면 pro가 인허될 수 없다고 생각할 수 있겠다. 그러나 Huang은 (38c)는 (39)의 구조로 분석되어야 한다고 주장한다. 즉, 중국어의 영주어는 영주제(null topic)와 공지표되어 영주제를 선행사로 삼기 때문에 허용된다는 것이다.

(39) (=38c)
    [$_{CP}$ Top$_i$ [$_{IP}$ pro$_i$ lai-le]]

물론 주절에서 영주제를 가질 수 있는 언어는 '주제부각형' 언어로 제한된다. 종속절에서의 pro-drop 현상을 살펴보자

(40) a. *John$_i$ thinks [that pro$_{i/j}$ should come]. (영어)
    b. Pedro$_i$ dijo [que pro$_{i/j}$ vendia mañana]. (스페인어)
       Pedro$_i$ say that   well-come tomorrow.
    c. Zhangsan$_i$ shuo [pro$_{i/j}$ mingtian bu lai] (중국어)
       Zhangsan$_i$ say   tomorrow not come.

종속절에서도 영어는 pro를 주어로 허용하지 않는다. 그 이유는 역시

AGR가 약하기 때문이다. 그러면 왜 pro가 상위문의 주어를 선행사로 삼아 인허될 수 없는 것일까? 이에 대해 Huang은 종속절이 pro에 대한 인허 영역(licensing domain)이 되기 때문이라고 주장한다. 그 이유는 종속절에 대주어(SUBJECT)인 AGR가 있기 때문이다. 즉, AGR은 대주어로서 pro의 인허 영역을 정해주지만 자신의 자질이 너무 약해서 pro를 인허할 수 없다는 것이다. pro의 인허 영역을 그는 Control Domain(CD)라고 부른다. CD는 다음과 같이 정의된다.

(41) 통제 영역 (Control Domain, Huang 1989)
    A가 B의 CD가 되려면
    (i) A가 B와 B가 접근 가능한 대주어를 포함하는 최소의 IP나 NP이거나;
    (ii) B와 B가 접근 가능한 대주어를 가진 최소의 최대 투사범주 (minimal maximal category containing B)이어야 한다.

(40b)의 이태리어의 경우는 종속절의 AGR가 종속절을 CD를 결정하며 동시에 pro를 인허하기도 한다. 그러므로 pro는 자유롭게 선행사를 취할 수 있다. 상위문의 주어와 공지표를 되었을 때도 pro는 선행사에 의해 인허되는 것은 아니다. 항상 AGR에 의해 인허된다.

중국어의 경우는 다르다. 종속절은 pro에 대해 CD가 될 수 없다. 왜냐하면 접근 가능한 대주어가 없기 때문이다. 주절의 경우 SpIP가 접근 가능한 대주어이다. 그러므로 주절이 CD가 된다. pro는 자기의 CD 안에서 결속되면 인허된다.[61] 중국어의 경우 AGR가 없기 때문에 pro를 인허하는 요소가 곧 그것의 지시범위도 결정하는 결과가 (40c)에서 생겨난다. 이 점이 로만스어와 다른 점이다.

그러면 (40c)의 종속절 주어가 주절의 주어와 공지표가 되지 않았을 때(즉, pro$_j$일 때) 어떻게 pro가 인허되는지 알아보자. 이 경우 Huang은

---

[61] 이 것이 바로 Huang의 Generalized Control Rule이다. Generalized Control(=An empty pronominal is controlled in its CD(if it has one).

영주제 분석을 택한다. 즉, 상위문이 SpCP에 pro$_j$와 공지표된 영주제가 있어 pro를 인허한다고 본다. 이 경우 상위문을 CD로 정하는 요소 (=SpIP)와 pro를 인허하고 통제하는 요소가 상이할 수 있다는 것을 알 수 있다.

Huang(1989)은 그의 분석에 대한 증거로 중국어의 종속절에서 pro가 목적어로 올 수 없는 사실에 주목한다. 중국어는 이태리어와는 달리 주절에서는 pro가 목적어 자리에서도 인허된다. 그러나 Huang(1984, 1989)은 종속절에서는 pro가 목적어로 허용되지 않는다고 주장한다. 다음의 예를 보자.

(42) a. Zhangsan$_i$ Kanjian-le pro$_{*i/j}$
　　　　ZS　　　　read-perf
　　a'. [Top$_j$ [Zhangsan kanjian-le pro$_j$]]
　　b. Zhangsan$_i$ shuo [Lisi bangmang pro$_{*i/j}$]
　　　 Zhangsan$_i$ say　 LS help
　　b'. [Top$_j$ [Zhangsan shuo [Lisi bangmang pro$_j$]]]

(42a)에서 pro는 Zhangsan과 공지표될 수 없다. 그 이유는 pro가 대명사이기 때문에 BT-B를 준수해야 하기 때문이다. 그러나 pro$_j$는 허용된다. Huang은 그 이유가 주절의 주어와 마찬가지로 pro$_j$가 Top$_j$에 의해 인허되기 때문이라고 본다. (42a' 참조) 반면 종속절의 목적어인 경우 주절의 주어인 Zhangsan과 공지표될 수 없다고 Huang은 주장한다. 그 이유는 목적어 pro는 Top에 의해 인허되는 데 Top은 A'-position이다. 그러므로 pro는 variable로 해석이 된다. Variable(즉, WH-trace)이 강교차(Strong Crossover)를 어길 수 없기 때문에 주절의 주어와 공지표 될 수 없다고 그는 주장한다. 그러나 이 분석에 대해 이론적, 경험적 문제가 많이 제기되었다는 것을 언급하고 싶다.[62]

---

[62] 목적어 pro-drop의 영주제 이동에 의한 분석은 Portuguese에도 적용되었다. (Campos 1986)

Huang(1989)은 그의 분석이 pro뿐 아니라 PRO에도 적용될 수 있다고 주장한다. 그는 pro/PRO 모두 순수 대명사라고 가정한다. 모든 공대명사에 적용되는 분석이라는 의미에서 그는 그의 이론을 Generalized Control Rule이라고 부른다. 다음의 예를 보면서 설명을 해나가겠다.

(43) a. *PRO to come
 b. *John$_i$ saw PRO$_{i/j}$
 c. John$_i$ tried [PRO$_{i/*j}$ to come]
 d. [PRO smoking two packs a day] is harmful.

영어의 non-finite clause는 AGR를 결여한다는 점에서 중국어의 절과 같다. 그러나 영어와 중국어는 주제 부각형이냐 '주어 부각형'(Subject-prominent)이냐의 차이가 있다. 따라서 주어 부각형인 영어에서 영주제를 설정할 수 없다. (43a)는 AGR가 없는 주절로 Huang의 정의에서는 CD를 결여하는 것으로 분석된다. 그러므로 PRO는 자유롭게 지시할 수 있어야 한다. 그러나 (43a)는 주절이 finite해야 한다는 영어의 제약을 어기는 문장으로 통제 이론과 무관하게 비문이 된다. (43b)에서는 PRO가 John과 공지표되면 BT-B를 어긴다. 반면 영어는 영주제가 없기 때문에 PRO$_j$는 인허될 수 없다. (43c)의 경우 주절이 PRO의 CD가 된다. 주절의 주어와 공지표된 PRO는 인허되나 그렇지 않은 PRO는 영주제의 결여로 인해 인허되지 못한다. (43d)의 경우는 다르다. 접근가능성의 정의로 인해 PRO는 CD를 결여한다는 결론이 나온다. 그러므로 PRO는 자유롭게 지시할 수 있다.

Huang은 그의 분석의 이론적 장점이 PRO가 pro와 마찬가지로 순수 대명사로 분류될 수 있는 점을 든다. 이는 어휘적 명사가 결속 이론상 세 가지로 분류되었다는 점에서 볼 때 다행스런 결과라고 하겠다. 왜냐하면 그의 체제에서는 공범주 명사도 [+anaphoric, -pronominal] (=NP-trace), [-anaphoric, +pronominal] (=PRO/pro), [-anaphoric, -pronominal] (=WH-trace/variable) 세 가지로만 구분되기 때문이다. [+anaphoric, +pronominal]의 자질을 마치 [+high, +low]가 불가능한 것처럼 존재할 수 없는 자질의 집합체로 보면 왜 그런 자질의 명사가 존재하지 않는지 이해를 할 수 있게 된다.

4.2.3 요약 및 결론

지금까지 우리는 결속과 통제에 관한 PPA 이론의 분석을 소개했다. 결속 현상이나 통제-영주어 현상 둘 다 문법의 매개변인적인 면을 잘 보여주는 현상이기 때문에 많은 연구가 쌓인 분야이다. 재귀사의 분포에 관해서는 LF-이동을 상정하는 여러 분석이 있으나 최근 이론의 관심사가 결속 현상에서 멀어지면서 Chomsky(1986a)를 획기적으로 능가하는 큰 진전을 보이지 않는다. 영주어 현상에 관해서는 과연 영주어를 가진 모든 언어를 같은 원리로 분석할 수 있는지 아직도 분명치 않다. 그런 의미에서 Huang의 연구는 획기적이라 할 수 있으나 이론적으로 폐기된 개념인 접근가능성, 대주어 등의 개념을 빌린 분석이기 때문에 문제가 있다고 본다. PRO의 통제에 대한 전반적인 이론의 부재는 이미 지적한 바 있다. 이 분야 역시 최근 이론의 관심 밖에 있는 이유로 큰 발전이 보이지 않는다. 독자들이 손을 대볼 만한 분야라고 생각된다.

제2부
어휘 기능 문법
(Lexical Functional Grammar)

1장   이론의 윤곽

1.1 서론

　어휘 기능 문법(Lexical Functional Grammar: 앞으로 LFG로 칭함)은 1970년대 말부터 시작하여 Kaplan과 Bresnan이 1982년에 공저한 논문 (Kaplan and Bresnan 1982)을 기점으로 본격적으로 연구되기 시작하였다. 이 후 LFG는 처음 제시되었던 기본적인 골격을 유지하면서 이론의 여러 부분을 다양하게 심화시키는 방향으로 계속적인 수정과 발전을 거듭하여 왔다. 20년 동안의 이론의 발전 단계를 굳이 구분한다면 제 1기에 해당하는 1980년대에는 독립적인 다양한 구조들과 그들 간의 사상 (mapping)에 의해 언어를 설명하는 기본 골격이 제시되었다. 다른 이론에는 없는 기능 구조(Functional Structure) 자체의 성격을 규명하고 기능 구조로 설명되는 다양한 언어 현상들을 포착하는데 초점이 맞추어졌다. 즉, 어휘 기능 문법이란 이름이 가리키듯이 통사적인 요소들과 비교하여 단어의 중요성을, 그리고 의미와 표현을 연결하는 추상적인 체계로서의 문법 기능의 중요성을 강조하는 이론인 것이다. (Bresnan in press, 14)
　제 2기인 1980년대 말부터 1990년대 초에는 Bresnan and Kanerva(1989)를 비롯한 일련의 논문들에서 논항 구조(Argument Structure)에 초점을 맞춰 논항 구조의 성격을 규명하고 논항 구조와 기능 구조 간의 사상 즉, 의미와 문법 기능 간의 관계를 밝히려 노력하였다. 이는 초기 이론에서는 아무런 설명없이 규정(stipulation)하였던 것에 대해 언어 보편적이고 일반적인 사상 원리를 제시하는 것으로서 어휘 사상 이론(Lexical Mapping Theory)이라 불리기도 한다. 제 3기인 1990년대 중반기에는 주로 범주 구조(Categorial Structure)와 기능 구조(Functional Structure)의 기술 언어(description languages)를 발전시키고 두 구조 간의 사상관계를 밝히는 데에 노력이 기울여졌는데 이 역시 초기 이론에서 설명 없이 규정하였던 것에 대해 언어 보편적인 사상 원리를 제시하려는 노력이다. 최근 제 4기에는 LFG와 기본 정신이 잘 합치되는 음운론 이론인 최적이론(Optimality Theory)의 틀로 통사현상을 설명하려는 시도가 활발히 진행되고 있다. 동시에 담화(discourse)에 대한 관심도 커져 결속 현상(binding)을 주제-평언(theme-rheme) 구조로 설명하거나 뒤섞기 현상(scrambling)을 설명하기 위해 정보 구조(Information Structure)를 도입하는 연구들이 나오고 있다.

 이론의 골격이나 구체적인 현상에 대한 설명을 보면 LFG는 여러 생성 문법 이론들 중에서도 Chomsky의 이론과 매우 다른 편에 속한다. 그러나 Chomsky 언어학의 근간을 이루는 언어능력(competence)이나 심리적 실재성(psychological reality)을 주장하는 강도에 있어서는 어느 이론보다도 Chomsky의 이론과 유사하다. 즉, LFG는 인간의 언어능력은 인간이 선천적으로 타고 태어나는 생득적(innate) 특성이며 이상적인 문법은 인간의 머리 속에 표상화되어 있는 문법지식을 그대로 반영해야 한다고 주장한다. 그러나 실제 문법이론을 만드는 데 있어 이상화된 화자를 가정하고 구체적인 언어수행(performance)을 충분히 반영하지 않음으로써 Chomsky가 언어학을 지나치게 추상화시켰다는 것이 LFG의 비판이다. LFG는 문법이론이 추상적인 언어능력 뿐 아니라 구체적인 언어수행도 잘 설명할 수 있어야 하며, 심리언어학, 언어습득, 정보처리 등 인지과학의 전반적인 연구결과와 잘 어울릴 수 있어야 한다고 주장한다. 특히 컴퓨터로 정보를 처리하기에 가장 적합한 문법을 추구하게 된 것은 최근 컴퓨터 공학의 발전에 비추어 자연스러운 결과일 것이다. 그러나 이는 동시대에 발전한 다른 문법이론들, 예를 들어 GPSG같은 이론이 경험적으로 증명하기 어려운 심리적 실재성의 문제는 접어두고 이론 자체의 형식적 정확성(formal precision)이나 공식의 일반성(generality of formulation) 등을 목표로 하는 것과는 명백히 다른 입장이다.

 구체적인 논의로 들어가 보면 LFG는 다음 장에서 살펴 볼 HPSG와 많은 형식상의 특징을 공유한다. LFG도 HPSG와 같이 (1) 변형(transformation)을 인정하지 않는 비도출적 접근 방식(nonderivational approach)을 취하며, (2) 자질의 통합(feature unification)을 중요한 기제로 이용하고, (3) 제약에 기반을 둔(constraint-based) 문법이다. 자질이나 제약들을 어떤 식으로 표현하는가는 각론에서 밝혀질 것이므로 여기에서는 주로 Bresnan(in press)에 기초하여 기본적인 특징들을 살펴보기로 한다. 앞으로의 논의에서 LFG 이론의 이해를 돕기 위해 인지도가 높은 Chomsky 이론과의 비교가 많이 제시될 것인데 이 때 Chomsky 이론이란 지배 결속 이론(Government Binding Theory)에서 비교적 최근까지도 의의가 있는 부분을 지칭한다.

1.2 LFG의 주요 특징

LFG의 첫 번째 특징은 다양한 언어들의 공통점을 포착할 수 있는 진정한 보편 문법(Universal Grammar)을 추구한다는 점이다. 이는 물론 Chomsky 이론을 포함한 대부분의 문법이론들이 추구하는 바인데, 다양한 어족에 속하는 언어들의 공통점이 과연 무엇인가 하는 데 대해서 LFG는 Chomsky와 인식을 달리 한다. 예를 들어 두 어린이가 개를 뒤쫓고 있는 사건을 생각해 보자. 영어에서는 쫓는 행위를 하는 두 어린이와 쫓기는 개가 각기 하나의 명사구로 표현이 되고 어순은 항상 전자가 후자를 앞선다. 또한 다른 표현으로 대치를 해 본다던가 하는 테스트를 해보면 두 명사구가 대등한 관계에 있지 않음을 쉽게 알 수 있다. 이런 사실을 간략한 수형도로 표현하면 (1)과 같다. (Bresnan 1988, 2)

(1)
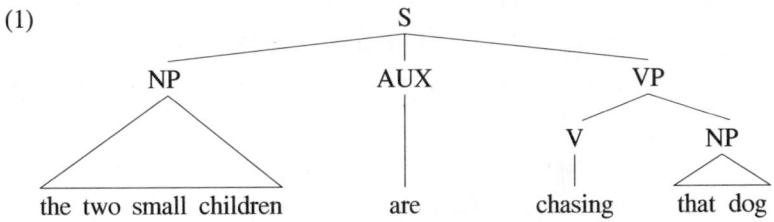

그러나 영어 화자에게는 당연하게 받아들여지는 위의 형상 구조 (configurational structure)가 예를 들어 우리말에는 그대로 적용되지 않는다. "두 어린이가 저 개를 쫓고 있다"라는 우리말 문장에서 "두 어린이가"와 "저 개를"은 늘 하나의 구로 표현이 되나 이들이 명사구인지는 분명하지 않다. 이는 조사를 어떻게 분석할 것인가 하는 문제 때문인데 조사를 격표지(case marker)라 하고 이들을 명사구로 본다 하더라도 두 번째 명사구와 동사 간의 어순이 영어와 다르다. 또한 우리말에서는 "저 개를 두 어린이가 쫓고 있다" 라고 두 명사구 간의 순서를 바꾸어도 자연스러운 문장이 되는데 그렇다면 두 명사구가 영어에서처럼 대등하지 않다고 볼 근거가 약해진다. 더 나아가 호주 원주민 언어인 Walpiri를 살펴보면 우리는 형상 구조의 가장 기본적인 가정부터 흔들리는 것을 알 수 있다. (Bresnan 1988, 3)

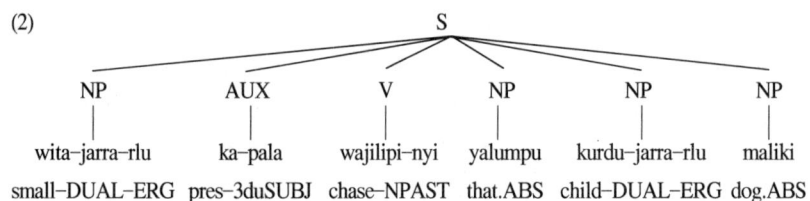

우선 소위 핵(head)을 수식하는 말들이 함께 모여 형성된다는 구의 개념이 이 언어에서는 필수적이 아니다. (2)에서 보듯이 하나의 의미집단을 이루는 단어들은 영어처럼 어순상 인접하여 구를 이루는 것이 아니라 같은 형태접사(morphological affix)를 취함으로써 한 의미 단위에 속한다는 것이 표시된다. "small"과 "child"를 의미하는 단어들은 멀리 떨어져 있지만 동일한 이격-능격(dual-ergative) 접사인 "jarra-rlu"를 취한다. 또한 조동사가 두 번째 단어로 나와야 한다는 제약만 지키면 다양한 어순이 가능하다.

위의 간단한 예에서도 알 수 있듯이 영어가 단어들 간의 차례나 위계 구조를 통해 문법 관계를 표현한다면 Walpiri어는 단어 자체의 형태를 통해 동일한 정보를 표현한다. 우리말은 두 극단적인 언어의 중간에 위치한다고 할 수 있을 것이다. LFG는 이렇게 형태와 통사 구조가 서로 경쟁하는 유형론적인 차이를 무시하고 통사 구조가 모든 언어에 가장 보편적이고 중요한 것이라고 주장하는 것은 영어 유형의 언어를 쓰는 나라들이 현대 문명을 주도해 왔고 그 결과 그런 언어들이 학문활동의 중심이 된 것이 "역사적 우연(historical accident)"임을 인식하지 못한 데서 비롯된다고 주장한다. (Bresnan in press, 4) 그렇다면 문법 관계를 표현하는 진정한 언어 보편적인 개념은 무엇일까? LFG는 두 가지 개념을 제시하는데 하나는 의미 단위(conceptual unit)이다. 즉, 모든 언어에서 하나의 문장은 몇 개의 개체들과 그들간의 관계, 그들이 포함된 사건들, 인간의 감정, 행위, 목표 등을 나타내는 요소들로 이루어진다는 것이다. 둘째는 주어, 목적어 같은 문법 기능(grammatical function)이다. 예를 들어 영어에서 재귀대명사는 (3)의 대비가 보여주듯이 주어와 동지시하는 목적어로 쓰일 수는 있지만 목적어와 동지시하는 주어로 쓰일 수는 없다. Walpiri어는 통사 구조적으로는 영어와 매우 다르지만 (4)의 재귀대명사 용법에 있어서는 영어와 동일하게 "Napaljarri"가 주어인가 목적어인가에 따른 문법성의 차이를 보인다. (Bresnan 1988, 4)

(3) a. Lucy is hitting herself.
    b.*Herself is hitting Lucy.

(4) a. Napaljarri-rli   ka-nyanu   paka-rni.
    Napaljarri-ERG   PRES-REFL   hit-NONPAST
    'Napaljarri is hitting herself.'
  b. *Napaljarri   ka-nyanu   paka-rni.
    NapaljarriABS   PRES-REFL   hit-NONPAST
    '*Herself is hitting Napaljarri.'

이런 관찰을 통해 LFG는 성분 구조(constituent structure)가 아닌 의미 단위와 문법 기능을 언어 보편적인 개념으로 가정하고 형상 언어와 비형상 언어를 통합적으로 설명하는 이론적 틀을 발전시켜 왔다. 영어는 의미 단위와 문법 기능이 통사 구조와 거의 완벽한 대응을 보이나 언어 유형론적인 관점에서 보면 그것이 오히려 우연적이고 특이한 예에 속한다는 것이다. 이렇게 근본적인 시각이 다르기 때문에 LFG의 장점은 여러 언어 자료를 비교 설명할 때 잘 드러나는데 표면적인 형상 구조로는 상이한 언어들의 공통점을 의미 구조나 기능 구조 상에서 매우 자연스럽게 보여주기 때문이다. 또한 영어에 대해서도 설명력이 높은 분석을 많이 제시하는데 그것은 영어를 세계의 많은 언어들 중 하나로 다른 언어와의 비교 속에서 바라보기 때문이다.

　LFG의 두 번째 특징은 의미 구조, 기능 구조, 형상 구조 등 여러 개의 구조가 독립적으로 존재하고 그들이 상호조응(correspondence)하는 관계 모델(relational model)이라는 점이다. 이 특징은 첫 번째 특징과 별개의 것이 아니라 그것을 실현하는 구체적 방법인데 왜 이런 모델이 필요한지 생각해 보자. 가령 Chomsky 이론에서는 위의 (2)같은 경우를 기저 구조(underlying structure)에서는 영어와 유사한 위계 구조(hierarchical structure)를 취하다가 표면 구조(surface structure)에서 (2)와 같은 평면 구조(flat structure)로 변형되는 것으로 분석할 수 있다. 변형 과정에서 이동하는 것은 원래의 자리에 흔적(trace)을 남기게 되므로 표면 구조에는 이동한 요소의 옮겨간 자리와 원래의 자리가 모두 나타나게 된다. 이런 분석의 개념적인 문제를 지적하기는 쉽지 않으나 Horrocks(1987, 290)가 지적하는 대로 기저 구조의 모든 특징이 투영 원리(Projection Principle)와 흔적이란 기제에 의해 표면 구조에 다 나타난다면 정보의 중복 표현이 아닌가 하는 의문이 제기될 수 있다. 또한 초기에 변형이란 기제를 도입한 이유가 한 언어 내에서 또는 언어 간에 겉으로 보기에 상이한 구문들 간의 유사성을 통사 구조로 포착하려 한 것인데, 이를 다른 방식으로 설명해 줄 수 있다면 기저 구조를 반드시 상정해야 할 필요는 없을 것이다.

　통사적인 기저 구조의 경험적인 문제는 이동시 나타나는 모순(Movement Paradoxes)에서 제기된다. (5b)는 "that problem"이 동사구의 목적어 자리에서 문두로 이동하였다고 분석되는 전형적 구문이다. 그러나 (6b)나 (7b, c)와 같이 소위 이동된 요소들을 원래의 위치에 삽입하여 보면 동사가 요구하는 통사 범주와 이 요소의 범주가 서로 어울리지 않기 때문에 비문이 되는 문장들이 발견된다. (Bresnan in press, 18-19) 이런 범주 불일치(category mismatches)는 형상 구조의 변형에 의해 모든 것을 설명하는 이론에서는 쉽게 설명이 안 된다.

(5) a. We talked about that problem for days.
    b. That problem, we talked about for days.

(6) a. That he was sick we talked about _____ for days.
    b.*We talked about that he was sick for days.

(7) a. With success we can also expect _____ to come failure.
    b.?*We can also expect with success to come failure.
    c. *We can also expect to come failure with success.

LFG는 위에 언급한 개념적인 문제와 경험적인 문제에 근거하여 추상적인 기저 구조와 변형이란 기제를 받아들이지 않는다. 그리고 이런 문제들이 형상 구조 하나만을 상정하는 데에서 비롯된다고 보고 두 가지 제안을 하는데 하나는 다양한 구조의 필요성이다. 즉, 첫 번째 특징과 관련지어 설명하였듯이 진정한 보편 문법을 구축하기 위해 표면적인 형상 구조 이외에 의미와 문법 기능을 표상하는 구조들을 상정하고 기저 구조에 표현하던 정보들을 이런 구조들에 나누어 표상하도록 한다. 다른 하나는 이런 구조들은 서로 독립적으로 존재하며 이들 간의 관계는 변형에 의한 도출이 아니고 일정한 원리에 의해 조응(corresponedence)되는 관계라는 것이다. 이런 관계 모델에 의해서만 의미, 문법 기능, 통사 구조 등 여러 이질적인 요소들의 경쟁에 의해 모습이 다르게 드러나는 다양한 언어들을 잘 설명할 수 있다고 믿기 때문이다.

LFG의 구체성에 대해 설명을 덧붙이면, LFG는 어순과 같이 겉으로 드러나는 모습만을 표상하는 형상 구조를 가정함으로써 Chomsky 이론에 비해 구체적인 통사론(concrete syntax)을 추구한다고 평가된다. 같은 맥락에서 LFG는 Chomsky 이론의 기본 원리인 투영 원리를 부정하는데 형상 구조와 술어의 의미 구조는 서로 다른 개념에 기초한 독립적인 구조이기 때문이다. 예를 들어 (8)과 같은 영어의 통제 구문(Control Construction)을 분석할 때 Chomsky 이론에서는 술어의 의미가 모든 구조에서 일관되게 보존되어야 한다는 투영 원리를 지키기 위해 부정사구를 하나의 문장으로 분석하고 주어 자리에 눈에 보이지 않는 공백(gap)이 있다고 분석한다. LFG는 이와 달리 형상 구조에서는 부정사구가 여러 가지 통사적 증거가 보여주는 대로 동사구이고 의미적으로 존재한다고 느껴지는 술어의 주어는 의미 구조와 기능 구조에 표상되도록 한다. 즉, 충분한 통사적 증거가 존재하는데도 의미적인 고려가 이를 압도하는 것을 허용하지 않으며 이런 논리는 반대의 경우에도 적용된다.

(8) a. John tried to impress his father.
    b. Mary persuaded Peter to join the party.

1.3 LFG의 기본 구조들

1.3.1 서론

위의 특징들을 실현하기 위하여 LFG는 세 개의 구조를 제안한다. 논항 구조(Argument Structure)는 술어와 관련되는 논항들의 의미 역할(semantic roles)에 대한 표상이며 범주 구조(Categorial Structure)는 단어의 형태, 집합, 어순 등을 표상하는 구조이다. 외부 구조(External Structure)나 표현 구조(Expression Structure)라고도 부른다. 기능 구조는 문법 기능에 대한 표상구조로 내부 구조(Internal Structure)라고도 불리며 논항 구조와 범주 구조를 연결해 주는 역할을 한다. 즉, 의미가 문법 기능이라는 매개체를 통하여 구체적인 표현 방식으로 실현된다고 보는 것이다. 이 세 구조 이외에 최근에는 담화 정보를 표상하는 정보 구조에 대한 연구도 활발히 진행 중이다.

위의 논의를 도식화하면 LFG가 생각하는 문법 모델은 (9)와 같다. 모든 구조는 상호 독립적이며 이들 간에는 조응 원리가 작용한다. 즉, 의미 단위, 범주 단위, 기능 단위는 일정한 조응 규칙을 위반하지 않는 한 불일치(mismatch)가 얼마든지 허용된다. 논항 구조는 물론 더 일반적인 인지 작용과 관련있는 개념 구조와 조응될 것이나 개념 구조 상의 모든 상세한 의미들이 문법에 직접적으로 영향을 미치지는 않는다. (Bresnan 1988, 17)

(9) (개념 구조(Conceptual Structure))
            ↕
         논항 구조
            ↕
         기능 구조
            ↕
         범주 구조

1.3.2 어휘부

각 구조를 설명하기 전에 LFG에서 가장 중요한 부분인 어휘부(Lexicon)를 간략하게 살펴보자. 각 어휘들은 품사, 의미와 문법적인 정보를 지니며, 문법적인 정보에는 명사의 성, 수, 인칭, 격 등과 동사의 시제, 하위범주화 정보가 포함된다. 어휘들은 수형도의 마지막 가지로 범주 구조에 삽입된다. 그러나 LFG에서는 이런 어휘적 정보들이 궁극적으로 기능 구조에도 표현되어 언어현상을 설명하는데 중요한 역할을 하도록 이론이 구성되어 있으므로, 각 어휘들은 자신이 표현하는 정보들이 기능 구조와 어떻게 연결될 것인가를 보여주는 기능 기술(functional description)의 꼬리표(annotation)를 달고 있다.

(10) a. John   D   (↑PRED) = 'John'
     b. eat   V   (↑PRED) = 'eat <(↑SUBJ)(↑OBJ)>'
     c. an   D   (↑DEF) = −
                               (↑NUM) = SG
     d. he   D   (↑PRED) = 'PRO'
                               (↑PERS) = 3
                               (↑NUM) = SG
                               (↑GEN) = MASC
                               (↑CASE) = $_c$NOM
     e. −s   AF   (↑SUBJ PERS) = SG
                               (↑SUBJ NUM) = 3
                               (↑TENSE) = PRES

(10)에서 화살표는 기능 구조를 가리키며 윗쪽을 가리키는 화살표는 엄마절점(mother node), 아랫쪽을 가리키는 화살표는 자신의 절점을 가리킨다. 예를 들어 (10a)는 나의 엄마 절점, 즉 DP의 기능 구조는 그 PRED (predicate)의 값으로 'John'이라는 의미를 갖는다고 해석된다. (10b)는 나의 엄마 절점, 즉 VP의 기능 구조는 'eat'라는 술어의미를 갖고 주어와 목적어를 하위범주화한다는 뜻이다. 이 점이 하위범주화가 NP, PP 등의 통사 범주로 표현되는 Chomsky 문법과의 차이점이기도 하다. 여기에서 첫 번째 논항을 주어로 두 번째 논항을 목적어로 갖는다는 것은 수학의 공리처럼 처음부터 주어지는 것이 아니라, 이 술어의 논항들이 갖고 있는 의미로부터 일관된 규칙에 따라 도출되는 것인데 이를 체계적으로 표현하는 것이 논항 구조이다.

1.3.3 논항 구조

LFG는 (9)가 보여주듯이 논항 구조를 어휘 의미와 통사 구조를 연결하는 연결고리로 파악한다. 따라서 논항 구조는 두 가지 측면을 지니게 되는데 의미적으로는 술어가 지시하는 사건에 참여하는 주요 참여자들을 표시해야 하고 통사적으로는 문장을 정문으로 만들기 위해 필수적으로 요구되는 하위범주화 정보를 표현해야 한다. 논항 구조에는 논항의 수, 유형, 논항들 간의 위계(hierarchy)가 표현되는데 상대적 위계에 따라 각 논항의 문법 기능이 결정되므로 정확한 위계가 매우 중요하다.

Marantz(1984)는 Chomsky의 이론 틀 내에서 영어의 관용어구 중 동사와 목적어가 합성되는 것은 많지만 동사와 주어가 합성되는 경우는 드물다는 관찰에 근거하여 논항 위계에서 주어가 목적어보다 상대적으로 높다고 주장하였다. 이런 주장은 Chomsky의 모델에서 논항 구조의 의미 단위들이 기저 구조의 통사 성분들과 일치하도록 되어 있는 데 기초한다. 그러나 LFG는 논항 위계는 의미역(Thematic Roles)으로 구성되어 있으며 위계도 (11)과 같이 훨씬 세분화되어야 한다고 주장한다.

(11) Agent > Beneficiary > Recipient / Experiencer > Instrument> Patient /Theme > Location

(11)의 당위성은 Kiparsky의 관용어구에 대한 연구에서 드러난다. (Kiparsky 1987) 즉, (12)와 같은 유형의 관용어구는 많이 발견되지만 Patient보다 더 높은 의미역이 관용어구에 합성되는 경우는 매우 드물며 Patient와 Location 사이에도 (12c)처럼 우선 순위가 작용한다는 것이다. (11)의 위계는 의미역들을 관용어구를 형성하기 어려운 순서대로 배열한 것이다.

(12) a. Verb + Location : Mary put John to shame
 b. Verb + Patient : John blew his stack

c. Verb + Patient + Location : Don't let the cat out of the bag

위계에 대한 또 하나의 강한 증거를 능격 언어(ergative language)로부터 찾을 수 있다. 호주 원주민 언어인 Dyirbal은 Patient가 주어가 되는 언어이므로 Marantz의 이론은 동사와 Patient 주어가 합성되는 관용어구가 허용되지 않는다고 예측할 것이고 LFG는 가능하다고 예측할 것이다. 전자의 시점에서는 위계가 높은 주어와 동사의 합성이고 후자의 시점에서는 위계가 낮은 Patient와 동사의 합성이기 때문이다. (13)과 같은 관용어구가 많이 존재한다는 사실은 LFG의 예측이 옳음을 보여준다. 영어에서도 The roof caved in이나 Your goose is cooked 등의 관용어구가 Patient 주어가 합성된 예이다.

   (13)   miyay + yambu-l   'make smile, laugh'
          smile   pull

(11)에 기초하여 동사들의 논항 구조는 다음과 같이 표현된다.

   (14) a. do   < Ag >
        b. eat   < Ag   Pat >
        c. put   < Ag   Pat   Loc >

이런 논항 구조는 여러 가지 어휘 사상 원리의 적용을 받아 특정한 문법 기능과 연결된다. 초기 LFG 이론에서는 문법 기능을 더 이상 분해할 수 없는 근원적 개념으로 처음부터 논항 구조에 주어지는 것으로 보았다. 그러나 1980년대 말부터 LFG의 한 부분으로 발전한 어휘 사상 이론에서는 문법 기능을 술어의 의미로부터 도출되는, 즉 술어의 논항 구조로부터 예측 가능한 개념으로 본다. (Levin(1986), Bresnan and Kanerva (1989), Alsina and Mchombo(1989), Bresnan and Moshi(1990) 등) 우선 문법 기능은 [+/-restrictive] (표현할 수 있는 의미역이 한정되어 있는가 아닌가)와 [+/−objective] (목적어적인가 아닌가)라는 두 개의 자질에 따라 (15) 의 네 가지로 구분된다. 이런 자질분석에 따라 (16)과 같은 자연 집단(natural class)을 찾아낼 수 있는데 이는 실제 언어에서 SUBJ와 OBJ$_\theta$가 함께 행동하는 일이 없고 OBJ$_\theta$는 다른 기능들과 매우 다른 성격을 보인다는 점들을 잘 보여 준다.

(15) SUBJ   [−r, −o]   OBL$_\theta$ [+r, −o]
      OBJ   [−r, +o]   OBJ$_\theta$ [+r, +o]

(16) [−r] = SUBJ, OBJ   [−o] = SUBJ, OBL$_\theta$
      [+r] = OBJ$_\theta$, OBL$_\theta$ [+o] = OBJ, OBJ$_\theta$

논항 구조의 의미역들은 몇가지 원리에 따라 위의 네 가지 자질 값을 점진적으로 부여받게 되고 최종적으로 자신에게 부여된 자질의 합에 의해 그 문법 기능이 결정된다. 원리는 (a) 내재적 분류(intrinsic classifications), (b) 어휘 형태 조작(morpholexical operations), (c) 무표적 분류(default classifications)의 세 가지 종류로 나누어지며, 이들은 순서대로 적용되는데 이 때 각각의 원리들은 통사적 자질들을 첨가할 수만 있지 이미 주어진 자질들을 삭제하거나 바꿀 수는 없다. 이는 음운론에서 소리의 자질들이 최소한만 잠재표시(underspecification)되었다가 점진적으로 더해져 모든 자질이 다 표시된 형태가 되는 것(fully specified)과 동일한 원리이다.

첫째, 내재적 분류란 어떤 의미역이 내재적 의미 때문에 자동적으로 연결되는 문법 기능으로서의 특성을 부여받는 것을 가리키므로, 의미와 통사 사이의 전형적(canonical)이고 보편적인 관계를 나타낸다. 예를 들어 Agent 기호화 원리(Agent encoding principle)는 Agent는 목적어로 표현되는 경우가 없고 늘 주어나 사격어로만 표현된다는 일반화를 원리로 표현한 것이며, Theme/Patient 기호화 원리(Theme/Patient encoding principle)도 Theme/Patient는 주어나 목적어처럼 의미역이 한정되어 있지 않은 기능으로만 실현된다는 사실을 표현하는 것이다.

(17) a. Agent 기호화 원리   b. Theme/Patient 기호화 원리

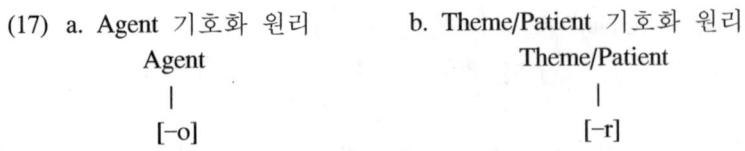

이런 원리는 소위 비대격성(unaccusativity)을 쉽게 설명한다. 비대격성은 일부 자동사의 단일 논항이 의미적으로는 목적어의 역할을 하나 표면 구조 상에서는 주어의 역할을 하는 경우를 일컫는다. 따라서 변형을 가정하는 통사이론에서는 명사구가 목적어 위치에서 주어로 이동하였다고 설명하는데 LFG는 이를 의미역으로 설명한다. 즉, 그런 논항은 의미상 Theme이므로 (17b)에 의해 [-r]의 자질을 할당받고 그것이 주어로 실현되는 경우라는 것이다. 다른 구문에서도 타동사의 목적어와 비대격성 자동사의 주어가 같이 행동하는 경우가 있는데 이것은 의미적으로 이들이 모두 Theme이기 때문이다. (Bresnan and Zaenen 1990)

(18) a. John arrived.
     b. arrive   < Theme >
                                |
                              [-r]

둘째, 어휘 형태 조작은 Chomsky의 문법에서 주로 변형이 담당하는 부분으로 LFG를 Chomsky 이론과 가장 구별짓는 부분이라고 할 수 있다. 이 조작은 술어에 어떤 형태소가 더해졌을 때 술어 원형의 논항 구조에 의미역을 더하거나 억제(supress)할 수 있는데, 예를 들어 수동접사가 하는 일은 술어의 논항 구조에서 가장 높은 의미역이 논항으로 실현되지 못하도록 억제하는 것이다. 형태소가 풍부하지 않은 영어에서는 이로 인해 설명되는 현상이 많지 않으나 다른 언어들에서는 의미역 첨가 구문(Applicative Construction), 사동구문, 복합술어(complex predication) 등을 흥미롭게 설명해 낸다. 우리말의 '-이/히/리/기'와 같은 접미사에 의한 수동이나 사동도 어휘 형태 조작으로 설명할 수 있다.

(19) 수동태: 0^
              |
              ∅

셋째, 마지막에 적용되는 무표적 분류 원리는 위계성에 기초하여 할당되는 값으로 술어의 논항 구조에서 가장 높은 논항이 주어가 되고 다른 논항들은 주어가 될 수 없다는 일반화를 표현하는 것이다.

(20) <   0   (...)   0   (...) >
         [-r]   [+r]

마지막으로 이런 원리들이 차례대로 적용된 후에 결과물로 나온 어휘 형태가 적정형인가를 다음 두 가지 정형성 조건(Well-formedness Condition)에 의해 점검한다.

(21) 주어 조건(Subject Condition)
     모든 어휘 형태는 하나의 주어를 가져야 한다.

(22) 기능-논항 유일성 조건(Function-Argument Biuniqueness Condition)
     모든 어휘 형태에서 각각의 의미역은 단일한 문법 기능과 연결되어야 하며 각각의 문법 기능도 단일한 의미역과 연결되어야 한다.

한 예로 put이라는 동사가 어떤 하위범주화 정보를 갖게 되는지 살펴보자. put은 세 논항이 내재적 분류에 따라 자질을 부여받은 후, 논항 구조의 변형을 유도하는 접사는 붙지 않았으므로 어휘 형태 조작의 적용을 받지 않는다. 무표적 분류원리가 적용될 때 Theme에는 내재적 분류에 따라 [-r] 자질이 이미 부여되어 있으므로 이와 모순을 일으키는 [+r] 자질은 부여되지 못한다. 결과적으로 (15)에 따라 Agent는 주어와, Loc는 사격어와 연결되며 Theme은 [-r] 만이 결정된 상태에서 주어나 목적어 어느 것과도 연결될 수 있으나 실제로는 목적어로만 실현이 된다. 왜냐하면 Theme과 Agent가 둘 다 주어로 실현되면 (21)의 주어 조건을 위반하게 되고, 이를 피하기 위해 Theme이 주어로 실현되고 Agent는 아무 문법 기능과도 연결되지 않으면 (22)의 기능-논항 유일성 원리를 위반하게 되기 때문이다.

(23) put   < Ag   Th   Loc >
     IC   -o   -r   -o
     MO   (적용 안 됨)
     DC   -r   +r
     ─────────────────────────────────
                S   S/O   OBL$_\theta$

1.3.4 범주 구조

LFG는 범주 구조의 관점에서 언어를 크게 두 가지로 분류한다. 위에서 논의하였듯이 범주 구조가 내심성(endocentricity)을 준수하는 영어 유형의 형상 언어와 어휘 중심성(lexocentricity)에 따르는 Walpiri 유형의 비형상 언어가 그것이다. 비형상 언어에는 (24)처럼 비위계적(flat)이며 외심성(excocentricity)을 준수하는 구절구조 규칙이 적용되며 이런 범주 구조와 기능 구조 간의 사상은 격이나 일치 접사와 같은 형태소에 의해 결정된다.

(24) S → C*

여기에서는 형상 언어에 초점을 맞춰 살펴보기로 한다. Bresnan(1997, 10-20)의 확대 X′ 이론(Extended X′ Theory)은 첫째, 모든 X 범주를 어휘 범주로 다룬다. I나 C 같은 문법 범주들(functional categories)도 절의 종류나 한정성(finiteness) 등을 표시하는 어휘의 특별한 하위부류로 간주

되므로 어떤 성분도 I나 C로 이동하는 것이 아니고 기저생성(base-generated) 된다. 둘째, 비도출적(nonderivational)이다. 이동의 개념은 범주 구조 상에서 상이한 위치를 차지하는 성분들이 동일한 기능 구조에 조응되는 것으로 설명한다. 셋째, S라는 외심성 범주를 가정하여 형상 구조와 비형상 구조 양쪽을 설명할 수 있는 가능성을 열어놓았는데 이에 대해서는 아래에서 상술하겠다.

LFG가 가정하고 있는 Jackendoff(1977)의 X′ 이론은 널리 알려져 있듯이 내심성 구조를 설명하는 범주 구조 이론으로 각각의 범주는 다음과 같이 두 개의 자질로 분해되고 세 가지 유형으로 구분된다.

(25) "술어적(predicative)" "타동적(transitive)"

V	+	+	동사(verbal)
P	−	+	전/후치사(pre-postpositional)
N	−	−	명사(nominal)
A	+	−	형용사(adjectival)

(26) 유형: 0   1   2

	V	V′	V″ (VP)
	P	P′	P″ (PP)
	N	N′	N″ (NP)
	A	A′	A″ (AP)

(25)의 두 개의 자질은 각기 문법 기능인 주어와 목적어와 관계있는 것으로 V와 A는 반드시 주어를 필요로 하고 V와 P는 직접목적어를 보어로 택한다는 일반화를 표현한다. (26)에서 0유형을 어휘 범주, 1과 2의 유형을 투사 범주(projection), 2유형을 최대 투사 범주(maximal projection)라 하며, (27)의 구절구조규칙에서 " , "표시는 두 성분 간에 순서가 없음을 나타낸다.

(27) a. X′ → X⁰, YP
    b. XP → YP, X′

위에서 X⁰를 X′의 그리고 X′를 XP의 핵(head), (27a)의 YP를 보충어(complement), (27b)의 YP를 지정어(specifier)라 하며, 특정한 구와 그것의 핵은 같은 자질을 공유한다. 부가어(Adjuncts)는 범주 구조에서 다음과 같이 표현된다.

(28)

LFG의 확대 X′이론은 이 위에 Hale의 주장을 받아들여 보문자(complementizer), 조동사, 한정사(determiner) 등 문법 범주들도 X′이론으로 설명한다. I⁰는 시상을 나타내는 접사나 조동사를 가리키며 C⁰는 보문자, D⁰는 한정사와 대명사를 포함한다. 이들은 각기 IP, I′, CP, DP의 핵이 된다.

(29) a. F⁰: I⁰, C⁰, D⁰
    b. L⁰: N⁰, V⁰, A⁰, P⁰

LFG에서는 문법 범주나 어휘 범주 모두 X⁰에는 형태적으로 완결된 단어(words)만이 속한다. 따라서 영어에서 I⁰는 is, do, must, C⁰는 that, if, D⁰는 the 등을 가리키고, 접사나 음성으로 실현되지 않는 형태 자질들은 X⁰가 될 수 없다. I와 V는 언어에 따라 그 분류가 다를 수 있는데 LFG는 영어와 불어의 여러 현상들을 고려해 볼 때 영어의 경우 한정동사는 V, 한정조동사는 F에 속하나, 불어는 한정동사, 조동사가 모두 F에 속한다고 주장한다. (Bresnan 1997a, 53)

(30) a. 영어: verb$_{finite\ aux}$ ∈ F
    verb$_{fin}$ ∈ V
  b. 불어: verb$_{fin}$ ∈ F

이 외에 **LFG**의 확대 X′이론은 외심성 범주인 S를 유지한다. 이에 따라 영어의 범주 구조는 여러 가지 가능성을 갖게 되는데 Bresnan(1997a)의 1996년판(15-18)의 단순화된 논리에 의하면 한정동사만 나오는 문장의 경우 S와 VP를 가정하는가 아닌가에 따라 (31)의 대표적인 세 개의 구조가 가능할 것이다.

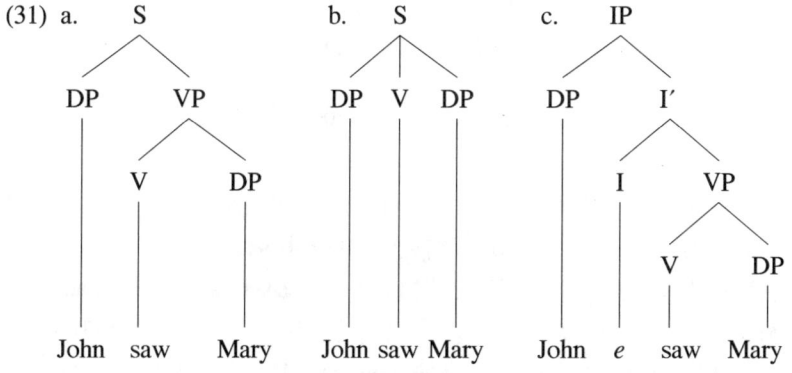

LFG는 최적이론의 틀 내에서 이들이 모두 영어에서 가능한 후보들(candidates)인데 제약(constraints)에 의해 이들 중 하나가 최적의 범주 구조로 선택되는 것으로 분석한다. 제약들 간의 순위(ranking)가 다른 언어에서는 물론 최적의 범주 구조도 달라지며, 이런 분석은 언어마다 그리고 한 언어 내에서도 구문마다 다른 범주 구조의 가능성을 열어놓는다. 위에서는 (31a)가 영어를 위한 최적의 범주 구조가 되는데, 언어 유형상 영어는 내심성이 매우 강한 언어이므로 **VP**가 필수적이며 또한 **LFG**에서는 모든 투사범주가 어휘핵을 가져야 하므로 이런 제약들을 위반하는 (31b)나 (31c)는 제외된다. 그러나 한정조동사가 나오는 문장의 최적 구조는 이와 다르다. (32a)와 같은 문장의 경우 (31c)와 달리 한정조동사가 I의 어휘핵이 되므로 외심성 범주인 S를 도입할 필요가 없기 때문이다. 그러나 앞으로의 설명에서 범주 구조는 논의의 초점이 아닌 한 간략하게 표시하겠다.

(32) a. I was reading a book.
    b.
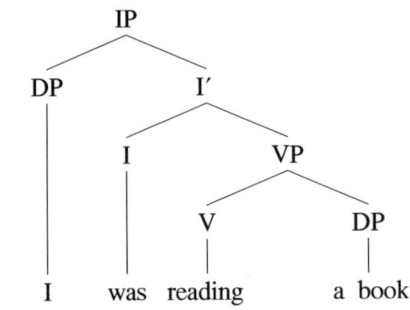

범주 구조 상의 각각의 범주는 어휘와 마찬가지로 기능 구조를 형성하기 위한 정보들을 지니고 있고 이런 정보들이 어떤 식으로 기능 구조에 나타날 것인가를 보여주는 기능 도식(functional schemata)의 꼬리표(annotation)를 달고 있다. 우선 LFG의 기능 구조에 표상되는 기능들은 (33)과 같다. (33)은 탁월성 위계(prominence hierarchy)에 따라 기능들을 배열한 것으로 논항과 비논항이 모두 포함되고 이들 간의 순서는 여러 현상을 설명하는 데 중요한 역할을 한다. 특히 영어에서 SUBJ는 논항이면서 무표적 TOP으로 해석되어 영어의 문장과 담화를 설명할 때 특별한 위치를 점하게 된다.

(33)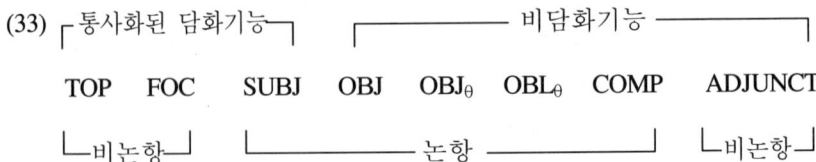

범주와 기능 도식을 연결할 때 초기 LFG이론에서는 (34)와 같이 개개의 범주에 따른 구절구조 규칙을 별도로 제시하고 그에 따라 기능 도식이 자동적으로 부여되는 것으로 보았는데 이는 사실 규정에 지나지 않는다.

(34) VP → V   DP
        ↑ = ↓ (↑OBJ) = ↓

최근 이론에서는 구절구조 규칙은 (27)로만 제한하고 아래와 같이 범주 구조와 기능 구조를 연결하는 일반적이고 언어 보편적인 원리를 제시한다.

(35) 내심성 구조-기능 연결 원리(Endocentric Structure-Function Association)
   a. 범주 구조의 핵은 기능 구조의 핵이 된다.
   b. 문법 범주의 보충어는 기능 구조의 공동핵이 된다.
   c. 어휘 범주의 보충어는 기능 구조의 보충어가 된다.
   d. 문법 범주의 지정어는 통사화된 담화기능이 된다.
   e. 어휘 범주의 지정어는 부가어의 한 부류가 된다.
   f. 최대 투사범주에 부가된 성분들은 비논항이 된다.

(27)과 (35)가 주어지면 언어 별로 그리고 한 언어 내에서도 구문 별로 특수한 범주 구조나 연결 원리는 필요가 없어진다. 각 언어에서는 핵이 구구조의 어느 쪽에 위치하는가, I′이 VP와 S 중 어느 쪽을 관할(dominate)하는가, 문법구(Functional Phrase)의 지정어는 무엇이 되는가 등만 매개변인으로 지정해 주면 된다. 간단한 예로 (32b)의 범주 구조에 (35)를 적용하여 보자. 우선 (35a)는 X^n의 기능 구조가 X^{n+1}의 기능 구조와 같음을 의미한다. 이를 ↑=↓라고 표현하는데 여기서 화살표는 기능 구조를 가리키며 화살표의 방향은 ↑는 엄마절점을, ↓는 자신의 절점을 가리킨다. 따라서 ↑=↓는 나의 엄마절점의 기능 구조는 나 자신의 기능 구조와 동일함을 의미한다. (35a)에 따라 I′, I, V에 이 기능 도식이 부여된다. (35b)는 범주 구조에서 문법 범주의 보충어와 핵이 기능 구조에서

똑같은 핵이 되게 하는 효과를 갖는다. 이는 **LFG**에서 범주 구조와 기능 구조가 상호 독립적이며 따라서 구조 간의 불일치가 얼마든지 가능하다는 개념화의 대표적 예로서, 문법 범주에서 F^0 성분과 그들의 보충어 간의 관계는 어휘 범주와 달라 술어와 논항 간의 관계가 아님을 의미한다. 이에 따라 **VP** 절점은 자신의 핵과 같이 ↑=↓라는 기능 도식을 부여받아 기능 구조 상에서 공동핵이 되며 이는 **Chomsky** 이론에서 핵 이동 (head movement)과 같은 효과를 발생시킨다. (35a)와 (35b)에 의해 기능 도식이 부여된 구조가 (36)이다.

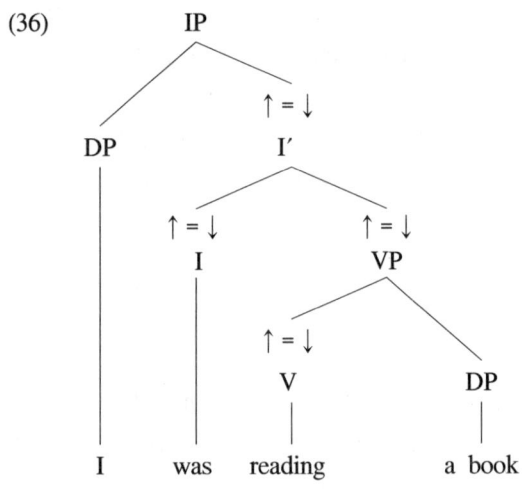

(35c)는 어휘 범주 투사의 보충어가 기능 구조에서 보충어인 OBJ, OBJ_θ, OBL_θ, COMPL 등이 되게 한다. 이 중 어떤 보충어가 되는가는 어휘에 따라 다른데 (36)에는 동사의 하위범주화 정보에 따라 V 절점의 보충어인 DP에 (↑OBJ) = ↓라는 기능 도식이 부여된다. (35d)는 FP가 관할하는 문법 범주의 지정어를 TOP, FOC, SUBJ 등과 연결시킨다. 이때 정확히 어떤 기능과 연결되는가는 언어마다 다른데 영어의 경우 IP의 지정어는 항상 SUBJ가 된다. (36)에 (35c)와 (35d)를 표현하면 아래와 같

이 꼬리표 붙은 범주 구조(annotated c-structure)가 완성된다.

(37)
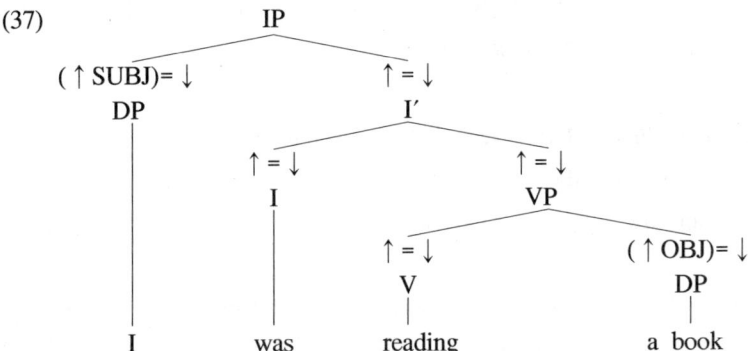

(35f)는 (38)과 같은 화제 구문(Topic Construction)에서 IP의 부가어인 DP가 비논항기능인 TOP, FOC, ADJUNCT 중 하나와 연결되어야 함을 의미하는데 이 중 정확한 기능을 선택하는 일은 의미 해석 등 여러 가지 고려를 통해 이루어진다. (38)에서는 TOP으로 해석되므로 (↑TOP)=↓ 라는 기능 도식을 부여받게 된다.

(38) a. The book, I was reading
b.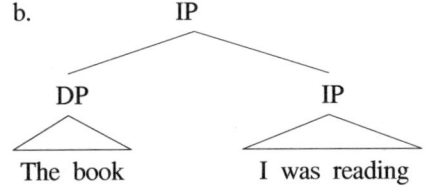

1.3.5 기능 구조

기능 구조에 대한 상세한 논의를 시작하기 전에 우선 왜 다른 이론에는 없는 기능 구조가 필요한지를 다시 생각해 보자. 물론 도입부에서 설명하였듯이 LFG는 다양한 언어들이 공유하는 것은 통사 범주가 아니라 의미와 문법 기능에 대한 정보라고 보기 때문이다. Dutch에 나타나는 종속 관계의 연쇄적 교차현상(cross-serial dependencies)이 이를 잘 보여준다. (Horrocks 1987, 305-306)

(39) Jan Piet Marie zag helpen zwemmen.
　　　Jan Piet Marie saw help　 swim
　　　'Jan saw Piet help Marie swim.'

표면 구조가 의미를 거의 반영하지 못하는 (39)를 범주 구조 만으로 설명하기 위해서는 (40a)처럼 술어와 논항관계를 보여주는 구조와 (40b)와 같이 표면 구조를 반영하는 구조, 최소한 두 가지의 범주 구조가 필요할 것이다. 그러나 (40a)로부터 (40b)식의 표면 구조를 도출하는 것은 이론적으로 간단한 작업이 아니다.

(40) a.

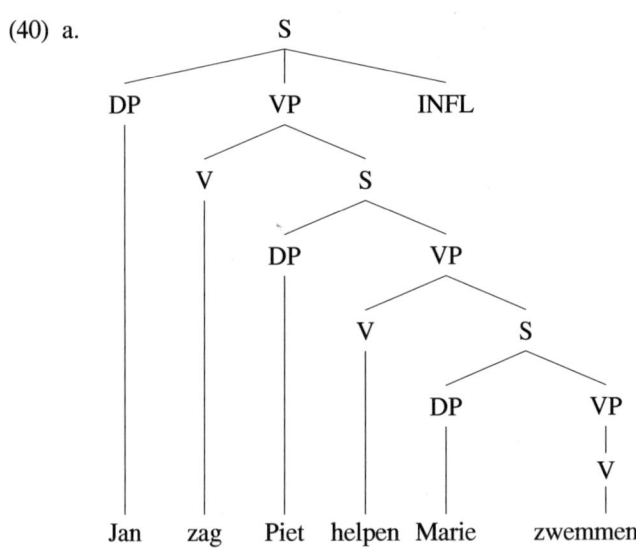

b.

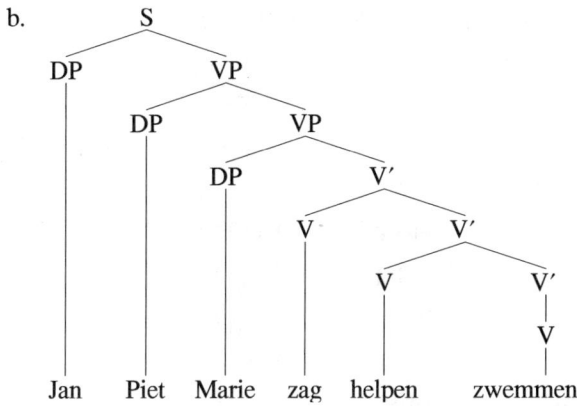

　(40)에서 제기되는 문제의 본질은 의미 관계와 통사관계라는 매우 다른 두 개념을 한 가지의 구조에 표현하려 하는 데 있으며 이 구문처럼 의미와 통사와의 관계가 불투명해질수록 문제는 심화될 것이다. 두 개념을 각기 다른 성격의 구조에 표현하여 이 문제를 해결하려는 것이 LFG의 방안이며 기능 구조가 그 중 하나가 된다. 즉, (39)를 (40b)의 범주 구조와 (41)의 기능 구조를 갖는 것으로 보고, 전자는 표면적인 통사관계를 후자는 술어의 논항 구조와 논항들의 의미 관계를 표상해 주도록 한다. 두 구조는 완전히 독립적이고 상호 도출의 관계에 있지 않으므로 (40)과 같은 문제는 제기되지 않는다.

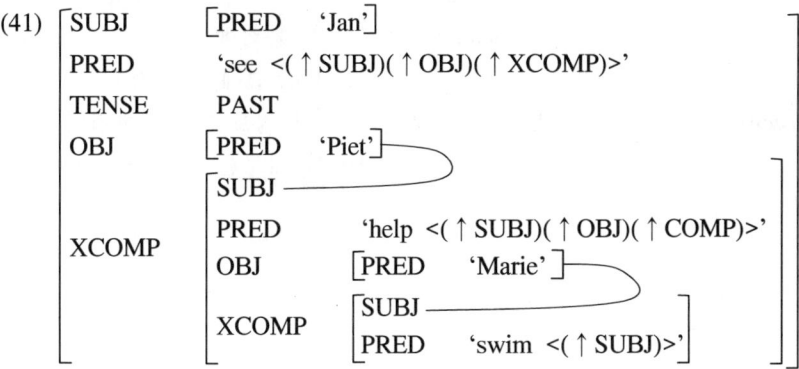

기능 구조는 아래와 같이 어휘부의 어휘와 범주 구조의 각 절점들이 가지고 있는 기능 도식의 조합이다.

(42) a. John eats an apple.
　　 b. 기능 구조

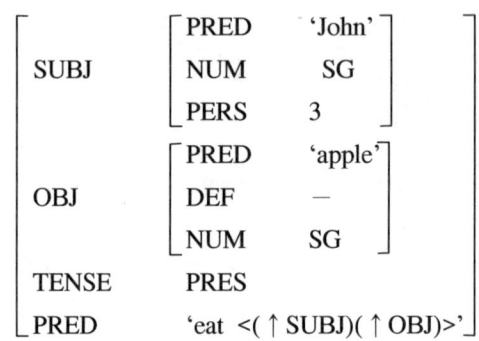

기능 구조는 수학적 함수(function)의 형식을 취하여 속성(attribute)과 값(value)의 쌍으로 되어 있다. 기능 구조라는 이름이 이 구조의 두 가지 특징 — 문법 기능에 대한 표상이자 수학적 함수의 형식 — 을 잘 보여준다. 속성의 집합에는 SUBJ, TENSE, PRED, DEF 등의 기호들이 속하고, 값은 다양하게 기호(예: SG), 의미(예: 'apple'), 또는 기능 구조(예: (42b)에서 SUBJ와 OBJ의 값) 등이 될 수 있다. (42b)의 SUBJ의 값을 보면 세 가지 속성이 하나의 기능 구조로 묶여 있는데 이는 정확히 말하면 세 개의 기능 구조가 통합(unification)된 것이다. 통합에 의해 정보가 합쳐질 수록 (43)처럼 속성의 수는 더 많아지고 내용 면에서는 점점 더 특정적(specific)으로 된다. 통합은 이미 주어져 있던 정보를 삭제하거나 변화시킬 수는 없고 그것과 모순되지 않는 한에서 새로운 정보를 첨가하는 것만 허용한다.

(43)
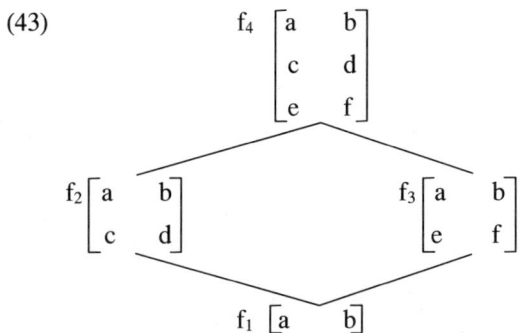

　　기능 구조도 논항 구조처럼 완성된 후 세 가지 조건에 의해 적형성을 점검받는다.

(44) 함수 유일성 조건(Functional Uniqueness Condition)
　　　모든 기능 구조 상에서 하나의 속성은 하나의 값만을 갖는다.

(45) 완결성 조건(Completeness Condition)
　　　기능 구조는 그것의 술어가 요구하는 모든 기능들을 포함하고 있을 때에만 국지적으로 완결성이 있다. 자신에게 종속되는 모든 기능 구조들이 완결성이 있을 때에만 전체 기능 구조는 완결성이 있다.

(46) 정합성 조건(Coherence Condition)
　　　기능 구조는 그것에 속하는 모든 논항 기능들이 술어에 의해 요구될 때에만 국지적으로 정합성이 있다. 자신에게 종속되는 모든 기능 구조들이 정합성이 있을 때에만 전체 기능 구조는 정합성이 있다.

　　(44)는 함수의 특성에서 비롯된 조건으로 (47a, b)는 허용하고 (47c)는 허용하지 않는다. '*John eats an apple a banana.'라는 문장은 비문법적인

데 'eat' 라는 술어의 OBJ 속성이 두 개의 값을 갖게 되기 때문이다.

(47) a. $att_1 \rightarrow val_1$ b. $att_1 \searrow val_1 \atop att_2 \nearrow$ c. * $att_1 \nearrow val_1 \atop \searrow val_2$ $(val_2 \neq val_2)$

    (45)는 (42b)에서 'eat'라는 술어가 SUBJ와 OBJ 두 기능을 요구하므로 이 두 기능이 기능 구조 내에 포함되어야 한다는 것으로 '*John eats'나 '*eat an apple'이라는 문장의 비문법성을 설명한다. (46)은 (42b)가 SUBJ와 OBJ 두 논항 기능을 포함하고 있는데 이들이 술어의 속성 값에도 명시되어 있을 때에만 문장이 정문이라는 것이다. 예를 들어 '*John works an apple' 같은 문장의 기능 구조는 (48)에 보듯이 SUBJ와 OBJ 두 개의 논항을 포함하는데 술어의 기능 구조에는 SUBJ만이 요구되고 있으므로 정합성 조건에 위배된다. (46)은 확대 정합성 조건(Extended Coherence Condition)으로 넓게 적용되기도 하는데 이는 논항 기능 이외에 다른 통사적 기능들도 기능 구조 내에서 적절한 방식에 의해 요구되어야 함을 의미한다. 예를 들어 사격어는 PRED를 포함하는 기능 구조 내에 포함되어 있어야 되며 TOP이나 FOC같은 담화 기능들은 정합성 조건에 맞는 비담화 기능들과 동일하거나 연결되어 있어야만 확대 정합성 조건에 위배되지 않는다.

(48)
$$\begin{bmatrix} \text{SUBJ} & \begin{bmatrix} \text{PRED} & \text{'John'} \\ \text{NUM} & \text{SG} \\ \text{PERS} & 3 \end{bmatrix} \\ \text{OBJ} & \begin{bmatrix} \text{PRED} & \text{'apple'} \\ \text{DEF} & - \\ \text{NUM} & \text{SG} \end{bmatrix} \\ \text{TENSE} & \text{PRES} \\ \text{PRED} & \text{'work} <(\uparrow \text{SUBJ})>\text{'} \end{bmatrix}$$

범주 구조와 기능 구조가 어떻게 사상(mapping)되는지 구체적으로 살펴보자. 두 구조의 사상에 있어 가장 중요한 원리는 부분 구조 간의 국지적 공동기술(local co-description of partial structures)이라는 점이다. 즉, 범주 구조 전체와 기능 구조 전체 간의 관계가 아니라 범주 구조 상의 각 절점과 기능 구조 하나씩과의 관계를 규정해 주는 것이다. 또한 전자와 후자 간에 다 대 일(many-to-one) 대응이 가능하다는 것도 중요하다. 그런 이론화를 통해 구조 간의 괄호 매김(bracketing)이 다른 것을 쉽게 설명하기 때문이다.

　사상은 다르게 표현하면 기능 도식의 꼬리표가 붙은 범주 구조로부터 기능 구조의 형태로 정보를 모으는 것인데 LFG는 이를 위해 세 단계의 풀이규칙(solution algorithm)을 제시한다. (Bresnan in press, 49) 첫 단계는 꼬리표 붙이기(annotation)로 이미 위의 (35)-(38)을 통해 그 원리에 대해 논의한 바 있다. (35)의 보편적 원리에 따라 (49)와 같이 기능 도식이 표시된 단순한 문장의 범주 구조를 생각해 보자. 이 도식이 하는 일은 범주 구조의 한 부분과 기능 구조의 한 부분을 쌍으로 하여 기능에 대한 정보를 공동으로 부여하는 것이다.

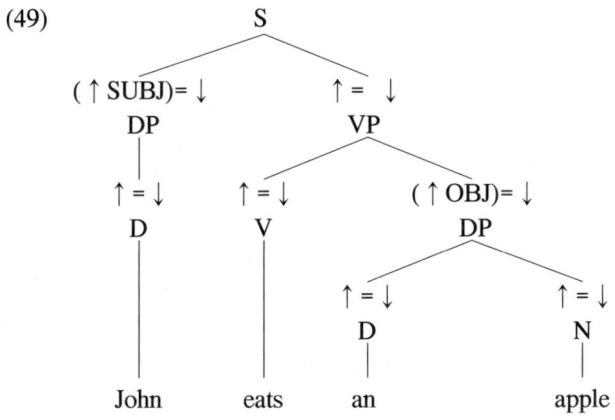

여기에 각 어휘가 지니고 있는 기능 도식을 첨가하면 (50)과 같다.

(50)

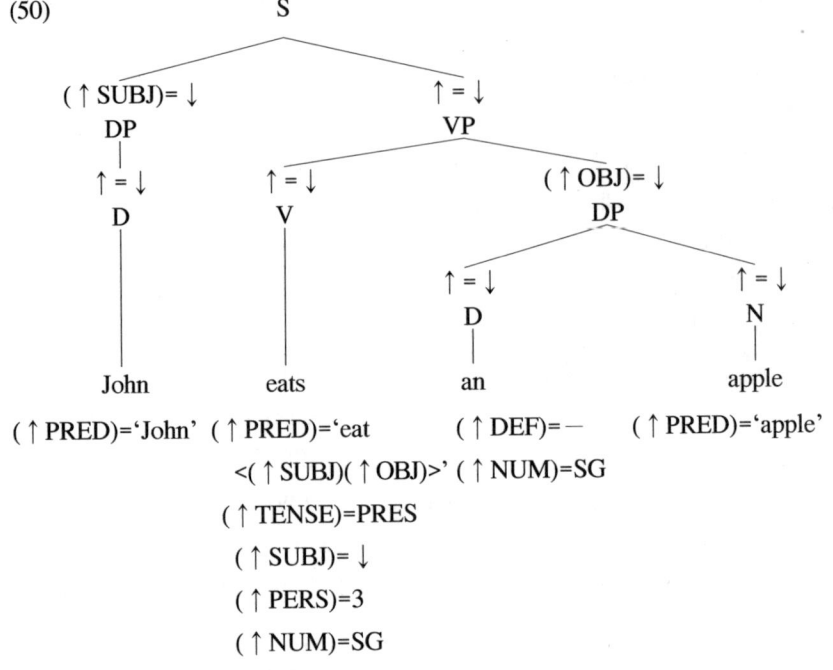

기능 도식에는 크게 두 가지 종류가 있다. 하나는 정의 등식(defining equation)으로 (50)에 주어진 등식들처럼 어떤 등식이 표현하는 내용이 존재해야 함을 의미하는 등식이다. 예를 들어 '(↑SUBJ)=↓'란 등식은 나의 엄마 절점의 기능 구조의 주어로 내가 있어야 함을 의미한다. 또는 '(↑CASE) = ACC' 라는 등식은 엄마 절점의 기능 구조의 격은 대격이라고 정의를 하는 것으로 소위 내재격(inherent case)으로 격이 고유하게 주어지는 명사에 이런 등식이 주어질 것이다. 이와는 달리 동사로부터 격을 부여받는 명사를 생각해 보자. 이 때는 격이 명사 자체의 자질이 아니라 그 격을 인허하는 동사로부터 주어지므로 명사가 어떤 격을 가져야 한다는 것이 격을 주는 적절한 동사가 있을 때에만 의미가 있다. 이런 등식을 조건 등식(constraining equation)이라 하고 (51)과 같이 표현한다. 이런 등식이 명사에 있으면 이 격을 인허하는 동사가 반드시 존재해야 함을 조건화한다고 할 수 있다.

(51)   (↑CASE) = $_c$ ACC

둘째는 구체화(instantiation) 단계로 (50)의 각 화살표를 구체적인 함수 번호로 바꾸는 것이다. 우선 S, DP, VP 등에 f_1, f_2 순서로 구체적인 함수 번호를 주고 그 뒤에는 각 화살표를 위에서 언급한 대로 ↑는 나의 엄마 절점의 함수번호, ↓는 나 자신의 함수번호로 바꾸어 준다. 이런 결과를 기능 기술(functional description)이라 부른다.

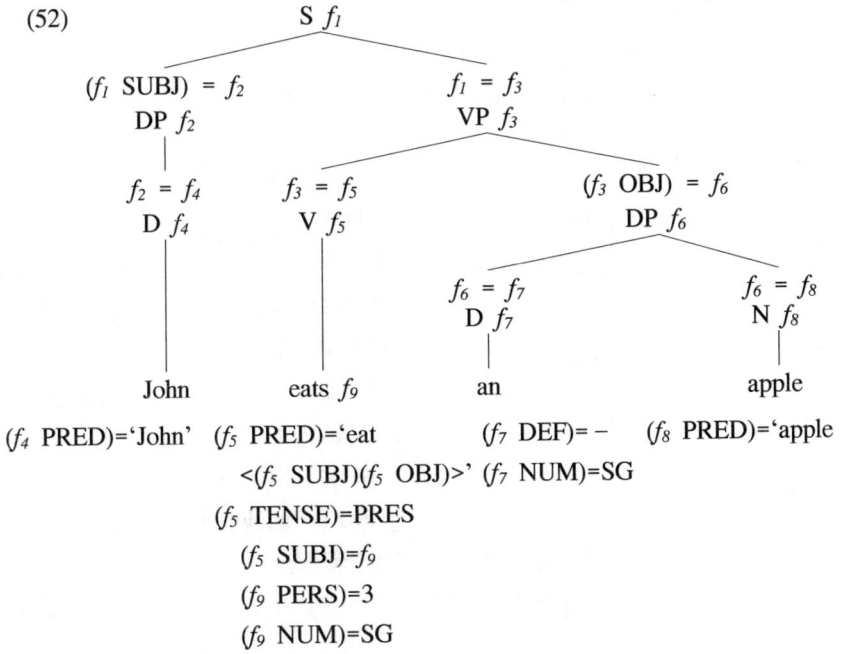

셋째 단계는 이런 기능 기술을 만족시키는 최소(minimal)의 기능 구조를 구축하는 것으로 함수 유일성 조건을 위배하지 않으면서 위의 모든 등식을 만족시켜야 한다. 위의 기능 기술이 국지적인 원칙에 따라 주어

진 것이므로 어떤 순서로 위의 등식들을 정리해도 관계없으나 위에서부터 내려오는 방식으로 해 보자. 우선 f_2 명사구의 기능 기술로부터 (53a)의 기능 구조를 구축할 수 있다. 여기에 f_3, f_5에 대한 기능 기술이 첨가되고 f_4, f_9에 대한 기술도 단계대로 첨가되면 (53d)가 완성이 된다. OBJ와 관련된 기능 기술을 모아보면 (53e)가 되며 여기에 어휘들이 지니고 있는 구체적인 기능 기술을 함수번호에 맞춰 첨가해 주면 (53g)와 같은 우리가 원하는 기능 구조가 완성된다.

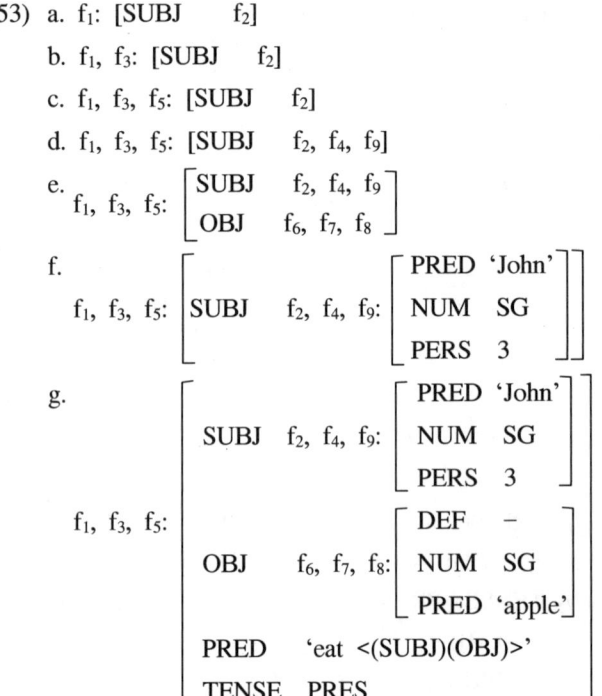

(53) a. f_1: [SUBJ f_2]
　　 b. f_1, f_3: [SUBJ f_2]
　　 c. f_1, f_3, f_5: [SUBJ f_2]
　　 d. f_1, f_3, f_5: [SUBJ f_2, f_4, f_9]
　　 e. f_1, f_3, f_5: $\begin{bmatrix} \text{SUBJ} & f_2, f_4, f_9 \\ \text{OBJ} & f_6, f_7, f_8 \end{bmatrix}$
　　 f. f_1, f_3, f_5: $\begin{bmatrix} \text{SUBJ} & f_2, f_4, f_9: \begin{bmatrix} \text{PRED 'John'} \\ \text{NUM SG} \\ \text{PERS 3} \end{bmatrix} \end{bmatrix}$
　　 g. f_1, f_3, f_5: $\begin{bmatrix} \text{SUBJ} & f_2, f_4, f_9: \begin{bmatrix} \text{PRED 'John'} \\ \text{NUM SG} \\ \text{PERS 3} \end{bmatrix} \\ \text{OBJ} & f_6, f_7, f_8: \begin{bmatrix} \text{DEF } - \\ \text{NUM SG} \\ \text{PRED 'apple'} \end{bmatrix} \\ \text{PRED} & \text{'eat <(SUBJ)(OBJ)>'} \\ \text{TENSE} & \text{PRES} \end{bmatrix}$

1.3.6 결론

위에서 살펴본 LFG의 세 가지 구조는 세 가지 일반적인 원리에 따른다. (Bresnan in press, 34-36) 언어마다 외적인 범주 구조는 다양하게 나타난다는 일반화가 다양성 원리이며, 모든 언어가 내적인 기능 구조는 대체로 동일하다는 관찰이 보편성 원리이다. 일관성 원리는 범주 구조와 기능 구조 간의 조응관계가 수학적으로 일관된다는 것으로 부분에서 전체에 대한 정보를 이끌어 낼 때 기존의 정보를 보존하면서 정보량이 점진적으로 확대됨을 가리킨다.

(54) a. 다양성 원리(Variability Principle)
 b. 보편성 원리(Universality Principle)
 c. 일관성 원리(Monotonicity Principle)

이런 원리들에 기초한 LFG의 중요한 이론적 속성은 다음과 같다. 첫째, 실제 언어들을 살펴보면 문법 기능이 변화하는 예가 많이 발견되는데 예를 들어 (55a)에서 "the child"는 목적어인데 (55b)의 수동태 문장에서는 주어로 표현된다.

(55) a. Mary kissed the child.
 b. The child was kissed by Mary.

이것은 얼핏보면 문법 기능에 관한 정보를 삭제하거나 바꿀 수 없다는 일관성 원리와 배치되는 것으로 보이나 일관성 원리가 의미하는 바는 범주 구조와 기능 구조의 사상 단계에서 즉, 문장 단위에서는 문법 기능이 변화하지 않는다는 것이다. 문법 기능의 변화는 1.3.3에서 설명한 대로 어휘부에서 논항 구조의 의미역을 억제, 첨가, 결속하는 등의 작용을 통해 일어난다. 이를 직접적 통사기호화 원리(The Principle of Direct Syntactic Encoding)라 하는데 이 원리는 문법 기능의 변화는 어휘부가 담당하고 통사부는 결정된 문법 기능을 보존하는 역할을 한다는 LFG의 기본적인 가정을 표현한다.

(56) 직접적 통사기호화 원리

모든 문법 기능의 변화는 어휘적 현상이다.

둘째, 일관성 원리에 의해 언어의 단편성(fragmentability)을 쉽게 설명할 수 있는데, 단편성이란 완전한 문장 뿐만 아니라 자의적인 문장의 단편들도 쉽게 이해가 되며 불완전한 단편들이 실제 담화에 많이 이용된다는 것이다. 예로 *seems to*의 각 구조를 살펴보자. (Bresnan in press, 75-77)

(57) a. . . . seems to . . .
b. 기능 구조

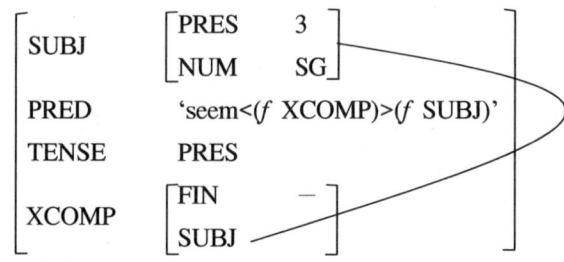

c. 범주 구조

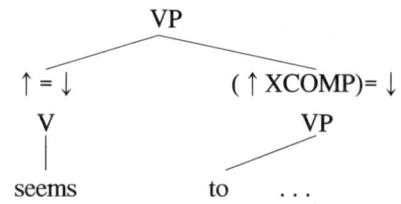

d. 어휘부

seem	(↑ PRED) = 'seem <(↑ XCOMP)>(↑ SUBJ)'
	(↑ SUBJ) = (↑ XCOMP SUBJ)
–s	(↑ TENSE) = PRES
	(↑ SUBJ) = ↓
	(↑ PERS) = 3
	(↑ NUM) = SG
to	(↑ FIN) = —

seems to 라는 단편의 범주 구조와 어휘목록은 (57c, d)처럼 불완전하고 하나의 독립적인 성분을 이루지도 못하나 (57b)에 주어진 대로 완전한 문장의 기능 구조의 전체적인 골격을 결정한다. 다음과 같이 완전한 문장의 기능 구조와 비교해 보자.

(58) a. He seems to agree.

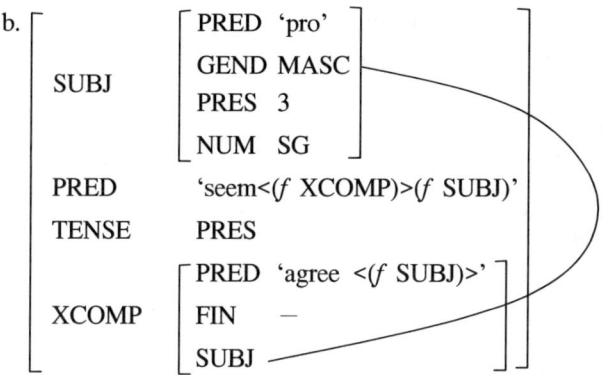

(58)은 (57a)에 주어와 보문절에 관한 몇 가지 정보를 첨가했을 뿐이다. 따라서 우리가 일상회화에서 (59)와 같은 대화를 많이 발견하는 것은 단편적인 언어표현이 오히려 정보의 중복없이 요구되는 정보를 모두 전달하기 때문이다. (Bresnan in press, 77)

(59) A: And he agrees?
    B: seems to.

셋째, 위에서 보았듯이 문법 기능과 범주 구조의 독립에 의해 같은 종류의 기능 기술이 언어에 따라 단어 형태와 범주 구조에 다양한 방식으로 배치될(localized) 수 있게 함으로써 비형상 언어를 쉽게 설명한다. 또한 언어 내에서도 기능 구조 상의 특정 성분에 대한 기능 기술을 형태소와 범주 구조에 동시에 표현함으로써 기능 구조와 범주 구조 사이의 괄호 매김 모순(bracketing paradoxes)을 쉽게 설명하는데 영어의 주어에 관한 정보가 그 좋은 예가 된다.

(60) a. 어휘부
    -s: (↑TENSE) = PRES
        (↑SUBJ) = ↓
            (↑PERS) = 3
            (↑NUM) = SG
  b. 범주 구조

         S
        ╱
 (↑SUBJ) = ↓
      NP

넷째, "The boy seems to agree" 같은 문장에서 "the boy"의 단수성이 주어 DP와 동사에 의해 공유되는 현상을 문법이론들은 자질 전달(feature propagation) 등으로 설명해 왔다. LFG는 기본적으로 기능 구조와 범주 구조 사이에 다 대 일(many-to-one)의 사상관계를 허용하므로 (61b)처럼 동일한 기능적 정보가 범주 구조의 여러 곳에 표시되는 것이 이 이론의 자연스러운 예측이다. 두 개의 구조가 상호독립적이므로 국지성(locality)에 대한 제약도 얼마든지 상이할 수 있다. (Bresnan in press, 80)

(61) a.

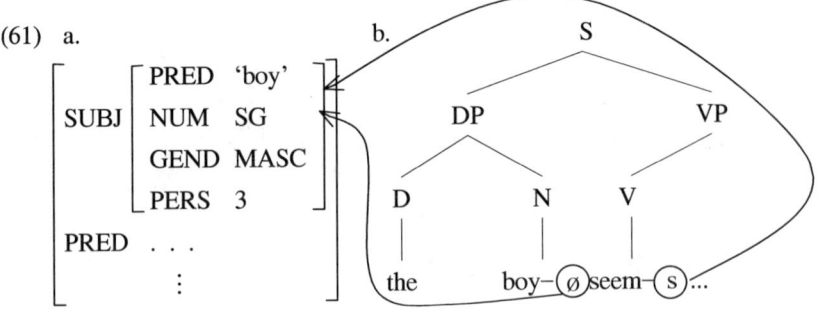

다음 장으로 넘어가기 전에 영어의 'John eats an apple'과 우리말의 '존이 사과를 먹는다'라는 문장을 비교하여 보자. 위에서 이미 보았듯이 영어의 어휘부, 논항 구조, 범주 구조, 기능 구조는 각기 다음과 같다.

(62) 어휘부
    a. John   D   ($\uparrow$ PRED) = 'John'
    b. eat   V   ($\uparrow$ PRED) = 'eat <($\uparrow$ SUBJ)($\uparrow$ OBJ)>'
    c. -s   AF   ($\uparrow$ TENSE) = PRES
                             ($\uparrow$ SUBJ PERS) = SG
                             ($\uparrow$ SUBJ NUM) = 3
    d. an   D   ($\uparrow$ DEF) = −
                             ($\uparrow$ NUM) = SG
    e. apple   N   ($\uparrow$ PRED) = 'apple'

(63) 논항 구조

eat	< Ag	Pat >
IC	-o	-r
MO	(적용 안 됨)	
DC		-r
	S	S/O

(64) 범주 구조

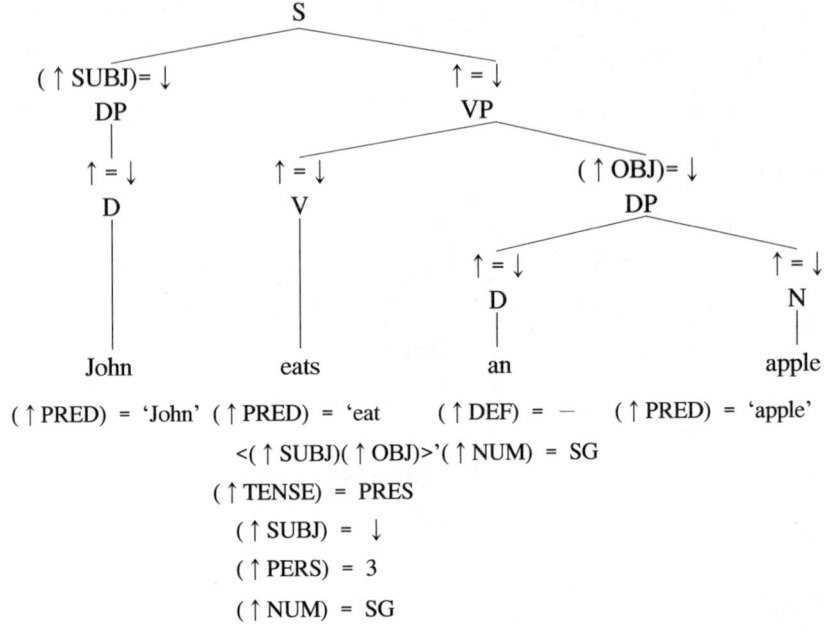

(65) 기능 구조

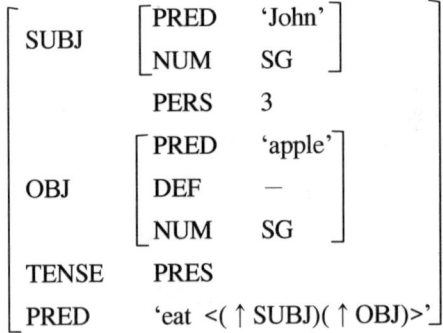

우리말에서 무엇을 단어로 봐야 하는가에 대해서는 긴 논의가 필요하지만 여기에서는 간단하게 조사를 격표지 접미사로, '사과'라는 명사는

그 자체가 비한정적(indefinite) 의미인 것으로 분석하겠다.

(66) 어휘부
    a. 존   D   (↑PRED) = 'John'
    b. -이   AF   (↑SUBJ CASE) = NOM
    c. 먹다   V   (↑PRED) = 'eat <(↑SUBJ)(↑OBJ)>'
    d. -는   AF   (↑TENSE) = PRES
    e. 사과   N   (↑PRED) = 'apple'
                                        (↑DEF) = −
    f. -를   AF   (↑OBJ CASE) = ACC

논항 구조의 의미역 배열은 언어 보편적인 위계에 따르므로 영어와 동일하고 어휘 사상 원리도 이런 기본구문에 한해서는 영어와 동일한 것으로 보인다.

(67) 논항 구조
    먹-   < Ag   Pat >
    IC   −o   −r
    MO   (적용 안 됨)
    DC   −r
    ―――――――――――――――――
                S   S/O

우리말의 범주 구조에서 동사구의 존재를 인정할 것인가도 긴 논의를 필요로 하나, 여기에서는 **LFG**의 주장대로 명사구 간의 뒤섞기(scrambling)에 근거하여 **VP**를 가정하지 않기로 한다. 동사구가 존재한다면 범주 구조에서 주어와 목적어의 내포 정도가 달라지게 되어 여러 가지 비대칭적인 현상이 예측될 뿐 자유로운 어순 바꾸기는 설명하기 어렵기 때문이다.

(68) 범주 구조

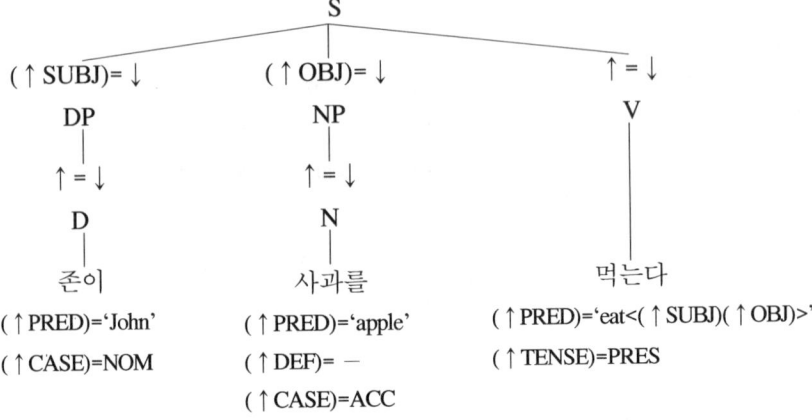

마지막으로 (68)으로부터 도출되는 기능 구조는 다음과 같을 것이다.

(69) 기능 구조

$$\begin{bmatrix} \text{SUBJ} & \begin{bmatrix} \text{PRED} & \text{'John'} \\ \text{CASE} & \text{NOM} \end{bmatrix} \\ \text{OBJ} & \begin{bmatrix} \text{PRED} & \text{'apple'} \\ \text{DEF} & - \\ \text{CASE} & \text{ACC} \end{bmatrix} \\ \text{TENSE} & \text{PRES} \\ \text{PRED} & \text{'eat} <(\uparrow\text{SUBJ})(\uparrow\text{OBJ})>' \end{bmatrix}$$

(62-65)를 (66-69)와 각기 비교해 보면 영어와 우리말이 논항 구조와 기능 구조는 동일함을 알 수 있는데 이 점이 서두에서 밝혔듯이 언어에서 보편적인 것은 의미와 문법 기능이라는 **LFG**의 주장을 반영하는 것이다. 반면 어휘부에서는 의미나 기능에 대한 정보들이 어휘화되는 방식에 차이가 나는데 한 예로 영어에서는 동사에 붙는 접사가 주어에 대한 정보를 많이 포함하나 우리말에서는 그렇지 않다. 또한 명사의 격 정보

가 우리말에서는 조사라는 형태소로 독립되어 있으나 영어에서는 다르다. 범주 구조에서는 우선 어순이 다르고 문장이 어떤 구(phrase)로 형성되는가가 매우 다르다. (66)에서는 '가'와 '를'을 접사로 분석하였으나 만약 그들을 독립품사로 설정해야 할 근거들이 충분히 발견된다면 범주 구조의 모습은 영어와 더 달라질 것이다. 결론적으로 의미와 기능에 관한 정보는 영어와 우리말, 나아가서 모든 언어가 동일하나, 이런 정보를 어휘, 구, 문장 각각의 차원에서 어떻게 구조화하는가는 언어 별로 상이하다는 것이 LFG의 주장이다.

1.4 결론

위에서 LFG 이론의 기본윤곽을 살펴보았다. 각 언어의 구체적인 모습은 다양한 요소들이 독립적으로 작용하여 결정되는 것이라는 인식이 LFG의 가장 큰 특징이다. 이에 근거하여 다양한 요소들을 논항 구조, 기능 구조, 형상 구조 등으로 표상하고 그들 간의 조응 방식의 차이로 다양한 언어들을 설명한다. 이런 설명은 영어 중심의 언어관에서 벗어나 다양한 유형의 언어들이 존재할 수 있는 가능성을 넓게 열어 놓는다.

LFG가 처음부터 그 필요성을 인식하고 있었으나 그동안 충분히 연구되지 않았던 주제 중의 하나는 담화 구조(Discourse Structure)이다. 영어와 Walpiri어가 통사 구조와 형태 간의 경쟁을 잘 보여준다면 영어와 우리말의 대비는 통사 구조와 담화적 요소 간의 경쟁을 보여 주리라고 생각된다. 따라서 담화구조에 대한 연구는 LFG의 설명력을 높이는 동시에 우리말 유형의 언어연구에도 많은 도움이 될 것인데 최근에 뒤섞기 현상이나 결속 현상을 설명하면서 담화적인 설명이 도입되고 있다.

2장 기본 문형

2.1 수동태: 어휘 형태 조작 원리의 적용

Chomsky 이론은 (1a)의 능동문과 (1b)의 수동문이 같은 기저 구조를 가지며 후자는 전자로부터 통사적 변형에 의해 도출되는 것으로 보았다.

(1) a. John loves Mary.
    b. Mary is loved by John.

즉, 한 문장의 통사 구조가 일단 완결된 후에 그로부터 다른 문장이 유도되는 것으로 두 문장이 동일한 기저 구조를 갖는다면 어휘의 논항 구조도 같다고 보는 것이다.

(2) eat(en)   V   + _____ NP
                            (Th)

초기 LFG이론은 능동과 수동의 관계를 문장 간의 관계가 아니라 어휘 간의 관계로 파악했다. 어휘부에는 (3a)의 어휘가 존재하고 이에 동사의 하위범주화를 변화시키는 (4)의 어휘수동화 규칙이 적용되어 (3b)의 어휘가 도출된다. 두 문장의 공통점은 두 술어가 '<(↑SUBJ) (↑OBJ)>'의 하위범주화 정보를 초기 단계에서 공유했었다는 데 있을 뿐, 각기 다른 술어에 근거하여 만들어지므로 통사부에서 공유하는 바는 없다.

(3) a. eat   V   '< (↑SUBJ)   (↑OBJ) >'
                         | |
                         Ag   Th

b. eaten   V   '< (↑OBL_Ag)   (↑SUBJ) >'
                         | |
                         Ag   Th

(4) 어휘 수동화 규칙
    (SUBJ) → ø / (OBL_Ag)
    (OBJ) → (SUBJ)

이에 기초하여 LFG는 스스로 비변형 문법이론임을 주장하였으나 (4)는 엄밀히 말하면 논항 구조에 적용되는 변형 규칙이라 할 수 있다. 의미역으로부터 한 가지의 하위범주화가 일단 결정된 후에 그 하위범주화를 다른 하위범주화로 바꾸는 것이기 때문이다.

이에 비해 최근에 발전한 어휘 사상 이론은 진정한 비변형 문법이론이라 할 수 있다. 1.3.3에서 설명하였듯이 어휘 사상 이론에서 능동과 수동어휘는 (5)의 의미역 구조를 공유한다.

(5) eat(en)   V   <   Ag   Th   >

능동태 어휘는 여기에 (6a)와 같이 어휘 사상 원리가 단계별로 적용되어 "<(↑SUBJ)(↑OBJ)>"의 하위범주화 정보를 갖게 된다. 수동태 어휘는 '-en'이라는 접사가 더해짐으로써 어휘 형태 조작 원리의 적용을 받게 되어 동사의 논항 구조에서 가장 높은 의미역이 논항으로 실현되지 못하도록 억제당한다. 그 결과 (6b)처럼 능동태와는 상이한 하위범주화를 배당받게 된다.

(6) a. eat	<	Ag	Th	>	b. eaten	<	Ag	Th	>
IC		−o	−r		IC		−o	−r	
LC					LC		ø		
DC		−r	+o		DC			(−r)	
		S	O				ø	S/O	

이런 개념화는 문장의 구조이거나 어휘의 논항 구조이거나에 관계없이 능동태에 해당하는 형태가 먼저 결정되고 난 후 그에 일정한 변형 규칙이 적용되어 수동태가 결정되는 것과는 근본적으로 다르다. 하나의 의미에 다양한 원리들이 적용되어 (7)과 같이 상이한 두 개의 하위범주화가 처음부터 주어지는 것이다. 두 어휘는 기본적인 의미가 같을 뿐 하위범주화가 지정된 논항 구조의 단계에서부터 서로 관계가 없다. 음운론의 용어를 사용한다면 두 어휘는 최소한으로 명시된(underspecified) 초기의 논항 구조가 같았을 뿐 그 뒤의 명시과정이나 명시가 완결된(fully specified) 논항 구조는 다르다. 따라서 이론 전체적으로 볼 때 어휘부가 담당하는 일은 많아지는 반면 통사부는 구체적이고 단순해진다.

(7) a. eat   V   <(↑SUBJ)(↑OBJ)>
    b. eaten   V   <(↑ADJUNCT)(↑SUBJ)>

(2)와 (7)을 비교해 보면 첫째, LFG에서는 주어를 하위범주화에 포함시킴으로써 주어에 관한 일반화들이 자의적으로(ad-hoc) 주어지는 것이 아니라 특정한 의미로부터 당연한 결과로 도출되어 나온다는 사실을 표현하며 이는 모든 의미에서 주어가 특별한 위치를 차지하는 Chomsky 이론과 다르다. 둘째, Chomsky 이론에서는 투영 원리에 의해 모든 논항이 반드시 기저 구조와 표면 구조에 실현되어야 하는데 LFG에서는 Agent가 항상 존재함은 논항 구조에 표현하고 by구가 실현 안 될 수도 있는 가능성은 통사부에 열어놓는다.

2.2 try, persuade 류의 동사: 기능 통제(Functional Control)

(8)의 try, persuade 류의 동사들을 초기 변형생성 문법에서는 동일명사구 삭제구문(Equi-NP Deletion Construction)으로, Chomsky 이론에서는 PRO라는 눈에 보이지 않는 요소를 설정하고 그 요소에 대한 통제 현상

으로 설명하였다.

(8) a. John tries to work hard.
    b. Mary persuades John to work hard.

이들은 어휘부에 (9)와 같이 등재되는데 XCOMP는 보문절을 표현하는 COMP와 비교하여 주어가 명시되지 않은 부정사구(infinitival VP)를 가리키는 표현으로 전통문법에서는 술어적 보충어(predicate complement)라고 불렀다. XCOMP, 예를 들어 (8a)의 'to work hard'의 주어가 무엇인지를 밝혀주는 기능 도식이 (9a)의 두 번째 등식으로 'work'의 주어는 전체 문장의 주어인 John이라는 것이다. 이런 문법 기능 간의 통제 개념은 기능 구조에서 (10)과 같이 선으로 표시되어 하나의 요소가 동시에 상위문의 주어와 XCOMP의 주어 역할을 수행함을 표현한다. (9b)의 경우 차이는 부정사구의 주어가 상위절의 목적어 역할을 한다는 것인데 정확히 어떤 기능이 통제자가 되는가 하는 문제는 4장에서 상세히 다룬다.

(9) a. try   V (↑PRED) = 'try <(↑XCOMP)(↑SUBJ)>'
              (↑XCOMP SUBJ) = (↑SUBJ)
    b. persuade V (↑PRED) = 'persuade<(↑XCOMP)(↑SUBJ)(↑OBJ)>'
              (↑XCOMP SUBJ) = (↑OBJ)

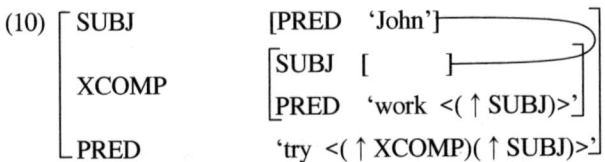

LFG에서 (8a)의 범주 구조는 (11)과 같은데 Chomsky 이론과의 큰 차이는 'to work hard'를 문장으로 보지 않고 동사구로 본다는 것이다. 1장에서 설명하였듯이 LFG는 의미적인 고려가 범주 구조를 결정하는 것을

반대한다. 즉, 어떤 표현이 범주적으로 동사구임이 분명한데 술어의 논항 구조를 보여주기 위하여 눈에 보이지 않는 주어를 설정하고 구 전체를 문장으로 분석하는 것을 반대하는 것이다. LFG는 범주 구조는 표면형에 최대한 충실하도록 남겨두고 의미상 주어가 존재한다는 사실은 기능 구조에서 설명하는데, 이것이 여러 독립적 구조를 상정하고 각 구조가 정확한 역할 분담을 하도록 하는 이 이론의 특징을 잘 보여준다.

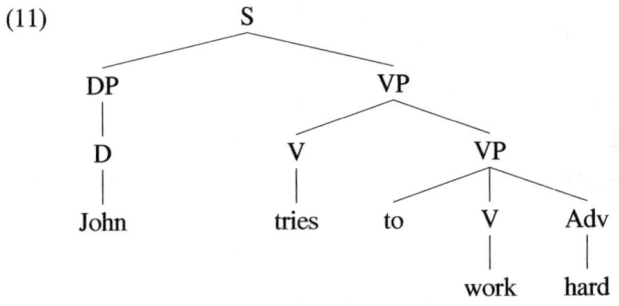

이와 관련하여 Chomsky 이론에서 결속 현상(binding)을 설명하기 위해 제시되었던 지배 범주(governing category)라는 개념을 생각해 보자.

(12) 지배 범주
　　A의 지배 범주는 A 자신과 A의 지배자를 포함하는 최소의 NP나 S를 가리킨다.

5장에서 살펴볼 것처럼 (11)의 'to work hard' 성분도 결속을 위한 하나의 지배 범주를 구성하고 표면 구조에서 이를 S로 분석하는 Chomsky 이론에서는 옳은 예측을 한다. LFG는 기능 구조에서 이런 영역을 정의함으로써 이 문제를 해결한다.

(13) 기능핵 범주(nucleus)
　　기능핵 범주란 하나의 PRED와 그에 의해 요구되는 모든 기능들을 포함하는 기능 구조를 가리킨다.

이 정의에 따르면 (10)의 기능 구조는 (14)의 f_1과 f_2 두 개의 기능핵 범주를 포함하고 있고 실제 이들은 독립적인 결속 영역을 형성하므로 결속 현상을 옳게 설명한다.

(14) a. f_1 $\begin{bmatrix} \text{SUBJ} & [\text{PRED} \quad \text{'John'}] \\ \text{XCOMP} & \begin{bmatrix} \text{SUBJ} & [\quad] \\ \text{PRED} & \text{'work} <(\uparrow\text{SUBJ})>\text{'} \end{bmatrix} \\ \text{PRED} & \text{'try} <(\uparrow\text{XCOMP})(\uparrow\text{SUBJ})>\text{'} \end{bmatrix}$

b. f_2 $\begin{bmatrix} \text{SUBJ} & [\quad] \\ \text{PRED} & \text{'work} <(\uparrow\text{SUBJ})>\text{'} \end{bmatrix}$

2.3 seem, believe 류의 동사: 기능 통제와 비의미역 주어(non-thematic SUBJ)

seem과 believe는 Chomsky 문법에서는 전혀 다른 방식으로 설명된다. 전자는 흔적(trace)을 남기는 명사구 이동변형으로 설명되고 후자는 소위 소절(small clause)을 형성하는 것으로 분석되는데 이 때 예를 들어 (15b)의 John이 상위절에 속하여 목적어로서의 격을 받는 것인지 하위절에 속하면서 예외적으로 격을 받는 것(Exceptional Case Marking)인지에 대해서는 논란이 많다.

(15) a. John seems to like linguistics.
b. Mary believes John to like linguistics.

LFG에서는 이들을 함께 분류하여 위에서 본 기능 통제로 설명한다.

즉, 부정사구는 범주 구조 상에서는 동사구이고 그들의 주어가 상위문의 주어가 된다는 정보는 어휘의 기능 도식과 기능 구조에 표상된다. 이들이 위의 동사와 다른 점은 (16)처럼 전체 문장의 주어가 논항 구조 외부에 표시된다는 것이다. 이는 LFG에서 비의미역 주어를 표현하는 방식으로, (15a)의 의미가 'John likes linguistics'라는 명제 전체가 지시하는 내용에 대한 서술이지 John이라는 개체에 대한 서술이 아니라는 것이다. 바꾸어 말하면 seem은 논항을 하나 취한다는 초기 변형생성 문법의 주장을 받아들이는 것이다. believe도 이와 같이 비의미역 주어를 가지며 동시에 위의 persuade와 같이 부정사구의 주어는 상위절의 목적어가 된다.

(16) a. seem V (↑PRED) = 'seem <(↑XCOMP)>(↑SUBJ)'
            (↑XCOMP SUBJ) = (↑SUBJ)
   b. believe V (↑PRED) = 'believe <(↑XCOMP)(↑OBJ)>(↑SUBJ)'
            (↑XCOMP SUBJ) = (↑OBJ)

그러면 이들 두 동사와 위의 try, persuade 등, Chomsky의 설명에 따르면 통제, 명사구 이동, 예외적 격표지 세 가지 유형의 동사를 하나의 구문으로 묶는 것은 어떤 의미를 갖는가? 이들의 공통점은 국지적 종속성(local dependency)으로 이들은 항상 통제자가 피통제자의 바로 상위문에 존재하기를 요구하고 그 점에서 장거리 종속성(long-distance dependency)과 대비된다. 즉, LFG는 종속 관계가 단거리인가 장거리인가를 종속구문의 가장 중요한 분류기준으로 삼는다는 뜻으로 이런 통찰은 의미와 통사를 분리함으로써, 구체적으로 논항 구조와 범주 구조가 동일해야 한다는 투영 원리를 받아들이지 않음으로써 가능한 것이다.

2.4 기타 XCOMP 구문

Bresnan(in press, 205-227)은 위의 예들처럼 부정사구로 표현되는 XCOMP 외에도 비슷한 특성 — 의미적으로는 주어가 필요하나 통사적으로는 실현되지 않는 — 을 지닌 구문들을 제시한다. (17)처럼 AP, VP, PP, NP등 다양한 범주의 예들이 이에 속한다. (Bresnan in press, 205)

(17) a. Mary didn't sound [ashamed of herself]AP.
 b. Susan kept [eating marshmallows]VP.
 c. Louise struck me [as a fool]PP.
 d. Susan remained [a grouch]NP.

이들은 (18)의 주어가 명시되지 않은 부가어 XADJUNCTS와는 다르다. 몇 가지 예만 들면 첫째, 보충어이므로 (19a)처럼 생략할 수 없다. 둘째, 다른 보충어들처럼 문장 내에서의 위치가 어느 정도 고정되어 있다. XADJUNCTS는 (20b)처럼 자유로이 위치를 변경할 수 있다. 셋째, (21a)에서 보듯이 내적 성분의 외치화(extraction)가 자유롭다. (Bresnan in press, 206)

(18) a. Mary looked down, [ashamed of herself]AP.
 b. Susan found the money [walking our dog]VP.
 c. Louise enjoyed the sports, [as a Southern Californian]PP.

(19) a. *Susan kept.
 b. Susan found the money.

(20) a. *Mary, ashamed of herself, didn't sound.
 b. Mary, ashamed of herself, looked down.

(21) a What kind of person did Louise strike you as _____?
    b. *What kind of Southern Californian did Louise enjoy sports as _____?

위의 테스트들이 보여주는 바는 이들이 보통 명사구로 표현되는 보충어들과 마찬가지로 동사에 의해 요구되는 논항이라는 것이다. 다른 XCOMP 구문들처럼 의미적으로는 주어가 필요한 절이고 통사적으로는 절이 아닌 양면성을 보인다. 따라서 이들도 기능 통제로 분석되며 (17b)의 어휘부, 기능 구조, 범주 구조는 각기 다음과 같다.

(22) keep   V   (↑PRED) = 'keep <(↑SUBJ)(↑XCOMP)>'
              (↑XCOMP SUBJ) = (↑SUBJ)

(23)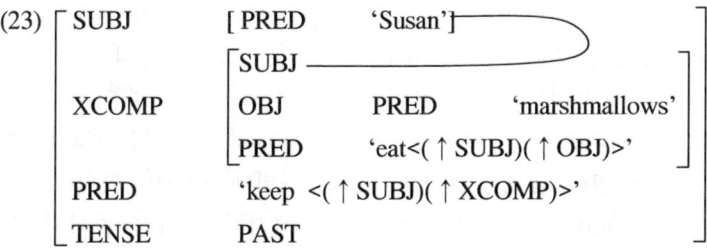

(24)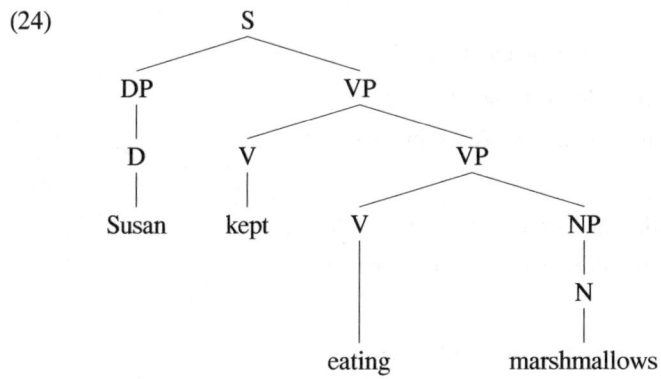

VP 이외의 XCOMP를 기능 통제로 일관되게 분석하기 위하여 LFG는 술어화 공준(predication template)을 제시한다. 이에 따라 형용사는 내재적으로 주어를 갖는 것으로 가정하고 전치사와 명사는 술어화 공준에 의해 비슷한 기능 도식을 갖는 것으로 분석한다.

(25) 술어화 공준
  a. 'ashamed-of <(↑SUBJ)(↑OBJ)>'
  b. 'as <(↑OBJ)>' ⇒ 'be-as <(↑SUBJ)(↑OBJ)>'
  c. 'grouch ⇒ 'be-a-grouch <(↑SUBJ)>'

모든 PP가 이렇게 술어적인 것은 아니다. 우선 처소격(Locative)을 나타내는 PP가 일반적으로 XCOMP를 이끄는 동사들의 보충어로 쓰일 수 없음을 (26)에서 볼 수 있다. 이들은 XCOMP와 많은 차이를 보이는데 첫째, (27)처럼 처소격 PP만이 소위 처소격도치(Locative Inversion)를 허용한다. 둘째, put, position, place, pull 등의 동사는 처소격 PP만 허용하고 XCOMP는 허용하지 않는다. 이런 동사들은 그들의 목적어가 지시하는 사물이 PP에 의해 위치가 정해짐을 함의(entail)한다. (28a)에서 Mary가 John을 Susan 옆에 앉혔으면 John은 그 자리에 앉아야 한다. 그런데 이런 함의는 XCOMP와 주어라는 문법 관계에서가 아니라 동사와 전치사의 어휘 의미에서 나오는 것이다. (Bresnan in press, 216)

(26) a. #Louise seems in the house.
    b. #We consider her out of town.
    c. #We regard the brook as just over the hill.

(27) a. On the shelf was kept an old vase.
    b. #On the alert was kept a young child.

(28) a. Mary placed John beside Susan.

b. #Mary placed John in a frenzy.

이런 차이를 고려할 때 처소격 PP는 XCOMP가 아니라 동사의 사격논항으로 보아야 할 것이다. 둘의 가장 큰 차이는 주어를 취하느냐 아니냐 하는 점으로 처소격 PP의 전치사는 (29)에 보듯이 주어를 요구하지 않는다. (30)과 같은 범주 구조 상에서는 이들의 차이가 드러나지 않는다.

(29) $\begin{bmatrix} \text{SUBJ} & [\text{PRED 'Mary'}] \\ \text{PRED} & \text{'place} <(\uparrow\text{SUBJ})(\uparrow\text{OBJ})(\uparrow\text{OBL}_{loc})>' \\ \text{TENSE} & \text{PAST} \\ \text{OBJ} & [\text{PRED 'John'}] \\ \text{OBL}_{Loc} & \begin{bmatrix} \text{PRED} & \text{'beside} <(\uparrow\text{OBJ})>' \\ \text{OBJ} & \text{PRED 'Susan'} \end{bmatrix} \end{bmatrix}$

(30)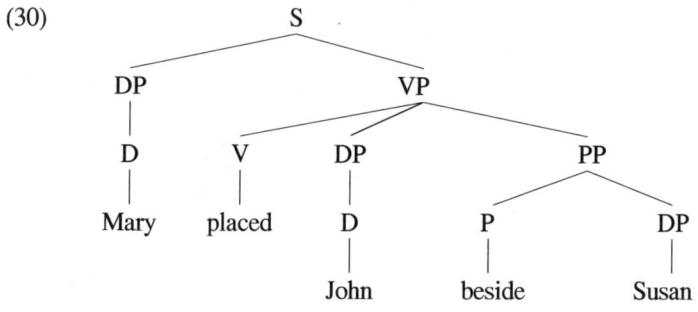

두 번째 비교되는 구문으로 (31a)의 수여격 동사가 요구하는 PP를 들 수 있다. 이 구문은 간단한 기본 문형이면서도 설명하기가 쉽지 않은데 (31b)와 같은 결속 현상을 볼 때 다른 전치사구와 달리 이 문장은 전체가 하나의 지배 범주나 기능핵 범주를 구성하고, 또한 (31c)가 보여주듯이 'to'가 단 하나 가능한 전치사로 강한 어휘적 제약을 받기 때문이다. (Bresnan in press, 220)

(31) a. Mary gave a present to Susan.
　　 b. Mary$_i$ gave a present to herself$_i$/*her$_i$.
　　 c. Mary gave a present *toward/*up/to Susan.

그렇다면 'to'는 격표지와 유사하게 동사의 논항을 표지하는 역할을 하는 것으로 분석하는 것이 적절할 것이다. 따라서 전치사구 전체를 OBL$_{Dat}$로 분석하는 다음과 같은 기능 구조와 범주 구조를 고려할 때, 이 때에도 역시 XCOMP PP나 처소격 PP와의 차이는 범주 구조가 아니라 기능 구조에서 OBL$_{Dat}$는 PRED가 없고 이로 인해 독립적인 기능핵 범주를 형성하지 못한다는 점이 될 것이다.

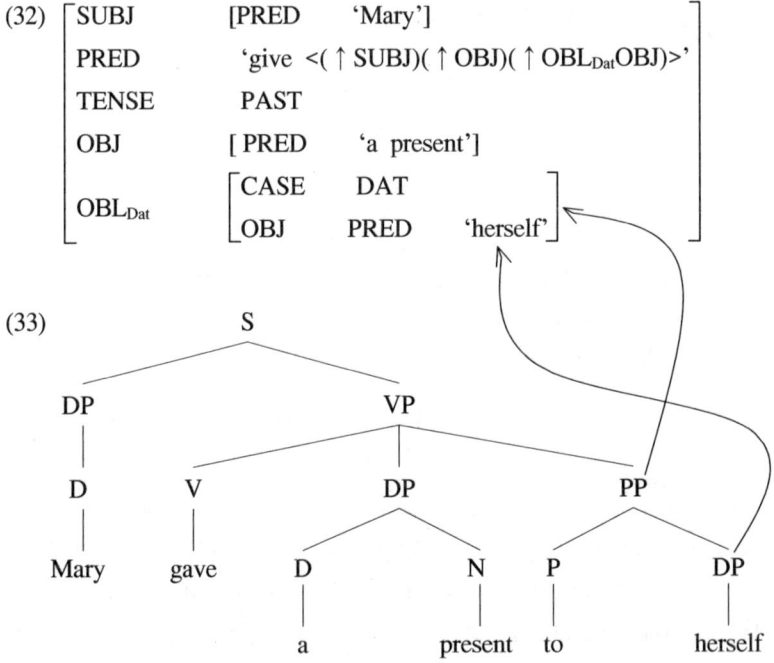

2.5 명사적 동사구(nominal VPs)

(34a)의 소위 동명사구(gerundive VP)와 위에서 이미 살펴본 분사형 (participial VP)과의 차이를 설명하는 일은 문법이론의 가장 중요한 연구 과제 중의 하나였다. (35)처럼 수동문의 주어가 되거나 (36)처럼 분열문 (clefting), (37)과 같이 대명사로 대치될 수 있는 특성이 모두 동명사구를 포함하는 명사적 VP에만 허용된다. (Bresnan in press, 228)

(34) a. Susan discussed visiting Fred.
     b. Susan kept visiting Fred.

(35) a. Visiting Fred was discussed by Susan.
     b.*Visiting Fred was kept by Susan.

(36) a. It was visiting Fred that Susan discussed.
     b.*It was visiting Fred that Susan kept.

(37) a. Visiting Fred, Susan doesn't want to discuss it.
     b.*Visiting Fred, Susan doesn't want to keep it.

위의 테스트들 이외에도 소유격의 주어를 취한다는 사실 등은 이 구문이 범주 구조 상에서 명사적 범주로 투사되어야 함을 보여준다. 그러나 또 한편 동사처럼 목적어를 직접 취하므로 혼합 범주(mixed category)의 성격을 띠는데 이런 혼합 범주는 독어나 우리말을 비롯한 다양한 유형의 언어에서 폭넓게 발견된다. (Bresnan 1997b)

(38) Mary's visiting Fred

LFG는 "visiting Fred"라는 표현이 하위 구조에서는 동사구의 성격을 지니고 상위구조에서는 명사구의 성격을 지님을 표현하기 위해 이 구문의 범주 구조를 (39)와 같이 분석한다.

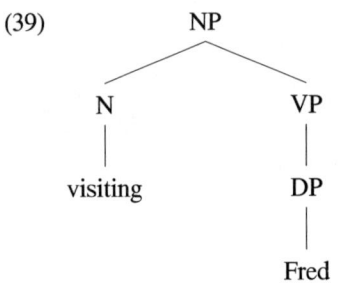

이 분석은 초기 변형생성 문법부터 최근에 이르기까지 변형을 가정하는 이론에서 제시되었던 몇몇 연구들(Lees 1963, Baker 1985, Borsley and Kornfilt 1996 등)과 기본적인 맥을 같이 한다. 그런 연구들에서 제시되었던 구조는 세부적인 차이를 무시하면 대체로 (40)과 같이 "visit"이라는 동사어간이 동사구의 핵으로 생성되었다가 명사구의 핵인 추상적인 명사화 형태소에 의해 선택되고 "ing"와 핵 이동(head movement)에 의해 결합되는 것으로 본다고 할 수 있다.

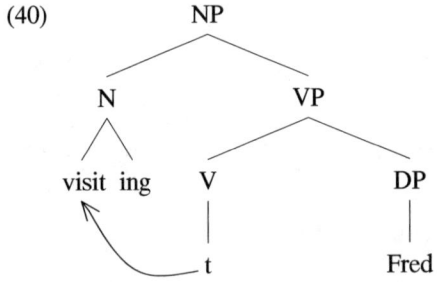

이 구조는 내심성 원리를 위반하지 않으면서 이 범주의 양면성을 잘 설명한다. 그러나 범주 구조에는 완결된 어휘만이 나올 수 있고 통사적

어휘형성이란 과정은 없다고 보는 LFG에서는 (40)이 허용되지 않는다.

이에 비해 (39)는 양면성은 보여주나 동사 핵이 존재하지 않는 동사구를 가정함으로써 내심성 원리를 위배하는데 이 문제를 해결하기 위해 LFG는 다음과 같은 확대 핵 이론(Extended Head Theory)을 제안한다. 확대 핵이라는 개념은 핵의 개념을 범주 구조 대신 기능 구조 상에서 정의하여 내심성 원리가 기능 구조에서 계속 유지되게 하려는 기제로서 기존의 핵이라는 정의에 의해 선택되는 XP라는 범주의 국지적 핵이 있으면 그것을 선택하고, 그런 성분이 없으면 XP의 확대 투사 범주 내에 나타나는 핵을 선택하게 한다.

(41) 확대 핵 이론
  (i) 모든 범주 X^0와 그 자매들은 같은 기능 구조에 조응된다.
  (ii) 모든 어휘 범주는 확대 핵을 포함한 하나의 핵을 가져야 한다.

(42) 확대 핵
  (i) X가 Y와 동일한 기능 구조에 조응되고
  (ii) X가 Y와 동일하거나 유사한 범주의 파생형이고
  (iii) X를 지배하는 Y이외의 모든 절점이 Y도 관할할 때 X를 Y의 확대 핵이라 한다.

(43)에서 동명사는 기존의 핵의 정의에 따라 전체 명사구의 핵이 된다. 그러나 기능 구조적 설명을 도입함으로써 동시에 자신의 자매인 동사구의 확대 핵도 된다. 우선 (41)에 따라 동명사는 그 자매인 동사구와 같은 기능 구조에 조응되는데 이는 정확히 말하면 자질통합에 의해 전자는 동사구의 기능 구조에 PRED를, 후자는 동명사의 기능 구조에 OBJ를 제공하는 기능 구조를 만드는 것이다. 또한 동명사는 동사구와 동일한 범주의 파생형이고 전자를 지배하는 모든 절점이 후자도 관할하므로 동사구의 확대 핵이 되고 전체 구조는 (41ii)의 조건을 만족시켜 (43)은 LFG에서 적형한 범주 구조가 된다. 이런 설명은 범주와 기능을 분리하는 LFG

의 기본 정신을 잘 보여주는 것으로 "visiting"은 범주 상으로는 더 이상 쪼갤 수 없는 명사이고, 반면 하위범주화에 대한 PRED 값을 가짐으로써 동사구의 핵 역할을 하는 것은 기능에 관한 서술로 보는 것이다.

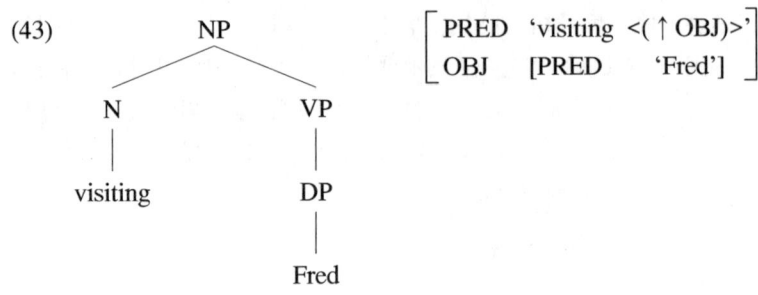

2.6 결론

이 장에서는 다양한 단문들을 살펴보았는데, 이렇게 이동을 가정하지 않는 어휘 규칙은 이런 구문들에서 왜 이동이 의존적이고 구조보존적이라야 하는지를 자연스럽게 설명해 준다. 어휘 규칙은 적용되는 영역이 자동적으로 어휘 형태에 표현되는 범위 내로 제한되기 때문이다. 더 나아가 그 이론적 근거를 살펴보면 Chomsky 이론에서는 이론발전 단계별로 정도의 차이는 있지만 계속해서 변형이 가장 중요한 개념이었다고 할 수 있는데 그것은 단순한 문법장치를 넘어서서 언어 생성과 이해(language production and processing)에 대해 암시하는 바가 큰 개념이다. Horrocks(1987, 275)의 설명 대로 초기 변형생성 문법이 발전할 때부터 많은 언어학자와 심리학자들은 소위 복잡성 도출이론(derivational theory of complexity)을 지지해 왔는데, (44a)는 그 도출과정이 단순한데 비해 (44b)는 명사구 이동이 여러 차례 적용된 결과물로서 후자는 의미를 반영하는 기저 구조로부터 더 많이 멀어지게 되고 따라서 전자보다 이해하기가 훨씬 더 어려우며 이해하는 데에 시간도 더 많이 걸릴 것이라는 예측이다.

(44) a. It seems that someone has given first prize to John.
　　 b. John seems to have been given first prize.

LFG는 이런 복잡성 도출이론의 예측을 부정한다. 즉, (44a)와 (44b)를 이해하는 데는 같은 시간이 걸린다는 것이다. Chomsky 이론에서 단문 내의 변형으로 분석되었던 예들이 LFG에서는 모두 동사의 어휘정보로 처리되는데, 이것이 바로 이런 심리언어학적 가정을 표현하기 위한 장치이다. 동사의 논항이 취할 수 있는 가능한 모든 문법 기능의 경우가 논항 구조에서의 조작을 거쳐 별개의 지식으로 우리들의 뇌 속에 저장되기 때문에 우리는 그 개개의 동사를 취해 쓰기만 하면 되므로 하나의 동사로부터 다른 동사를 도출해 내는 데 걸리는 시간을 가정할 필요가 없는 것이다.

3장 통제 이론

3.1 서론

2장에서 간단히 살펴보았듯이 LFG의 통제 이론은 Chomsky 이론과 상당히 다르며 그로 인해 영어의 많은 현상들이 두 이론에서 다른 방식으로 분류된다. (1)의 구문들을 두 이론에서는 각기 (2)로 설명한다.

(1) a. John tries to work hard.
    b. Mary persuades John to work hard.
    c. John seems to like linguistics.
    d. Mary believes John to like linguistics.
    e. Louise struck me as a fool.
    f. Watering the lawn before noon is silly.
    g. Which picture do you like best?
    h. Fresno, they tell me is nice in winter.

(2)   Chomsky 이론   LFG
    a. 필수적 PRO 통제(obligatory control) 기능 통제(functional control)
    b. 필수적 PRO 통제   기능 통제
    c. 이동(movement)   기능 통제
    d. 예외적 격표지(ECM)   기능 통제
    e. 소절(small clause)   기능 통제
    f. 임의적 PRO 통제(arbitrary control) 대용어적 통제(anaphoric control)
    g. 이동   연쇄적 기능 통제
    h. 이동   연쇄적 기능 통제

(2)를 보면 LFG의 기능 통제는 PRO 통제, 이동, 예외적 격표지 구문, 소절을 포함하는 매우 포괄적인 장치임을 알 수 있다. 4장에서 다룰 장거리 종속 관계(long-distance dependency)도 단거리간 기능 통제의 연쇄이다. Chomsky 이론의 입장에서 보면 이 모든 구문들은 실현되지 않은 여러 가지 명사구에 대한 결속 현상에 속한다. 이는 눈에 보이지 않는 요소를 가정하는가 아닌가에 따라 생기는 분류의 차이이다.

Horrocks(1987, 254)가 설명하는 대로 Chomsky 이론과 LFG는 구문을 분류하는 기준이 서로 다르며 그 결과 서로 포착하게 되는 일반화도 다르다. 전자는 (1a, b, f)와 기타 구문을 구분하는 셈인데 그 주요 기준은 관련된 명사구의 자리가 의미역을 받는 자리인가 아닌가 하는 점이다. 그러나 의미역에 초점이 가는 반면 두 가지 일반화는 잘 드러나지 않는데 하나는 종속 관계가 국지적인가 장거리인가의 문제이며 다른 하나는 (1f)의 경우 실제 대명사가 주어로 실현될 수 있다는 점이다. 이 중 첫 번째 문제에 대해서는 하위인접 조건(subjacency condition)을 별도로 설정하여 종속 관계가 국지적이 되도록 한다. 반면 LFG가 중요시하는 분류 기준은 종속 관계가 국지적인가 장거리인가 하는 점이다. (1a-e)의 모든 예는 국지적 종속 관계를 드러내며 실현 안 된 주어의 자리에 다른 대명사가 나타날 수도 없다는 관찰에 기반하여 하나의 어휘적 현상으로 설명한다. 국지적 종속 관계는 어휘의 기능 도식에 표현되어야 하고 반대로 어휘정보이기 때문에 국지적일 수밖에 없는 것이다. 따라서 이 구문들의 국지성은 LFG에서는 자동적으로 예측되는 결과이나 Chomsky 이론에서는 별도의 조건이 필요하다. 의미역의 문제는 LFG에서는 의미역을 받지 않는 문법 기능의 자리도 술어의 논항 구조에 명시하도록 되어 있다. 이는 Chomsky의 이론에서 가장 근간을 이루는 투영원리를 LFG가 기본적으로 받아들이지 않기 때문에 가능한 것으로, LFG에서는 이로 인해 논항 구조와 범주 구조, 즉 의미와 통사 간에 큰 차이가 존재할 수 있다.

대용어적 통제는 종속 관계가 문장단위를 벗어날 수 있으며 표현 안 된 주어가 대명사로 실현될 수도 있다는 면에서 매우 다르다. LFG는 이 자리에 PRO를 가정하는데 여기에서 PRO는 실현 안 된 대명사란 뜻으로 표현할 수 있는 의미역이 한정되어 있지 않은 문법 기능들—주어와 목적어—만이 PRO가 될 수 있다. 또 지배(government)를 받아야 하는데 여기서 지배란 개념은 술어에 의해 하위범주화된다는 것과 거의 동일하다. Chomsky 이론에서는 PRO를 대명사적 대용어(pronominal anaphor)라 부르는데 이는 사실 필수적 통제에서는 대용어의 역할을 하고 임의적 통제에서는 대명사적 역할을 하는 이중성을 표현하기 위해서였다. LFG는 PRO의 이런 양면성을 구분하여 대용사로서 기능할 때에는 기능 통제로, 대명사로 기능할 때에는 LFG 정의에 따라 음성적으로만 실현 안되는 대명사인 PRO로 나누어 설명하는 것이다.

3.2 기능 통제

3.2.1 부정사구 XCOMP

기능 통제는 XCOMP나 XADJUNCT의 실현 안 된 주어와 선행사 사이의 종속 관계이다. 우선 XCOMP의 경우를 보면 2.2와 2.3에서 간단히 살펴보았던 예들이다. (3)은 부정사구가 통사적으로는 VP를 형성하지만 의미적으로는 주어를 필요로 하고 전체 문장의 주어가 그 주어로 해석되는 예들이다.

(3) a. John tries to work hard.
    b. John seems to work hard.

두 동사의 차이는 전체 문장의 주어가 의미역을 받는가 아닌가의 문제로 어휘부에 (4)처럼 표현된다. (5-6)이 보여주듯이 두 구문의 기능 구조와 범주 구조는 동일하고, (5)에서 두 기능 구조를 연결해 주는 선이 기능 통제를 나타내는데 통제자의 기능 구조가 동시에 실현 안된 표현의 기능 구조로 해석됨을 의미한다.

(4) a. try   V   (↑PRED) = 'try <(↑XCOMP)(↑SUBJ)>'
                   (↑XCOMP SUBJ) = (↑SUBJ)
    b. seem   V   (↑PRED) = 'seem <(↑XCOMP)>(↑SUBJ)'
                   (↑XCOMP SUBJ) = (↑SUBJ)

(5) a. ⎡SUBJ   [PRED 'John']─────────⎤
       ⎢   ⎡SUBJ [   ]⎤   ⎥
       ⎢XCOMP   ⎢   ⎥   ⎥
       ⎢   ⎣PRED 'work <(↑SUBJ)>'⎦ ⎥
       ⎣PRED   'try <(↑XCOMP)(↑SUBJ)>' ⎦
    b. ⎡SUBJ   [PRED 'John']─────────⎤
       ⎢   ⎡SUBJ [   ]⎤   ⎥
       ⎢XCOMP   ⎢   ⎥   ⎥
       ⎢   ⎣PRED 'work <(↑SUBJ)>'⎦ ⎥
       ⎣PRED   'seem <(↑XCOMP)>(↑SUBJ)' ⎦

(6)
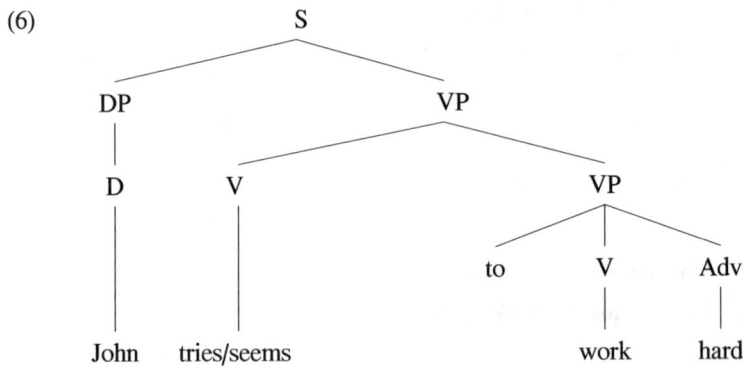

(7)은 전체 문장의 목적어가 부정사구의 실현 안 된 주어로 해석되는 구문들이다. 이 동사들의 어휘정보는 (8)과 같으며, (9)와 (10)에 주어진

(7a)의 기능 구조와 범주 구조가 (7b)에도 같이 적용된다.

(7) a. Mary persuades John to work hard.
    b. Mary believes John to like linguistics.

(8) a. persuade V (↑PRED) = 'persuade <(↑XCOMP)(↑OBJ)(↑SUBJ)>'
                (↑XCOMP SUBJ) = (↑OBJ)
    b. believe V (↑PRED) = 'believe <(↑XCOMP)(↑OBJ)>(↑SUBJ)'
                (↑XCOMP SUBJ) = (↑OBJ)

(9)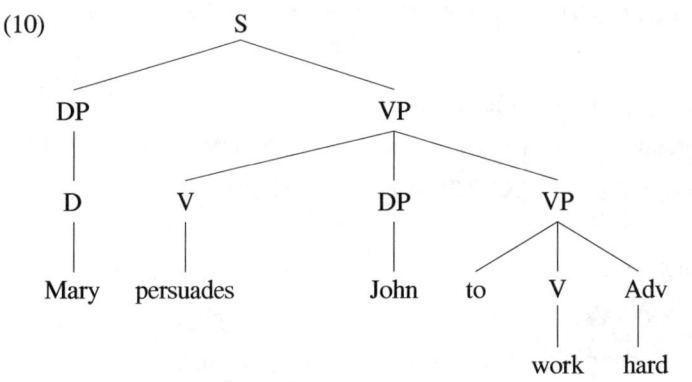

(10)
```
              S
           /     \
         DP       VP
         |     /  |   \
         D    V   DP    VP
         |    |   |    /  \
        Mary persuades John to  V   Adv
                                |    |
                              work  hard
```

통제자를 결정하기 위해 LFG는 (11)과 같은 기능 통제의 어휘 규칙 (Lexical Rule of Functional Control)을 제시한다. XCOMP를 취하는 동사는 통제자에 대한 일반 규칙인 (11)에 따라 통제자에 대한 기능 도식을 부여받는다.

(11) 기능 통제의 어휘 규칙
L이 어휘 형태, F_L이 그것에 부여된 문법 기능이고 XCOMP가 F_L에 있으면 L의 어휘 항목에 다음과 같은 기능 도식을 첨가하라.
(i) OBJ_2가 F_L에 있으면 (↑XCOMP SUBJ) = (↑OBJ_2)
(ii) OBJ_2가 없고 OBJ이 F_L에 있으면 (↑XCOMP SUBJ) = (↑OBJ)
(iii) OBJ_2, OBJ이 없고 SUBJ가 F_L에 있으면 (↑XCOMP SUBJ) = (↑SUBJ)

(11)은 SUBJ, OBJ, OBJ_2의 세 기능만 통제자가 될 수 있고 그들 간에는 OBJ_2 > OBJ > SUBJ의 위계가 있어 이 순서에 따라 통제자가 정해짐을 의미한다. 이에 따라 try나 seem은 OBJ, OBJ_2 등을 하위범주화하지 않으므로 제일 마지막 가능성인 주어가, persuade나 believe는 OBJ가 있으므로 목적어가 통제자로 지정되는 것이다.

'promise'는 예외적으로 목적어가 있는데도 주어가 통제자가 된다. 이 때에는 (12b)처럼 동사의 어휘 항목에 통제자를 별도로 명시해 준다.

(12) a. Mary promised John to go.
b. promise V (↑PRED) = 'promise <(↑XCOMP)(↑OBJ)(↑SUBJ)>'
(↑XCOMP SUBJ) = (↑SUBJ)

이런 규칙은 통제와 관련된 두 가지 주요현상을 잘 설명한다. 첫째는 Visser의 일반화(Visser's generalization)로 (13)처럼 persuade 구문은 수동화가 가능하고 promise 구문은 가능하지 않음을 가리킨다.

(13) a. John was persuaded to go by Mary.
b.*John was promised to go by Mary.

1장에서 설명한 수동화 조작에 따라 각 동사들의 기능 도식은 다음과 같이 될 것이다. (14a)는 능동문에서 통제자 역할을 하는 목적어가 수동문에서 주어로 실현됨을 보여준다. 따라서 (8a)에 따르면 (↑XCOMP SUBJ) = (↑SUBJ) 라는 기능 도식이 성립해야 하는데 이것이 (11iii)에 의해 허용되므로 이 문장은 정문이 된다. (14b)에서는 능동문의 SUBJ가 OBL$_{AG}$가 되었으므로 (12b)에 따라 (↑XCOMP SUBJ) = (↑OBL$_{AG}$) 라는 기능 도식이 필요한데 이는 (11)에 의해 허용되는 규칙이 아니므로 비문이 된다.

(14) a. persuaded   V   'persuaded <(↑OBL$_{AG}$)(↑SUBJ)(↑XCOMP)>'
     b. promised   V   'promised <(↑OBL$_{AG}$)(↑SUBJ)(↑XCOMP)>'

둘째, Bach의 일반화(Bach's generalization)로 promise의 목적어는 생략이 가능한데 persuade의 목적어는 가능하지 않다는 것이다.

(15) a.*Mary persuaded to go.
     b. Mary promised to go.

역시 두 동사의 어휘 항목에서 이를 설명할 수 있는데 (12b)의 promise의 어휘 항목에서는 OBJ가 생략이 되어도 통제 현상을 설명하는 데 아무 문제가 없다. SUBJ가 통제자이기 때문이다. 즉, (15b)에서 Mary가 자신이 가겠다고 약속했다는 명제는 그대로 전달이 되며 그 약속을 받는 사람은 담화에서 이해 가능한 특정인일 수도 있고 불특정 다수일 수도 있다. 이에 비해 (8a)의 persuade의 어휘 항목에서는 OBJ가 생략이 되면 통제자가 없어지게 되므로 통제 구문으로서의 문장 해석이 안 된다. 따라서 (15a)에서는 Mary가 누구를 가도록 설득하였는지가 늘 명시되어야 한다.

promise에 대해 계속 제기되어 왔던 한 가지 문제는 설명 안 되는 채로 남는다. (16a)는 Visser의 일반화로 비문임이 LFG에서 옳게 예측되나 (16b)처럼 하위절도 수동태가 되면 문장이 정문이 되는데 이는 현재로서는 설명되지 않는다.

(16) a. *John was promised to get permission to leave.
　　 b. John was promised to be allowed to leave.

3.2.2 기타 XCOMP

위의 예들처럼 부정사구 XCOMP 이외에 XCOMP의 예가 더 있는데, (17)처럼 AP, PP, NP, 또는 동사의 분사형 등이 이에 속한다. (Bresnan in press, 205)

(17) a. Mary didn't sound [ashamed of herself]$_{AP}$.
　　 b. Susan kept [eating marshmallows]$_{VP}$.
　　 c. Louise struck me [as a fool]$_{PP}$.
　　 d. Susan remained [a grouch]$_{NP}$.

이들은 2.4에서 본 대로 부가어와 명확히 구분되는 동사의 논항이다. 따라서 (17b)를 아래와 같이 기능 통제로 분석하고 그 정보는 동사 keep 의 어휘 항목에 기재되어 있는 것으로 본다.

(18) keep V　　(↑PRED) = 'keep <(↑SUBJ)(↑XCOMP)>'
　　　　　　　(↑XCOMP SUBJ) = (↑SUBJ)

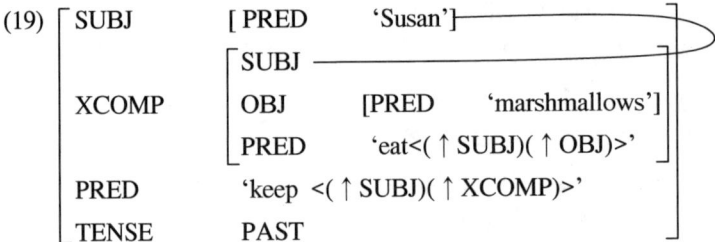

(20)

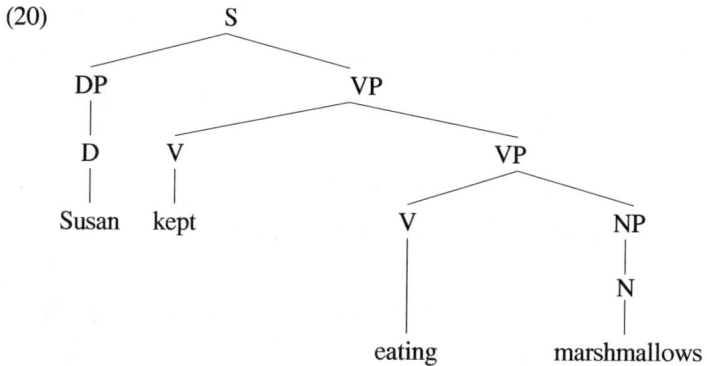

다른 구들은 각기 다음과 같이 형용사는 처음부터 be동사가 그 의미에 내재되어 있으며 PP나 NP는 의미공준에 의해 be의 의미가 첨가된다고 가정하여 술어로 처리한다. 이런 XCOMP의 통제도 전체 문장의 술어에 의해 요구되는 기능 통제라 할 수 있다.

(21) a. 'ashamed-of <(↑SUBJ)(↑OBJ)>'
    b. 'as <(↑OBJ)>' ⇒ 'be-as <(↑SUBJ)(↑OBJ)>'
    c. 'grouch' ⇒ 'be-a-grouch <(↑SUBJ)>'

3.2.3 XADJUNCTS

주어가 실현되지 않은 부가어절의 주어도 문장 내에서 결정되는 경우가 많다. (Bresnan in press, 206)

(22) a. Mary looked down, [ashamed of herself]_AP.
    b. Susan found the money [walking our dog]_VP.
    c. Louise enjoyed the sports, [as a Southern Californian]_PP.

(22)의 예문에서 관련절들은 전체 문장의 술어가 요구하는 논항은 아

니다. 자유롭게 생략이 되고 위치도 변경할 수 있기 때문이다. LFG는 이들을 XADJUNCTS로 분석하는데 이들의 주어는 항상 전체 문장의 주어가 되며 이는 특히 이런 절이 문장 첫머리에 있을 때 두드러진다.

(23) a. Walking the dog, Susan found Mary.
　　 b. Sure of winning, Mary smiled at Susan.

이런 현상은 기능과 기능 간의 통제라는 점에서는 위의 경우들과 같으나 특정한 동사가 이런 통제를 요구하는 것이 아니라 구문적인 특징에 의해 요구된다고 보아야 하므로 기능 통제에 관한 기능 도식을 다음과 같이 구체적인 통사 규칙에 직접 명시해 준다.

(24) S → 　　(AP)　　　　　　XP　　　　VP
　　　　　($\uparrow$XADJUNCT)=$\downarrow$　　($\uparrow$SUBJ) = $\downarrow$　　$\downarrow$=$\uparrow$
　　　　　($\uparrow$SUBJ) = ($\downarrow$SUBJ)

3.3 대용어적 통제

Chomsky 이론에서 임의적(arbitrary) 또는 수의적(optional) 통제라고 불리는 다음 경우를 살펴보자. (25)의 예문들에서 동명사나 부정사구의 주어는 여러 가지 해석이 가능한데 같은 문장 내의 주어인 Mary나 John도 가능하고 담화상에서 이해되는 특정인이나 발화자로 해석될 수도 있으며 총칭적으로 해석될 수도 있다. 즉, 이들의 주어는 누군가를 가리키기는 하되 특정인은 아니다. (Sells 1985, 171)

(25) a. Mary thinks that watering the lawn before noon is silly.
　　 b. John said that it is unnecessary to cut the grass in winter.

이런 구문의 주어를 LFG에서는 PRO라는 의미형태를 도입하여 대용어적 통제로 설명한다. (25a)의 'watering the lawn before noon'에 해당되는 기능 구조는 다음과 같으며 PRO에는 여러 가지 해석의 가능성이 열려 있다.

(26) $\begin{bmatrix} \text{SUBJ} & [\text{PRED} \quad \text{'PRO'}] \\ \text{OBJ} & \begin{bmatrix} \text{PRED} & \text{'lawn'} \\ \text{DEF} & + \end{bmatrix} \\ \text{PRED} & \text{'water} <(\uparrow\text{SUBJ})(\uparrow\text{OBJ})>\text{'} \\ \text{ADJUNCT} & \ldots \end{bmatrix}$

PRO는 Chomsky 이론에서의 정의와 달리 음성적으로 실현 안 되는 대명사를 가리키며 그 가능한 환경은 다음과 같다.

(27) 기능적 대용어 규칙(Rule of Functional Anaphora)
동사는 자신이 지배하는 문법 기능 중에서 의미역이 제한되지 않는 것에 대해 다음과 같은 기능 도식을 가질 수 있다.
(i) ($\uparrow$ GF PRED) = 'PRO'
(ii) ($\uparrow$ FIN) =$_c \alpha$
단, 영어는 (i)에서 GF = SUBJ, (ii)에서 α = $-$이다.

(27)은 영어에서는 동사가 부정사구나 동명사일 경우 주어 자리에 한하여 PRO가 나타날 수 있음을 의미한다. PRO가 나타나는 자리에는 (28)이 보여주듯이 일반 대명사가 나올 수 있다. (Horrocks 1987, 262)

(28) a. Maggie wishes (for) her to resign.
　　　b. Maggie wishes to resign.
　　　c. Maggie likes her writing speeches.
　　　d. Maggie likes writing speeches.

그러나 (28a)와 (28b)는 해석이 다른데 전자에서는 대명사가 Maggie가 아닌 다른 사람을 가리키며 후자에서는 PRO가 Maggie와 공지시한다. 이를 (29)의 판별원리(Obviation Principle)로 표현한다.

(29) 판별원리
P가 판별적 절(영어에서는 부정사구)의 대명사 SUBJ이고 A는 P의 가능한 선행사이면서 판별적 절을 직접 포함하는 절의 SUBJ일 때, PRO는
(i) P가 실현되지 않으면 A에 결속되고
(ii) P가 실현되면 A에 결속되지 않는다.

(28b)는 (29i)의 경우로 A에 결속되어 공지시하고 (28a)는 (29ii)의 경우로 A에 결속되지 않고 다른 지시체를 가리킨다. (29)에서 판별적 절을 영어에서 부정사구로 제한하는 이유는 (28c, d)는 의미구별이 없이 양쪽 다 두 가지 해석이 가능하기 때문이다. 또한 A를 주어로만 한정하는 이유도 선행사가 주어가 아닌 (30)같은 경우에는 여러 가지 해석이 다 가능하기 때문이다.

(30) (For her) to concede seems silly to Maggie.

모든 대용어적 통제 현상에 공통되는 조건이 있다. (31)의 개념에 기초하여 PRO의 선행사는 PRO를 기능 통어해야 한다는 기능 통어 조건(F-command requirement)이다.

(31) 기능 통어(F-command)
기능 구조에서 기능 f_1이 기능 f_2를 포함하지 않고 f_1을 포함하는 모든 기능 구조가 f_2를 포함할 때 f_1이 f_2를 기능 통어한다고 한다.

(32a)의 기능 구조 (32b)에서 XCOMP의 주어는 연결선이 보여주듯이

기능 통제에 의해 'demoting herself' 전체가 된다. 그리고 PRO의 선행사는 Maggie가 되는데 Maggie를 포함하고 있는 기능 구조 f_1은 f_2를 포함하지 않고 전자를 포함하는 모든 기능 구조(여기에서는 f_3과 f_4)는 후자도 포함한다. 이런 포함 관계는 바로 기능 통제에 의해 전체 문장의 SUBJ가 XCOMP의 SUBJ의 기능 구조도 되기 때문에 가능하다. (Horrocks 1987, 264-265)

(32) a. Demoting herself seems inconceivable to Maggie.

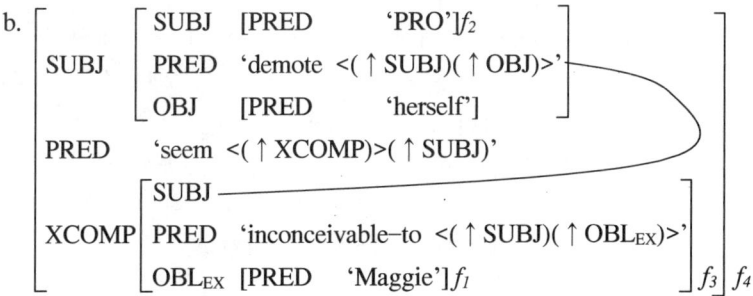

이 개념은 성분 통어(c-command)와는 다른 예측을 한다. 표면 구조가 대략 (33)과 같다면 Maggie는 동명사구의 주어 자리를 성분 통어하지 못하기 때문이다.

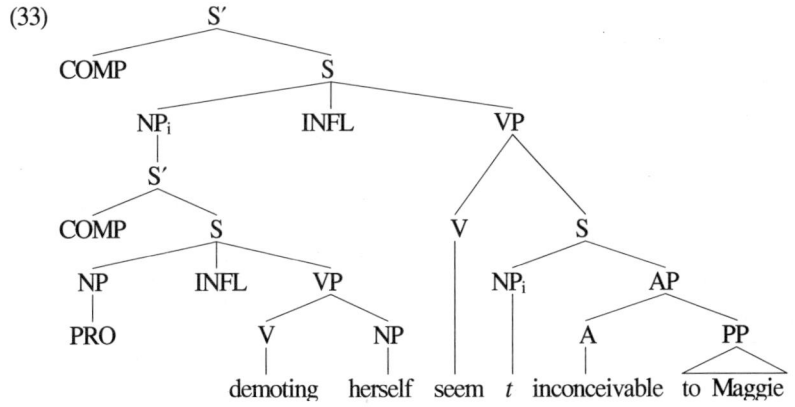

3.4 결론

　통제에 대해서는 다른 주제들에 비해 비교적 새로운 연구가 없이 초기이론에서 제시된 설명이 그대로 유지되고 있다. 실제로 통제 이론은 LFG의 가장 기본적인 가정들을 표현하도록 짜여 있기 때문에 이론의 변화를 기대하기 어렵다. 서론에서 제시된 대로 LFG 통제 이론의 핵심은 어떤 명사구가 표현 안 되는 이유가 어휘적인가 아닌가의 구별로 다양한 국지적 현상들을 묶어준다. 이런 새로운 조명은 그 성격 상 LFG를 포함한 어휘이론들에서는 대체로 공유될 것이며 여기에서 누가 통제자가 되는가에 대해서는 이론마다 설명이 다를 수 있다. LFG는 그런 종속의 관계를 기능 구조에서 포착하고 형상 구조에서는 눈에 보이지 않는 요소를 표현하지 않는데 이런 이론화는 의미와 통사 간의 일관성을 주장하는 투영 원리를 가정하지 않음으로써 가능한 것으로 LFG의 가장 기본적인 주장인 "구체적인 통사론"을 반영한다.

4장 장거리 종속성

4.1 서론

LFG에서 장거리 또는 무제한적 종속성(long-distance or unbounded dependency) 구문은 (1)의 wh-의문문, 주제문, 관계절을 포함한다. 이런 구문들에서는 (2)처럼 종속 관계가 하나의 절에 제한되지 않고 무제한적으로 확장될 수 있기 때문이다.

(1) a. Which picture do you like best?
    b. Fresno, they tell me is nice in winter.
    c. the woman to whom you are responsible

(2) Mary John claimed that Bill said that Henry telephoned _____.

초기 LFG 이론은 범주 구조 상에서 이 구문을 설명하였었는데 Kaplan and Zaenen(1989, 1995)이 기능 불확정성(Functional Uncertainty) 원리를 제시한 이래 기능 구조에서의 설명이 계속 나오고 있다. 이 원리의 이름은 이 구문이 다른 구문에 비해 중의적이며 관련 명사구의 기능을 추측하기 어렵다는 데에 기인한다. 예를 들어 소위 (3)의 정원길 문장(garden-path sentence)에서 'the cherry blossoms'까지 주어졌을 때 이들의 문법 기능을 어떻게 분석할지는 불확정적이다. 'blossoms'는 명사로도 동사로도 분석될 수 있으며 정확한 분석은 그 뒤의 표현들이 주어진 뒤에만 가능하다.

(3) The cherry blossoms in the spring.

(2)의 구문에서 'Mary'도 많은 해석의 가능성을 안고 있다. 술어가 나올 때마다 그 술어의 논항으로 해석하는 길과 하위절로 넘어가는 두 가지 가능성이 열려있기 때문이다. 즉, 'claimed', 'said' 또는 'telephoned'와 각기 연결될 수가 있는데 이 중 어떤 해석이 맞는지는 문장의 끝까지 다 들어본 후에만 확정지을 수 있다.

4.2 기능불확정성 원리

간단한 장거리 종속문을 생각해 보자. (4a)의 기능 구조는 (4b)와 같을 것이며 화제인 'Mary'가 'telephone'의 실현되지 않은 목적어로 동시에 해석된다. 화제가 실현되지 않은 'Henry telephoned'는 비문이다. (5a)도 비문인데 동사의 주어와 목적어가 이미 실현되어 화제가 술어와 연결되어 해석을 받을 길이 없기 때문이다.

(4) a. Mary Henry telephoned
$$\text{b.} \begin{bmatrix} \text{TOP} & [\text{PRED} & \text{'Mary'}] \\ \text{SUBJ} & [\text{PRED} & \text{'Henry'}] \\ \text{OBJ} & & \\ \text{PRED} & \text{'telephone} <(\uparrow\text{SUBJ})(\uparrow\text{OBJ})>' \\ \text{TENSE} & \text{PAST} & \end{bmatrix}$$

(5) a. *Mary Henry telephoned John
$$\text{b.} \begin{bmatrix} \text{TOP} & [\text{PRED} & \text{'Mary'}] \\ \text{SUBJ} & [\text{PRED} & \text{'Henry'}] \\ \text{OBJ} & [\text{PRED} & \text{'John'}] \\ \text{PRED} & \text{'telephone} <(\uparrow\text{SUBJ})(\uparrow\text{OBJ})>' \\ \text{TENSE} & \text{PAST} & \end{bmatrix}$$

(4, 5)를 통해 알 수 있는 것은 **TOP**이 동사에 의해 하위범주화되는 문

법 기능들과 연결될 때에만 문장이 정문이 된다는 것이다. 연결된다는 것은 앞장의 기능 통제에서 설명한 대로 TOP과 OBJ가 하나의 기능 구조를 공유한다는 것이다. 그러나 앞장에서 살펴본 기능 간의 동일시는 동사에 의해 하위범주화되는 기능들 간에만 적용되는 것이었으므로 TOP과 OBJ를 연결시킬 수 있는 새로운 장치와 조건이 필요한데 이를 위해 (6)과 (7)을 도입한다.

(6) (↑TOP) = (↑OBJ)

(7) 확대 정합성 조건(Extended Coherence Condition)
기능 구조는 그것에 속하는 모든 문법 기능들이 술어에 의해 지배 될(하위범주화 될) 때에만 국지적으로 정합성이 있다. TOP이나 FOC같은 담화기능들도 하위범주화 되는 기능들과 동일시되거나 그들과 대용어적 결속관계에 있어야 한다. 자신에게 속하는 모든 기능 구조들이 정합성이 있을 때 전체 기능 구조는 정합성이 있다.

그러나 (8a)같이 종속절이 하나 더 삽입되면 (↑TOP) = (↑COMP OBJ)라는 기능 도식이 요구될 것이며 (8b)같이 무한한 길이의 문장에서는 (↑TOP) = (↑COMP COMP . . . OBJ)식의 기능 도식이 필요할 것이다.

(8) a. Mary John claimed that Bill telephoned yesterday.
     b. Mary John claimed that Bill said that . . . that Henry telephoned yesterday.

폐쇄연산자 *기호를 이용하여 이런 다양한 가능성들을 표기해 보면 (9a)와 같으며 OBJ 이외에 다른 어떤 기능과도 연결될 수 있으므로 (9b)처럼 일반화시킬 수 있다. 이런 개념화는 장거리 종속을 사실상 COMP 단위로 나누어지는 단거리 내에서의 종속의 사슬로 보는 것이고 이런 면에서 Chomsky 이론과 맥을 같이 한다.

(9) a. (↑TOP) = (↑COMP* OBJ)
    b. (↑TOP) = (↑COMP* GF)

초기 LFG이론에서는 이렇게 함수의 논항에 여러 개의 기호가 중첩하는 경우를 설명할 수 없었는데 Kaplan and Zaenen이 불확정성의 모든 경우를 설명할 수 있는 체계적인 규칙을 제시하였다. 이는 LFG의 함수적용 표현(functional application expression)을 확장함으로써 가능하였는데 이를 단계별로 살펴보자. (10)의 기본 원리는 '(f_1 SUBJ) = f_2'와 같이 s가 하나의 기호일 때만 고려한다.

(10) f가 기능 구조이고 s가 기호, <s, v> ∈ f이면 (f s) = v가 성립한다.

장거리 종속문을 위해서는 (f COMP . . . OBJ)와 같이 s가 하나의 기호가 아니라 무한한 기호의 연쇄체인 경우에도 (10)이 적용되도록 하는 알고리듬이 필요하다. 이를 위해 우선 (11)과 같은 약속이 필요한데 이에 따르면 x가 'COMP OBJ'라는 기호 연쇄체일 때 이를 논항으로 취하는 함수는 x의 첫 번째 기호 COMP를 논항으로 취하는 함수의 값을 다시 함수로 하여 나머지 기호연쇄체(여기에서는 OBJ)를 논항으로 취하는 함수와 같다.

(11) x가 s라는 기호와 그 뒤를 따르는 기호 연쇄체 y로 구성되어 있을 때
    (f x) ≡ ((f s) y)
    (f ε) ≡ f (ε가 공범주일 때) 이다.

이를 더 확장하면 (12)와 같다. (12)는 (11)과 같은 함수의 적용을 언제까지 계속할 것인가를 규정해 준다.

(12) α가 연쇄체(무한집합도 가능)의 집합일 때,
기호 s에 대하여 ((f s) Suff(s, α)) = v 가 성립할 때에만 (f α) = v가 성립한다.
이 때 Suff(s, α)는 sy ∈ α인 나머지 연쇄체 y의 집합을 나타낸다.

(12)는 (11)과 같은 등식관계가 임의의 기호연쇄체를 첫 번째 기호와 나머지 연쇄체로 분리할 수 있을 때까지 계속됨을 의미한다. 'COMP COMP COMP COMP OBJ'라는 기호연쇄체의 함수적용을 생각해 보면 우선 이 연쇄체는 (13i)처럼 첫 번째 기호 s와 나머지 연쇄체 y로 분리된다. 그리고 나머지 연쇄체를 다시 s와 y로 분리해 가다 보면 (13iv)처럼 더 이상 y가 s와 y로 분리되지 않는 점에 도달하게 된다. 따라서 (f COMP COMP COMP COMP OBJ)라는 함수의 값은 (((((f COMP) COMP) COMP) COMP) OBJ)처럼 OBJ를 최종 논항으로 취하는 함수의 값과 일치하게 된다. (신수송, 류수린 1995, 82)

(13) (i) <u>COMP COMP COMP COMP OBJ</u>
    s   y
 (ii)   ‾‾‾‾ ‾‾‾‾‾‾‾‾‾‾‾‾
       s   y
 (iii)   ‾‾‾‾ ‾‾‾‾‾‾‾‾
         s   y
 (iv)   ‾‾‾‾ ‾‾
           s y

결과적으로 (12)의 기능불확정성 원리는 (9b)의 기능 도식에서 TOP과 기호연쇄체의 마지막 기호인 GF가 같은 기능 구조를 공유하게 한다. 여기에서 GF는 TOP과 연결되지 않으면 완결성 조건을 어기게 되는 기능, 다르게 표현하면 술어에 의해 하위범주화 되는데 기능 구조가 아직 주어지지 않은 기능이 된다. TOP이 이 GF가 아닌 다른 기능과 연결되면 그것은 두 개의 기능 구조를 할당받게 되므로 함수 유일성 조건을 위배하게 된다.

(12)에 따라 (14)의 화제문을 설명해 보자. (15)에서 화제 절점은 '(↑COMP* GF) =↓'라는 기능 도식을 지니고 있으며 이는 위에서 본 대로 TOP을 기호 연쇄체의 마지막 기호인 GF와 연결시켜 준다. 여기에서는 그 자신의 기능 구조를 결하고 있는 GF가 가장 깊이 내포된 목적어이므로 그것과 연결된다. 한 가지 주목할 점은 이 실현되지 않은 목적어 자리에 범주 구조 상에 공범주 e가 나타난다는 점이다. 이는 구체적인 통사론을 추구해 온 LFG에서는 새로운 이론적 변화인데 이에 대해서는 6장에서 설명하기로 한다. (16)의 기능 구조에서 TOP과 OBJ를 연결하는 선은 이제 (12)로 인해 담화기능과 문법 기능 간의 관계에까지 확장된 기능 통제 관계를 드러내 준다. (Kaplan and Zaenen 1995, 150)

(14) Mary John claimed that Bill said that Henry telephoned.

(15)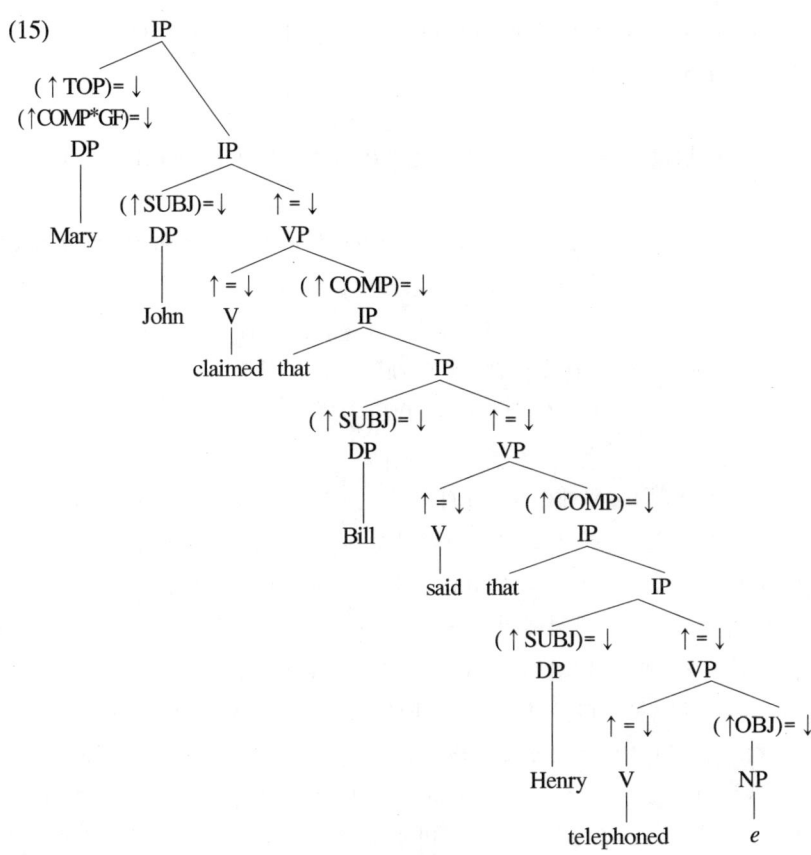

(16)
$$
\begin{bmatrix}
\text{TOP} & [\text{PRED} \quad \text{'Mary'}] \\
\text{PRED} & \text{'claim} <(\uparrow\text{SUBJ})(\uparrow\text{COMP})>\text{'} \\
\text{SUBJ} & [\text{PRED} \quad \text{'John'}] \\
\text{COMP} & \begin{bmatrix} \text{PRED} & \text{'say} <(\uparrow\text{SUBJ})(\uparrow\text{COMP})>\text{'} \\ \text{SUBJ} & [\text{PRED} \quad \text{'Bill'}] \\ \text{COMP} & \begin{bmatrix} \text{PRED} & \text{'telephone} <(\uparrow\text{SUBJ})(\uparrow\text{OBJ})>\text{'} \\ \text{SUBJ} & [\text{PRED} \quad \text{'Henry'}] \\ \text{OBJ} & \end{bmatrix} \end{bmatrix}
\end{bmatrix}
$$

Dalrymple, Maxwell, Zaenen(1995)은 함수적용 방식을 (17)과 같이 두 가지로 구분하였다.

(17) a. 밖으로부터의 기능불확정성(Outside-In Functional Uncertainty)
       (f α)
     b. 안으로부터의 기능불확정성(Inside-Out Functional Uncertainty)
       (α f)

(18) x가 기호의 연쇄체일 때 아래 등식이 성립한다.
     $f = (xf') \equiv_{df} (fx) = f'$

널리 인용되고 위에서도 가정했던 함수들은 (17a)의 형식인데 이 때 α는 어떤 기능 구조 f로부터 시작하여 내포된 절들 속으로 확정성을 찾아 들어가는 안으로의 길(PathIn)이라 부르며 이런 함수는 밖으로부터 안으로, 기능 구조의 관점에서 표현하자면 제일 바깥쪽의 기능 구조로부터 제일 깊숙히 내포된 기능 구조로 가는 함수라 하여 밖으로부터의 기능불확정성이라 부른다. 이와는 반대로 (17b)는 안으로부터 밖으로, 제일 깊숙히 내포된 기능 구조로부터 제일 바깥쪽의 기능 구조로 가는 함수라 하여 안으로부터의 기능불확정성이라 부르며 α는 제일 깊숙히 내포된 기능 구조 f로부터 시작하여 밖으로 확정성을 찾아 나가는 밖으로의 길(PathOut)이다. 그러나 이 두 가지 함수 적용은 결과적으로 같은 길을 찾아내므로 (18)과 같은 등식으로 표현할 수 있고 장거리 종속성 구문에 대해 동일한 설명을 제시한다. 장거리 종속성 구문에 대해 안으로부터의 기능불확정성 함수적용 방식을 택하는 설명에서는 (15)의 수형도에서 제일 상위의 DF에 관련 기능 도식을 표시하지 않고 제일 하위의 공범주 e에 '((x↑) TOP)=↑'와 같은 기능 도식을 부여하고 위로 일정한 길을 찾아 올라갈 것이다.

기능불확정성 원리는 장거리 종속 구문 이외에도 가능한 선행사가 여러 개인 결속 구문이나 뒤섞기 구문(scrambling) 등을 설명하는 데에도 적용되는데, 안으로부터의 기능불확정성(Inside-Out Functional Uncertainty) 개념이 유용하게 쓰이는 경우는 우리말처럼 대용어와 선행사가 멀리 떨어져 나올 수 있는 언어의 결속 현상을 설명할 때이다. 대용어가 나오는 가장 깊이 내포된 절을 명시하고 그로부터 시작하여 상위절로 무한대로 올라가며 선행사를 찾을 수 있기 때문이다. (19)의 기능 구조의 골격은 (20)과 같다.

(19) 철수$_i$는 민수에게 규호가 자기$_i$를 만나게 해 달라고 부탁하였다.

(20) $f_1\begin{bmatrix} \text{SUBJ } f_4 \\ \text{XCOMP } f_2\begin{bmatrix} \text{SUBJ } f_5 \\ \text{XCOMP } f_3\begin{bmatrix} \text{SUBJ } f_6 \\ \text{OBJ } f_7 \ [\text{자기}] \end{bmatrix} \end{bmatrix} \end{bmatrix}$

(XCOMP* OBJ f_7)이라는 안으로부터의 기능불확정성 함수는 함수 값이 f_1, f_2, f_3 (XCOMP가 안 나오는 경우)가 되어 '자기'라는 대용어의 선행사가 나올 수 있는 영역이 세 절에 걸침을 보여준다. 또 각 절의 주어가 선행사가 될 수 있는데 ((XCOMP* OBJ f_7) SUBJ)라는 함수는 f_4, f_5, f_6을 함수 값으로 갖게 되어 '자기'의 결속을 잘 표현한다.

4.3 예문 분석

첫째, (21)-(23)의 문법성의 대비는 AP는 AP 자리에서만, NP는 NP 자리에서만 외치가 가능하다는 것으로 일반화시킬 수 있다. 다르게 표현하면 외치된 표현과 소위 공백이 통사 범주가 같아야 한다고 할 수 있다. 이같은 관찰에 근거하여 초기 LFG이론에서는 기능에 근거한 장거리 종

속성 분석을 시도하지 않았다. (Kaplan and Bresnan 1982)

(21) a. She'll grow that tall/*height.
b. She'll reach that *tall/height.

(22) a. The girl wondered how tall she would grow.
b.*The girl wondered how tall she would reach.

(23) a. The girl wondered what height she would reach.
b.*The girl wondered what height she would grow.

그러나 자세히 살펴보면 reach와 grow의 차이를 문법 기능으로도 포착할 수 있음을 알게 되는데 즉, (24)처럼 전자는 OBJ를 하위범주화하고 후자는 하지 않는다. grow는 대신 be나 seem같이 XCOMP를 지배하므로 두 동사의 어휘 항목에는 (25)와 같이 상이한 기능 도식이 주어질 것이다.

(24) a. That height has been reached.
b.*That tall has been grown.

(25) a. reach   V   ($\uparrow$ PRED) = 'reach <($\uparrow$ SUBJ)($\uparrow$ OBJ)>'
b. grow   V   ($\uparrow$ PRED) = 'grow <($\uparrow$ SUBJ)($\uparrow$ XCOMP)>'
($\uparrow$ SUBJ) = ($\uparrow$ XCOMP SUBJ)

위의 (22a)에서 관련 부분의 기능 구조는 (26)과 같다. 'tall'도 2.4에서 살펴본 대로 술어적 형용사로 SUBJ를 하위범주화한다. 기능불확정식에서 GF에는 XCOMP도 포함되므로 '($\uparrow$ FOC) = ($\uparrow$ XCOMP)'라는 기능 도식에 의해 FOC와 XCOMP의 기능일치를 시키면 (26)은 담화기능을 포함한 모든 기능이 동사에 의해 지배되거나 이미 지배되는 기능과 연결되어야 한다는 확대 정합성 조건을 충족시키게 된다. 따라서 XCOMP의 기능 구조가 (27)이 되는 셈인데 grow의 '(↑SUBJ) = (↑XCOMP SUBJ)'이라는 기능 도식에 의해 전체 문장의 주어가 XCOMP의 비어있는 주어 자리를 기능 통제한다.

(26) $\begin{bmatrix} \text{FOC} & \begin{bmatrix} \text{SUBJ} \\ \text{PRED} & \text{'tall} <(\uparrow\text{SUBJ})>\text{'} \end{bmatrix} \\ \text{SUBJ} & \text{PRED} \quad \text{'she'} \\ \text{XCOMP} \\ \text{PRED} & \text{'grow} <(\uparrow\text{SUBJ})(\uparrow\text{XCOMP})>\text{'} \end{bmatrix}$

(27) $\begin{bmatrix} \text{XCOMP} \begin{bmatrix} \text{SUBJ} \\ \text{PRED} & \text{'tall} <(\uparrow\text{SUBJ})>\text{'} \end{bmatrix} \end{bmatrix}$

(22b)는 비문법적인데 (28)처럼 분석하면 일관성 조건에 위배되고 (29)처럼 분석하면 전체적으로는 정합성 조건들을 어기지 않으나 'tall'의 SUBJ에 해당하는 기능 구조가 주어지지 않아 완결성 조건을 위배하게 된다.

(28) $\begin{bmatrix} \text{FOC} & \begin{bmatrix} \text{SUBJ} \\ \text{PRED} & \text{'tall} <(\uparrow\text{SUBJ})>\text{'} \end{bmatrix} \\ \text{SUBJ} & \text{PRED} \quad \text{'she'} \\ \text{XCOMP} \\ \text{PRED} & \text{'reach} <(\uparrow\text{SUBJ})(\uparrow\text{OBJ})>\text{'} \end{bmatrix}$

(29) $\begin{bmatrix} \text{FOC} & \begin{bmatrix} \text{SUBJ} \\ \text{PRED} & \text{'tall} <(\uparrow\text{SUBJ})>\text{'} \end{bmatrix} \\ \text{SUBJ} & \text{PRED} \quad \text{'she'} \\ \text{OBJ} \\ \text{PRED} & \text{'reach} <(\uparrow\text{SUBJ})(\uparrow\text{OBJ})>\text{'} \end{bmatrix}$

(23a)는 OBJ로 분석함으로써 쉽게 설명이 된다. (23b)는 (30)처럼 분석하면 일관성 조건에 위배되고, (31)이 가능하려면 'height'라는 명사가 XCOMP를 형성해야 하는데 '*She became a height/*She seems that height' 등의 문장이 성립하지 않는 것으로 미루어 'height'는 2.4에서 살펴본 술어적 명사(예: 'grouch')가 될 수 없음을 알 수 있다. 따라서 (30), (31) 어느 분석도 가능하지 않으므로 (23b)는 비문이다.

(30) $\begin{bmatrix} \text{FOC} & [\text{PRED 'height'}] \\ \text{SUBJ} & [\text{PRED 'she'}] \\ \text{OBJ} & \\ \text{PRED} & \text{'grow} <(\uparrow \text{SUBJ})(\uparrow \text{XCOMP})>\text{'} \end{bmatrix}$

(31) $\begin{bmatrix} \text{FOC} & [\text{PRED 'height'}] \\ \text{SUBJ} & [\text{PRED 'she'}] \\ \text{XCOMP} & \\ \text{PRED} & \text{'grow} <(\uparrow \text{SUBJ})(\uparrow \text{XCOMP})>\text{'} \end{bmatrix}$

둘째, (32)의 대비는 범주 통일로 설명하기 어려운 예이다. 전치된 S′ 절이 NP의 자리와 연결이 되면 정문이 되고 COMP와 연결되면 비문이 되기 때문이다. (Kaplan and Bresnan 1982)

(32) a. That he might be wrong he didn't think of.
  b. *That he might be wrong he didn't think.
  c. *He didn't think of that he might be wrong.
  d. He didn't think that he might be wrong.

이는 두 가지 think를 구분하고 영어에 한해 (34)와 같은 제약을 가함으로써 설명할 수 있다. (33)은 종속절을 택하는 think와 NP를 택하는 think-of를 구분하며, (34)는 영어에서 담화기능이 COMP를 기능 통제할 수 없음을 의미한다.

(33) a. think   V   (↑PRED) = 'think <(↑SUBJ)(↑COMP)>'
      b. think   V   (↑PRED) = 'think <(↑SUBJ)(↑OBL$_{OF}$)>'

(34) (↑TOP) = (↑COMP* GF)
      단, GF ≠ COMP

(32a)는 동사가 (33b)인 경우이므로 TOP이 OBL$_{OF}$의 OBJ와 기능 동일시되어 정문이 되나 (32b)는 동사가 (33a)로 기능불확정식에서 마지막 GF가 COMP인 경우로 (34)에 의해 비문이 된다. (32c)가 비문인 것은 영어에서 PP가 of-that절의 형태로는 확장되지 않기 때문이다. 이 예에서 볼 수 있는 바와 같이 장거리 종속 구문에서 나타나는 다양한 문법성의 대비는 기능불확정 도식에 여러 가지 제약을 가함으로써 설명 가능하다.

셋째, 같은 제약이 다음의 유명한 문법성의 대비도 설명한다. 즉, persuade의 경우에는 that절을 주제화시킬 수 없고 tell의 경우에는 가능하다. (Stowell 1981)

(35) a. Kevin persuaded Roger that these hambergers were worth buying.
      b. *That these hambergers were worth buying, Kevin persuaded Roger.
      c. Louise told me that Denny was mean to her.
      d. That Denny was mean to her Louise told me (already).

(36) a. *Kevin persuaded Roger the news.
      b. Louise told me the story.

(36)으로부터 persuade는 COMP만을 취하는 반면 tell은 OBJ2를 택하는 것과 COMP를 택하는 것 두 개의 tell이 있다고 가정할 수 있다.

(37) a. persuade V (↑PRED) = 'persuade <(↑SUBJ)(↑OBJ)(↑COMP)>'
     b. tell   V (↑PRED) = 'tell <(↑SUBJ)(↑OBJ)(↑OBJ2)>'
     c. tell   V (↑PRED) = 'tell <(↑SUBJ)(↑OBJ)(↑COMP)>'

(35b)는 영어에서 담화기능이 COMP를 기능 통제할 수 없도록 제약하는 (34)를 어기게 되어 비문이다. (35d)는 OBJ2와 연결되므로 (34)에 위배되지 않는다.

마지막으로 위의 예들과는 종류가 다르지만 두 가지 화제문에 대해 더 살펴보고 넘어가자. (38)과 같은 구문에서 Ann이라는 TOP 표현을 제외하면 나머지 문장은 모든 정합성 조건을 충족시킨다. 위에서 기능불확정성 원리로 살펴본 예들은 모두 나머지 문장이 정합성 조건을 위배하는 경우들이었다.

(38) Ann, I think he likes her.

이런 화제는 '외부 화제(external topic)'라고 불리는데 이를 허용하는 것은 문장 내의 대용어와의 대용어적 결속 관계이다. 이것이 (7)에서 확대 정합성 원리를 정의할 때 "TOP이나 FOC같은 담화기능들도 하위범주화되는 기능들과 동일시되거나 그들과 대용어적 결속 관계에 있어야 한다"라고 표현한 이유이다. 이들은 기능 구조를 공유하는 것이 아니라 두 기능의 지시 지표(referential index)를 공유한다.

(39)는 화제가 나머지 문장에서 부가어의 역할을 하는 화제문이다.

(39) As for Ann, I don't think Roger likes women.

이 때에는 이 구문이 기능불확정성 원리나 대용어적 결속관계를 보이지 않아도 부가어와 화제의 이중 기능을 한다는 사실만으로 확대 정합성 원리를 충족시키는 것으로 본다.

4.4 성분 등위접속(Constituent Coordination)

LFG에서 기능불확정성 원리에 따라 설명되는 또 하나 대표적인 구문은 등위접속 구문이다. (40)과 같이 문장과 문장이 등위접속된 경우의 범주 구조와 기능 구조는 각기 (41), (42)와 같을 것이다.

(40) John bought apples and John ate apples.

(41)

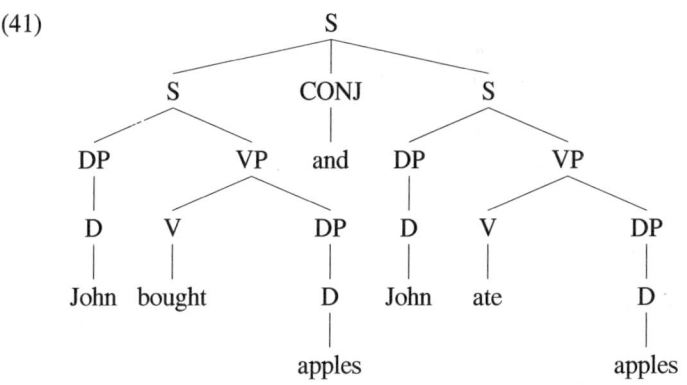

(42)
$$\left\{\begin{bmatrix} \text{SUBJ} & [\text{PRED} \quad \text{'John'}] \\ \text{OBJ} & \begin{bmatrix} \text{PRED} & \text{'apple'} \\ \text{NUM} & \text{PL} \end{bmatrix} \\ \text{PRED} & \text{'buy} <(\uparrow \text{SUBJ})(\uparrow \text{OBJ})>\text{'} \\ \text{TENSE} & \text{PAST} \end{bmatrix} \\ \begin{bmatrix} \text{SUBJ} & [\text{PRED} \quad \text{'John'}] \\ \text{OBJ} & \begin{bmatrix} \text{PRED} & \text{'apple'} \\ \text{NUM} & \text{PL} \end{bmatrix} \\ \text{PRED} & \text{'eat} <(\uparrow \text{SUBJ})(\uparrow \text{OBJ})>\text{'} \\ \text{TENSE} & \text{PAST} \end{bmatrix}\right\}$$

이런 분석을 위해서는 (43)의 구구조규칙 하나만 있으면 된다. (43)은 접속사로 연결된 각각 문장의 기능 구조는 전체 문장의 기능 구조를 하나의 집합으로 볼 때 그 원소(member)라는 것이다.

(43) S →   S   CONJ   S
              ↑ ∈ ↓   ↑ ∈ ↓

(44)와 같이 양쪽에 공통되는 요소가 있는 등위접속도 있다.

(44) John bought and ate apples.

이 구문에는 (45) 규칙이 적용되는 것으로 보고 그 범주 구조와 기능 구조를 각기 (46), (47)로 분석한다.

(45) V → V   CONJ   V
            ↓ ∈ ↑   ↓ ∈ ↑

(46)
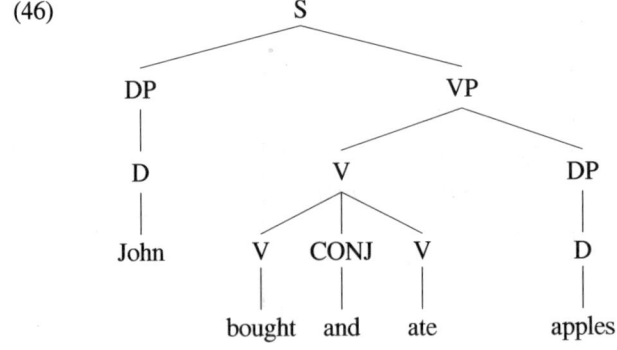

(47)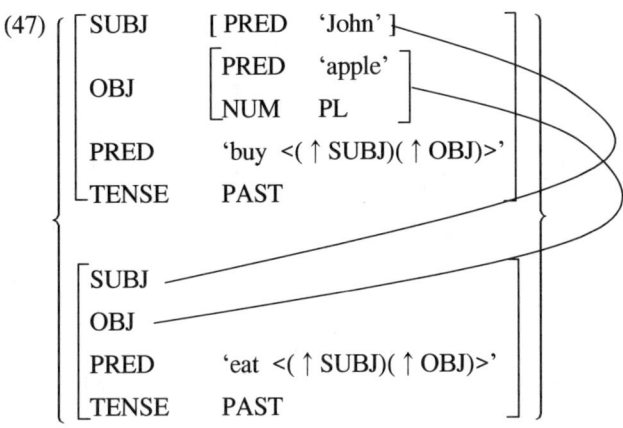

(45)도 전체 기능 구조를 하나의 집합으로 보는 것인데 집합에 함수가 적용되는 원칙은 다음과 같다.

(48) f라는 기능 구조가 집합이고 그 요소인 모든 기능 구조에 대해 $(g\ a) = v$가 성립하면 $(f\ a) = v$이다.

(48)에 따라 집합적 기능 구조에서는 모든 원소들이 특정 속성에 대하여 하나의 함수 값을 공유할 때 그것이 전체 기능 구조의 그 속성에 대한 함수 값이 된다. 반대로 표현하면 전체 기능 구조에서 어떤 속성의 함수 값이 v라는 것은 그 집합에 속하는 모든 기능 구조의 그 속성에 대한 함수 값이 v가 됨을 의미한다. 즉, 집합 전체에 대해 정의된 속성이 각 원소로 분배(distribute)되므로 (47)에서 두 절은 **SUBJ**와 **OBJ**의 값을 공유하게 된다.

(48)은 (49)의 미묘한 비문법성도 설명한다. (Kaplan and Maxwell 1995, 205)

(49) *The girl promised and persuaded John to go.

(50)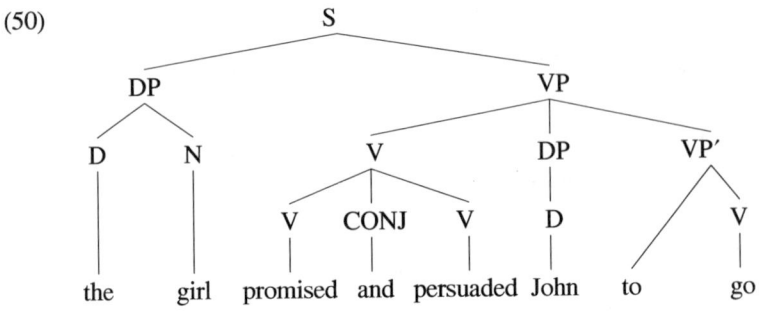

(51)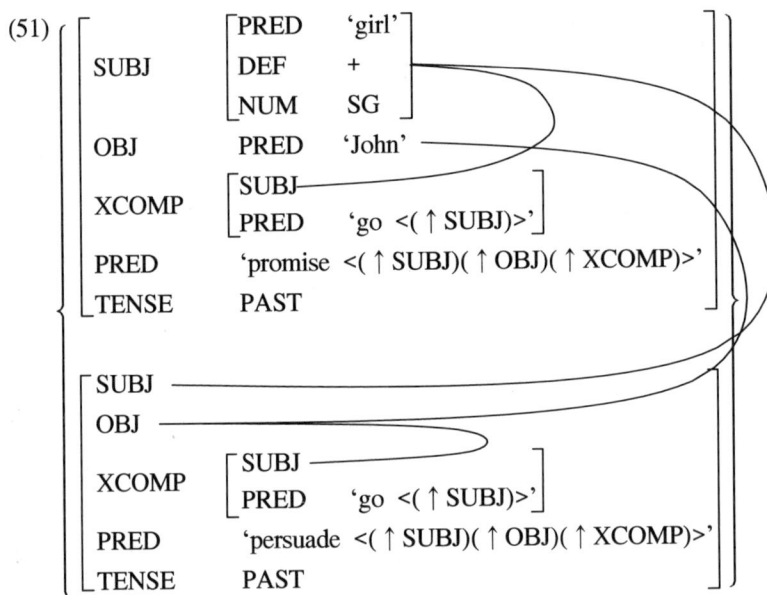

　(51)에서 두 하위 기능 구조는 SUBJ, OBJ, XCOMP를 공유해야 하는데 SUBJ와 OBJ는 기능 동일시가 가능하나 XCOMP는 그 구체적인 내용이 결정이 안 된 채로 공유된다. XCOMP의 SUBJ가 무엇인지가 정해지지 않았기 때문이다. 따라서 기능 구조는 술어가 요구하는 모든 기능들을 포함하고 있을 때에만 국지적으로 완결된다는 완결성 조건을 어긴다고 볼 수 있다. 더구나 XCOMP의 SUBJ가 각 동사의 기능정보에 따라

기능 통제될 때 각기 다른 통제자를 지정받게 되는데 이는 같은 기능 구조가 공유되어야 한다는 (48)의 조건을 위반하게 되므로 (51)은 비문이 된다. 양 절의 동사가 persuade와 force처럼 XCOMP에 같은 통제자를 지정하는 동사라면 양 절이 결과적으로 똑같은 기능 구조를 공유하게 되어 (48)을 어기지 않을 것이다.

마지막으로 등위접속 구문과 장거리 종속 구문과의 상호 작용을 살펴보자. (52a, b)와 비교하여 (52c)는 비문이다. (Kaplan and Maxwell 1995, 207)

(52) a. The robot, Bill bought and Mary liked
    b. The robot, Bill gave Mary and John gave a ball to
    c. *The robot, Bill gave Mary and John gave a ball to Susan

(52a)의 기능 구조는 다음과 같다. 접속된 두 절은 FOCUS를 공유하며 각 절에서 이 FOCUS는 기능불확정성 원리에 의해 OBJ와 기능 구조를 공유한다. 이 설명은 새로운 장치를 도입할 필요없이 (12)의 기능불확정성 원리와 (48)의 등위접속구문에 대한 해석원리에 의해 자연스럽게 유도된다.

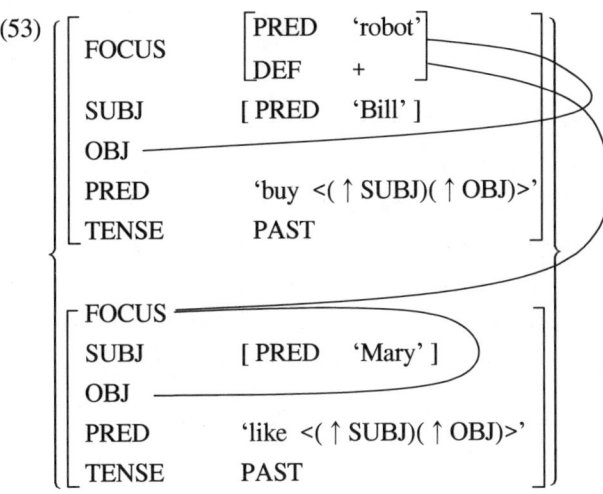

(52b)는 이보다 복잡하며 약간의 이론적 수정을 필요로 한다. FOCUS가 첫 번째 절에서는 OBJ2, 두 번째 절에서는 이와 다른 OBL_GO의 기능을 하기 때문이다. 이 때에도 두 절은 FOCUS를 공유하며 이 FOCUS가 각 절에서 기능불확정성 원리에 따라 특정 문법 기능과 연결된다.

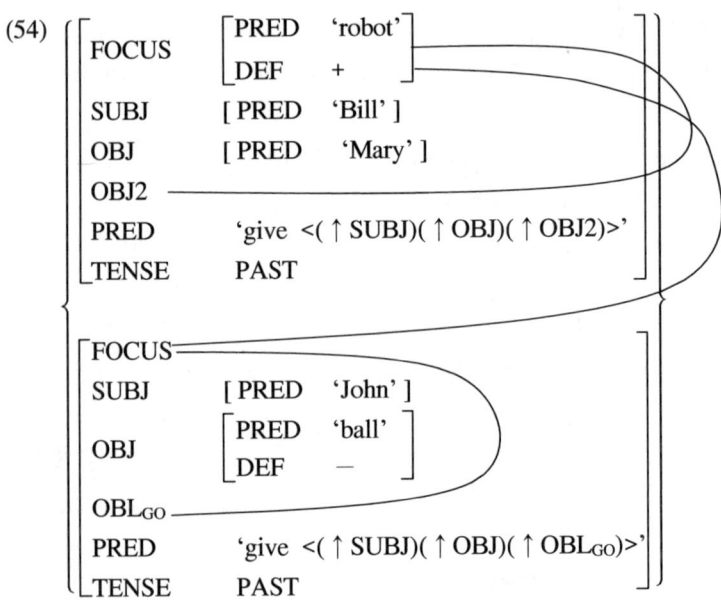

(54)를 설명하기 위해, 접속구문에서 공유되는 담화기능에 각 절에서 기능불확정성 원리가 적용될 때에는 각기 다른 길(Path)을 택할 수 있는 가능성을 허용해야 한다. 즉, 이 구문에서 중요한 것은 각 절에서 불확정성이 해결이 되어야(resolved) 한다는 것이지 이런 해결이 각 절에서 똑같은 방식으로 이루어져야 한다는 것은 아니다.

(52c)는 위의 예들과 다르다. 두 번째 절이 그 자체로 모든 적격성 조건을 충족시켜 FOC의 기능 구조가 분배될 비어있는 자리가 없기 때문이다. 따라서 (48)의 정의에 맞지 않으며 또한 담화기능도 기능 구조에서 특별한 방식으로 지배되기를 요구하는 확대 정합성 원리를 위배하므

로 비문이 된다.

4.5 결론

위에서 살펴본 기능에 기초한 장거리종속성 이론은 기능불확정성 원리의 도입에 의해 가능해진 것이다. 최근에도 **Kaplan and Maxwell III(1995)** 등의 연구에서 이 원리를 보다 정교하게 발전시키려는 노력이 계속되고 있는데 이 원리는 지금까지 비국지적 불확정성을 보이면서도 장거리종속 구문으로 설명되지 않았던 다양한 현상들을 일관되게 설명해 줄 수 있을 것으로 기대된다.

최근 이론의 가장 큰 발전은 형상 구조 상의 공범주의 도입인데 이는 구체적인 통사론을 지향해 온 **LFG**로서는 중요한 변화이다. **LFG**에서 공범주는 6장에서 설명될 것처럼 구문에 따라 모든 언어에서 도입되는 것이 아니라 특정한 언어가 그것을 요구할 때에만 도입된다. 따라서 형태와 통사 구조 간의 경쟁을 설명하는 데에 중요한 역할을 하게 되는데 공범주를 설정하는 것이 불가피한가, 또 영어 같은 언어에서 공범주가 요구되는 환경은 어디인가 등이 흥미있는 연구주제가 될 것이다.

5장 결속 현상

5.1 서론

    LFG의 결속 이론도 초기이론과 최근이론간에 변화가 많다. 초기이론은 결속 현상을 기능 구조 상에서 설명하면서 Chomsky의 결속 이론에 대응되는 세 가지 원리를 제시하였다. 다른 현상들이 그렇듯이 결속도 범주 구조 상에서 설명하는 것과 기능 구조 상에서 설명하는 것은 상당한 차이가 있어 두 이론이 중요한 예측을 달리 하기도 한다. 그러나 근본적으로는 동일한 영어자료와 동일한 개념화(상대적 위계와 결속 영역)에 기초하여 이루어져 있기 때문에 Chomsky적 분석을 LFG식으로 재해석 한 것이었고 LFG의 각론 중에서 Chomsky 이론과 가장 유사한 부분이기도 하였다.
    이에 비해 최근의 발전은 결속 현상에 대해 새로운 관점을 제시한다. Chomsky의 이론이나 LFG의 초기이론을 포함하는 결속 이론들에 계속 반례로 제시되어 온 예문들은 크게 두 가지로 나눌 수 있다. 하나는 언어별로 매우 다양한 모습을 보이는 재귀사(reflexive)로 소위 결속 원리 A가 다른 언어 자료도 설명할 수 있도록 적절한 언어별 매개변인(parameter)을 설정하는 것이 필요한 듯하다. 두 번째는 명사적 표현이 문장 내에서 반복되는 경우로 (1a)처럼 원리 C를 위배하는 예가 많은 언어에서 자유롭게 나타난다. 그러나 늘 가능한 것은 아니고 앞의 Bill을 대명사로 바꾸면 문장은 (1b)처럼 비문이 되므로 특정한 제약이 존재하는 것은 분명하다.

(1) a. I know what John and Bill have in common. John thinks that Bill is terrific and Bill$_i$ thinks that Bill$_i$ is terrific. (Evans 1980, 356)

b. I know what John and Bill have in common. John thinks that Bill is terrific and *he_i thinks that Bill_i is terrific.

LFG의 최근이론은 이 중에서 특히 두 번째 문제를 다룬다. 첫 번째 문제에 대해서도 여러 가지 제안이 있으나 아직 확정적이지 않고 또 영어에 대해서는 큰 변화가 없으므로 본고에서는 다루지 않겠다. 두 번째 문제에 대해서는 우선 명사와 대명사 간의 관계에서 중요한 것은 '공지시(coreference)'가 아니라 '지시 의존(referential dependence)'이라고 주장한다. 같은 지시체를 독립적으로 가리키는 표현(명사)이 한 문장 내에 여러 번 반복되는 것은 그 자체로는 문제가 되지 않는다. 문제는 어떤 지시체를 독립적으로 가리키지 못하고 다른 지시사에 의존해야 하는 표현, 즉 대명사가 어떤 환경에 나오는가 하는 점이라는 것이다. 또한 대명사도 통사적인 지시 의존 관계를 보이는 것과 화용적인 관계를 보이는 것, 즉 결속되는 대명사와 e-유형 대명사 두 가지를 구분해 주어야 하며 이 중에서 전자만 결속 이론에서 설명해야 한다고 주장한다.

이론의 발전을 단계적으로 살펴보는 것이 결속 이론을 이해하는데 도움이 되므로 2, 3, 4장에서 이론이 발전한 순서에 따라 살펴보겠다.

5.2 초기 결속 이론

Chomsky 이론과 LFG가 결속 현상을 설명하기 위해 도입한 개념들은 각기 (2)와 같다. 결속 현상을 설명하는 데에는 어느 이론이든지 세 가지 개념을 필요로 하는데 논항과 비논항의 구별, 그들 간의 상대적 위계, 결속 현상이 일어날 수 있는 영역(domain)이 그것이다. 예상되는 대로 Chomsky 이론에서는 이 세 가지 개념이 모두 범주 구조 상에서 정의되고 LFG에서는 기능 구조에서 정의되며 이런 정의는 아래에 다루게 될 것처럼 미묘한 차이를 가져오게 된다.

(2)   Chomsky 이론   LFG
  1. 논항과 비논항 범주 구조 상에서의 위치   기능상 구분
  2. 상대적 위계   성분 통어(c-command)   기능 위계(functional hierarchy),
                                              기능 등급(syntactic rank)
  3. 결속 영역   지배 범주(governing category) 결속 기능핵 범주(binding nucleus)

LFG의 개념을 보면 첫째, 기능 위계는 논항 간의 상대적 우위를 보여주는 것으로 SUBJ가 가장 높다.

(3) 기능 위계
    SUBJ > OBJ > OBJ_θ > OBL_θ > COMPL

기능 등급은 이에 기초하여 결정된다.

(4) 기능 등급
    기능 구조에 속하는 모든 성분 A, B에 대하여,
    A와 B가 같은 기능 구조에 속하면서 기능 위계에서 A가 B보다 높은 위치를 점하면 A가 B보다 기능 등급이 높다. A는 B를 포함하는 어떤 C보다 기능등급이 높다.

기능핵 범주(nucleus)는 하나의 PRED와 그것의 논항 기능들만으로 구성된 기능 구조를 가리킨다. 다르게 표현하면 완결성 조건과 정합성 조건을 만족시키는 최소 기능 구조를 가리키는데 담화 기능은 포함되지 않으므로 확대 정합성 조건은 제외된다.

(5) 기능핵 범주
    기능핵 범주란 하나의 PRED와 그에 의해 요구되는 모든 기능들을 포함하는 기능 구조를 가리킨다.

이런 개념들에 기초하여 결속은 다음과 같이 정의되며 (6)에서 공지표 관계란 공지시(coreference)를 의미한다.

(6) 결속
A가 B보다 기능 등급이 높고 서로 공지표(coindexing) 관계에 있으면 A는 B를 결속한다.

(6)에 의하면 (7)에서 SUBJ는 OBJ를 결속하지만 그 반대는 성립하지 않는다.

(7) $\begin{bmatrix} \text{SUBJ} & \\ \text{OBJ} & \\ \text{PRED} & \text{'}\ldots <(\uparrow \text{SUBJ})(\uparrow \text{OBJ})>\text{'} \end{bmatrix}$

여기에서 (6)과 같은 정의는 재귀사와 대명사가 정확히 상보적 분포(complementary distribution)를 보이리라고 예측하는데 실제로는 두 형태가 같이 나올 수 있는 자리가 있으므로 결속을 설명하는 기능핵 범주의 개념을 (8)과 같이 수정하여야 한다. 이는 두 형태를 위한 결속 영역을 다르게 정의하는 것으로 다른 문법이론에서 제시하는 바와 같다.

(8) 결속 기능핵 범주
재귀사나 대명사 P를 위한 결속 기능핵 범주는 P의 결속 속성을 기본적으로 충족시키는(compatible) 최소의 기능핵 범주이다.
(ⅰ) P가 재귀사일 때에는 P와 P보다 기능등급이 높은 기능을 포함하는 최소의 기능핵 범주가 된다. (그런 범주가 없으면 P를 포함하는 가장 내포적인 기능핵 범주이다.)
(ⅱ) P가 대명사일 때에는 P를 포함하는 최소의 기능핵 범주가 된다.

(8)에 기초하여 결속 원리는 (9)와 같이 정의된다.

(9) a. 원리 A: 재귀사는 최소의 결속 기능핵 범주 내에서 결속되어야 한다.
  b. 원리 B: 대명사는 최소의 결속 기능핵 범주 내에서 자유로워야 한다.
  c. 원리 C: (다른) 명사적 표현들은 자유로워야 한다.

원리 A에 따라 (10)의 기본문장들을 설명해 보자. (Bresnan in press, 180)

(10) a. Ann$_i$ saw herself$_i$.
  b.*Ann$_i$'s father saw herself$_i$.
  c.*Herself$_i$ saw Ann$_i$.
  d.*Ann$_i$ thinks that herself$_i$ is great.
  e. [Ann and Mary]$_i$ admire each other$_i$'s mothers.

(10a)는 정문이다. 최소 결속 기능핵 범주는 전체 문장이 되고 주어 Ann이 재귀사보다 기능 등급이 높고 둘이 공지표를 받고 있으므로 전자가 후자를 결속하기 때문이다. (10b)의 기능 구조는 (11)과 같다. 여기에서 최소 결속 기능핵 범주는 재귀사와 재귀사보다 기능 등급이 높은 SUBJ 명사구를 포함하는 전체 문장이다. 이 안에서 Ann과 재귀사는 공지표를 받으나 OBJ가 SUBJ의 POSS보다 기능등급이 높으므로 원리 A를 어기게 되어 비문이 된다.

(11)
$$\begin{bmatrix} \text{SUBJ} & \begin{bmatrix} \text{PRED} & \text{'father-of} <(\uparrow \text{SPEC})>\text{'} \\ \text{POSS} & \text{PRED 'Ann}_i\text{'} \end{bmatrix} \\ \text{OBJ} & [\text{ PRED} \quad \text{'herself}_i\text{' }] \\ \text{PRED} & \text{'see} <(\uparrow \text{SUBJ})(\uparrow \text{OBJ})>\text{'} \\ \text{TENSE} & \text{PAST} \end{bmatrix}$$

(10c)에서 재귀사와 재귀사보다 기능등급이 높은 명사구를 포함하는 영역은 존재하지 않는다. SUBJ가 기능위계에서 가장 높은 기능이기 때문이다. 따라서 재귀사를 포함하는 가장 내포적인 기능핵 범주인 전체 문장을 결속 기능핵 범주로 보면 이 내에서는 재귀사를 결속할 선행사가 없어 비문이 된다. (10d)도 재귀사와 재귀사보다 기능 등급이 높은 명사구를 포함하는 기능핵 범주는 없다. 따라서 재귀사를 포함하는 가장 내포적인 기능핵 범주인 종속절을 최소의 결속기능 범주로 보면 이 범주 내에 선행사가 존재하지 않으므로 (10d)는 비문이다. 그러나 이는 오히려 영어에 특이한 현상이고 우리말의 (12)처럼 이런 장거리 결속(long-distance binding)이 가능한 언어가 많으므로 언어 보편적인 설명을 위해서는 절을 넘어서는 결속을 허용해야 할 것이다.

(12) 앤$_i$은 [자기/자신$_i$이 대단하다고] 생각한다.

(8)처럼 재귀사와 대명사에 각기 다른 결속 영역을 적용해야 하는 근거가 바로 (10e)인데 그 기능 구조는 (13)과 같다. (13)에서 상호사(reciprocals)와 그보다 기능 등급이 높은 명사구를 포함하는 기능핵 범주는 전체 문장이다. 따라서 전체 문장이 최소 결속기능핵 구조가 되고 이 영역 내에서 상호사가 결속되므로 원리 A를 충족시킨다.

(13) $\begin{bmatrix} \text{SUBJ} & [\text{PRED} & \text{'Ann and Mary}_i\text{'}] \\ \text{OBJ} & \begin{bmatrix} \text{PRED} & \text{'mothers-of} <(\uparrow \text{SPEC})>\text{'} \\ \text{POSS} & \text{PRED} \quad \text{'each other}_i\text{'} \end{bmatrix} \\ \text{PRED} & \text{'admire} <(\uparrow \text{SUBJ})(\uparrow \text{OBJ})>\text{'} \\ \text{TENSE} & \text{PRES} \end{bmatrix}$

재귀사에 대명사와 똑같은 기능핵 범주의 개념을 적용한다면 이 문장의 문법성을 설명할 수 없다. 'each other's mothers'라는 OBJ 구 자체가 최소 영역을 형성하게 되어 원리 A를 위반하기 때문이다.

원리 B에 의해 (14)의 대명사 예문들을 설명해 보자. (Bresnan in press, 181)

(14) a.*Ann$_i$ saw her$_i$.
　　b. Ann$_i$ saw her$_i$ mother.
　　c. Ann$_i$ thinks that she$_i$ is great.

(14a)는 대명사가 최소 결속 기능핵 범주 내에서 Ann에 의해 결속되고 있으므로 비문이다. (14b)의 기능 구조는 (15)로서 대명사가 포함되는 최소 결속 기능핵 범주는 OBJ에 해당하는 기능이 되는데 그 영역 내에서 선행사가 없으므로 원리 B를 충족시킨다. 이 예문이 (10e)와 비교하여 재귀사와 같은 분포를 보이는 예이다. (14c)도 종속절 내에 선행사가 없으므로 대명사는 자유로와야 한다는 원리 B를 충족시켜 정문이 된다.

(15) $\begin{bmatrix} \text{SUBJ} & [\text{PRED} \quad \text{'Ann}_i\text{'}] \\ \text{OBJ} & \begin{bmatrix} \text{PRED} & \text{'mother-of} <(\uparrow\text{SPEC})>\text{'} \\ \text{POSS} \quad \text{PRED} & \text{'her}_i\text{'} \end{bmatrix} \\ \text{PRED} & \text{'see} <(\uparrow\text{SUBJ})(\uparrow\text{OBJ})>\text{'} \\ \text{TENSE} & \text{PAST} \end{bmatrix}$

재귀사와 대명사가 상보적 분포를 보이는 예를 더 살펴보면 (16)에서 inform과 keep은 둘 다 about구와 함께 쓰이는데 결속에 관해서는 반대되는 문법성을 보인다. (Sells 1985, 169)

(16) a. Susan informed John about herself.
　　b. *Susan kept John about herself.
　　c. *Susan informed John about her.
　　d. Susan kept John about her.

이는 inform과 keep이 다른 하위범주화를 하기 때문으로 전자는 OBL$_{TH}$를 논항으로 취하며 후자는 XCOMP를 취한다. 즉, inform과 같이 쓰인 about는 단순한 전치사인데 반해 keep과 같이 쓰인 about는 주어를 하위범주화하는 술어적 용법인 것이다.

(17) a. inform   V   'inform <(↑SUBJ)(↑OBJ)(↑OBL$_{TH}$)>'
    b. keep   V   'keep <(↑SUBJ)(↑OBJ)(↑XCOMP)>'
                       (↑OBJ) = (↑XCOMP SUBJ)

따라서 (16a, c)에서는 문장 전체가 최소의 결속 기능핵 범주가 되므로 재귀사만이 가능하고 (16b, d)에서는 about구가 최소의 결속 기능핵 범주가 되어 대명사만이 가능하다.

원리 C는 최소영역이 없이 전체 문장에 적용되는 원리이므로 (18a, b, c)는 모두 같은 이유에 의해 비문이 된다. 즉, 'Ann'이 자유로워야 하는데 공지표를 받고 자신보다 기능 등급이 높은 'she'가 있으므로 비문이 되는 것이다. (Bresnan in press, 183)

(18) a. *She$_i$ saw Ann$_i$.
    b. *She$_i$ saw Ann$_i$'s mother.
    c. *She$_i$ thinks that Ann$_i$ is great.

위에서 살펴본 예들은 LFG나 Chomsky의 이론에서 기본적으로 같은 설명을 하는 것이다. 그러나 미묘한 차이도 있는데 예를 들어 (19)를 범주 구조상에서 설명하면 (19b)에서 PP의 목적어인 'her'는 'Mary'를 성분 통어하지 못하므로 정문이라고 잘못 예측할 것이다. 반면 기능 구조상에서 설명하면 전치사 'to'는 독립적인 기능 구조를 갖지 않고 동사의 논항인 OBL$_{GO}$의 표지로 분석되므로 두 문장에서 동일하게 'her'가 'Mary'의 가능한 선행사가 되어 두 문장 모두 비문으로 예측이 된다. (Bresnan in press, 184)

(19) a. *I convinced her_i that Mary_i should be my domestic partner.
　　 b. *I proposed to her_i that Mary_i should be my domestic partner.

5.3 최근 결속 이론: 원리 C의 수정

위의 결속 이론 중 특히 명사적 표현들이 문장 내에서 반복되어 원리 C를 위배하는 반례들이 계속 제시되는데 이런 문장들은 우리말에서도 많이 관찰되며 영어에서도 중의성을 피하기 위해 쓰일 수 있다.

(20) a. 영미_i가 영미_i의 엄마를 가장 사랑한다.
　　 b. 영미_i는 영미_i가 이길 것을 믿는다.

(21) a. Ann_i told Mary that Ann_i's mother is a spy.
　　 b. I know what John and Bill have in common. John thinks that Bill is terrific and Bill_i thinks that Bill_i is terrific. (Evans 1980, 356)

이런 반례들을 설명하기 위하여 단순히 명사도 결속될 수 있다고 할 것인가? 그러나 (22)는 이런 일반화가 성급함을 보여주는데 선행사가 명사일 경우만 위와 같은 결속이 가능하기 때문이다. (Lasnik 1989, 154)

(22) a. *She_i told Mary that Ann_i's mother is a spy.
　　 b. *John thinks that Bill is terrific and he_i thinks that Bill_i is terrific.

LFG는 명사적 표현과 대명사의 차이를 (9)처럼 결속 영역의 유무에서가 아니라 독립적 지시를 할 수 있는지 없는지에서 찾아야 한다고 주장한다. 즉, 전자는 독립적으로 지시물을 가리키는데 반해 후자는 스스로 지시할 수 있는 능력이 없고 반드시 명사구에 의존하여 자신의 지시체를 결정해야 한다는 것이다. 지시 의존성의 관점에서 보면 (21)에서는 두 명사가 각기 독립적으로 지시물을 가리키는데 우연히 동일한 지시를 하게 된 것이다. 결속 이론은 (22)처럼 독립적 지시를 못 하는 대명사가 자기의 지시물을 결정해 줄 명사보다 어떤 의미에서건 상위에 나오는 경우만 설명하면 된다는 것이 LFG의 최근 주장이다.

또 다른 관찰은 (23a)의 결속 대명사(bound pronominals)와 (23b)의 e-유형 대명사(e-type pronominals)의 구분이다. (Evans 1980, 339)

(23) a. Few congressmen admire only the people they know.
　　　b. Few congressmen admire Kennedy, and they are very junior.

(23)의 두 문장에서 'they'는 같은 형태이지만 자세히 살펴보면 매우 다르다. 첫째, e-유형 대명사는 선행사의 관점에서 볼 때 우리가 일반적으로 결속 영역이라고 하는 영역 밖에 나타난다. (23b)에서 'they'는 등위 접속으로 연결된 문장에 속하므로 성분 통어나 기능 등급 등을 적용할 수 없는 영역에 있다. 둘째, e-유형에 대해서만 그 대명사가 무엇을 지시하는가를 물을 수 있다. 즉, (23b)에서 대명사는 Kennedy를 선망하는 의원들을 지시한다. 따라서 'the congressmen who admire Kennedy' 같은 반복적 한정 기술의 해석을 받는다. 이에 반해 (23a)의 결속 대명사는 지시하는 바가 명확히 정해져 있지 않다. 셋째, (24)처럼 양화사를 'no'로 바꾸면 e-유형 대명사는 해석이 안 된다. 이는 두 번째 특성과 연관된 것으로 e-유형 대명사는 지시물이 반드시 존재해야 하기 때문이다. 따라서 대명사 중에서도 통사적 결속 이론이 설명할 수 있는 구문은 (23a)에 제한되고 (23b)는 화용론적 설명에 기댈 수밖에 없다는 것이 LFG의 주장이다. (Bresnan in press, 188)

(24) a. No congressmen admire only the people they know.
　　　b.??No congressmen admire Kennedy, and they are very junior.

위의 두 가지 관찰에 근거하여 LFG는 결속을 다음과 같이 재정의한다. (25)의 정의에서 "영역 내에 존재한다"는 부분은 (23b)와 같은 e-유형 대명사를 제외시키며, "지시 의존적 관계"에 대한 부분은 이 설명이 대명사에 적용되는 것으로 명사는 결속에서 제외됨을 의미한다. (6)이 대명사와 명사 모두를 포함했던 것은 그런 설명이 공지표 관계에 기초하여 이루어졌기 때문이다.

(25) 결속
B가 A의 영역 내에 존재하고 B가 A에게 지시적 의존 관계에 있으면 A는 B를 결속한다.
A의 영역은 A보다 기능등급이 낮은 기능 구조 성분들의 집합을 가리킨다.

또한 (21)과 같은 경우들을 제외시키기 위해 (26)의 반결속 조건(Anti-binding condition)을 제안한다. 이 조건은 Evans(1980)가 대명사는 자신이 선행하고 동시에 성분 통어하는 명사에는 지시적으로 의존할 수 없다고 표현했던 것을 LFG식으로 재해석한 것이다.

(26) 반결속 조건
대명사 P는 P의 영역 내에 있는 명사에 지시적으로 의존할 수 없다.

(26)이 (25)의 정의와 중복되지 않는가 하는 의문이 있을 수 있으나 다음과 같은 예문을 보면 (26)이 독립적으로 요구됨을 알 수 있다. (27)은 위에서 보았듯이 대용어적 통제로 설명되는 구문이고 (28)과 (29)는 각 문장의 기능 구조이다. (Bresnan in press, 189)

(27) a.*Visiting Mary$_i$'s parents disturbs her$_i$.
b. Visiting Mary$_i$'s parents disturbs her$_i$ friends.

$$(28) \begin{bmatrix} \text{SUBJ} & \begin{bmatrix} \text{SUBJ} & [\text{PRED} \quad \text{PRO}] \\ \text{OBJ} & \begin{bmatrix} \text{PRED} & \text{'parents-of} <(\uparrow \text{SPEC})>\text{'} \\ \text{POSS} & \text{PRED} \quad \text{'Mary}_i\text{'} \end{bmatrix} \\ \text{PRED} & \text{'visit} <(\uparrow \text{SUBJ})(\uparrow \text{OBJ})>\text{'} \end{bmatrix} \\ \text{OBJ} & \text{PRED} \quad \text{'her}_i\text{'} \\ \text{PRED} & \text{'disturb} <(\uparrow \text{SUBJ})(\uparrow \text{OBJ})>\text{'} \\ \text{TENSE} & \text{PRES} \end{bmatrix}$$

$$(29) \begin{bmatrix} \text{SUBJ} & \begin{bmatrix} \text{SUBJ} & [\text{PRED} \quad \text{PRO}] \\ \text{OBJ} & \begin{bmatrix} \text{PRED} & \text{'parents-of} <(\uparrow \text{SPEC})>\text{'} \\ \text{POSS} & \text{PRED} \quad \text{'Mary}_i\text{'} \end{bmatrix} \\ \text{PRED} & \text{'visit} <(\uparrow \text{SUBJ})(\uparrow \text{OBJ})>\text{'} \end{bmatrix} \\ \text{OBJ} & \begin{bmatrix} \text{PRED} & \begin{bmatrix} \text{PRED} & \text{'friends-of} <(\uparrow \text{SPEC})>\text{'} \\ \text{POSS} & \text{PRED} \quad \text{'her}_i\text{'} \end{bmatrix} \end{bmatrix} \\ \text{PRED} & \text{'disturb} <(\uparrow \text{SUBJ})(\uparrow \text{OBJ})>\text{'} \\ \text{TENSE} & \text{PRES} \end{bmatrix}$$

(28)에서 SUBJ의 SUBJ인 PRO는 그 통제자인 'her'에 지시적으로 의존하고 이는 다시 'Mary'에 의존한다. 따라서 PRO는 자기의 영역 내에 있는 'Mary'에게 간접적으로 지시성을 의존하게 되어 비문이 된다. 반면 (29)에서는 PRO의 통제자가 'her friends'로 PRO와 'Mary' 사이에는 아무 의존 관계가 없다. 따라서 반결속 조건을 위배하지 않으므로 정문이 된다.

5.4 부가어 결속

(30)은 Reinhart(1983, 103-6)가 성분 통어를 이용하여 비문으로 설명하였고 LFG에서도 (26)의 반결속 조건에 의해 비문으로 예측하는 예이다. (26)의 정의에 따르면 (22)와 (30)은 차이가 없다.

(30) a. *She_i was last seen when Lola_i graduated from high school.
    b. *Rosalin met him_i in Carter_i's hometown.

그러나 (30)의 구문을 약간씩 수정하거나 억양을 달리하면 (31)처럼 정문이 되는데 이들은 성분 통어나 기능 등급으로는 (30)과 구별되지 않으므로 (26)의 반결속 조건에 반례가 된다. (Bolinger 1979, 302)

(31) a. He_i's imPOSSible, when Ben_i gets one of his tantrums.
    b. (Everyone knows that) his_i wife first met him_i in the little town of Plains, Georgia, where President Carter_i grew up.

반결속 조건에 대한 반례는 보충어들 사이에서도 발견된다. (32)의 예들은 (22)에서 보았던 비문들과 통사적으로 별 차이가 없으나 정문이 된다. (Bolinger 1979)

(32) a. She_i was told that if she wanted to get anywhere in this dog-eat-dog world Mary_i was going to have to start stepping on some people.
    b. The teacher warned him_i that in order to succeed Walter_i was going to have to work an awful lot harder from now on.
    c. It was rather indelicately pointed out to him_i that Walter_i would never become a successful accountant.
    d. It obviously surprises him_i that John_i is so well liked.
    e. What did John_i do? - He_i did what John_i always does - he_i complained.

(31)과 (32)를 설명하기 위하여 LFG는 Bolinger(1979)의 기능문법적 (Functional Grammar) 설명을 전적으로 받아들인다. Bolinger는 대명사를 쓸 수 있는 환경에서 명사를 쓸 때에는 크게 두 가지 이유가 있다고 한

다. 하나는 지시물을 "규정짓기(characterizing)" 위해서인데 규정짓기는 이미 그 지시물에 대해 알고 있었음을 전제한다. (32e)는 John을 불평이 많은 사람으로 규정짓는데 비해 John을 특정 속성을 가진 사람으로 규정짓지 않는 (33a)는 부자연스러운 것을 보면 그런 설명이 타당함을 알 수 있다. (Bolinger 1979, 292ff)

(33) a. ??What did John$_i$ do? - He$_i$ did what John$_i$ did the day before - he complained.
b. What did John$_i$ do? - He$_i$ did what he$_i$ did the day before - he complained.

다른 하나는 어떤 분기점(break) 뒤에 지시물을 재확인하기 위해 명사를 되풀이하는 경우이다. 이 때 분기점은 주로 평언 구조(rhematic structure) 상의 분기점일 때가 많다. 이 개념에 기초하여 Bolinger가 제안한 비공지시 원리(Noncoreference Principle)는 다음과 같다.

(34) 화제(topic)는 주제(theme) 부분에서는 쉽게 재확인될 수 있다. 그러나 평언(rheme) 부분에서는 주제가 일반적인 화제 형태(주어 명사이거나 대명사)가 아닐 때에만 재확인될 수 있다.

주제는 문장이 말하고 있는 바를 가리키며, 평언은 새 정보를 포함하는 문장의 부분으로 동사에 의해 요구되는 보충어들이나 시간절 등이 주로 평언으로 해석된다. 영어에서 주제는 무표적인(unmarked) 경우 문두에 나오는데 다른 구나 절도 문두로 전치시키거나 휴지(pause)를 두거나 억양을 변화시킴으로써 주제로 변화시킬 수 있다. (34)는 대명사가 화제(대부분의 경우 주어)로 나타나면 평언에서 다시 명사로 받을 수 없음을 의미한다. (35a)를 보면 'he'를 제외한 문장의 다른 부분이 평언이고 전체 문장의 주제인 대명사는 평언에서 명사로 받을 수 없으므로 비문이다. (35b)는 같은 시간절을 분기점 뒤에서 억양을 내림으로써 주제화한 문장이다. 따라서 주제 부분의 화제가 명사로 표현된 경우이므로 (34)의 적용을 받지 않는다. (35c)에서도 시간절이 전치에 의해 주제가 되고 주제 부분의 화제가 명사로 표현되었으므로 (34)의 적용을 받지 않는다.

(35) a. *He$_i$ choked when John$_i$ swallowed the bone.
 b. He$_i$ choked (when John$_i$ swallowed the bone, that is).
 c. When John$_i$ swallowed the bone, he$_i$ choked.

(34)에 의해 (30)과 (31)의 대비를 설명해 보자. ((36, 37)로 반복)

(36) a. *She$_i$ was last seen when Lola$_i$ graduated from high school.
 b. *Rosalin met him$_i$ in Carter$_i$'s hometown.

(37) a. He$_i$'s imPOSSible, when Ben$_i$ gets one of his tantrums.
 b. (Everyone knows that) his$_i$ wife first met him$_i$ in the little town of Plains, Georgia, where President Carter$_i$ grew up.

(36a)에서 주제는 Lola이고 문장의 나머지 부분 'was last seen when Lola graduated from high school'이 평언이다. 일반적인 화제의 형태(주어)를 띠고 있는 주제가 평언에서 명사로 다시 재확인되므로 이 문장은 비문이다. 이에 비해 (37a)에서는 휴지와 억양을 도입함으로써 주어 Ben과 분기점 뒤에 나오는 시간절이 둘 다 주제로 해석되고 'is impossible'이 평언으로 해석된다. 따라서 화제가 주제 부분에서 재확인되므로 문제가 되지 않는다. (36a)와 매우 유사한 (38)을 비교해 보자. Bolinger와 LFG는 이렇게 발화자가 주어로 나오는 경우의 주제 구조를 3인칭이 주어로 나오는 경우와 매우 다르게 분석하여 (38)은 발화자나 Lola에 관한 서술이라기보다는 내가 Lola를 본 사건들(occasions of my seeing Lola)에 관한 서술이며 이런 사건들 중의 하나인 when절이 마지막이었다는 정보

가 평언절을 구성한다고 본다. 그리고 when절 자체는 last라는 시간부사와 동격 관계로 주제 되었다고 분석한다. 따라서 화제인 Lola가 주제 부분에서 재확인되는 경우이므로 문제가 되지 않는다.

(38) I saw her$_i$ last when Lola$_i$ graduated from high school.

다시 돌아가 (36b)와 (37b)를 비교해 보자. (36b)에서 동사 meet는 장소격 보충어를 취하므로 장소부사구가 평언으로 해석된다. 따라서 화제가 평언에서 재확인되고 있으므로 비문이 된다. 그러나 (37b)에서는 휴지(pause)와 낮은 억양으로 알 수 있듯이 장소부사구를 수식하는 관계절이 주제로 해석되고 President Carter를 재확인하기에 충분한 분기점을 형성한다.

위의 문장들은 모두 역행 대명사화(backwards pronominalization)의 예이고 (34)의 규칙도 그것을 위한 것이었다. 위에서 보았던 (32a-d) ((39a-d)로 반복)도 여기에 포함되는데 (39a, b)의 접속절을 보면 종속절(if절, that절)이 전치됨으로써 평언내에 분기점을 만들어 나머지 주제절에서의 재확인을 가능하게 하는 예들이다. 이런 분기점이 없다면 원리 C를 위배하는 전형적인 예가 될 것이다. (39c, d)에서는 허사 주어 때문에 평언절이 후치되어 있는데 주제 부분에 나오는 대명사가 일반적인 화제형태, 즉 주어가 아니므로 재확인이 가능해진다.

(39) a. She$_i$ was told that if she wanted to get anywhere in this dog-eat-dog world Mary$_i$ was going to have to start stepping on some people.
   b. The teacher warned him$_i$ that in order to succeed Walter$_i$ was going to have to work an awful lot harder from now on.
   c. It was rather indelicately pointed out to him$_i$ that Walter$_i$ would never become a successful accountant.
   d. It obviously surprises him$_i$ that John$_i$ is so well liked.

(40)처럼 순행 대명사화(forwards pronominalization)의 경우에는 Bolinger의 설명을 어떻게 적용할 것인가? (Reinhart 1983)

(40) a. *With Ben$_i$'s peacock feather he$_i$ tickled Rosa gently.
　　 b. With the peacock feather that Ben$_i$ had brought with him all the way from Urbana, Illinois, he$_i$ began to tickle Rosa gently.

순행 대명사화의 경우에도 위와 같은 미묘한 문법성의 차이는 많이 발견된다. (41)과 (42)는 부가어와 보충어의 차이를 보여주는 예로 논의되었던 예들이다. (41b)처럼 부가어인 관계절이 전치될 경우 정문이 되나 (42b)처럼 보충어는 전치되어도 문법성의 변화를 가져오지 않는다. (Speas 1990, 49-54)

(41) a. *He$_i$ likes the story that John$_i$ wrote.
　　 b. Which story that John$_i$ wrote does he$_i$ like?

(42) a. *He$_i$ believes the claim that John$_i$ is nice.
　　 b. *Whose claim that John$_i$ is nice does he$_i$ believe?

그러나 (43), (44)는 보충어가 전치된 순행 대명사화 구문도 정문이 될 수 있음을 보여준다.

(43) a.??The rumor that Sally$_i$ had cheated she$_i$ hated.
　　 b. That old rumor that Sally$_i$ had cheated, which came back to haunt her during her election, she$_i$ just hated.

(44) a.*She$_i$ seldom talked about the fact that Ann$_i$ had once been an alcoholic.
　　 b. That Ann$_i$ had once been an alcoholic, she$_i$ seldom talked about.

현재로서 정확히 설명하기는 어려우나 전치된 절에 명사가 나오고 대명사가 뒤따르는 주절의 주어로 이를 재확인하는 경우는 그 명사가 충분히 주제화된 때인 듯하다.

　Bolinger의 설명을 자세히 살펴보면 우리가 일반적으로 부가어로 분석하는 요소들을 둘로 구분하고 있음을 알 수 있다. 즉, (36a)의 부가절은 다른 동사의 보충어들과 같이 평언으로 해석되고 (37a)처럼 분기점 뒤에 오는 부가절은 주제가 된다. 이에 따라 이 장의 첫머리에서 정의하였던 기능위계를 다음과 같이 수정하면 위에서 정의한 결속 영역의 범위를 부가어 일부에까지 확대시켜 줄 수 있다.

(45) 확대 기능위계
　　SUBJ > OBJ > OBJ_θ > OBL_θ > COMPL > (implicated) ADJUNCTS'

　이런 위계 위에서 Bolinger의 설명과 LFG가 대명사를 설명하는 조건으로 제시했던 (46)의 반결속 조건을 비교해 보면 두 조건이 매우 유사함을 알 수 있다. 반결속 영역이 바로 Bolinger의 설명에서 명사에 의한 재확인이 가장 어려운 기능 구조의 영역을 가리키기 때문이다. 즉, P의 반결속 영역은 무표적인 경우에 대명사와 관련하여 평언으로 해석되는 영역이 된다. 그러나 Bolinger의 설명에 비해 반결속 조건은 너무 제한적인데 억양이나 분기점에 의해 주제-평언 구조가 얼마든지 변경될 수 있음을 간과하였기 때문이다.

(46) 반결속 조건
　　대명사 P는 P의 영역 내에 있는 명사에 지시적으로 의존할 수 없다.

　따라서 (46)을 제한하여 유표적인 경우를 설명할 수 있는 가능성을 열어놓는다.

(47) 원리 C
무표적인 경우에 대명사 P는 P의 영역 내에 있는 명사와 공지시하지 않는다.

이런 결속 원리는 설명력이 매우 크다. 첫째, 전위구문(Dislocation Construction)에서 양화사구는 (48a)처럼 자신의 영역 내에 존재하는 대명사를 결속할 수 있다. 그러나 (48b)처럼 전위된 화제가 결속자가 되면 화제는 기능위계에 포함되지 않아 기본적으로 대명사와 기능등급을 비교할 수 없게 되므로 결속이 불가능해진다. (48c)처럼 일반명사구가 화제가 되면 대명사와 공지시는 가능해지나 (48b)의 양화사는 지시적 표현이 아니므로 공지시도 할 수 없다. (Bresnan in press, 199)

(48) a. Everyone$_i$ respects his$_i$ parents.
　　 b.*Everyone$_i$, he$_i$ respects his$_i$ parents.
　　 c. John$_i$, he$_i$ respects his$_i$ parents.

그러나 전위된 화제에 충분한 서술이 덧붙여지면 (49b)처럼 공지시가 가능해진다. 그러나 이 때의 대명사는 화제 표현을 만족시키는 집합을 가리키는 e-유형 대명사로 결속 이론의 대상이 아니다. (Bresnan in press, 200)

(49) a.*Everyone$_i$, she tells him$_i$ her life story.
　　 b. Everyman$_i$ she meets, she tells him$_i$ her life story.

둘째, 이 결속 이론은 (50)의 약교차효과(weak crossover effects)를 설명해 준다. (50a)에서는 OBJ가 SUBJ의 소유격 대명사보다 기능 등급이 높지 않으므로 결속이 허용되지 않는다. (50c)는 결속은 안 되나 공지시는 가능함을 보여준다. (Safir 1984 등)

(50) a. His$_i$ parents respect everyone$_j$. (i ≠ j)

    b. Who(m)$_i$ do his$_j$ parents respect?　(i ≠ j)
    c. Which girlfriend of John$_i$'s do his$_i$ parents respect?

이런 약교차효과 현상을 설명하는데 양화 범위를 이용한 의미적 설명만으로는 불충분하다. (51a)에서 보듯이 양화사 OBJ는 SUBJ를 포함하는 양화 범위를 갖지만 (51b)처럼 결속을 허용하지는 않기 때문이다. 따라서 결속이 가능하기 위해서는 대명사가 양화사의 의미 범위 내에 있어야 한다는 의미적 조건과 (25)와 같이 일정한 통사 영역 내에 있어야 한다는 통사적 조건을 모두 충족시켜야만 한다. (Reinhart 1987, 131)

(51) a. Someone voted for every candidate.
     b.*His$_i$ friends voted for every candidate$_i$.

셋째, 운용자 복합구(Operator complex)의 결속을 설명할 수 있다. 운용자는 양화사와 의문사를 함께 일컫는 표현이며 운용자 복합구는 운용자가 포함된 명사구 전체를 가리킨다. 구체적으로는 지정사가 변항 결속(variable-binding) 양화사인 표현들(예: every woman, no man, which book), 소유격(예: no man's children, whose sister's friend), 운용자 복합구 OBJ를 지배하는 전치사구(예: to every woman) 등이 포함된다.

(52) Whose brother's friend did you visit?
       운용자
       ‾‾‾‾‾‾‾‾‾‾‾‾‾‾‾‾‾‾‾‾‾
            운용자 복합구

운용자는 자신은 어떤 대명사보다 기능 등급이 높지 않더라도 기능 등급이 높은 복합구에 내포되어 있으면 그 대명사를 결속할 수 있다. (53a, b)에서 everyone과 whose라는 운용자는 각기 his라는 대명사보다 기능 등급이 높지 않다. 그러나 이들이 내포된 복합구 전체로서는 더 높으므로 대명사를 결속할 수 있다. (Bresnan in press, 203)

(53) a. Everyone$_i$'s mother loves his$_i$ cute ways.
    b. Whose$_i$ mother loves his$_i$ cute ways?

따라서 다음과 같은 일반 원리가 가능하고 운용자 복합구는 이에 따라 결속 이론의 적용을 받는다.

(53) O가 운용자이고 자신이 내포된 운용자 복합구가 B보다 기능등급이 높으면 그 자신도 B보다 등급이 높다.

5.5 결론

위에서 최근에 발전한 LFG의 결속 이론을 살펴보았다. 요약하면 대명사의 결속은 담화 상에서 파악되어야 하는 현상이며 통사적으로 보이는 부분들은 그 가장 전형적이고 무표적인 경우라는 설명이다. 이 설명은 특히 우리말처럼 명사가 대명사의 위치에 자유로이 반복되는 언어에 잘 적용될 것이다. 결속 현상이 단순히 통사적인 현상이 아니고 의미, 화용, 담화적인 여러 가지 요소를 고려해야 한다는 제안은 그 동안 다양한 이론 틀에서 제시된 바 있는 데 LFG의 시도는 이런 제안들을 형식 이론 내에 포함시키려는 것으로 볼 수 있다. 연구가 지속적으로 진행되지 않았기 때문에 이 장에는 포함시키지 않았으나 Icelandic을 비롯한 언어들의 재귀사를 설명하기 위하여 초기 LFG 이론에서 언어심리 표현 대명사(logophoric pronoun)란 의미적 개념을 도입한 것도 같은 맥락에서 해석할 수 있다.

앞으로 남은 과제는 주제-평언 구조를 정교하게 다듬고 이것과 화제 개념, 정보 구조와의 관계 등을 밝히는 일이다. 이런 일들은 위에서 보았듯이 어순과 같은 통사적인 현상 이외에 휴지, 억양 등의 음운론적인 현상에 의해서도 직접 영향을 받으므로 음운론과 통사론이 공동으로 해결해야 할 문제이기도 하다. (Inkelas and Zec 1990)

6장 어휘부와 통사론

6.1 서론

어휘부와 통사부와의 관계는 통사현상의 많은 부분을 어휘적 속성에 의해 설명하는 LFG같은 어휘이론에서는 특히 중요한 문제이다. 1장에서 논의했듯이 LFG는 언어들이 다양한 모습으로 나타나는 주요 원인이 바로 형태와 통사 간의 경쟁이라고 본다. 어휘부와 통사부와의 관계에는 많은 주제가 포함되겠으나 가장 핵심적인 주제는 단어(word)라는 요소를 통사부에서 어떻게 다룰 것인가의 문제라고 말할 수 있다. 이 때 통사부란 위에서 본 범주 구조와 기능 구조를 가리킬 수 있는데, 이 장에서는 어휘와 대비되는 의미로서의 통사를 살펴보기 위해 어순과 구절구조 등 가장 표면적이고 언어별로 다양하게 나타나는 범주 구조에 초점을 맞추기로 한다. 즉, 단어와 범주 구조 간의 관계에서 범주 구조가 단어의 내부 구조를 볼 수 있는가, 단어의 여러 부분 중에서도 특히 굴절 접사(inflectional affix)를 어떻게 분석할 것인가, 단어와 구(phrase)의 관계는 무엇인가 등의 문제에 대해 생각해 보기로 한다. 이는 영어 내에서도 함축하는 바가 많지만 여러 언어를 비교할 때 그 중요성이 두드러지는 문제이므로 몇 언어들의 예를 들기로 한다.

6.2 기본 원리들

LFG는 Bresnan(in press, 161-174)에서 기본적으로 다음의 두 가지 어휘적 원리가 범주 구조를 규정짓는다고 본다.

(1) 표현의 경제성(Economy of Expression)
모든 통사적 구절구조 절점은 수의적이며 독립적인 원리들(완결성 조건, 정합성 조건, 의미적 표현성)에 의해 요구될 때에만 사용된다.

(2) 상대적 어휘완결성(Relativized Lexical Integrity)
형태적으로 완결된 단어들이 범주 구조 수형도에 잎(leaves)으로 나타나며 각각의 잎은 단 하나의 범주 구조 절점에 연결되어야 한다.

(1)에서 통사적 구절구조 절점이란 어휘를 직접적으로 관할하지 않는 절점 즉, 구(phrase)와 관련되는 절점을 가리킨다. (1)이 의미하는 바는 새로운 정보를 지니지 않은 통사적 구절구조 절점은 표현되지 않는다는 것으로서 바꾸어 말하면 범주 구조 상에 표현되는 모든 구절구조 절점은 기능 구조에 새로운 정보를 더해야만 한다는 것이다. 아래에서 자세히 살펴보겠으나 LFG에서 공범주를 가능한 한 도입하지 않는 것도 공범주가 전달하는 새 기능정보가 없기 때문이다.

(2)는 단어의 내부 구조는 범주 구조에 적용되는 통사적 규칙의 적용을 받지 않음을 의미한다. 즉, 단어 내부에 적용되는 규칙과 문장에 적용되는 규칙은 상호 독립적이다. 극단적인 예로 **Walpiri**어의 경우 문장 내에서 단어 간의 어순은 매우 자유로우나 단어 내의 형태소 간의 순서는 고정되어 있다. 그러나 (2)의 상대적 어휘완결성 원리가 소위 통사부는 단어의 내부 구조를 볼 수 없다는 주장과 완전히 동일한 것은 아니다. 범주 구조는 단어의 내부를 볼 수 없으나 기능 구조는 볼 수 있기 때문이다. 범주 구조의 최소 단위는 형태적으로 완결된 단어이지만 이런 단어는 기능 구조에서는 여러 개의 성분으로 나누어질 수도 있다. 반대로 기능 구조에서 하나의 성분이 범주 구조 상에서는 여러 개의 단어를 가리킬 수도 있다. 즉, 범주 구조에서는 매우 다른 표현 유형인 단어와 구가 기능 구조에서는 동일한 역할을 할 수 있다.

이와 관련하여 (1)의 경제성 원리가 함축하는 바는 단어가 구보다 경제적이라는 것이다. (1)의 제약이 구에만 적용되도록 되어 있으므로 모든 단어는 필수적으로 범주 구조에서 절점이 주어지나, 구는 단어가 표현하지 못하는 정보를 전달할 수 있을 때에만 그 구를 위한 절점이 허가된다는 것이다. 따라서 단어의 형태소들이 많은 정보를 지니는 언어에서는 구라는 개념이 새로운 정보를 전달 못 할 경우가 많고 그 결과 그런 절점은 허용되지 않으므로 매우 단순한 범주 구조가 만들어질 것이다. 이것이 우리가 1장 첫머리에서 본 것처럼 단어가 전달하는 정보가 적은 영어는 복잡한 범주 구조를 요구하는 반면 단어에 많은 정보가 실리는 Walpiri어는 단순한 범주 구조 만으로도 충분한 설명이 되는 이유이다.

6.3 원리의 적용

위의 원리들이 설명해 주는 현상들을 살펴보자. 첫째, 영어사 자료가 형태와 통사 간의 경쟁을 잘 보여주는데 고대영어는 명사의 격이 잘 발달되고 어순이 상당히 자유로운 언어였다. 그런데 음운 변화로 상세한 격 구별이 사라지면서 단어가 전달하던 격 자질에 관한 기능정보가 사라지게 되는 결과를 가져왔다. 그렇게 되면 SUBJ나 OBJ 등의 기능을 정의하는데 더 이상 격을 이용할 수가 없으며 그 결과 위치가 고정되어 있지 않은 명사구들의 기능을 규정할 수가 없게 된다. 이것은 완결성 조건이나 정합성 조건을 어기는 결과를 낳게 되므로 이를 피하기 위해서 어순을 고정시키고 내심성(endocentricity) 원리에 의해 이들의 기능을 규정할 길을 모색할 필요가 생겼는데 이것이 바로 영어 발달사에서 관찰되는 바이다.

둘째, 영어의 주제화 구문과 노어의 주제 위치로의 뒤섞기 구문(scrambling)의 비교는 굴절 접사와 구 간의 경쟁을 잘 보여준다. (3)의 범주 구조의 각 절점은 1장에서 소개한 언어 보편적인 내심성 구조 - 기능 연결 원리에 의해 기능 도식을 부여받게 되는데 Ann은 TOP이나

FOC 기능을 갖게 되며 동사 think의 IP 보충어는 보충어 기능, I와 he는 SUBJ 기능을 부여받게 될 것이다. 그러나 지금으로서는 하위의 VP 보충어의 기능 구조가 자신이 요구하는 OBJ가 없어 불완전하고 TOP도 기능 구조에 적절한 방식으로 연결되어 있지 않으므로 적형성 조건을 어기게 된다. 여기에서 TOP을 SUBJ와 쉽게 동일시할 수는 없는데, SUBJ는 이미 기능 구조가 명시되어 있어 TOP과 동일시될 경우 기능 단일성 원리를 위배하게 되기 때문이다.

(3) a. Ann, I think he likes.
    b.

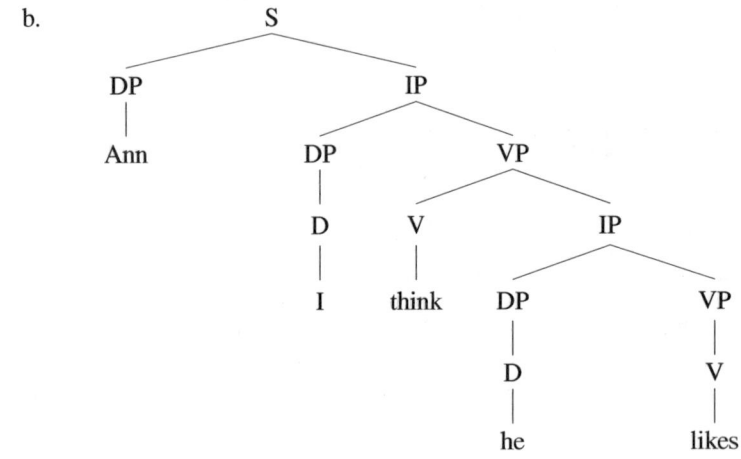

(3)이 완결성 조건과 정합성 조건을 위배하지 않으려면 어떤 장치가 필요할 것인가? 영어는 언어들 중 통사 기능을 표현하는 형태소가 거의 없는 언어에 속한다. 우선 인칭대명사를 제외하고는 격이 없고 아프리카 언어들처럼 대명사가 명사 내부에 융합(incorporation)되지도 않으며 우리말이나 중국어와 달리 영대명사(zero pronominal)도 제한된 환경에서만 나타난다. 따라서 TOP을 기능 구조에 연결시키고 동사의 OBJ를 명시하는데 통사적인 장치에 의존할 수밖에 없으므로 범주 구조에 공범주를 가정하고 TOP을 그것과 기능동일시 한다. 이런 공범주를 도입하는 DP

절점은 기능 구조에 새로운 정보를 더하므로 (1)의 경제성 원리를 충족시킨다. 공범주를 TOP과 연결시키는 기능 도식을 4장에서 설명한 안으로부터의 기능불확정성 개념에 맞추어 써보면 다음과 같다.

(4) XP → e 를 ((x↑) DF) =↑와 연결시켜라.
   단, 영어에서는 DF = TOP, XP = DP이다.

즉, 영어에서 공범주인 DP는 자신보다 상위에 있는 TOP과 연결된다는 것이다. 이에 따라 범주 구조와 기능 구조를 다시 살펴보면 (5)와 같은 범주 구조에 의해서만 (6)의 기능 구조가 완결성 조건과 정합성 조건을 충족시키는 것을 알 수 있다.

(5)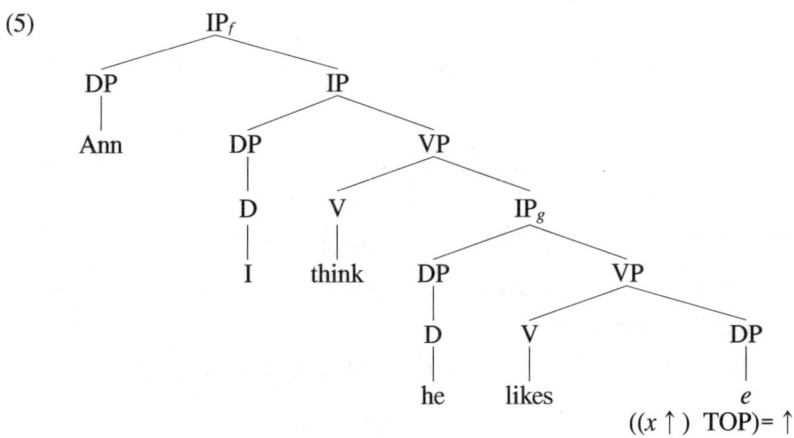

(6)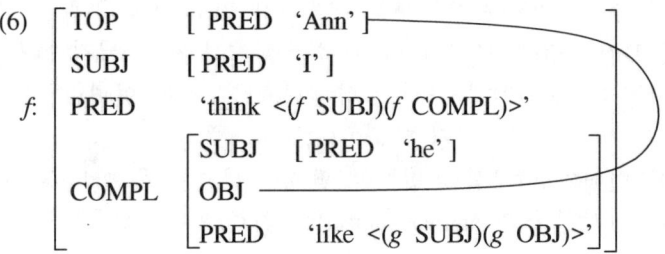

다른 예를 보자. (7)과 같은 화제 구문의 범주 구조와 기능 구조는 다음과 같다.

(7) That he was sick we didn't talk about.

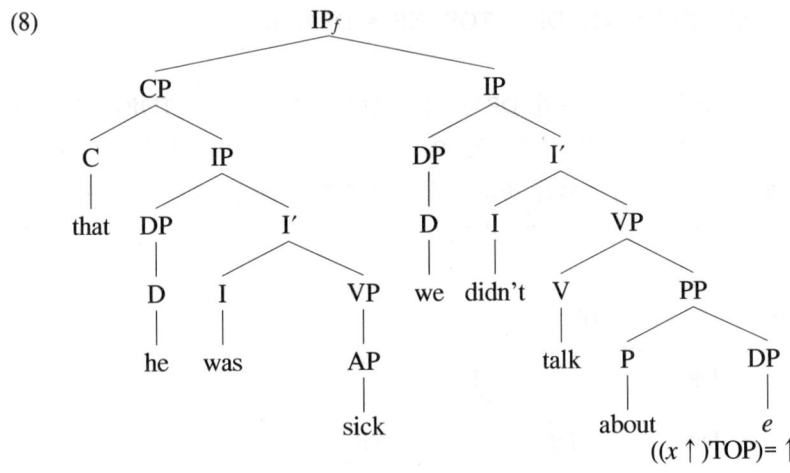

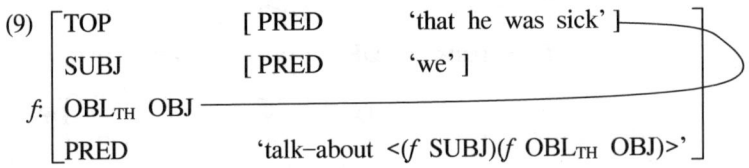

(8)의 공범주로 인해 (9)의 기능 구조는 완결성과 정합성을 얻게 되며 경제성 원리를 충족시키므로 DP 절점의 존재가 인정된다. (7)과는 달리 (8)에서 CP와 DP의 범주 불일치가 있다는 것은 문제가 되지 않는다. LFG 모델에서는 CP가 DP의 자리로부터 이동하는 것이 아니라 처음부터 그 자리에서 생성되는 것이기 때문이다.

그러나 모든 언어가 이처럼 공범주를 필요로 하는 것은 아니다. 노어는 소위 동사구내 주어(VP-internal subject)를 취한다고 분석되는 언어로

LFG에서는 노어의 기본문장의 범주 구조를 다음과 같이 가정한다. 즉, 동사구내 주어 자리에 I의 자매인 S를 가정하며 I는 한정동사의 범주, V는 부정사의 범주로 본다. IP의 지정어는 DF의 자리이다. 영어와 달리 한정동사를 I로 설정해야 하는 근거에 대해서는 King(1993)을 참조하라.

(10) a. I will read a book.
  b.

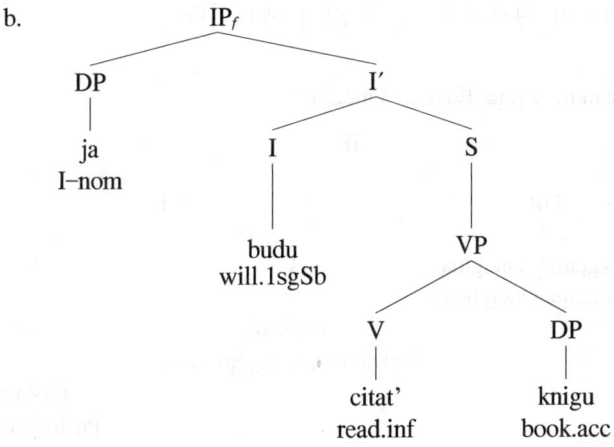

(11) a. I was reading a book.
  b.

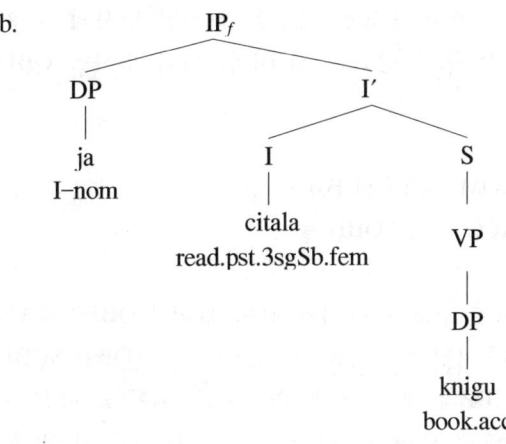

(10)과 (11)에서 1장에서 소개한 내심 구조-기능 연결 원리와 노어에 한정되는 매개변인 설정에 의해 첫 번째 DP는 담화 기능인 TOP에, 두 번째 DP는 OBJ에 연결될 것이다. 더 나아가 기능 구조에 대한 적형성 조건을 만족시키기 위해서는 SUBJ가 요구되는데 노어는 영어처럼 무표적 경우에 TOP이 늘 SUBJ가 되지는 않는다. 노어는 우리말처럼 문장 내에서 성분들의 뒤섞기가 가능하므로 IP의 지정어 자리에 (12)처럼 OBJ를 포함한 비주어 성분들이 올 수 있기 때문이다.

(12) a. Pushkin wrote Eugene Onegin.
     b.

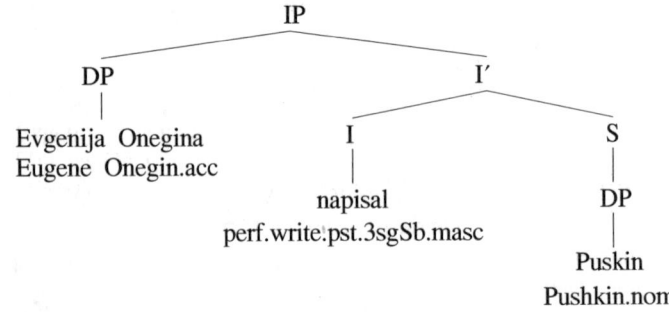

이 문제를 해결하는 것은 격을 나타내는 형태소이다. 노어에서는 기능을 결정하는 데 문장 구조도 중요한 역할을 하지만 명사의 형태소도 관여하여 (13)의 규칙처럼 주격 명사는 SUBJ와, 대격 명사는 OBJ와 연결된다.

(13) (↑CASE) = NOM ⇒ (↑SUBJ) = ↓
     (↑CASE) = ACC ⇒ (↑OBJ) = ↓

이에 따라 (12)의 기능 구조는 아래와 같이 TOP과 OBJ가 하나의 기능 구조를 공유하게 된다. 이와 달리 (10)과 (11)에서는 TOP이 SUBJ와 연결되는데 이는 첫 번째 DP의 주격 형태소에 따른 것이다. 이런 이론화는 영어와 노어의 차이를 잘 보여주는데 영어는 모든 기능이 범주 구조적 성격과 관련되나 노어는 범주 구조와 형태소 양쪽을 이용하여 담화기능은 전자에 의해 비담화 기능은 후자에 의해 결정된다.

(14)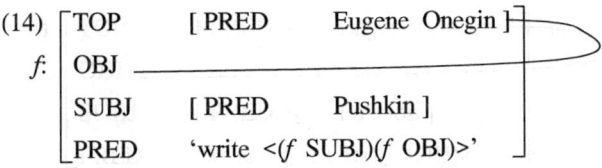
f:
TOP   [PRED   Eugene Onegin]
OBJ ────
SUBJ [PRED   Pushkin]
PRED 'write <(f SUBJ)(f OBJ)>'

여기에서 쉽게 추론할 수 있듯이 노어의 화제 구문에는 공범주를 설정할 필요가 없다. 그것은 영어에서 공범주를 지배하는 통사적 절점이 전달하는 기능정보를 노어에서는 명사 자체의 형태가 전달하고 있기 때문이다. 따라서 (1)의 경제성 원리에 의해 노어의 화제 구문에는 공범주가 허용되지 않는다. 여기에서 짚고 넘어갈 것은 영어에서도 공범주는 최후의 수단(last resort)이라는 점이다. 적형의 기능 구조를 만들기 위하여 공범주와 다른 방법들이 동일한 자격으로 경쟁하는 것이 아니라 가능한 방법을 다 찾아본 후에 다른 방법이 없으면 공범주를 도입하는 것이다.

영어와 노어에서 같은 문장을 비교해 보면 그 차이가 좀더 분명해진다. 영어에서는 공범주를 설정하지 않으면 **TOP**이 **OBJ**임을 알 수가 없다. 그러나 노어에서는 (16)과 같은 어순이 변하여도 명사들의 순서에 관계없이 격이 분명하게 표지되어 있으므로 공범주의 도움 없이도 (13)의 원칙에 따라 **TOP**은 **OBJ**와 동일시된다.

(15) a. The old boat, we sold.

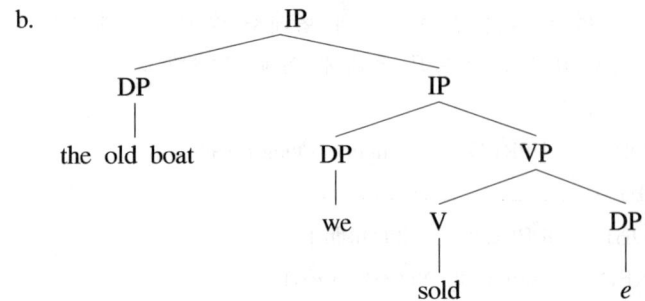

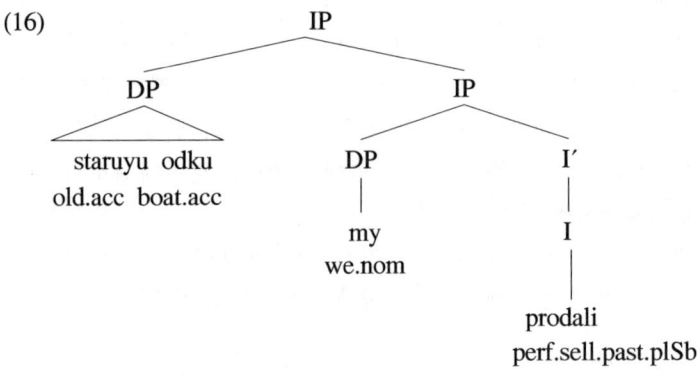

셋째, 아프리카 언어들에서 관찰되는 대명사 융합 또는 대명사 접사화 현상은 단어와 구의 경쟁을 잘 드러내 주는 다른 예이다. 이는 명사에 종속되어 나타나는 접사가 기능 구조에서는 독립적인 대명사의 기능 구조를 취하는 현상을 가리킨다. 대명사적 기능 구조란 **PRED** 자질과 선행사를 결정짓는 결속 자질, 격, 일치 자질 등을 가리킨다. 이 중 격과 일치 자질은 일반명사도 가질 수 있는 자질이나 pro라는 의미자질과 결속자질은 대명사에게만 특이한 자질이다. (17)의 영어와 (18)의 Ulster Irish어 자료를 비교해 보면 대명사적 기능 구조가 전자에서는 완결된 단어인 대명사 she에, 후자에서는 명사 안의 종속접사에 연결됨을 알 수 있다.

(17)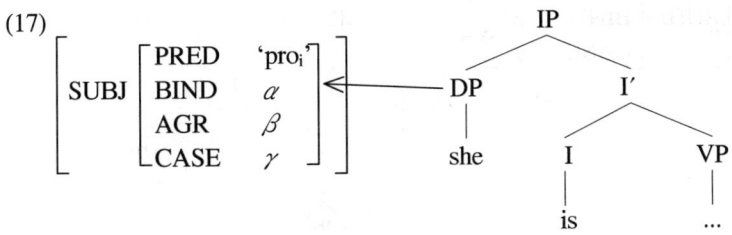

(18)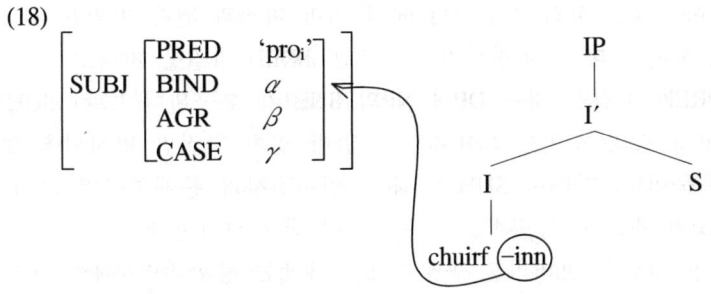

　기능 유일성 원리에 의해 융합 대명사가 있을 때에는 같은 기능을 지닌 다른 범주 구조 상의 성분은 허용되지 않는다. 이런 융합대명사와 같이 나올 수 있는 명사구는 기능 구조 간의 모순을 일으키지 않는 비보충어들로 영어로 표현하면 "My mother, she's a really good sport" 같은 문장에서 "my mother"처럼 SUBJ 등의 기능이 아니면서 동시에 대명사의 선행사가 될 수 있는 명사구만이 허용된다. 따라서 이 경우 대명사로서 필요한 정보는 모두 종속접사가 담당하고 있기 때문에 공범주를 별도로 설정하여 대명사를 표현해 줄 필요가 없다. 정확히 말하면 그런 절점을 설정할 수가 없는데 (1)의 경제성 원리에 의해 중복되는 정보를 전달하는 잉여적인 절점은 허용되지 않기 때문이다.
　더 흥미로운 사실은 이런 융합대명사와 문법적 일치를 표현하는 굴절접사 간의 유사성이다. 영어에서 문법적 일치 정보를 포함하는 조동사 is의 기능 구조를 보면 (19)와 같다.

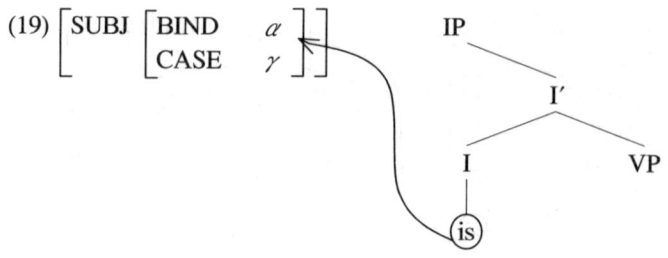

일치접사는 대명사의 기능 정보에서 의미 자질과 결속 자질을 제외한 정보를 명시해 준다. 일치접사가 독립적인 PRED 자질을 지니고 있지 않으므로 PRED 자질을 지닌 DP나 NP의 SUBJ가 요구된다. 그런 SUBJ가 없다면 이 문장의 주어는 의미자질이 없이 일치 자질만 명시되어 있을 것이기 때문이다. 따라서 SUBJ에 대한 일치접사가 존재한다면 그 문장에는 SUBJ가 반드시 독립적으로 존재해야 함을 의미한다.

역사적인 자료를 보더라도 동사의 일치체계는 융합대명사에서 발전하였다. 그 증거로 많은 언어에서 동일한 형태가 문법적 일치접사와 대명사적 굴절사로 동시에 쓰이고 있다는 사실을 들 수 있다. 그런 역사적인 발전에서 중심적인 변화는 대명사적 접사가 지니고 있는 의미자질과 결속자질이 필수적에서 수의적으로 변화하는 과정이었을 것이다. 그 두 가지 자질이 존재하면 융합대명사로 사용되어 다른 통사적 논항과 상보적 분포를 보이며 두 가지 자질이 안 나타나면 일치접사로 쓰여 다른 논항을 필수적으로 요구하게 될 것이다. 더 세분된 발전 단계로 대명사적 자질 중 의미자질만 생략 가능하고 결속 자질은 필수적인 단계가 있는 듯한데 이 때에는 독립적인 대명사는 허용되고 NP는 허용되지 않는다. NP의 자질이 융합대명사의 결속 자질과 모순을 일으키기 때문이다. 이렇게 융합대명사와 일반 대명사가 문장 내에 함께 나오는 일은 Irish의 방언이나 아프리카 언어인 Kichaga, 스페인어 등에서 자주 관찰된다.

접어(clitics)도 이 주제와 관련하여 흥미로운 문제이다. 접어는 늘 동사와 함께 쓰여 음운론적 단어(phonological words)를 형성하지만 종속접사가 아니라는 증거가 많이 발견되기 때문에 그 자체로 독립적인 구절

구조 절점을 구성하는 것으로 주로 분석된다. 그런데 스페인어에서는 접어가 나오면 반드시 대격을 받는 OBJ가 함께 나오고 북부 이탈리아어에서는 SUBJ가 항상 함께 나와 융합대명사와 비슷한 현상을 보인다. LFG에서는 접어도 위와 같은 방식으로 역사적으로 점점 독립성을 잃고 종속접사로 발전해 가고 있다고 주장한다. 이는 접어가 의미 자질을 잃는 변화로 설명할 수 있는데 의미 자질을 잃게 되면 단순히 문법적 일치를 보여주는 표지가 될 것이다. 그러나 이미 대격을 받는 OBJ가 독립적으로 존재하므로 새로이 전달해 주는 정보가 없는 이런 일치표지는 (1)의 경제성 원리에 따라 탈락되어야 할 것이다. 그런데 우리의 예측과 달리 접어는 많은 언어에서 계속 남아 있는데 LFG는 이를 접어가 더 이상 통사적인 구를 구성하지 않고 동사의 굴절접사로 재분석(reanalysis)되기 때문이라고 설명한다.

위의 현상들은 모두 영어에서는 독립적인 구가 전달하는 기능 정보를 다른 언어 또는 고대영어에서는 단어 내부의 굴절접사들이 전달함을 보여준다. 이를 설명하는데 두 가지 방식이 가능한데 하나는 통사부를 언어보편적이고 일관된 구조로 보고 단어의 완결성(integrity)을 약화시키는 길이다. Chomsky 이론처럼 모든 언어가 유사한 구절구조를 공유하고 형태소적 장치들이 풍부한 언어들에서는 굴절접사들도 각기 독립적으로 통사적 구를 구성한다고 분석하는 방식이 이에 속한다. 다른 하나는 단어의 완결을 유지하면서 대신 통사부의 다양성을 허용하는 길이다. LFG가 (1)의 경제성 원리를 통해 주장하고자 하는 바는 단어가 필요한 기능 정보를 충분히 전달하는 언어의 통사 구조는 복잡할 필요가 전혀 없으며 단어가 그런 역할을 담당하지 못하는 언어에서만 복잡한 통사 구조가 요구된다는 것이다. 더 쉽게 표현하면 단어의 내부 구조가 복잡한 언어는 그 보상으로 구구조가 간단해지고 단어구조가 상대적으로 단순한 언어는 그 일을 구구조가 떠맡게 된다는 것이다. 즉, 모든 언어의 통사성을 동일한 통사부에서 설명할 것이 아니라 각 언어가 가지고 있는 다양한 장치에 따라 설명하자는 것이 LFG의 주장이며 그것이 1장 첫머리에서 소개한 대로 LFG가 추구하는 참된 보편 문법의 모습이다.

7장 이론의 전망

7.1 서론

 마지막으로 위에 반영되지 않은 내용들을 중심으로 최근의 연구 동향을 LFG Web site (www-lfg.stanford.edu/lfg/)의 "최근 연구방향"에 의거하여 살펴보면서 이론의 발전전망을 짚어보겠다. 매년 열리는 LFG 국제학회 등을 통해 활발한 연구활동이 진행 중인데 (1) 최적이론(Optimality Theory)과의 접목, (2) 형태통사이론으로서의 이론적 발전, (3) LFG 의미론의 발전, (4) 말뭉치 분석(parsed corpus)에 근거한 심리언어학적 연구 등으로 분류할 수 있으며 이들 각 부분이 갖는 전산언어학적인 의의도 매우 크다. 참고문헌에는 싣지 않았으나 LFG Web site에서 Archives나 On-line Proceedings of LFG 96, 97, 98을 보면 최근의 흥미 있는 연구들을 볼 수 있다.

7.2 최적통사론(OT-LFG)의 개발

 LFG 이론의 최근 발전 중 가장 두드러진 것은 OT-LFG의 개발이다. 음운론 이론으로 발전한 최적이론(Optimality Theory)은 간단히 설명하면 하나의 생성방법을 이용하여 도출 가능한 모든 후보(candidates)를 만들어 내고 그들에게 적합성에 대한 제약들을 가해 이 중 가장 위반성이 낮은 형태를 최적의 형태로 인정하는 이론이다. 이 때 후보들을 평가하여(evaluate) 최적의 형태를 선택하게 하는 제약들은 언어보편적으로 주어지는데 어떤 제약이 더 중요한가를 말해 주는 제약 간의 등급(ranking)은 언어마다 다르다. 이들 제약은 중요한 속성으로 위반 가능성

(violability)을 지니는데 즉, 절대적인 것이 아니고 경우에 따라서 위반될 수도 있다. 따라서 최적의 후보라도 특정 제약을 위반할 수 있는데 단지 다른 후보에 비해 위반성의 정도나 등급이 낮아야 한다. 또한 두 제약 간의 순서를 바꾸었을 때 예측이 달라지게 되는 충돌(conflict)의 문제도 일어난다. (상세한 설명은 안상철(1998, 345-364) 참조)

이런 OT 이론은 Grimshaw 등에 의해 통사현상을 설명하는 데에도 많이 적용되었는데(Grimshaw 1997 등), 이들 연구는 기본적으로 변형을 가정하는 통사이론 틀 내에서 이루어졌었다. Bresnan(1997d)는 LFG와 같이 여러 개의 표상이 병존하며 서로 조응된다고 보는 통사이론에 최적이론이 더 잘 적용된다고 주장한다. 그 주장은 몇 가지로 요약될 수 있는데, 첫째, 최적이론을 변형이론에 적용할 때에는 어떤 제약(constraints)이 어떤 도출 단계에 적용되는가, 또는 어떤 범주 유형에 적용되는가를 명시해 줘야 하는데 반해 위에서 본 대로 이질적인 정보를 범주 구조와 기능 구조에 독립적으로 표상하는 LFG에서는 제약의 내용에 따라 어순에 관한 제약은 전자에, 의미나 기능에 관한 제약은 후자에 자동적으로 적용된다. 둘째, 범주 구조와 기능 구조는 이질적인 구조이므로 하나의 기능 구조에 속하는 정보가 범주 구조 상에서 복수의 핵구조에 분포되는 것이 가능하다. 예를 들어 호주 원주민 언어인 Wambaya에서는 시제가 조동사와 본동사 양쪽에 표시되는데 이런 현상을 범주 구조와 기능 구조 간의 다 대 일 대응에 의해 잘 설명할 수 있다. 또한 두 구조의 이질성으로부터 하나의 기능 구조가 범주 구조에서 구에 대응될 수도 있고 단어에 대응될 수도 있는데 이렇게 단어와 구에 같은 자격을 부여하는 이론화는 어휘부와 통사부에서 독립적으로 생성되는 후보들을 같이 다룰 수 있게 해 준다.

또한 OT의 제약과 LFG의 구조 간의 사상은 둘 다 위반가능성, 불완전성이라는 개념화에 기초하고 있어 두 이론을 아무 수정 없이 접목할 수 있게 해 준다. Choi(1997)은 언어 간에 어순 변이를 통사 구조와 정보 구조(Information Structure)에 기반한 서로 충돌되는 제약들 간의 등급에 의해 최적형을 고르는 작업으로 분석한다. Bresnan(1997c, d)도 같은 맥락에서 대명사의 여러 가지 유형을 설명하고 있다. Bresnan(1997a)은 여러 유형의 언어들에서 어떤 범주 구조가 최적의 구조로 선택이 되는가를 설명하는데, 언어보편적으로 가능한 여러 개의 후보 중에서 영어 유형의 언어는 구 내부에 핵이 있어야 한다는 내심성 제약이 가장 등급(ranking)이 높은 제약으로 내심성 구조를 최적으로 선택하고 그런 제약이 강하지 않은 언어에서는 다른 구조를 최적으로 선택한다고 분석한다. Bresnan (1999)는 영어의 여러 방언에서의 부정 형태소를 OT-LFG 틀 내에서 분석하고 있다.

7.3 형태통사론(Morphosyntax)의 계속적인 연구

LFG 이론을 한마디로 소개하면 형태통사론이라 할 수 있다. 최근에도 그 각론을 심화시키는 연구들이 계속 진행되고 있는데 다양한 주제들을 대체로 두 가지로 분류할 수 있다. 우선 어휘 형태와 통사 구조의 관계에 대해 약교차(weak-crossover) 현상의 유형화를 시도하는 Bresnan(1996), 일치접사, 접어, 융합대명사, 복합술어(complex predicate) 등을 다루는 Borjars (1998), Ackerman and Webelhuth(1998), Butt(1998) 등의 연구들이 있다. 이 중 특히 복합술어에 대해서는 연구가 많이 축적되어 Alsina(1997), Andrew and Manning(in press)의 책들이 나오기도 했다. 어휘 형태와 기능 구조의 사상에 대해서는 호주어나 아프리카 언어의 비형상성을 다루는 Nordlinger(1998), Nordlinger and Bresnan이나 일어의 후치(postposing) 현상, 영어의 축약(contraction) 현상 등을 이동을 가정하지 않고 설명하는 Sells(1998), Barron(1998) 등을 들 수 있다.

7.4 제약에 기반을 둔 의미론(Constraint-Based Semantics)

이 책에서 LFG의 의미론에 대해서는 전혀 다루지 못했다. 초기 이론에서는 기능 구조에서 일반적 번역 원리(generalized translation principle)에 의해 의미 구조를 유도하는 Halvorsen(1983)의 의미론과 기존의 λ-연산을 확장시킨 장치를 사용하여 기능 도식이 부착된 통사 규칙으로부터 직접 문장의 의미를 번역해 내는 Reyle(1988)의 의미론이 제시되었다. (자세한 설명은 신수송, 류수린(1995) 참조)

최근의 의미론은 Dalrymple(1999)에 실린 논문들에 제시되어 있는데 기본적으로 기능 구조에 표현된 통사적 정보로부터 의미를 번역해 내는 의미론이라 할 수 있다. 전통적인 의미합성(semantic composition)의 방법을 취하지 않고 선형 논리(linear logic)를 이용하여 의미를 연역적(deductive)으로 조합(assemble)해 내는 방식을 취한다. 간단한 예로 "Bill left"라는 문장의 "left(Bill)"이라는 의미는 아래와 같이 도출된다.

(1) bill: 주어가 Bill이다.
   left: 만약 주어가 X라면, 이 문장은 left(X)를 의미한다.

이런 방식은 기능 구조 상의 정보들이 순서가 없이 주어지는 LFG 고유의 개념화와 잘 어울리며, 선형 논리의 특성상 문장 각 부분의 의미가 전체의 의미를 도출하는데 한 번만 기여하게 되므로 의미 도출과정이 매우 단순해진다. 현재 수식어구, 함축(implication)의 형식화에 대한 연구들이 나오고 있으며 전산언어학적으로 중요한 의의를 갖는다.

7.5 자료중심 분석(Data-Oriented Parsing: DOP)

한편 시작 단계에서부터 LFG의 이론화를 주도해 온 Kaplan을 중심으로 진행 중인 DOP 연구는 우리가 언어를 안다고 할 때 정확히 무엇을 아는 것인가라는 Chomsky의 질문을 다시 던진다. 인간은 추상적인 문법 규칙을 아는 것이라는 기존의 믿음과는 달리 우리는 과거의 언어적 경험에 대한 표상에 근거하여 언어적 인식과 발화를 하는 것이라는 가설을 내세우고, 그런 가설을 입증하기 위하여 LFG 이론 내에서 분석된 말뭉치(corpus) 자료에 기초하여 확률적인 연구를 시도하고 있다. (Rens and Kaplan 1998) 최근 출판된 Bod(1999)에서는 우리의 언어적 경험은 새로운 발화가 인식, 발화될 때마다 조금씩 바뀌며 우리의 지식은 그런 과거 경험들의 통계적 총체(statistical ensemble)라고 정의내리고 있다.

7.6 결론

위에서 LFG의 최근 발전 방향을 알아보았다. 요약하면 LFG는 언어에 대해 점점 포괄적인 설명을 시도한다고 할 수 있겠는데 언어의 모습을 결정짓는 요소로 논항의 의미, 문법 기능, 표면 구조 이외에도 많은 가능성을 열어놓고 있다. 의미는 논항 구조에 표현되는 문법화된 의미 뿐만 아니라 인지 의미론(Cognitive Semantics)에서 다루는 다양한 의미들이 관여할 가능성을 열어놓고 있으며 담화, 음운 현상들과의 상호 작용도 계속 연구 중이다. 이렇게 언어를 총체적으로 파악하려는 시도는 인지 과학적 관점과 잘 어울리며, 인간의 언어 능력이란 무엇인가 하는 언어학의 궁극적인 질문에 대해서도 새로운 답을 제시할 수 있으리라 기대된다.

제3부
핵어 중심 구구조 문법
(Head-Driven Phrase-Structure Grammar)

1장 서론

역사적으로 보면 핵어 중심 구구조 문법(HPSG)의 원류는 일반 구구조 문법(Generalized Phrase Structure Grammar, GPSG)이고 또 GPSG의 원천은 변형 생성 문법(transformational generative grammar)이다. 70년대 후반의 변형 생성 문법은 막강한 힘을 휘두르는 변형 규칙(transformational rules)의 힘을 줄이는 데 총력을 기울이고 있었다. 이 때 GPSG는 변형 규칙을 완전히 폐지하는 방법을 제안하여 당시 학계에 신선한 충격을 주었다. 그 당시 다른 변형 생성 문법 학파들은 변형 규칙에 여러 가지 제약을 가하여 그 힘을 통제하는 방법을 모색하고 있었는데, GPSG는 제약을 가하기보다는 변형이라는 작용 자체를 이론에서 추방하는 길을 택했던 것이다. 이로부터 비변형적 생성 문법(nontransformational generative grammar) 이론이 구체화되기 시작했던 것이다. 그 이전의 고전적 생성 문법(classical generative grammar)은 구구조 문법(phrase structure rules)의 방법만으로는 통사 현상의 일반화를 포착할 수 없다는 결론을 내리고 이를 보완하기 위하여 변형 규칙을 도입했던 것이지만, GPSG는 그 결론이 속단이었음을 주장하고 변형 규칙을 도입하는 대신 구구조 규칙의 이론을 적절히 보완하여 그 문제를 다루는 방법이 있음을 보여 주었다.

이와 같이 출발한 GPSG는 수학적 명증성을 내세우고 문법 현안 문제들에 대하여 구체적인 해결책을 제시하면서 이론 개발에 박차를 가했다. 많은 신진 학자들이 이에 동참했으며, 특히 전산 언어학 분야에서 폭넓은 지지를 얻었다. 그러던 중에 GPSG의 창시자 중의 한 사람인 Ivan A. Sag는 Carl Pollard와 더불어 핵어(Head)의 중요성에 초점을 맞추고 통사론에 의미론을 대폭 수용함과 동시에 어휘주의적(lexicalist) 접근을 심화하는 새로운 방향을 제시하였는데, 이것이 핵어 중심 구구조 문법 (Head-Driven Phrase Structure Grammar, HPSG)이다.

HPSG는 80년대 말에 Pollard와 Sag(1987)로써 일단 이론적 기초를 수립하였다. 그 후의 변화와 발전을 정리한 것이 Pollard와 Sag(1994)의 연구이다. 그러나 이 책의 마지막 장에는 이미 앞으로의 변화의 방향을 제시하고 있었고 이 방향을 추구하여 Sag(1997)과 Sag와 Wasow(1999) 등의 연구 결실을 보게 되었다. 이 발전 단계를 차례로 HPSG I, HPSG II, HPSG III이라고 부르기도 한다. 이 책에서는 이 세 단계를 절충하여 소개하려고 한다.

제 2장에서 HPSG의 이론적 특징을 개관한다. 이 중 일부는 GPSG에서 물려받은 것인데, 특히 자질 이론(feature theory)은 GPSG의 성과를 발전시킨 것이고 장거리 의존 구문의 접근 방법도 GPSG의 통찰력을 유지하고 있다. GPSG의 영향뿐만 아니라, 다른 이론의 장점을 과감히 수용하는 HPSG의 특징 때문에 범주 문법과 LFG와 유사한 부분도 있고, 심지어 GB에서도 장점을 적극적으로 수용한다. 그러나 HPSG가 단순히 기존 이론들의 절충 주의적 종합에 그치는 것이 아니라 HPSG의 고유의 독창성이 있음을 이 장에서 보여주려고 한다.

제 3장 이후는 앞의 제 1부와 2부에서 다룬 문제들을 HPSG의 이론틀 안에서 차례대로 논의한다.

2장 HPSG의 기본 개념과 이론적 특징

2.1 자질 이론 (Feature Theory)과 통사 범주 (Syntactic Category)

HPSG에서는 문법 이론과 통사 구조에 등장하는 모든 종류의 단위를 자질 (features)로 표현한다. 음운 단위와 형태소 단위는 물론, 단어, 구, 통사 범주, 구성 성분 등과 같은 통사 단위, 그리고 상황, 지시 지표, 논항, 1항 술어, 2항 술어 등과 같은 의미 개념 등 모든 것을 자질로 표현한다. 수학의 표기법은 숫자와 기호이고 우리말의 표기법은 한글이며 영어의 표기법은 알파벳이듯이, HPSG 문법의 표기법은 자질이라고 말할 수 있다. 이것을 형식화한 것이 자질 이론이다. 그러므로 자질 이론을 이해하는 것은 HPSG이해의 첫 걸음이 된다. 이 장에서 통사 범주와 구성 성분을 예로 하여 자질 이론의 기초를 알아본다.

HPSG를 처음 대하는 사람들 중에는 왜 모든 것을 자질로 표현해야 하는지 얼른 납득하지 못하는 사람들이 많다. 이 때문에 HPSG가 초보자들에게 어렵고 복잡하게 느껴지는 것도 사실이다. 그러나 실은 자질 이론은 생성 문법의 오랜 전통이고 HPSG가 이것을 본격적으로 도입하여 구체적이고 엄격한 이론적 체계를 세워 사용하고 있을 뿐이다. 이 절을 차근 차근히 읽어 나가면 자질 이론의 본질을 쉽게 파악할 수 있게 될 것이다. (다음 절에서는 HPSG 자질 이론의 장점 한 가지를 알아본다.)

종래에는 통사 범주란 하나의 원자라고 생각했다. 다시 말하면 N, NP, V, VP 등 통사 범주는 하나의 원자적 단위이어서 더 이상 분해할 수 없는 것이라고 생각했던 것이다. 그러나 자질 이론이 등장함으로써 이러한 고정 관념에서 벗어나, 범주라는 것을 자질들로 이루어진 복합체(complex)로 이해하게 된 것이다. 자질(feature)이란 음운론에서는 음운 변별 자질

(phonological distinctive feature)이고 통사론에서는 통사 자질(syntactic feature)을 말한다. 현대 음운론에서 /p/나 /i/와 같은 음소를 원자적 단위로 보지 않고 [vocalic], [low], [back], [anterior], [coronal], [voiced] 등과 같은 음운 변별 자질의 복합체로 이해하듯이 통사론에서도 N이나 V와 같은 통사 범주를 통사 자질의 복합체로 보는 것이다. 어떤 요소가 어떤 자질을 지닌다는 것은 그 요소가 어떤 통사적 성질(syntactic characterization)을 가지고 있다는 말과 같다. 예를 들어 타동사 see가 다음 세 가지 통사적 성질을 가지고 있다고 하자.

(1) a. 그것의 범주는 동사이다.
　　b. 그것은 주어 NP를 요구한다.
　　c. 그것은 직접 목적어 NP를 요구한다.

통사적 성질 (1a)를 자질로 나타내면 아래 (2)처럼 표시할 수 있다.

(2) [CATEGORY verb]

(앞으로 CATEGORY는 CAT로 줄여 쓴다.) 이렇게 표시한 것을 자질 명세(feature specification)라고 부른다. 자질 명세는 항상 하나의 순서 쌍(ordered pair)으로 되어 있다. 쌍의 앞 요소는 자질 이름(feature name) 또는 속성(attribute)이며 뒤의 요소는 그 자질의 값 또는 속성가(value)이다. (앞으로 "속성가"라는 용어 대신 "속성의 값"이라고 말할 때도 있을 것이다.) 이렇게 표기한 것을 속성 속성가 행렬(Attribute Value Matrix, 약자로 줄여서 AVM)이라고 부른다. (2)의 AVM은 속성이 CATEGORY이고 그 속성의 속성가가 verb인 하나의 자질 명세이다. 다시 말하면 자질 표시 (2)는 "범주가 동사이다"라는 하나의 통사적 성질을 자질 명세로 형식화한 것이다.

다음에 see가 주어 NP를 요구하고(=(1b)) 직접 목적어 NP를 요구한다는 것(=(1c))을 것을 어떻게 AVM으로 나타낼 수 있을까? 이를 위하여

SUBJECT와 COMPLEMENTS라는 두 가지 속성이 필요하다. (이를 줄여서 SUBJ, COMPS로 쓰기로 한다.) 이 두 속성은 결합가(valence)라고 부르는 자질로서 HPSG의 이론에서 매우 중요한 역할을 하는 자질이다. 이에 대하여는 2.3.1절에서 자세히 설명하기로 되어 있으므로 여기서는 자질 구조를 설명하는 범위 안에서만 간략히 다루기로 한다. 결합가란 어떤 요소의 공기(cooccurrence) 제약, 다시 말하면, 그 요소가 어떤 다른 요소와 같이 일어날 수 있는가 또는 일어나야 하는가를 밝혀주는 자질이다. 가령 see의 경우 그 뒤에 명사가 같이 일어 날 수 있다. (see the man, see Sandy 등) 또 그 앞에도 명사가 같이 일어 날 수 있다. (The men see ... , People see .... 등) 그러나 그 뒤에 동사나 형용사가 일어 날 수 없고 (*see pretty, *see disappears 등) 또 그 앞에 관사나 부사가 일어 날 수 없다. (*a see, *very see 등) 이러한 결합 가능성의 제약을 SUBJ와 COMPS 두 자질을 이용하여 AVM으로 나타낼 수 있다. 가령 "하나의 NP가 일어나야 한다"는 것을 "SUBJ 또는 COMPS 속성이 하나의 NP를 속성가로 취한다"라고 바꾸어 말할 수 있는데, 이를 자질 명세로 나타내면 다음과 같이 된다. (SUBJ 자질은 앞으로 SPECIFIER 자질로 통합된다. 2.3.1 참조)

(3) $\begin{bmatrix} \text{SUBJ} & \text{<NP>} \\ \text{COMPS} & \text{<NP>} \end{bmatrix}$

< >는 요소의 순서가 있는 리스트(ordered list)를 뜻한다. 지금은 하나의 요소 뿐이므로 순서가 문제가 되지 않으나, 두 개 이상의 요소가 필요할 때는 왼쪽에서부터 차례대로 나열한다. (3)을 (2)와 합하면 다음과 같이 된다.

(4) $\begin{bmatrix} \text{CAT} & \text{verb} \\ \text{SUBJ} & \text{<NP>} \\ \text{COMPS} & \text{<NP>} \end{bmatrix}$

AVM (4)는 타동사의 세 가지 통사적 성질을 자질 명세로 나타낸 것이다. HPSG는 이것을 바로 타동사라는 통사 범주 그 자체라고 본다. 타동사라는 통사 범주가 V 또는 V_{tr}처럼 원자적 단위로 보지 않고 어떤 통사적 성질들의 복합체로 본다는 것이 바로 이런 의미에서이다. 위 (4)는 세 가지 자질 또는 성질의 복합체를 자질명세로 표현한 것이다.

이와 같이 자질 명세로 나타낸 AVM을 HPSG는 자질 구조(feature structure)라고 부른다. 우리는 앞으로 HPSG는 모든 종류의 언어 단위를 자질 구조로 표현한다고 말하게 된다.

다음에 자동사는 어떻게 자질 구조로 표현하는지 알아보자. 자동사는 직접 목적어를 취하지 않을 뿐만 아니라 어떤 보어도 취하지 않는다. 이 성질을 우리는 [COMPS < >]로써 나타낼 수 있다. < >는 영(零 zero)을 뜻한다. 즉 속성 COMPS가 영의 속성가(empty value)를 가진다는 말이다. 그러면 자동사 범주는 아래와 같이 표현된다.

(5) $\begin{bmatrix} \text{CAT} & \text{verb} \\ \text{SUBJ} & <\text{NP}> \\ \text{COMPS} & < \quad > \end{bmatrix}$

타동사와 자동사를 구별하지 않고 포괄적으로 동사라는 범주를 나타낼 필요가 있을 때는 COMPLEMENTS 속성에 대해서는 미표시(unspecified 또는 underspecified) 상태로 두고 CATEGORY와 SUBJECT 속성만 밝히면 된다. 즉 아래 (6)의 자질 구조가 동사이다.

(6) $\begin{bmatrix} \text{CAT} & \text{verb} \\ \text{SUBJ} & <\text{NP}> \end{bmatrix}$

같은 방법으로 saw the man과 같은 동사구는 아래와 같이 되겠다.

(7) $\begin{bmatrix} \text{CAT} & \text{verb} \\ \text{SUBJ} & <\text{NP}> \\ \text{COMPS} & < > \end{bmatrix}$

    동사구 saw the man은 직접 목적어 요구 사항이 충족되었으므로 COMPS 의 값은 영속성가가 되어야 한다. 주어 NP는 아직 주어지지 않았으므로 타동사 saw의 상태와 같이 [SUBJ <NP>]가 된다.

    Sandy saw the man과 같은 문장 S는 어떻게 나타내면 될까? S에는 주어와 직접 목적어 보어가 둘 다 주어졌으므로 SUBJ와 COMPS 자질이 둘 다 영 속성가를 취한다.

(8) $\begin{bmatrix} \text{CAT} & \text{verb} \\ \text{SUBJ} & < > \\ \text{COMPS} & < > \end{bmatrix}$

    지금까지의 논의를 정리해 보자. 동사 V와 동사구 VP와 문장 S는 다 같이 [CAT verb]이다. 그런데 V는 SUBJ와 COMPS 둘 다 "값이 있다." HPSG에서는 이와 같이 속성가가 있다는 것을 영 속성가가 아니라는 뜻으로 비영 속성가(非零 屬性價 nonempty value)라고 한다. 영 속성가냐 비영 속성가냐 하는 차이를 가지고 V, VP, S 세 범주를 구별할 수 있다. 앞에 말한 것처럼 V는 SUBJECT와 COMPLEMENTS 둘 다가 비영 속성가이고, VP는 SUBJECT 자질은 비영 속성가이고 COMPLEMENTS 자질은 영 속성가이며, S는 SUBJECT와 COMPLEMENTS 자질 둘 다 영 속성가이다.

    그러면 우리는 타동사 V는 NP 하나를 제공하면 VP가 되고 다시 NP 하나를 제공하면 S가 된다고 말할 수 있다. V는 필요한 요소들을 하나도 제공받지 못한 상태이고 VP는 필요한 것 중 일부를 제공받은 상태이며 S는 필요한 모든 것을 다 제공받은 상태이다. HPSG에서는 이것을 포화 상태(saturation)에 이르는 과정으로 표현한다. S는 포화 상태(saturated)의 범주, VP는 부분적 포화 상태(partially saturated)의 범주, 그리고 V는 불포화 상태(unsaturated)의 범주라고 한다. 이것은 생성 문법에서 통설로 되어 있는 X′ 통사론을 자질 구조 이론으로 재구성한 것으로서 HPSG의 핵심적 이론 장치 중의 하나이다. (이 부분은 아래 1.3절에서 더 자세히 설명한다.) 여기에서 중요한 것은 모든 통사 범주는 통사 자질의 복합체로 재정의하여 표현할 수 있다는 점이다.

다음에 명사의 자질 구조는 어떻게 나타내는지 알아보자. 먼저 보통명사의 통사적 성질은 아래 두 가지로 요약할 수 있다.

(9) a. 그것의 범주는 명사이다.
　　b. 그 앞에 관사를 붙여야 한다.

(9b)의 성질을 나타내기 위하여 속성 SPECIFIER를 도입하고 그 속성가는 관사(determiner)가 된다고 하면 되겠다. 그러면 (9b)는 [SPECIFIER determiner]라는 자질 표시로 나타낼 수 있다. (SPECIFIER는 SPR로 줄인다.) 이제 man의 통사 범주는 다음과 같이 두 자질 표시의 복합체로 나타난다.

(10) $\begin{bmatrix} \text{CAT noun} \\ \text{SPR <determiner>} \end{bmatrix}$

다음에 a man 또는 the man과 같은 구범주 NP는 어떠한 자질로 되어 있는지 알아보자. 이 구범주가 어휘 범주 man과 다른 점은 그 앞에 관사를 붙일 수 없다는 점이다. *a a man, *a the man, *the a man, *the the man은 모두 불가능하다. 이 성질은 [SPR < >]로써 나타낼 수 있다. 그러므로 NP는 다음 두 자질로 표시한다.

(11) $\begin{bmatrix} \text{CAT noun} \\ \text{SPR < >} \end{bmatrix}$

통사 범주란 정보(표현)의 덩어리라고 말할 수 있다. 이 점을 명시적으로 형식화하려는 HPSG의 이러한 특징을 부각시켜 HPSG를 정보 기반(Information-Based)의 이론이라고 부르기도 한다.

생성 문법의 통사 분석에서 없어서는 안되는 나무 그림(tree diagram)은 구문의 구성 성분 구조(constituent structure)를 나타내는 편리한 방법이다. 그런데 모든 것을 자질로 나타내는 HPSG는 구성 성분도 자질 구조로 나타낸다. 다음 예를 보자.

(12)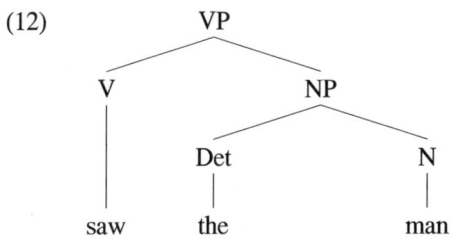

이 나무 그림을 자질 구조로 나태내기 위하여 먼저 이것이 나타내는 정보를 요약하면 다음과 같다.

(13) a. saw the man은 VP이다.
　　 b. 그 VP는 saw와 the man으로 구성되어 있다.
　　 c. saw는 핵성분(head daughter)이고 the man은 비핵성분(nonhead daughter)이다.
　　 d. saw의 통사 범주는 V이고 the man의 통사 범주는 NP이다.
　　 e. the man은 the와 man으로 구성되어 있다.
　　 f. man이 핵성분이고 the가 비핵성분이다.
　　 g. man의 범주는 noun이고 the의 범주는 determiner이다.
　　 h. saw가 the man을 선행한다.
　　 i. the가 man을 선행한다.

(13)a부터 g까지는 구성 성분과 통사 범주에 관한 정보이고 (13h)와 (13i)는 어순에 관한 제약이다. 적어도 이 아홉 가지 정보를 자질 구조에 담아야 한다.

먼저 구성 성분을 나타내기 위하여 HEAD-DAUGHTER 속성과 NONHEAD-DAUGHTER 속성을 도입한다. (DAUGHTER는 DTR로 줄여 쓰기로 한다.) VP가 V와 NP로 구성된다고 할 때, V가 핵성분이고 NP가 그 보어로서 비핵성분이므로 구 범주 VP의 HEAD-DTR 속성의 속성가 가 V이고 그 NONHEAD-DTR 속성의 속성가가 NP이다. 또 NP의 구성 성분은 N과 Det인데 N이 핵성분이고 Det가 비핵성분이다. 따라서 HEAD-DTR의 속성가가 N이 되고 NONHEAD-DTR의 속성가가 determiner가 된다.

끝으로 saw the man이나 the man과 같은 구 범주와 saw와 같은 어휘 범주가 가진 정보를 AVM으로 나타내기 위하여 CAT, HEAD-DTR, NONHEAD-DTR 등 세 가지 속성 이외에 PHONOLOGY 속성이 필요하다. 이것은 해당 요소의 실제 음성이 무엇인가를 밝히는 속성이다. 원칙적으로 PHON의 속성가는 음운 자질 구조가 되어야 하지만 통사론에서는 편의상 단어 또는 단어의 연결을 그 대신 쓴다. 그래서 결국 PHON의 속성가는 나무 그림으로 말하면 나무의 "잎"에 해당하는 종점 기호 (terminal symbol)와 같은 것이다. 나무의 종점 기호가 항상 단어이듯이 PHON의 속성가도 단어이다.

(14)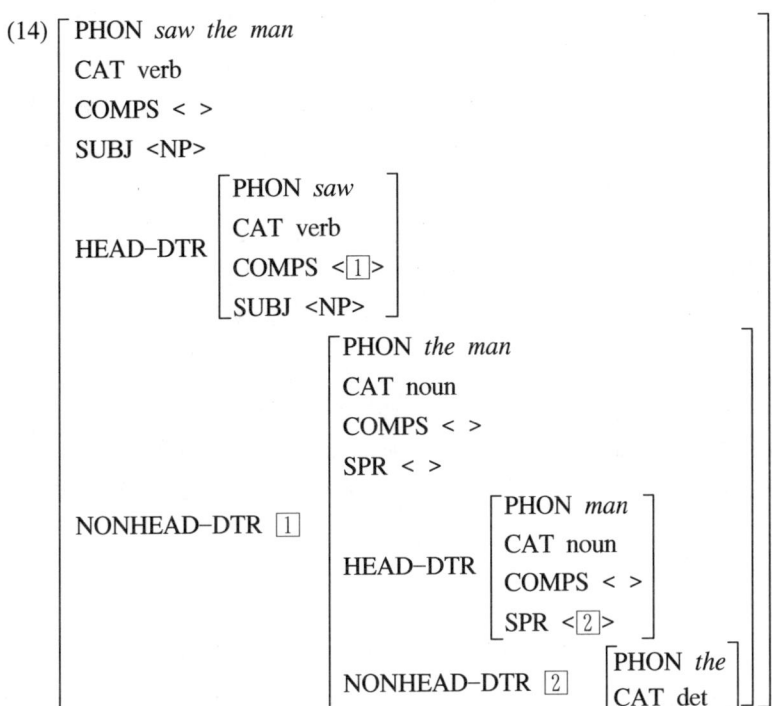

어휘 범주(lexical category)는 PHON, CAT, SUBJ, COMPS 등 네 개의 자질 명세로 나타내고 구 범주(phrasal category)는 이 네 가지에 성분 구조 표현을 위하여 HEAD-DTR와 NONHEAD-DTR 자질 명세를 더하여 나타낸다.

 'Saw the man'은 그 범주가 동사(verb)이고 핵성분(head-daughter)이 'saw'이며 비핵성분(non-head-daughter)이 'the man'이다. 'Saw'는 범주가 verb, COMPS 자질의 값은 ①, SUBJ 자질의 값은 NP이다. (번호 ①에 대해서는 곧 설명한다.) 주목할 사항은 자질과 자질 값이 재귀적으로 내포되어 있는 점이다. 이것은 경우에 따라 자질의 값이 자질 구조로 되어 있고 또 그 자질 구조 중의 한 자질의 값이 다시 자질 구조로 되어 있으며, 이런 상태가 반복될 수 있기 때문이다.

핵성분 saw의 COMPS 속성가가 ①로 표시되어 있는 데, 이것은 HPSG의 중요한 한 가지 장치로서 구조 공유(structure sharing)를 나타내는 기호이다. 구조 공유란 두 개 또는 그 이상의 속성이 동일한 속성가를 가지는 현상을 말한다. 여기 saw의 COMPS 속성가와 saw the man의 NONHEAD-DTR의 속성가가 동일하다. 따라서 COMPS 속성가에는 번호 ①만 넣고 실제의 내용이 나오는 NONHEAD-DTR의 속성가에 같은 번호를 붙여 준 것이다. 이렇게 해서 두 속성이 하나의 값을 공유한다는 것을 나타낸다. 이것은 자질 구조에서 일어날 수 있는 자질 명세의 중복을 피하려는 동기도 있지만 그보다 더 중요한 의미가 있다. 위의 자질 구조(11)에서의 구조 공유의 역할은 타동사 see의 직접 목적어 보어 즉 COMPS의 값이 the man으로 실현된다는 것을 형식화하는 것이다. 명사구 'the man'에서는 보통 명사 man의 지정어(specifier)가 관사 the로 실현되는 것을 구조 공유 ②로 나타내었다. (구조 공유에 대해서는 앞으로 논의가 전개됨에 따라 그 의미를 점차 더 명확하게 파악할 수 있게 될 것이다.)

나무 그림은 구성 성분의 어순을 직접 반영하여 선행하는 요소부터 차례로 왼쪽에 등장시킨다. 이런 어순에 관한 사항은 구성 성분을 정의하는 구구조 규칙에 정의되어 있어서 그에 따른 것이다. 가령 구구조 규칙 VP→V NP는 VP의 성분을 밝힘과 동시에 V가 NP를 선행한다는 어순도 규정한다. 그러나 HPSG는 일반 구구조 문법(GPSG)에서부터 시작된 구구조 문법의 전통에 따라 구구조 규칙이 어순을 정의하지 않고, 별도의 어순 규칙을 수립하여 다룬다. 그렇게 함으로써 어순에 관한 일반화를 포착할 수 있기 때문이다. (어순에 대해서는 다음 절에서 더 자세히 다룬다. 여기서는 자질 구조를 이해하는 선에서 그친다.)

(15) 영어 어순 규칙
    a. 어휘 핵성분은 그에 의존하는 비핵구성분(들)을 선행한다.
    b. 어휘 범주는 구 범주(들)를 선행한다.
    c. 명사구는 동사구를 선행한다.

이 규칙에 따라 (11)의 HEAD-DTR의 PHON 값 saw와 NONHEAD-DTR의 PHON 값 the man이 결합하여 VP를 이룰 때 VP의 PHON 값이 saw the man이 된다. PHON의 값은 어순 규칙을 적용한 결과이다. 또 어휘 범주 the와 구범주 man(또는 wise man)이 결합할 때에도 the man(또는 the wise man)이 되어야지 *man the(또는 *wise man the)가 될 수 없음도 위 어순 규칙에 따른 것이다.

지금까지 몇 가지 중요한 속성들에 대하여 얼마간 논의하였는데, 그것은 그 자질들의 정확한 정의라기 보다는 자질 구조란 무엇인가를 설명하기 위한 방편으로 예시한 데 불과하다. 이들 자질 구조들은 앞으로 논의를 진행하면서 조금씩 더 자세히 밝혀질 것이고 또 필요에 따라 적절한 수정을 가하게 될 것이다.

2.2 비변형적 접근(Nonderivational Approach)

HPSG가 종래의 변형 생성 문법과 가장 뚜렷이 다른 점이 무엇이냐고 묻는다면 HPSG는 "변형 규칙이 없는 생성 이론"(nontransformational generative grammar)이라고 대답할 수 있을 것이다. 변형 문법은 심층 구조에서 출발하여 여러 단계의 중간 구조를 거쳐서 표면 구조에 도달하는 다단계(multistratal)의 문법이라면, HPSG는 하나의 구문에 하나의 구조가 존재하는 단일 계층(monostratal)의 문법이다. HPSG에는 어떤 구조를 다른 어떤 구조로 바꾸는 변형 과정과 같은 것은 존재하지 않는다. HPSG는 철저히 비변형적(nontransformational)(또는 다른 용어로는 비도출적(nonderivational)) 이론이다.

변형 문법에 익숙한 사람들은 도출 과정이 없이 어떻게 통사 현상을 설명할 수 있는지 의아해 한다. 특히 아래 Wh 의문문, 관계절, 또는 주제 구문과 같은 현상을 단일 계층 이론이 어떻게 분석할 수 있다고 하는지 궁금해한다.

(16) Who did Sandy meet?

(17) The man who Sandy saw. . . .

(18) Bagels, I like.

변형 문법은 가령(16)의 심층 구조를 "Sandy did meet who"와 같은 구조로 가정하고 여기에 who 이동 규칙을 적용하여 표면 구조 Who did Sandy meet?이 도출된다고 설명한다. 그런데 심층 구조라든가 표면 구조라든가 하는 개념도 없고 변형 규칙이라는 장치도 없는 비도출적 이론이 어떻게 이런 문장들을 분석할 수 있다는 것인가? 변형 문법에 익숙한 많은 사람들이 가지는 의문이다.

이러한 현상을 단일 계층의 비도출적 문법으로 설명하기 위하여 발상의 전환이 필요하다. 무엇보다 먼저 통사 범주를 새로운 시각으로 바라볼 줄 알아야 한다. 앞 절에서 논의한 바와 같이 통사 범주를 속성들의 복합체로 보는 통사 범주관이 필수적이다. 그리고 통사 범주를 두 종류로 나눈다. 갖추어야 할 속성을 다 갖추고 있는 온전한 범주가 있고 갖추어야 할 속성을 다 갖추지 못한 불완전한 통사 범주가 있다. 가령 범주 S 중에 있어야 할 모든 요소가 다 갖추어져 있는 보통 S가 있는가 하면, 있어야 할 요소 중 어떤 요소가 빠져 있는 특별한, 불완전한 S가 있다고 본다. VP 중에도 있어야 할 모든 요소가 다 있는 보통 VP가 있고 있어야 할 요소들 중에 어느 한 요소가 없는, 말하자면, 불완전한 VP가 있다. V도 역시 온전한 V가 있고 불완전한 V가 있다.

아래 표현은 (16), (17), (18)의 일부이다.

(19) 'did Sandy meet'

(20) 'Sandy saw'

(21) 'I like'

이들은 모두 불완전한 문장이어서 독립적으로 쓰인다면 비문이 될 것이다. 동사들이 모두 타동사이므로 직접 목적어가 있어야 온전한 V, 또

온전한 VP, 나아가서, 온전한 S가 될텐데 그것이 없어서 불완전하다. 예컨대 (21)의 'like'는 불완전한 V이고 불완전한 VP이며 따라서 'I like'는 불완전한 S이다.

"불완전하다"는 것은 필수적 요소가 결여되어 있는 상황을 말한다. 그런데 이제 이것을 자질 이론적으로 말하면 어떻게 될까? "결여되어 있다"는 것을 하나의 속성(=자질)으로 보고 결여된 그 요소를 그 자질의 자질 값으로 보면 어떨까? HPSG는 이것이 가능하다고 보고 결여되어 있는 상황을 자질 이론적으로 표현하기 위하여 자질 SLASH를 도입한다.

(22) [SLASH {XP}]

이 자질 명세는 "필수적인 요소 XP가 현재 결여되어 있다"는 것을 표현한다. (19-21)의 불완전한 문장은 직접 목적어 NP 하나가 부족하므로 [SLASH {NP}]자질을 가진 문장이라고 말할 수 있겠다. 그러므로 문장을 나타내는 자질 구조 (8)에 이 자질 명세를 추가하면 그것이 바로(19-21)의 문장의 범주가 된다는 것을 알 수 있다.

(23) ⎡ CAT   verb ⎤
     ⎢ SUBJ   < > ⎥
     ⎢ COMPS < > ⎥
     ⎣ SLASH {NP} ⎦

VP도 같은 방식으로 나타낼 수 있다. 즉 NP 하나가 부족한, 불완전한 VP는 VP에 이 자질을 더하여 VP[SLASH {NP}]가 된다. (이런 것을 SLASHed S (SLASH된 S), SLASHed VP (SLASH된 VP), SLASHed NP (SLASH된 NP)라고 부른다.)

주제문 (18)을 예로 하여 전체적으로 생각해 보자. 이 주제문은 이제 주제 'bagels'와 불완전 S 'I like'로 되어 있다고 본다. 따라서 이 S는 주제 NP와 S[SLASH {NP}]로 구성되고 S[SLASH {NP}]는 다시 주어 NP와

VP[SLASH {NP}]로 되어 있으며 마지막으로 VP[SLASH {NP}]는 V[SLASH {NP}]로 되어 있다고 보는 것이다. 이를 나무 그림으로 나타내면 아래와 같다.

(24)
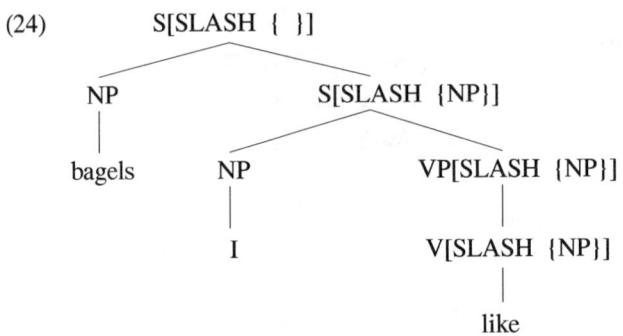

아래에서 위로 올라가면서(bottom up) 볼 수도 있다. [SLASH {X}]를 줄여서 /X로 표현할 때도 있다. 이 약식 표기법으로 하면 VP[SLASH {NP}]는 VP/NP가 된다. V/NP가 VP/NP를 이루고, NP와 VP/NP가 S/NP를 이루고, 끝으로 NP와 S/NP가 S를 이룬다. (SLASH라는 말은 기호 " / "의 명칭이다. 원래는 S/NP와 같은 표기법이 먼저 나왔고 이것을 후에 자질 이론으로 형식화하면서 SLASH 라는 자질이 등장한 것이다.) VP/NP는 직접 목적어 NP가 없는 VP 즉 타동사 'like'가 직접 목적어 없이 이루는 VP 'like *e*'를 가리킨다. S/NP는 'I like *e*'의 범주이다. 마지막으로 'Bagels, I like *e*'는 NP와 S/NP로 이루어졌으니 빠진 요소가 없이 다 갖추어진 S이다. 또는 S/NP에서 결여된 NP를 'Bagels'로 채워주었으므로 완전한 S가 된 것이라고 말해도 되겠다.

다음에 S/NP는 did와 S/NP로 되어 있고, 이 S/NP는 NP와 VP/NP로 되어 있다고 보는 것이다. (17)의 관계절 who Sandy saw는 관계 대명사 who와 S/NP로 되어 있고 S/NP는 NP와 VP/NP로 되어 있다. 주제문(18)은 NP와 S/NP로 되어 있다.

변형 생성 문법에서는 Wh 의문문이나 관계절 같은 현상은 이동 규칙이 없이는 설명할 수 없다고 말해 왔다. 그러나 HPSG는 위와 같은 방식으로 SLASH 자질을 활용하면 이동 규칙이 없이도 Wh 의문문을 잘 설명할 수 있다는 것을 보여준다. 이 부분은 제 4장(의존 구문)에서 자세히 다룬다.

2.3 제약 기반의 문법(Constraint-Based Grammar): 구구조의 통사론

통사론의 중심부는 단어들이 결합하여 구를 이루는 현상을 설명하는 것이다. 이것이 곧 구구조 통사론이다. HPSG는 각 단어 고유의 어휘적 제약과 몇 가지의 규칙과 원리들의 상호 작용으로 구구조를 설명한다. 규칙이나 원리들도 다 제약의 일종이므로 HPSG의 구구조 통사론은 한 마디로 제약의 상호 작용이라고 말할 수 있다. HPSG 방법의 이러한 특징을 부각시켜 HPSG는 스스로를 제약 기반(Constraint-Based)의 문법이라고 부른다. 이러한 제약들이 어떻게 상호 작용하여 구구조를 기술하는지 알아본다. (이 절의 주제는 생성 문법에서 일반적으로 X′ 통사론(X′ Syntax)라고 부르는 영역과 대부분 일치한다.)

2.3.1 어휘 제약과 결합가(Valence)

HPSG는 결합가라는 개념을 사용하여 한 요소가 다른 요소와 결합하는 과정을 체계화한다. 결합가란 한 마디로 결합 가능성을 말한다. 즉 어떤 요소가 어떤 다른 요소와 결합할 수 있는가 또는 결합해야 하는가를 결정하는 장치이다. HPSG 통사론의 가장 작은 단위는 단어(word)이다. 따라서 요소들의 결합은 단어들의 결합에서 시작된다. 그리고 단어와 단어가 결합하면 구(phrase)가 되고 구와 구가 결합하여 더 큰 구가 된다. 또 단어가 구와 결합하기도 한다. 이 모든 경우에 그 결합 가능성을 결정하는 것이 결합가이다.

 단어들이 모여 구를 이룰 때 그 중 한 단어는 핵심적 요소이고 나머지 단어들은 주변적 요소 또는 의존적 요소라고 보는 견해는 언어학의 뿌리깊은 전통적 사고이다. HPSG도 이 전통적 견해를 따르고 이를 형식화한다. 어떤 의미에서 이 전통적 견해를 명시적 방법으로 새롭게 체계화한 것이 HPSG의 X′ 통사론이라고 할 수 있을 것이다. HPSG는 단어들의 결합에서 핵심적 위치를 차지하는 요소를 핵어(head)라고 부르고 이 핵어가 결합가(valence)를 가지고 있어서 그 의존적 요소들을 거느리고 있다고 본다. 이것이 곧 "핵어 중심(Head-driven)"이라는 개념이다. 그리고 결합 가능성의 단초를 결정하는 핵어는 어휘 범주이다. 이 어휘 핵(lexical head)이 결합가를 지니고 있는 것이다. 그러나 구와 구가 결합할 때는 그 중 하나가 구 핵(phrasal head)이 되고 그것이 결합가를 가진다. 다시 말해 어휘 핵이 다른 단어나 구와 결합하기도 하고 구 핵이 다른 구와 결합하기도 하는 것이다.

 현재 HPSG이론에서 쓰이고 있는 중요한 결합가에는 앞 절에서 이미 등장한 SUBJECT 자질과 COMPS 자질이 있고 이외에 MOD(IFIER) 자질이 있다. 이 절에서 SUBJ와 COMPS 자질을 가지고 결합가에 대하여 좀 더 자세히 설명한다. (MOD자질은 다음 절에서 다룬다.) 그런데 SUBJ 자질은 동사와 형용사가 주어를 공급받아 최종적으로 포화 상태(또는 최대 범주(maximal category))에 이르게 해주는 자질이다. 그런데 명사에도 관사류가 공급되면 포화 상태 NP가 된다. 이와 같이 주어 요소와 관사류는 동사와 명사를 포화 상태에 이르게 하여 최대 범주(maximal category)를 이루게 하는 점에서 동일한 기능을 한다고 볼 수 있다. (이는 GB의 견해와도 같은 것이다.) 그래서 Sag와 Wasow(1999)은 SUBJ대신에 SPECIFIER (줄여서 SPR)를 채택하고 주어 요소와 관사류를 통칭하는 결합가로 쓰고 있는데, 우리도 이하에서 이를 따르기로 한다.

 SPR과 COMPS는 동사, 형용사, 전치사, 명사 등 주요 범주가 다 가지는 자질이다. (여기서는 주로 동사를 예로 설명하기로 한다.) [SPR <NP>] 자질은 모든 동사가 다 가진다. 동사는 주어 NP가 있어야 S를 이룰 수 있기 때문이다.63) COMPS 자질은 동사의 종류에 따라 여러 가지 다양한 자질가를 갖게 된다. COMPS 자질은 V가 어떤 보어를 취하여 VP가 되는 가를 알려주는 자질이다. 앞에 든 타동사 meet은 결합가 자질 [COMPS <NP>]를 가진다. 자동사 disappear는 결합가 자질 [COMPS < >]를 가진 다. < >는 영요소(empty value), 즉 아무 보어도 요구하지 않는다는 것을 뜻한다. Rely는 반드시 전치사가 on인 PP를 요구하므로 그 COMPS 자질 은 [COMPS <PP[on]>]이 된다. 그런가 하면, 타동사 put의 COMPS 자질은 [COMPS <NP, PP>]가 되어야 할 것이다. Put은 NP 보어와 PP 보어를 요 구하기 때문이다. 이러한 결합가들은 모두 해당 어휘들의 어휘적 제약인 것이다.

(25) a. disappear: [[COMPS < >], [SPR <NP>]]
b. meet: [[COMPS <NP>], [SPR <NP>]]
c. rely: [[COMPS <PP[on]>], [SPR <NP>]]
d. put: [[COMPS <NP,PP>], [SPR <NP>]]

이와 같이 동사의 SPR 자질과 COMPS 자질의 명세에 따라 보어와 주 어를 제공해 가면 VP가 되고 마지막에 S가 된다. 그러나 이 두 가지의 자질 명세만 가지고 일정한 구조를 보장할 수 없다. 가령 주어와 보어를 한꺼번에 제공하여 V가 곧바로 S가 되게 할 수도 있고, 보어만 먼저 제 공하여 VP를 만들고 난 다음에 주어를 제공하여 S를 만들게 할 수도 있 다. 또는 반대로 주어를 먼저 제공하여 구를 만들고 끝에 보어를 제공하 여 S를 만들게 할 수도 있다. 또 보어가 두 개 이상일 때는 그 하나 하 나를 차례로 제공하는지 모두 한꺼번에 제공하는지에 따라 여러 가지 다른 구조가 가능하다. 아래에 그 여러 가지 가능한 구조 중 몇 가지를 보였다.

---

63) 명령문에 쓰이는 동사는 예외가 된다. 이 문제의 해결 방법은 어휘 규칙을 이용하는 것이다. 명령문 어휘 규칙을 설정하고 이에 의하여 모든 동사는 주어 없이 명령문에 쓰일 수 있는 가능성을 보장하는 방법을 생각할 수 있다.

(26)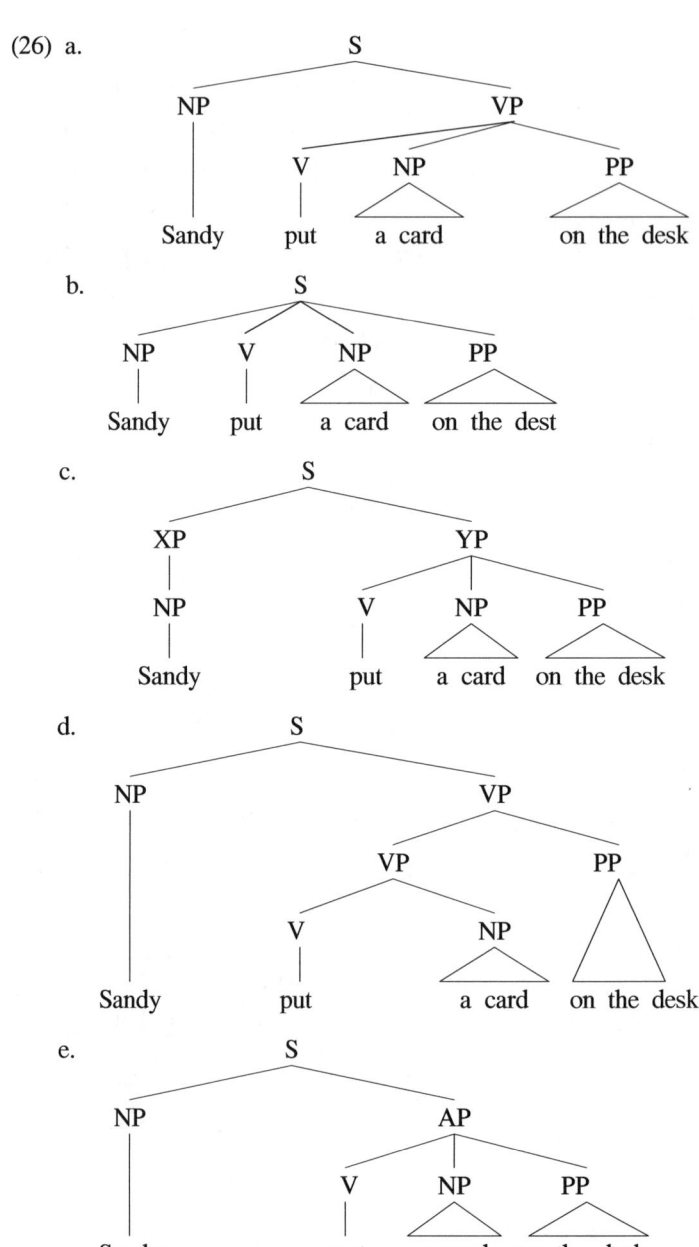

f.

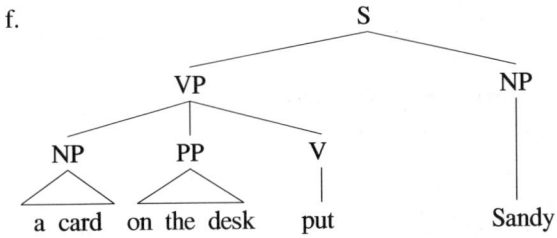

주지하는 바와 같이 위의 여러 가지 가능한 구조 중에서 (26a)를 허용하고 나머지는 모두 잘못된 분석으로서 배제되어야 할 것들이다. 이 일을 하기 위하여 필요한 것이 문법 규칙(Grammar Rules)이다.

2.3.2 문법 규칙(Grammar Rules)

HPSG의 문법 규칙은 종래의 구구조 규칙(phrase sructure rules)과 비슷한 기능을 하지만, 그 보다 훨씬 더 일반화되고 도식적이다. 다음과 같은 두 개의 문법 규칙을 우선 수립할 필요가 있다.

(27) 핵-주어 규칙 Head-Specifier Rule:
$$\begin{bmatrix} phrase \\ SPR < > \end{bmatrix} \rightarrow \boxed{1} \ H \ \begin{bmatrix} phrase \\ SPR <\boxed{1}> \end{bmatrix}$$

(28) 핵-보어 규칙 Head-Complement Rule:
$$\begin{bmatrix} phrase \\ COMPS < > \end{bmatrix} \rightarrow H \ \begin{bmatrix} word \\ COMPS <\boxed{1}> \end{bmatrix} \ \boxed{1}$$

핵 주어 규칙 (27)은 SPR 자질을 가진 핵 구는 자신과 그 SPR의 자질 값, 예컨대 하나의 NP와 결합하여 [SPR < >] 자질을 가진 구를 이룬다는 것을 규정한다.

핵 보어 규칙(28)은 COMPS 자질을 가진 단어 핵(lexical head)이 자신과 그 COMPS의 자질 값(들)과 결합하여 [COMPS < >] 자질을 가진 구를 이룬다는 것을 규정한다.

phrase는 구 범주(phrasal category), word는 어휘 범주(lexical category)를 가리키는데 HPSG에서는 이러한 것을 유형(type)이라고 부른다. 문법 규칙이란 특정 유형에 가해지는 제약을 규칙화한 것이라고 볼 수 있다. 유형에 대해서는 이 장 4절에서 설명한다.

이 두 규칙을 것을 나무 그림으로도 나타낼 수 있다. (29)는 핵 주어 규칙, (30)은 핵 보어 규칙을 나타낸 것이다.

(29)
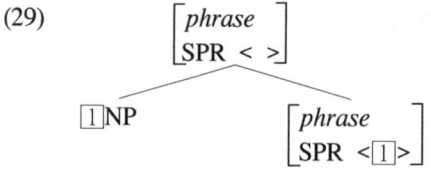

(30)
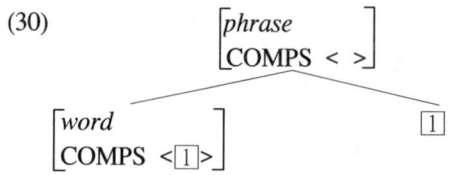

이 규칙들의 적용과 동시에 원리들도 적용된다. 특히 결합가의 원리와 핵자질의 원리가 적용되어야 한다.

(31) 결합가의 원리(Valence Principle, 줄여서 VALP)
문법 규칙이 언급하지 않는 핵 딸의 결합가는 그 어미 성분의 결합가와 같다.

(32) 핵 자질의 원리(Head Feature Principle, HFP)
어미 성분과 그 핵 딸은 동일한 핵 자질(head features)을 갖는다.

VALP는 두 결합가 SPR와 COMPS 중에 하나가 문법 규칙에 의하여 그 자질 값이 실현될 때 다른 자질가가 어떻게 되는지를 규정한다. 곧 그 다른 자질가는 그대로 어미 성분으로 올라가게 하는 것이 VALP의 역할이다.

핵 자질은 핵 딸에서 어미 성분으로 자동적으로 올라가는 자질을 말한다. 다시 말하면, 어미 성분의 자질들 중에는 핵 딸의 자질과 동일한 자질이 항상 들어 있는데 이런 자질을 핵 자질이라고 한다. 가장 전형적인 핵 자질은 통사 범주 자질이다. 이런 핵 자질들은 자질 구조 속에 HEAD 이라는 자질의 자질 값으로 나타난다.

위의 두 규칙과 더불어 결합가 원리와 핵 자질의 원리가 어떻게 적용되는지 put 동사를 예로 하여 알아보자. 이 동사는 내재적 속성상 아래와 같은 HEAD자질과 두 가지의 결합가 자질 SPR, COMPS를 가진다고 하자.

(33) $\begin{bmatrix} word \\ \text{HEAD } verb \\ \text{SPR } <\boxed{1}\text{NP}> \\ \text{COMPS } <\boxed{2}\text{NP}, \boxed{3}\text{PP}> \end{bmatrix}$

핵-보어 규칙은 단어(=어휘 범주)에 적용되어야 하고 핵-주어 규칙은 구에 적용되어야 한다. (33)은 단어 유형이므로 핵-주어 규칙은 거기에 적용될 수 없고, 핵-보어 규칙은 적용될 수 있다. 그 적용 결과가 다음 (34)이다.

(34)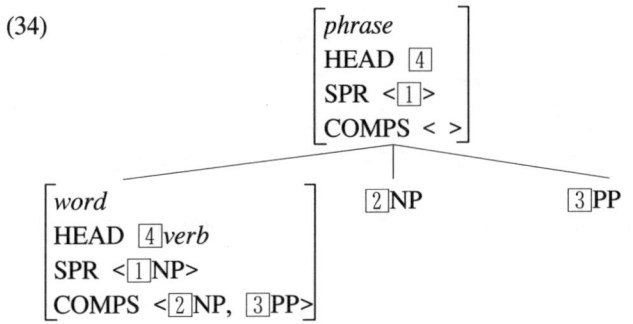

핵-보어 규칙이 적용되어 동사의 COMPS 자질 값 NP와 PP가 동사의 자매 성분으로 실현되어 이 둘과 동사가 구를 이루었다. 핵-보어 규칙은 SPR 결합가에 대해서는 언급하는 바가 없으므로 결합가의 원리에 따라 어미 성분의 SPR 결합가와 같은 값이 된다. (또는 핵 딸의 SPR 자질가가 그 어미 성분으로 "올라갔다"고 말하기도 한다.)

또 핵 자질 원리(HFP)의 효과에 따라 어휘 핵의 핵 자질, 다시 말하면, HEAD의 값(즉 ①verb)은 어미 성분으로 그대로 올라간다. 이 단어가 핵 딸이기 때문이다. 이것이 핵딸인 것은 핵-보어 규칙의 정하는 바에 따른 것이다. ((27)과 (28)에 H로 나타낸 것이 핵이다.)

다음에는 (34)의 어미 성분에 핵-주어 규칙이 적용되어야 한다. 그 안에 SPR 자질을 갖추고 있기 때문이다. 핵-주어 규칙이 적용되면 SPR 자질 값이 실현되고 그와 더불어 아래와 같이 [SPR < >] 자질 값을 가진 구를 이룬다.

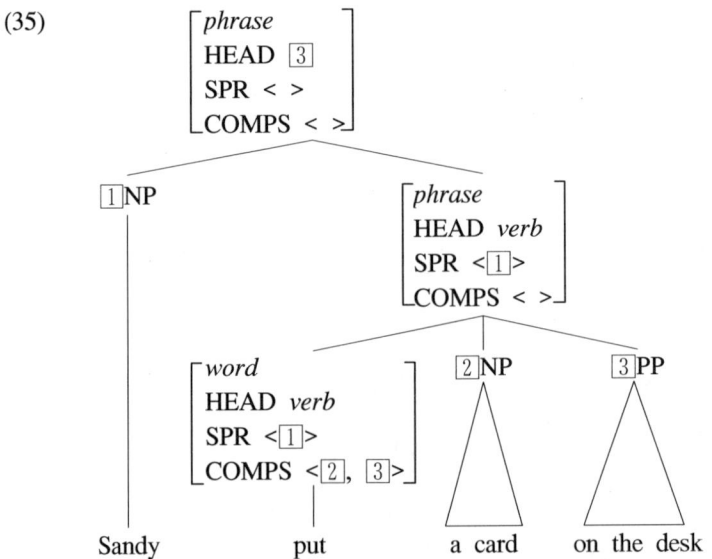

이렇게 해서 각 어휘 범주에 주어진 제약과 문법 규칙이 가하는 제약,

그리고 원리들을 지키면서 어휘 범주 V가 구범주 VP로 그리고 VP가 최대 범주 S로 차례로 확장되어 문장의 전체 구조를 기술하게 되어 "Sandy put a card on the desk"의 구조는 (35)와 같이 분석되는데 이 나무 구조는 앞에서 본 (26a)와 같은 것이다. 오직 (26a)만 올바른 구조로 허용되고 그 나머지는 허용되지 않는다. 먼저 평구조 (26b)는 어떻게 차단되는가? 핵-보어 규칙에 따라 어휘 범주 V가 그 보어 NP와 PP와 함께 VP를 이루고 V의 [SPR <NP>] 자질은 실현되지 않은 채 모절점 VP에 남아 있어야 한다. 그런데 그렇게 되지를 않고 [SPR <NP>]와 [COMPS <NP, PP>]를 동시에 실현시켜 S를 형성한 것이 (26b)인데, 이 과정은 핵-주어 규칙과 핵-보어 규칙을 둘 다 위배한 것이다. 핵-주어 규칙은 구와 구를 결합시키는 규칙이므로 어휘 범주인 동사 (33)에는 적용될 수 없음에도 불구하고 그것이 적용되었으므로 핵-주어 규칙을 잘못 적용한 결과이다. 또 핵-보어 규칙은 어휘 범주에 적용하여 보어를 실현시키고 그 어휘 범주와 보어들이 결합하여 형성되는 구에는 반드시 [SPR <NP>]가 남아 있어야 한다. 그런데 (26b)의 경우에는 그것이 [SPR < >]로 되어 있으므로 핵-보어 규칙이 잘못 적용된 것이다. (S는 [SPR < >] 자질을 가진다.)

(26c)도 일단 핵-주어 규칙의 위반이다. 어휘 범주 V에 핵-주어 규칙을 적용하여 XP를 이루었는데 핵-주어 규칙은 이렇게 적용될 수 없다. 그리고 NP와 PP가 결합하여 YP를 형성했는데 이런 것을 허가하는 문법 규칙은 없다. 또 XP와 YP가 S를 형성하는 것은 핵-주어 규칙의 위반이다.

(26d)에서는 V와 그 보어 NP가 결합하여 VP를 이루고 있는데 이것은 핵-보어 규칙의 위반이다. 핵-보어 규칙에 의하면 보어가 둘 이상일 때에 그 보어들을 하나씩 단계적으로 실현시키는 것이 아니라 모두를 일거에 실현시켜야 한다. 이와 관련하여 핵-보어 규칙의 형식화에 유의할 필요가 있다. 핵-보어 규칙에 [COMPS <①>]의 ①을 어휘 핵의 자매로 실현시키는 것으로 되어 있는데, 이 때 ①은 하나의 요소가 아니라 하나의 리스트인 점에 유의해야 한다. 앞 절에서 말한 대로 각 괄호 < >는 순서가 있는 리스트(ordered list)를 나타내는 표기법이다. 리스트는 하나

의 요소일수도 있고 둘 이상 다수의 요소가 하나의 리스트를 이룰 수도 있다. 어느 경우에든 그 리스트를 보어로 실현시키라는 것이 핵-보어 규칙의 지시 내용이다. 다시 말하면 [COMPS <①>]이란 실제로 아래와 같은 여러 경우를 대표하는 것이다.

(35) a. [COMPS <①XP>]
 b. [COMPS <①XP, ②YP>]
 c. [COMPS <①XP, ②YP, ③WP, ...>]

어느 경우이든 핵-보어 규칙은 이 보어(들)를 한꺼번에 어휘핵의 자매 성분이 되도록 규정하고 있다. 그러므로 (26d)처럼 [COMPS <①NP, ②PP>]의 경우 PP를 남겨 두고 NP만으로 V와 결합하여 VP를 이루는 것은 핵-보어 규칙의 위반이다.

다음에 (26e)는 핵 자질 원리(HFP)의 위배 사례를 보여준다. V와 NP와 PP가 결합하여 AP가 되어 있는데 이는 있을 수 없는 일로서 HFP가 이런 것을 막는다. 어미 성분의 범주는 그 핵 딸의 범주와 같아야 한다는 것이 HFP의 규정이다. (26e)는 어미 성분의 범주는 AP인데 핵 딸의 범주는 V이므로 HFP의 위반이다.

(26f)는 잘못된 어순 때문에 비문이다. 가령 VP의 구성 성분이 put, a card, on the desk 등 세 요소일 때 올바른 어순은 put a card on the desk 하나 뿐인데, 이 어순만을 보장하고 모든 다른 어순을 배제하는 방법을 강구해야 한다. 이를 위하여 제 1 어순 원리(Linear Precedence Principle)를 수립한다. LP 제 1원리는 GPSG에서 형식화한 이후 널리 알려진 규칙이다. 하나의 어휘 범주와 하나 또는 다수의 구 범주가 자매(sister constitutents)일 때 반드시 어휘 범주가 구 범주를 선행한다는 규칙이다.

(36) LP 제 1원리
 어휘 범주가 구성분을 선행한다.

이 원리에 의하여 VP의 세 구성 성분 중 동사 put이 맨 앞에 오는 것이다. 이 규칙에 따라 [put] [a card] [on the desk]가 올바른 어순이 되고, *[a card] [on the desk] [put]이나 *[a card] [put] [on the desk]등 어휘 범주가 두 개의 구 성분 NP와 PP을 선행하지 않는 것은 다 비문이 된다. 그러나 put a card on the desk처럼 NP a card 가 PP on the desk를 선행해야 정문이지 그 반대 어순 *[put] [on the desk] [a card]는 비문이 된다. 이를 위하여 LP 제 2원리를 수립한다.

(37) LP 제 2원리
사격성이 작은 보어 구가 사격성이 큰 보어 구를 선행한다.64)

LP 제 2원리는 사격성 위계(Obliqueness Hierarchy)에 토대를 둔다. 사격성이란 동사의 보어(혹은 수식어)가 그 동사에 의존하는 정도의 차이라고 정의할 수 있다. 명사의 시각에서 보면, 명사성의 정도의 차이라고도 말할 수 있다. 동사 의존도가 클수록 사격성이 크고 사격성이 클수록 명사성이 약해진다고 볼 수 있기 때문이다. 명사구, to 부정사, 전치사구 등 세 가지 구의 사격성을 비교해 보면 사격성의 성질이 무엇인지 윤곽을 이해할 수 있다. 명사구는 명사이므로 이 셋 중에서 당연히 명사성이 가장 크다. 명사성이 큰 것은 동사성이 작다. 따라서 명사구는 당연히 사격성이 가장 작아야 할 것이다. 그렇다면 to 부정사는 동사성이 가장 크니까 사격성이 가장 크다고 할 것이다. 전치사구는 명사도 아니고 동사도 아니므로 사격성의 크기는 동사와 명사 중간에 있다고 보아야 할 것이다. 이와 같이 명사에 가까운 성질을 가진 것일 수록 동사에서부터 멀어지고 동사에 가까울수록 명사에서 멀어진다고 일반적으로 말할 수 있다. 그러면 명사성과 동사성을 양극에 놓고 명사 또는 동사에 가까운 정도에 따라 여러 가지 보어와 수식어를 그 사이에 위치시킬 수 있다.

---

64) 여기서 보어 구라는 용어에 유의하라. 이 어순 규칙은 보어들이 모두 구 범주일 때 적용된다. 만약 보어 중에 어휘 범주가 있으면 이 어순 규칙은 적용 될 수 없다. (아래 transitive-participle 유형을 논의할 때 실제 이런 경우가 있다는 것을 보게 될 것이다.)

문장의 성분들을 이 기준에 따라 사격성이 작은 것부터 차례로 놓으면 다음과 같이 된다. 이것이 사격성 위계이다.

(37) 사격성 위계(Obliqueness Hierarchy)

주어<직접목적어<간접목적어<전치사구<Oblique Object<수식어류

명사성 <---------> 동사성

사격성 위계는 어순을 결정할 뿐만 아니라 결속(binding) 현상을 설명하는 데에도 관건이 된다. (제 5장 제 2절 참조.)
(어순 현상에 대하여는 Pollard and Sag(1987)과 Sag(1987)가 상세히 다룬다. 그리고 박병수(1988, 1992)도 이를 해설하고 있다.)

(38) 핵-충전어 규칙(Head-Filler Rule)

$$\begin{bmatrix} phrase \\ SLASH <> \end{bmatrix} \rightarrow \boxed{1} \begin{bmatrix} phrasee \\ SLASH <> \end{bmatrix} H \begin{bmatrix} phrase \\ FORM\ fin \\ SPR <> \\ SLASH <\boxed{1}> \end{bmatrix}$$

핵-충전어 규칙은 앞절 주제문의 구조 (24)의 꼭대기 국부 나무(top local tree)를 허가하는 제약이다. 어미 성분이 포화 상태의 S이고 그 핵 딸(head-daughter)은 S[SLASH <X>]이고 충전어는 X이다. 핵 딸의 SLASH 값의 SYNSEM 값과 충전어의 SYNSEM 값은 반드시 같아야 한다. S에서 결여되어 있는 것을 채워주는 요소가 충전어인데 만약에 충전어의 범주가 S에서 모자라는 그 요소의 범주와 같지 않으면 채워줄 수가 없다. 예를 들면, S에서 모자라는 요소가 NP이면 충전어가 NP이어야 할 것이고 S에서 모자라는 요소가 PP라면 충전어가 PP이어야 할 것이다. 즉 [What] [did Kim see ___]?의 did Kim see에서 모자라는 요소의 범주가 NP이고

충전어 What의 범주가 NP이다. 또 [On whom] [did Kim rely ___]?의 did Kim rely에서 결여된 요소의 범주는 PP[on]이고 충전어의 범주도 PP이다. 이렇게 되어야 정문이 된다. 만약 이것이 맞지 않으면 비문이 된다. *[On what] [did Kim see]? *[Who(m)] did Kim rely?

(39) 핵-수식어 규칙(Head-Modifier Rule)

[phrase] ⇢ H①[phrase] $\begin{bmatrix} phrase \\ MOD\ ① \end{bmatrix}$

핵-수식어 규칙은 모든 종류의 수식어 구문을 기술한다. 수식어 구는 MOD[IFIED] 자질을 가지고 있어서 이것이 피수식어 즉 핵 구의 범주를 결정한다. 우리는 보통 핵어인 명사가 수식어인 형용사를 취한다고 인식하는데 MOD 자질을 이용하는 수식어 기술은 반대로 수식어 형용사가 명사를 취하는 것으로 이해한다. 그러나 이는 방향이 반대일 뿐 결과는 동일하다. 아무튼 형용사에 [MOD N′] 자질을 부여해줌으로써 형용사가 핵어 명사구 N′를 수식하는 관계를 설명하고 있다. 그래서 red roses는 정문이고 *red the roses나 *red in roses 등은 비문이다.

(40)

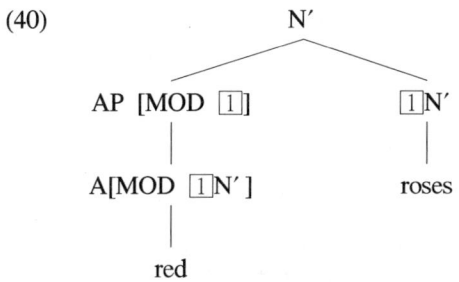

이 N′에 관사가 붙으면 NP가 된다. 형용사는 N′를 수식하지 NP를 수식할 수는 없으므로 *red the roses는 비문이다. in roses는 N′가 아니므로 red가 수식할 수 없다. 따라서 *red in roses는 비문이다.

2.4 유형 계통(Type Hierarchy)과 구문(Constructions)

HPSG의 가장 중요한 이론적 특징 중의 하나가 유형(type)을 인식하고 이들을 분류하여 계통을 수립하는 일이다. HPSG에서 말하는 유형이란 언어 이론을 이루는 모든 것, 언어 이론의 대상이 되는 일체의 요소들을 통칭하는 용어이다. 정의를 하면 다소 추상적으로 들리지만 예를 들어 설명하면 매우 구체적인 개념이라는 것을 쉽게 이해할 수 있을 것이다. 즉 [kim], [bil], [buk] 등등 모든 가능한 음성 연결체(형태소 또는 단어), 격, 수, 인칭, 명사, 동사, 단어, 구 등등의 갖가지 통사 범주, 지시 지표 (referential index), 상황(state of affairs), 문맥(context) 등등의 의미적 또는 화용적 범주들이 다 유형이다. 이 모든 음성적 요소, 통사적 요소, 의미 화용적 요소들을 대상으로 가장 큰 유형에서부터 가장 작은 유형들에 이르기까지 낱낱이 분류하여 계통도를 수립한다.

유형 계통도는 식물 또는 동물 계통도와 비교할 수 있다. 단세포 생물에서부터 고등 동물에 이르기까지의 모든 생물들을 분류하여 하나의 계통으로 나타낸 것이 생물 계통도이다. 그러나 유형 계통도는 이보다 좀 더 범위가 넓고 깊다고 할 수 있다. 생물 계통도를 HPSG의 유형 계통도의 수준과 같은 수준으로 만든다면 현재의 생물 계통도보다 훨씬 더 큰 계통도가 되어야 할 것이다. 그것은 아래로는(또는 작게는) 분자, 원자 단위의 미시적 차원과 위로는(또는 크게는) 육지, 바다, 공기, 지구, 태양계, 천체 등 생태계와 우주의 온갖 거시적 차원의 존재를 모두 포함시켜야 할 것이기 때문이다. 말하자면 우주의 존재 일체를 포함하는 계통도와 같은 것이 언어의 유형 계통도와 비교될 만한 것이다. 이런 의미에서 유형 계통도는 언어의 존재론을 수립하기 위한 근본이라고 할 수 있다.

유형 계통도를 수립하는 것은 단순히 언어 범주들을 분류하는 데에 목적이 있는 것이 아니고, 그렇게 분류함으로써 이러한 범주들의 성질을 밝히고 그것을 정의하는 작업을 정확하고도 경제적으로 수행할 수 있다는 데에 의의가 있다. 사실상 유형 계통도는 HPSG의 제약 기반적 특징과 밀접한 관계가 있다. 한 범주의 성질이란 그 범주가 다른 범주들과 함께 일어날 때 다른 범주들에 대하여 어떠한 제약이 있는가를 명시적으로 진술한 것이라고 말할 수 있다. 한 범주의 제약을 밝히기 위하여서는 다른 범주의 제약을 살펴보지 않으면 안된다. 다시 말하면 한 범주의 제약은 다른 범주들의 다른 제약과의 관계 속에서 정의되는 것이다. 그러므로 모든 제약들은 결국 유형 계통도 안에서 파악되어야 하는 것이다. 앞에서 살펴본 **COMPS**와 **SPR** 자질을 가지고 이 문제를 생각해 보자. 앞 절에서 검토한 바 있는 몇 가지 동사들을 가지고 생각해 보기로 한다.

(25) a. disappear: [[COMPS < >], [SPR <NP>]]
    b. meet: [[COMPS <NP>], [SPR <NP>]]
    c. rely: [[COMPS <PP[on]>], [SPR <NP>]]
    d. put: [[COMPS <NP, PP>], [SPR <NP>]]

이들 네 가지 동사만 가지고 보더라도 반복되는 정보가 중언 부언되어 있다는 것을 알 수 있을 것이다. 특히 **[SPR <NP>]** 자질을 일일이 이런 식으로 동사마다 밝히는 것이 매우 번거로워 보인다. 영어의 모든 동사가 다 이 자질을 가진다는 것을 생각하면 이것은 잉여성(redundancy)의 심각한 문제를 야기시킬 뿐만 아니라 동사의 성질에 관한 일반성을 도외시하는 하는 결과가 된다는 것을 깨닫는다. 다시 말하면 **NP** 주어가 필요하다는 성질은 **disappear**나 **put** 등 개별 동사의 성질이라기 보다는 모든 동사들의 공통적인 성질로 파악해야 하지 않을까? 이들 동사들을 유형별로 분류하고 **[SPR <NP>]** 정보에 대한 언급을 최소화하는 방법이 없을까? 여기에서 유형 위계 수립의 필요성이 대두되는 것이다. 다음과 같이 영어 동사의 유형 위계를 수립한다고 하자.

(41)

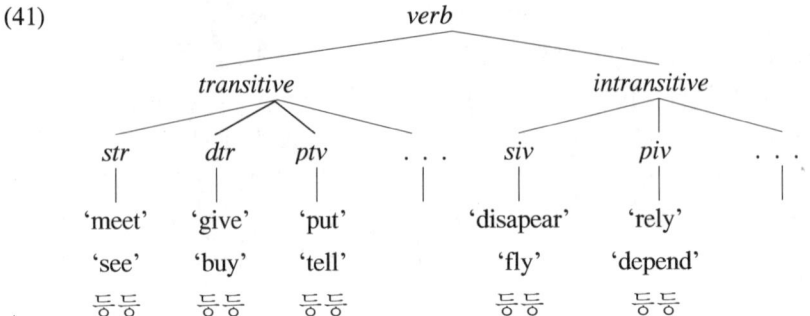

약자 표기: *str*=strict transitive, *dtr*=ditransitive, *ptv*=preposition transitive, *siv*=strict intransitive, *piv*=prespositional intransitive

다섯 가지 유형의 동사를 예로 유형 위계를 만든 것이다. 먼저 동사를 *transitive* 유형과 *intransitive* 유형으로 분류하였다. 이 두 유형은 아래 다섯 유형의 상위 유형(supertype)이다. 그 위의 *verb*는 이 두 유형의 상위 유형이다. 반대로 *verb* 유형의 하위 유형(subtype)은 *transitive*와 *intransitive* 유형이며 또 *transitive* 유형의 하위 유형은 *str, dtr, ptv* 등등이며 *intransitive* 유형의 하위 유형은 *siv, piv* 등등이다. 하위 유형과 상위 유형의 관계는 비대칭적 포함(asymmetric inclusion) 관계이다. 즉 하위 유형은 하나의 상위 유형이지만 (또는 하위 유형은 상위 유형의 한 가지 종류라고 말해도 된다) 그 역은 성립하지 않는다. 예컨대 *stv* 유형은 하나의 *transitive* 유형이고 *transitive* 유형은 하나의 *verb* 유형이다. 그러나 역으로 *verb* 유형은 하나의 *transitive* 유형이고 *transitive* 유형은 하나의 *str* 유형이라고 말할 수 없다. 이러한 관계가 성립하는 것은 항상 하위 유형은 그 상위 유형이 가진 성질을 다 가지고 있으면서 상위 유형에는 없는 성질을 적어도 한 가지를 갖고 있기 때문이며 또 같은 위치(계급)의 각 유형끼리는 반드시 서로 구별되는 자질을 적어도 한 가지 가지고 있기 때문이다. 가령 *ptv* 유형이 [SPR <NP>] 자질을 가지는데 그 상위 유형 *transitive*도 그것을 가지고 있다. 그러나 *ptv* 유형은 [COMPS <NP,PP>] 자질을 가지지만

transitive에는 그것이 없다. 그리고 동일 계급의 transitive와 intransitive 유형은 상위 유형 verb와 같은 자질을 공유하고 있지만 또 서로를 구별하는 다른 자질을 또한 가지고 있다. 그 아래 유형들도 다 이러한 상황이다. 횡적으로는 서로 구별되는 다른 자질을 지니며, 종적으로는 공통의 자질을 지니고 있는 관계로 짜여져 있다. 가령 최상위 유형이 [SPR <NP>]을 가지면 그 하위 유형인 transitive와 intransitive도 따라서 그것을 가지고 그 하위 유형인 dtv, siv 등 유형들도 그것을 가진다. 그러나 역으로 piv 유형이 [COMPS <PP>]를 가진다고 해서 그 상위 유형 intransitive가 그 자질을 가질 수는 없다. 이와 같은 상하위 유형의 자질 소유의 관계를 상속(inheritance)이라고 하며 이런 상속 관계가 이중, 삼중의 복합적 관계로 맺어져 있으므로 이를 다중 상속(multiple inheritance)이라고 부른다.

이제 유형 위계의 다중 상속 관계를 토대로 앞에 우리가 제기했던 문제를 풀 수 있다. (25)에서 본 것처럼 [SPR <NP>] 자질을 동사마다 반복할 것이 아니라 이들은 모두 verb 유형이므로 최상위인 이 유형에만 밝히고 그 이하의 하위 유형에는 표시하지 않도록 하면 된다. 그리고 COMPS 자질에 대해서도 반복되는 요소를 단 한번의 표시로써 처리하고 구별되는 나머지 자질은 상속에 의하여 자동 상속되도록 하는 방법을 채택할 수 있다.

(42) a. *verb* 유형은 [SPR <NP>] 자질을 지닌다.
    b. *verb* 유형의 하위 유형은 *transitive*와 *intransitive*이다.
    c. *transitive* 유형은 [COMPS <NP,...>] 자질을 가지고
    d. *intransitive* 유형은 [COMPS <...>] 자질을 가진다.
    e. *transitive* 유형의 하위 유형은 *stv, dtv, ptv* 등이고
    f. *intransitive* 유형의 하위 유형은 *siv, piv* 등이다.
    g. *stv* 유형은 [COMPS <NP>], *dtv*는 [COMPS <[ ],NP>], *ptv*는 [COMPS <[ ],PP>]를 갖는다.
    h. *siv* 유형은 [COMPS < >]을 가지고 *piv* 유형은 [COMPS <PP>]를 갖는다.

여기 처음 나오는 기호 <...>는 영요소(empty element)인 < >와도 다르고 미표시 비영 요소(nonempty elements)인 <[ ]>와도 다르다. 영요소 < >는 값이 전혀 아무 것도 없는 경우이고 미표시 영요소 <[ ]>는 하나의 요소가 반드시 필요하지만 그것이 무엇인지를 밝히지 않고 미표시 상태로 열어 두는 경우이다. 이와 달리 <...>는 영요소를 포함하는 하나 이상의 기타 요소의 리스트를 뜻한다. 그래서 [COMPS <NP, ...>]는 보어가 NP 하나 만으로 되어 있는 경우뿐만 아니라 NP 하나를 반드시 포함하고 거기에 기타 다른 요소들이 첨가될 수 있는 경우를 모두 나타낸다. [COMPS <...>]는 보어가 전혀 없거나 기타 다른 요소일 수도 있다는 것을 뜻한다. 전자는 타동사, 후자는 자동사의 보어에 대한 요건을 나타낸 것이다.

(42)는 유형 위계 (41)을 전제로 하여 각 유형이 무슨 성질을 갖고 있으며 그 유형의 유형 위계에서의 위치가 무엇인지를 요약한 것이다. 이를 일목요연하게 다음과 같이 표로 나타낼 수 있다.

(43) verb 유형의 하위 유형과 그 제약

TYPE	CONSTRAINTS	ISA
verb	[SPR <NP>]	
transitive	[COMPS <NP, ... >]	verb
intransitive	[COMPS < ... >]	verb
stv	[COMPS <NP>]	transitive
dtv	[COMPS <[ ],NP>]	transitive
ptv	[COMPS <[ ],PP>]	transitive
siv	[COMPS < >]	intransitive
piv	[COMPS <PP>]	intransitive

첫째 칸은 유형이고 둘째 칸은 각 유형의 성질이며 셋째 칸(ISA="is a")은 첫째 칸 유형의 상위 유형이 무엇인지 밝혀 준다. transitive 유형은 하나의 verb 유형이고(transitive IS A verb), stv 유형은 하나의 transitive

유형이다. 이와 같은 방식으로 ISA 칸은 유형 위계 (41)과 같은 효과를 발휘한다.

예를 들어, *ptv* 유형은 *transitive* 유형이고 또 *transitive* 유형은 *verb* 유형이므로 *ptv* 유형은 상위 유형 *transitive*가 갖는 자질 [COMPS <NP, ... >]과 *verb* 유형이 갖는 자질 [SPR <NP>]을 상속받는다. 그러므로 어휘부에는 *ptv* 유형의 제약이 [COMPS <[ ], PP>]밖에 주어져 있지 않지만 실제로는 다음과 같은 제약을 다 갖게 된다.

(44) *ptr* 유형 'put'의 결합가 제약
$$\begin{bmatrix} \text{SPR <NP>} \\ \text{COMPS <NP, PP>} \end{bmatrix}$$

이와 같이 유형 위계와 그에 따른 제약이 주어지면, 어휘부에서 동사들의 어휘 속성을 표현할 때 제약의 중복 표기를 최소화할 수 있다.

한 걸음 더 나아가서, (44)에서 명시한 put의 결합가 제약 두 가지도 사실은 잉여적인 정보이다. 이 동사가 *ptr*유형이라는 정보 한 가지만 있으면 이 결합가 제약들은 유형에 대한 제약 (43)에서 자동적으로 얻을 수 있기 때문이다. 이러한 방법으로 위의 (25)는 다음과 같이 간단한 표현으로 간소화될 수 있다.

(45) 어휘부에서 동사들이 갖는 제약
    a. < disappear, [*siv*] >
    b. < meet, [*stv*] >
    c. < put, [*ptv*] >
    d. $\left\langle \text{depend}, \begin{bmatrix} piv \\ \text{COMPS <[PFORM on]>} \end{bmatrix} \right\rangle$

어휘부의 각 어휘 엔트리를 하나의 쌍으로 표시하였다. (이는 Sag와 Wasow(1999)의 방식을 따른 것이다.) 쌍의 앞 요소는 그 어휘의 철자법이고 둘째 요소는 그 어휘의 속성을 나타내는 자질 구조이다. disappear, meet, put 경우에는 자질 구조에 나타나는 것은 유형 정보 뿐이다. 그것으로 모든 것이 충족된다. 그러나 depend의 경우 유형 정보 즉 보어 PP가 요구된다는 것만으로는 부족하다. 그 전치사구의 전치사가 on이 아니면 안되기 때문이다. 이런 경우에 전치사를 한정시키는 방법이 PFORM 자질이다. PFORM의 자질가에 따라 특정 PP의 전치사를 한정시킨다. (PFORM 자질 이외에 VFORM과 NFORM 자질이 있다. 이들은 특정 동사나 명사 형태를 한정하는 데 쓰인다.)

어휘의 유형 위계를 수립하여 각 어휘에 그 어휘의 속성을 각기 제약으로 부여해 줌으로써 어휘부의 경제성을 도모할 뿐 아니라 통사 규칙의 단순화에 크게 기여한다.

Sag(1997)는 유형 위계의 방법을 어휘 차원에서 뿐만 아니라 구의 차원에서도 효과적으로 응용할 수 있음을 보여 준다. Sag는 이 방법을 영어 관계절 구문을 분석하는 데에 활용하여 획기적인 성과를 올린 바 있다. (제 4장 제 2절에서 관계절을 다룬다.)

여러 가지 단어들이 여러 가지 다른 고유의 특징들을 가지고 있고 이것을 단어의 제약으로 정리하여 단어의 유형 위계에 반영하는 것과 같은 방식으로, 구도 여러 가지 다른 종류들이 있고 그것들이 각기 다른 제약을 가지고 있다고 보고 이들을 구의 유형 위계에 반영하는 것이다. 영어에서의 구의 유형은 다음과 같다. 먼저 핵어 요소가 있는 *headed phrase*와 핵어 요소가 따로 없는 *non-headed phrase* 유형으로 나눈다. 다음 *headed phrase* 유형은 충전어가 있는 *head-filler phrase* 유형과 충전어가 아닌 다른 종류의 의존 요소들(즉 주어, 보어, 수식어 등)을 거느리는 *head-nexus phrase* 유형으로 나눈다. *head-nexus-phrase* 유형과 *head-filler -phrase* 유형은 SLASH 파급의 과정의 차이로써도 정의할 수 있다. 전자는 아래에서 발생한 SLASH 자질을 위로 올려주어 SLASH 자질의 파급을 보장하는 성질을 가진 구이고 후자는 이 성질을 가지지 않는 구이다. 후자는 SLASH 자질의 파급을 차단하는 구이다. 아래 (45)의 유형도가 이 분류를 요약한 것이다. 그리고 이들 각 구 유형의 제약을 (46)에 명시하였다.

(46)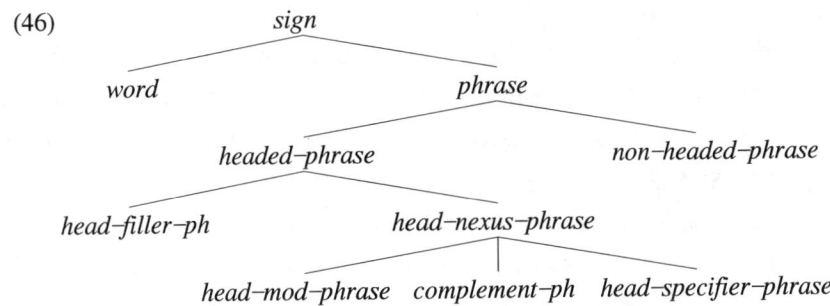

(47) 구의 유형과 각 구의 유형 제약

TYPE	CONSTRAINTS	ISA
sign	[PHON list(form) SYNSEM synsem-struc]	
phrase	[NON-HD-DTRS list(sign)]	sign
headed-phrase	[HD-DTR list(sign) HFP, VALP]	phrase
head-nexus-phrase	[CONT ① HD-DTR [CONT ①]]	headed-ph
head-filler-ph	[HD-DTR [SLASH ①] NON-HD-DTR <LOCAL ①>]	headed-ph
head-complement-ph	[COMPS < > HD-DTR [COMPS ① (+) ⓝ] NON-HD-DTRS<[SYNSEM ①, [SYNSEM ⓝ]>]	hd-nexus-ph
head-specifier-ph	[SPR < > HD-DTR [SPR ①] NON-HD-DTRS <[SYNSEM ①]>]	hd-nexus-ph

headed-ph 유형은 HFP과 VALP를 지켜야 한다. 유형 상속에 의하여

headed-ph 유형의 모든 하위 유형도 이 두 원리를 지켜야 함은 물론이다. *headed-ph*의 한 하위 유형인 *head-nexus-ph* 유형은 *headed-phrase*의 이 제약을 모두 지킬 뿐만 아니라 그 의미가 핵성분의 의미와 같다는 제약을 지킨다. *head-filler-ph* 유형은 그 HEAD-DAUGHTER 안에 SLASH 자질이 반드시 있고 그 값이 NON-HEAD-DAUGHTERS의 LOCAL 값과 같아야 한다. 즉 SLASH 값이 NP이면 NON-HEAD-DAUGHTER도 NP이어야 하고, SLASH 값이 PP이면 NON-HEAD-DAUGHTER도 PP이어야 한다. 또 *head-complement-ph* 유형은 그 HEAD-DAUGHTER 안에 있는 COMPS의 값(들)이 그대로 NON-HEAD-DAUGHTERS의 범주(즉 SYNSEM 값)으로 나타나야 한다. *head-specifier-ph*의 SPR 값은 NON-HD-DTRS의 SYNSEM 값과 같아야 한다.

이와 같이 구의 유형에 직접 제약을 가하는 방법은 HPSG III의 새로운 국면 중의 하나이다. 이 접근 방법에서는 구가 각기 지켜야 할 제약들은 그 구 유형의 제약으로 이미 정의되어 있으므로, 구를 이루는 데 사용하던 종래의 문법 규칙들이 불필요하게 된다. 그러므로 이 방법론은 궁극적으로 구구조 규칙(phrase structure rules), 문법 규칙(grammar rules), 또는 도식(schemata) 등의 명칭으로 존재했던 모든 규칙들을 폐지하는 방향으로 나아가려고 한다. 유형 위계를 도입하지 않는 종전의 이론들, 즉 규칙 위주(rule-based) 이론들과 차별성을 부각시키기 위하여, Sag(1997)는 이 새로운 방향의 이론을 기호 위주의 이론(sign-based) 또는 원리 위주의 이론(principle-based)이라고 부른다.

이렇게 구의 제약들을 유형 위계에 체계적으로 정리하는 일이 끝나면 이제 문법이란 하나의 커다란 제약의 체계로 귀일된다. HPSG의 원리 위주의 이론이 추구하는 것은 이와 같은 동질적이고 통일된 이론을 수립하는 것이다. 단어들이 모여 구를 이룰 때, 이를 통제하는 것은 이제 오로지 유형 제약들 뿐이다. 단어들의 어휘적 유형 제약들과 구의 유형 제약들이 상호 작용함으로써 구와 문장을 완전히 정의할 수 있게 된다. (이 부분은 제 7장에서 자세히 논의하도록 한다.)

원리 위주의 이론이 규칙 위주의 이론과 어떻게 다른지 간단한 단문 하나를 가지고 생각해 보자.

(48) The man likes bagels.

규칙 위주의 이론은 최소한 아래 (49)와 같은 문법 규칙과 (50)과 같은 어휘 제약이 필요하다.

(49) 문법 규칙들
    (a) S → NP VP
    (b) NP → Det N
    (c) VP → V NP

(50) likes의 어휘적 속성
    1. 주어 NP[3rd,sing,nom]를 요구한다.
    2. 목적어 NP[acc]를 요구한다.

(49)의 문법 규칙과 (50)의 어휘 제약은 성질이 근본적으로 다르다. 문법 규칙은 구의 요건에 관한 규정이고 어휘 제약은 어휘의 내재적 특징에 관한 것이다.

이와 같이 규칙 위주의 이론은 상이한 종류의 규칙들을 혼용하고 있는 데 반하여, 원리 위주의 이론은 근본적으로 모든 종류의 규칙들을 유형 제약(type constraints)이라는 한 가지 종류로 통일하려고 한다. (49)의 모든 문법 규칙들도 (47)에 예시한 바와 같이 모두 구에 대한 제약으로 재정의된다. (49a)는 *head-subject-phrase*의 제약으로, (49b, c)는 *head-complement-phrase* 제약으로 재정의 된다. 제약 기반의 이론이란 이와 같이 모든 언어 규칙을 한 가지 종류의 장치 즉 유형 제약으로써 통합하는 이론인 것이다. (이 문제에 대한 좀 더 자세한 논의는 제7장을 참조.)

3장 기본 문형과 보어 구조: 동사의 하위 분류(Subcategorization)

3.1 서론

영어 문장의 문형은 동사의 종류에 따라 정해진다. 우리나라 영어 학도들에게 널리 알려진 기본 문형 5 형식에 의하면 영어에는 자동사, 타동사, 수여 동사, 주격 보어를 요구하는 자동사, 그리고 목적격 보어를 요구하는 타동사 등 다섯 가지 종류의 동사가 있다고 되어 있다.

(1) a. Sandy disappeared.
 b. Sandy got tired.
 c. Sandy hit the ball.
 d. Sandy sent Kim floweres.
 e. Sandy made Kim happy.

이런 식의 문형은 나름대로 영어 학습에 도움이 되는 면도 있으나 일반화가 너무 지나침이 문제다. 영어 문장 중에는 이 문형 어느 것에도 해당되지 않는 것도 많이 있고 어느 문형에 속한다고 봐야 할지 정하기가 곤란한 것들도 많다. 아래 예들을 생각해 보라.

(2) a. Sandy tried to leave.
 b. Sandy wanted to leave.
 c. Sandy expected Kim to leave early.
 d. Kim relied on her parents.

e. Kim put a card on the desk.
　　　f. Sandy sent floweres to Kim.

동사들이 어떠한 보어(complements)를 요구하는가 하는 문제를 어떻게 다루는지 앞장에서 간략히 논의하였다. 동사들의 결합 가능성에 따라 동사들을 유형화하고 유형 위계를 수립한 다음 각 유형에 제약을 가함으로써 유형의 다중 상속(multiple inheritance)의 성질로 이 문제를 다룬다는 것을 알아 본 바 있다. 이 장에서는 이 원리를 좀더 구체화시키고 여러 동사들의 실례를 살펴보려고 한다.

초기 변형 생성 문법에서는 이 문제를 구구조 규칙으로 다루려고 했다. 그래서 (3)과 같은 **VP** 확장 규칙 이외에 (4)와 같이 어휘를 도입하는 구구조 규칙을 세웠다.

(3)　a. VP ⇢ V
　　　b. VP ⇢ V AP
　　　c. VP ⇢ V NP
　　　d. VP ⇢ V NP NP
　　　e. VP ⇢ V NP AP

(4)　V ⇢ {disappear, get, hit, send, make, rely, want, expect, rely, put, ...}

그러나 이런 구구조 규칙은 *Sandy disappeared the ball, *Sandy hit, *Kim got on her parents, *Kim put on the desk, *Kim put a card, *Sandy made, *Kim relied to leave 등 비문을 양산하므로 이를 바로 잡기 위하여 하위범주화 자질(subcategorization features)을 각 동사에 부여하는 방법을 개발했던 것이다.

(5)　a. disappear: +[＿＿]
　　　b. get: +[＿＿ AP]

    c. hit: +[_____ NP]
    d. send: +[_____ NP NP]
    e. make: +[_____ NP AP]

구구조 규칙은 어휘가 나타나기 직전까지의 나무 구조를 구축하는 일로 끝난다. 이렇게 구축된 나무의 모든 가지의 마지막 마디는 모두 어휘 범주가 된다. 이 어휘 범주 아래에 실제 어휘를 놓는 작업을 어휘 삽입(lexical insertion)이라고 하여 구구조 규칙과는 별도의 과정으로 취급한다. 어휘 삽입을 할 때 하위범주화 자질이 역할을 수행한다. 가령 (5a)는 나무 구조에서 어휘 범주 V 뒤에 아무 것도 없는 환경에서 V 밑에 disappear를 삽입할 수 있다는 뜻이다. (5b)는 V 뒤에 AP가 있을 때에 get을 삽입할 수 있다는 뜻이다. 이런 방식으로 *Sandy disappeared the ball, *Sandy disappeared on her parents 따위의 비문의 생성을 막을 수 있다.

그러나 이러한 방법은 한 가지 일을 두 가지 다른 장치를 세워 처리하는 데에 문제가 있다. (5)의 하위범주화 자질과 (3)의 구구조 규칙은 표기 방법만 다를 뿐 같은 내용이다. 가령 VP→V NP 이나 V[+[_____ NP]]는 V 다음에 NP가 와서 VP를 이룬다는 것이다. 같은 내용을 두 가지 다른 장치를 동원하여 표현하고 있는 것이다.

80년대 중반 이후 GB 이론은 (3)과 같은 구구조 규칙을 이론에서 제거하고 (5)의 하위 범주 자질을 어휘부에 반영하는 방향으로 나아가게 되었는데, HPSG도 기본적인 방향은 이와 유사하다. 먼저 구구조 규칙은 앞 절에서 알아본 문법 규칙(Grammar Rules)에 흡수된다. 일반적인 도식이 개별적인 구구조 규칙들의 할 일을 수행할 수 있게 조처하는 것이다. 구구조 규칙 (3)은 핵-보어 규칙에 다 포함된다. 즉 어휘 범주와 그 어휘 범주의 보어(들)가 결합하여 VP를 이루는 것은 바로 핵-보어 규칙이 허가하는 것이다. 그러나 이 핵-보어 규칙만 가지고 보어가 구체적으로 무엇인지는 알 수 없다. 이 규칙에는 (5)와 같은 하위 범주 정보가 없기 때문이다. 그것은 각 동사가 가지고 있으며, 그것을 HPSG는 COMPS 자질에 명시한다는 것을 우리는 이미 앞에서 알아 본 바 있다. 가령 타동사

hit의 어휘 정보 중의 하나로 다음 COMS 자질이 있다.

(6) [COMPS <NP>]

위의 5형식 중 그 외의 동사 유형은 다음과 같은 COMPS 자질을 부여 받게 될 것이다. (제 2장의 (25)와 비교)

(7) disappear 종류: [COMPS < >]
    get 종류: [COMPS <AP>]
    send 종류: [COMPS <NP, NP>]
    make 종류: [COMPS <NP, AP>]

그러나 물론 이들 다섯 가지 동사가 영어 동사 유형의 전부가 아니다. 보어의 종류가 무엇인가에 따라 동사의 종류를 분류하면 위의 다섯 가지 외에 (2)에 나온 동사들을 포함해서 상당수의 유형이 있다. 이 모든 종류를 정확히 망라하기란 어려운 일이고 여기서 그 작업을 본격적으로 수행할 수는 없다. 우리는 이 장에서 Pollard와 Sag(1987, 1994), 박병수(1991), Sag와 Wasow(1999) 등 지금까지 HPSG 연구에서 제시된 것을 토대로 그러한 본격적인 작업이 과연 어떠한 것일까 하는 문제를 구체적으로 생각해 보고 문제 해결의 방향을 가늠해 보기로 한다.

3.2 동사 유형의 논항 구조(Argument Structure)와 결합가

우리는 2장 4절에서 동사의 유형 몇 가지에 대하여 논의한 바 있으나 이 절에서 범위를 좀 더 넓혀서 이 문제를 생각해 보기로 한다. 동사 유형은 기본적으로 결합가에 따라 결정된다. 결합가란 요컨대 SPR 값과 COMPS 값인데 이 둘을 동시에 하나의 자질로 다룰 수 있다면 이 자질에 따라 유형을 결정하는 것이 편리할 것이다. 이 자질이 곧 논항 구조 자질이다. 논항 구조 자질은 결합가 자질 SPR과 COMPS를 그대로 합쳐 놓은 자질이다. 예컨대 *stv* 유형과 *ptv* 유형의 논항 구조(ARG-ST) 자질은 다음과 같다.

(8) a. *stv* 유형
$$\begin{bmatrix} \text{SPR} & <\text{NP}> \\ \text{COMPS} & <\text{NP}> \\ \text{ARG-ST} & <\text{NP, NP}> \end{bmatrix}$$
b. *ptv* 유형
$$\begin{bmatrix} \text{SPR} & <\text{NP}> \\ \text{COMPS} & <\text{NP, PP}> \\ \text{ARG-ST} & <\text{NP, NP, PP}> \end{bmatrix}$$

논항 구조 값이 주어지면 SPR 값과 COMPS 값은 자동적으로 결정된다. 항상 ARG-ST 값의 첫째 값이 SPR 값이 되고 그 나머지는 COMPS 값이 된다. 그렇다면 우리는 앞으로 유형의 결합가 제약을 부여할 때 SPR과 COMPS를 따로 언급할 필요 없이 ARG-ST만 언급하면 된다는 것을 알 수 있다. 이를 위하여 다음 원리를 수립해야 한다.

(9) 논항 실현 원리(Argument Realization Principle)
    a. 논항의 첫째 요소는 SPR의 값, 그 나머지 요소는 COMPS의 값이 된다. 단 SLASH 값이 있을 때는 COMPS의 값은 그 SLASH 값을 제외한 나머지가 된다.
    b. $$\begin{bmatrix} \text{SPR} & \boxed{1} \\ \text{COMPS} & \boxed{2} \ominus \boxed{3} \\ \text{SLASH} & \boxed{3} \\ \text{ARG-ST} & \boxed{1} \oplus \boxed{2} \end{bmatrix}$$

(9b)는 (9a)의 내용을 자질 구조로 표현한 것이다. ⊕는 "리스트 더하

기", ⊖는 "리스트 빼기"를 뜻한다. ⊕는 SPR의 리스트 값과 COMPS의 리스트 값을 더하면 ARG-ST 값이 된다는 것을 나타낸다. ⊖는 만약에 SLASH 값이 있을 경우에는 COMPS 값에서 그것을 뺀 나머지가 COMPS 값이 된다는 것을 뜻한다. 예를 들어 *ptv* 유형에 SLASH 자질이 있는 경우 다음 자질 구조와 같이 나타날 것이다.

(10) ⎡ SPR <NP> ⎤
　　　 │ COMPS <NP> │
　　　 │ SLASH <PP> │
　　　 ⎣ ARG-ST <NP, NP, PP> ⎦

COMPS 값 NP와 PP가 ARG-ST 자질에는 둘 다 있지만 SLASH에 PP가 나타났으므로 COMPS에는 그것이 나타나지 않고 NP만 있다.

논항 구조를 도입하는 이유가 SPR과 COMPS 자질의 중복을 피하기 위한 경제적인 동기만이 아니다. 의존 구문을 설명할 때 나오는 SLASH 자질을 다루는 방식과도 밀접한 관계가 있다. SLASH 자질의 값은 어휘 범주 단계에서부터 COMPS 자질에서 빠지게 되어 있으므로 만약에 차후에(즉 구의 단계에 올라 가서) 빠진 이 부분을 언급할 필요가 생길 때 ARG-ST 자질이 이 문제를 해결한다. 이 자질은 어휘 범주에서부터 최종 S까지 그대로 유지되므로 어느 단계에서든 어느 결합가라도 언급할 수 있게 된다. SLASH 자질과 관련되는 ARP의 활용 방법은 의존 구문을 다루는 제 4장 제 3절에서 자세히 논의한다.

이 이외에도 상승 동사(raising verbs)나 통제 동사(control verbs)의 의미상 주어를 설명하는 데에도 결정적인 역할을 한다. 또 ARG-ST는 결속 현상을 설명하는 데에 필수적인 자질이 된다는 것을 보게 될 것이다.

이러한 이유로 앞으로는 동사의 결합가를 ARG-ST 자질로써 정의하기로 한다. 이에 따라 앞장의 (43)이 다음 (11)과 같이 고쳐진다.

앞 장 (43)에는 동사 유형의 제약을 COMPS 자질로 나타내고 있으나 이제 그 대신 ARG-ST 자질로 나타낸다.

(11) verb 유형과 그 하위 유형의 유형 제약

TYPE	CONSTRAINTS	ISA
verb	[SPR <[ ]> ARG-ST / <NP, ... >]	lexical-item
intransitive	[ARG-ST <[ ], ... >]	verb
transitive	[ARG-ST <[ ], NP, ... >]	verb
siv	[ARG-ST <[ ]>]	intransitive
piv	[ARG-ST <[ ], PP>]	intransitive
stv	[ARG-ST <[ ], [ ]>]	transitive
dtv	[ARG-ST <[ ], [ ], NP>]	transitive
ptv	[ARG-ST <[ ], [ ], PP>]	transitive

    verb 유형에는 SPR 자질에 대한 제약이 한 가지 명시되어 있다. 즉 "SPR 값은 단 하나의 요소(a single element)이다"라는 조건이다. 그것을 [SPR <[ ]>]로 나타내었다. <[ ]>는 그 내용이 명시되지 않은, 즉 미표시(underspecified)의, 길이가 1인 리스트를 말한다. 이 제약은 논항 실현의 원리(ARP)와 맞물려 있다. ARP에 의하면 ARG-ST 리스트의 선두 요소가 SPR의 값이 된다고 했는데 그것만으로는 선두 요소가 하나인지 둘인지 또는 그 이상인지 알 수 없다. 이제 *verb*에 [SPR <[ ]>] 제약을 부여함으로써 논항 리스트에 주어진 요소들 중 첫째 요소 하나만 SPR 값이 되는 것을 보장한다. 그리고 그 나머지는 하나이든 둘 이상이든 모두 COMPS의 몫이 되는 것도 보장해 준다.

    verb 유형의 ARG-ST 값은 "NP 하나와 기타(...)이다"라고 규정한다. 이 제약은 모든 동사가 적어도 NP 하나를 논항으로 요구한다는 뜻이다. 이 NP 하나는 그 하위 유형들의 ARG-ST 제약으로 상속된다. 그래서 그 하위 유형들의 ARG-ST 값의 첫째 요소는 모두 미표시 <[ ]> 되어 있다. 이렇게 상위 유형에서 상속되는 것 이외에 더 요구되는 요소가 있으면 하위 유형의 제약에 그것을 밝혀 준다. 또 *transitive* 유형의 ARG-ST 값으로 주어진 <[ ], NP, ... >는 상위 유형 verb에서 NP를 상속받아 자기의

ARG-ST 값이 <NP, NP, ... >가 된다. 즉 *transitive* 유형의 ARG-ST 값이 뜻하는 것은 *transitive* 유형이란 최소한 두 개의 NP를 논항으로 요구하는 동사라는 것이다. 또 *intransitive* 유형의 ARG-ST 값 <[ ], ... >은 상위 유형에서 NP 하나를 상속 받아 <NP, ... >가 된다. 그리고 그 하위 유형인 *strict-intransitive*의 논항 값 <[ ]>는 그 상위 유형 *intransitive*에서 NP를 상속받아 <[NP]>가 된다. *preposition-intransitive* 유형은 그 상위 유형 *intransitive*에서 NP를 상속받고 자신의 PP로 < ... >부분을 채워 논항 값이 <NP, PP>로 실현된다. 같은 방식으로 *ditransitive(dtv)* 유형의 논항은 유사한 상속 경로를 거쳐 <NP, NP, NP>가 된다.

끝으로 *prepostional-tansitive* 유형은 아래(12)와 같은 상속 경로를 거쳐 미표시 부분 [ ]이 상위 유형으로부터 상속된 요소로써 차례로 채워져서, 미표시 논항 값 <[ ], [ ], PP>가 실제의 논항 값 <NP, NP, PP>로 된다.

(12)　　　　*verb* [ARG-ST <[NP], ... >
　　　　　　　　|
　　... *transitive* [ARG-ST <NP, NP, ... >] ...
　　　　　　　　|
　... ... *prepostional-tansitive* [ARG-ST <NP, NP, PP>] ... ...

한 유형의 논항 값을 밝힐 때 그 상위 유형의 논항 값과 같은 것은 모두 생략하고 있다. 불필요한 중복을 최소화하기 위한 자연스런 조치이다.
verb 유형의 ARG-ST 제약에 있는 "/"는 default 값을 뜻한다. default 값이란 "파기할 수 있는 값(defeasible 또는 overridable value)"을 말한다. 다시 말하면, default 표시가 있는 제약은 널리 통용될 수 있는 일반적인 제약을 가리키는데 이것이 예외적인 특수한 경우에는 파기될 수 있다는 것을 뜻한다. 그런데 여기 default 제약은 모든 동사가 주어 NP를 가진다는 제약이다. 이 제약에 예외가 없을 것 같은데 어떤 경우에 이 제약이 파기될 수 있는가? 다시 말하면, 동사의 논항 리스트의 첫째 요소(즉 주어)가 NP가 아닌 경우가 있는가? *that*절 주어를 요구하는 annoy, disturb,

frighten, make somebody happy 등의 동사가 바로 그 경우이다. 이러한 경우 때문에 동사가 주어 NP를 요구한다는 일반적인 논항 제약을 default 제약으로 해 둔 것이다.

3.3 영어 동사의 유형과 유형 제약

이제 유형의 개념과 유형 제약(type constraint)이라는 도구로써 주요 영어 동사를 분류하고 각 동사의 특징을 살펴보기로 한다. 동사의 유형은 원칙적으로 ARG-ST의 값에 따라 분류되지만 SPR자질은 모든 동사가 동일한 값을 가지므로 실질적으로는 COMPS의 값에 따라 동사의 유형이 결정된다고 할 수 있다.

(13) 동사의 주요 유형
    (a) intransitive verb
        strict-intransitive
        intransitive-linking
        intransitive-particle
        intransitive-preposition
        intransitive-raising
        intransitive-equi
    (b) transitive verb
        strict-transitive
        ditransitive
        transitive-particle
        transitive-predicative
        transitive-causative
        transitive-raising
        transitive-equi

transitive-propositional
(c) expletive subject verb
it-expletive
there-expletive

가장 중요하다고 생각되는 16종의 동사를 선정하고 그 특징을 COMPS 자질을 통하여 알아본다.

1. *strict-intransitive* 유형

보어를 취하지 않는 동사이다. disappear, burn, flow 등이 여기에 속한다.

2. *intransitive-linking* 유형 [COMPS <AP>]

형용사구 하나를 보어로 취한다. be, become, get, feel 등.

(14) a. Kim is intelligent.
   b. Kim became sick.
   c. They felt hungry.
   d. Sandy got sick.

3. *intransitive-particle* 유형 [COMPS <PART>]

in, out, up 등 불변화사를 보어로 취한다. come in, go out, get in, get up 등.

(15)

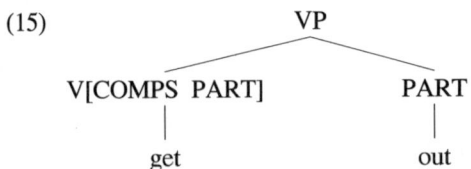

4. *intransitive-preposition* 유형 [COMPS <PP>]

전치사구를 보어로 취하는 동사이다. 동사 다음에 전치사구가 올 때 그 전치사가 특정 전치사에 한정되어 있는가 아닌가에 따라 두 가지 다른 종류로 나누어 볼 수 있다. depend나 rely는 on을 요구하고 모든 다른 전치사를 배제한다. 대조적으로 live, stay 등은 in, at, on 등이 올 수 있고, run, go, drive 등은 to, into, through 등 어느 것이라도 좋다. 이 두 가지 중에서 특정 전치사를 요구하는 전자의 경우를 intransitive- preposition 유형으로 잡는다. 여러 가지 전치사가 올 수 있는 경우는 전치사구를 수식어로 다루는 것이 합당하다고 보기 때문이다.

(16)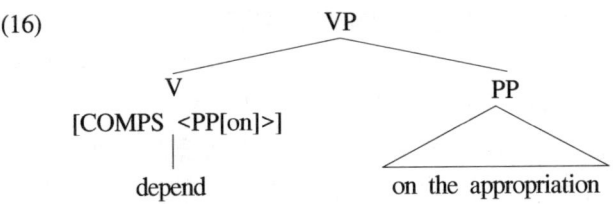

(17)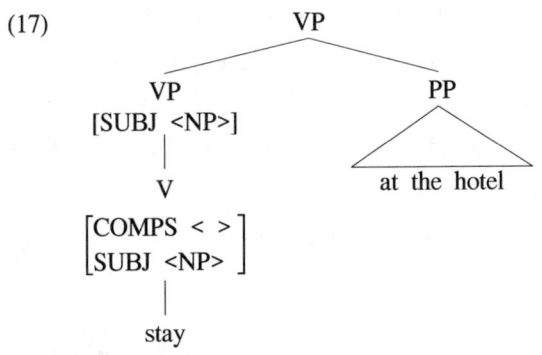

(17)의 경우 동사 stay는 그 유형이 *strict-intransitive*이고 전치사구 at the hotel은 수식어이다. 이 수식어는 핵-수식어 도식에 의하여 허가된 것이다. (제 2장 (10d) 참조) PP에 [MOD <VP>] 자질이 있어 이 PP가 VP를 수식하는 수식구가 된다. 이 상황을 나무 그림으로 다시 나타내면 아

래와 같다.

(18)
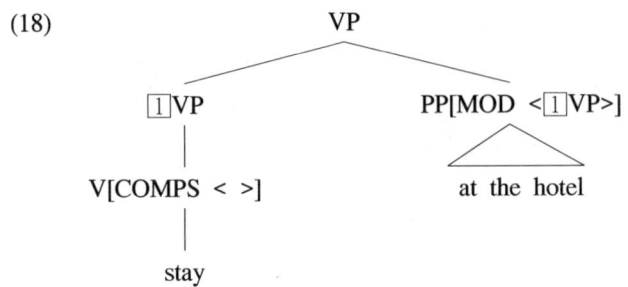

이런 방법으로 의무적 요소인 보어 PP와 선택적 요소인 수식어 PP를 구별하는 것은 다른 이론과 별 차이가 없으나, 보어와 수식어의 요구 조건이 어휘 범주인 stay의 어휘적 속성임을 명시하고 이를 이론 장치에 명백히 형식화하는 것은 HPSG의 특징이다. 어휘 범주 V 'stay'가 VP를 구성하는 것은 V의 [COMPS < >] 결합가와 결합가 원리와 핵-보어 도식의 합작이다. 이 VP와 PP 'at the hotel'이 결합하여 VP를 이루는 것은 [MOD <PP>] 자질과 핵 자질 원리와 핵-수식어 도식의 합작이다.

여기에서 우리가 보는 바와 같이 핵 자질 원리(HFP), 결합가 원리(VALP) 등 원리와 ID 도식들은 추상적 차원의 원리이다. 그러나 이들 추상적, 일반적 원리들이 어휘 범주의 결합가와 상호 작용함으로써 구체적인 구조를 이룰 수 있게 된다. 이러한 보편적 원리와 구체적인 어휘 속성과의 상호 작용은 HPSG의 중요한 특징이다.

5. *intransitive-raising* 유형

이 유형에 속하는 동사들은 전통적으로 상승(raising) 동사라고 불러 오던 것 중에서 subject-to-subject raising 상승 동사들을 말한다. Seem, tend 등이 여기에 속한다. to 부정사만을 보어로 취하는 것을 *intransitive-raising* 유형이라고 하고, NP 보어와 to 부정사를 보어로 취하는 것을 *transitive-raising* 유형이라고 한다.

(19) [COMPS <VP[VFORM infinitive]>]

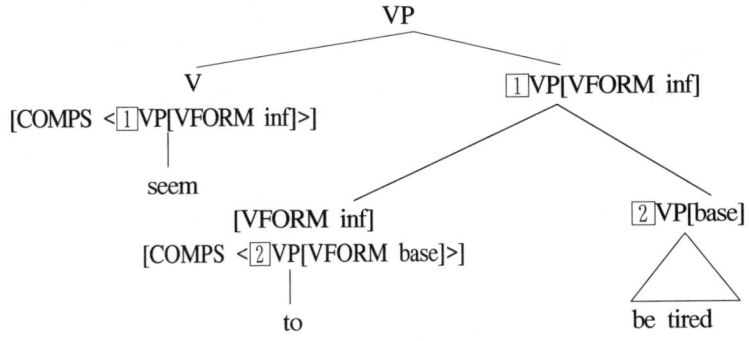

intransitive-raising 동사는 to 부정사를 보어로 취한다. to 부정사는 동사의 한 가지 형태로 보고 그것을 VFORM 자질로 표시한다. 영어 동사는 to 부정사를 포함하여 일곱 가지 형태가 있다.

(20) 동사의 VFORM 값
　　　[VFORM base](예: take, walk)
　　　[VFORM present](예: take, takes, walk, walks)
　　　[VFORM past](예: took, walked)
　　　[VFORM present-participle](예: taking, walking)
　　　[VFORM past-participle](예: taken, walked)
　　　[VFORM gerund](예: taking, walking)
　　　[VFORM infinitive](예: to take, to walk)

(19)로 돌아가서, to 부정사의 to는 VFORM이 base인 동사 즉 원형 동사를 보어로 취하는 것으로 분석한다. 이 to는 특별한 종류의 동사라고 본다. 그것은 원형 동사를 보어로 취하는 점에서 will, may 등과 같은 modal auxiliary 동사와 유사한 성질이 있다. 그러나 문장의 주동사로 쓰이지 못하는 점은 이들 동사와 다른 점이다.

그런데 최근에 Sag와 Wasow (1999)는 이 to의 범주를 complementizer

로 보는 견해를 제시하였다. 위와 같이 그것을 동사로 보는 견해와 근본적으로 다른 것은 없으나 세부 사항에 있어 흥미로운 차이점을 보인다. comp견해에 따라 (20)의 to be tired를 다시 분석하면 다음과 같다. (CP (=Complementizer Phrase)에 대한 자세한 설명은 that절에 관한 설명과 함께 아래 14. *proposition-complement* 유형 쪽을 참조하기 바람.)

(21)

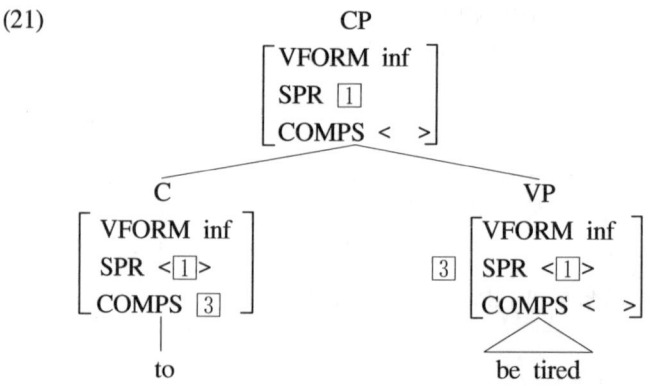

그리고 seem 동사의 ARG-ST는 다음과 같이 된다.

(22) ARG-ST ⟨ ①, [CP VFORM inf SPR ①] ⟩

CP "to be tired"의 주어는 CP 안에서는 실현되지 않고 결국 seem의 주어와 구조 공유함으로써 거기에서 실현된다. 이것은 곧 주어에서 주어로의 상승(Subject-to-Subject Raising) 작용을 달리 표현한 것이라고 할 수 있겠다. 이와 같이 상승 동사의 분석은 해당 동사 유형의 논항 값을 적절히 부여해 줌으로써 간단히 다룰 수 있다.

앞으로 to 부정사는 원칙적으로 CP로 분석하기로 하되 때로는 편의상 종전처럼 VP[inf]로 나타낼 때도 있을 것이다.

6. *transitive-raising* 유형

앞에서 언급한 바와 같이 이 유형은 NP 하나와 to 부정사를 보어로 취한다.

(23)
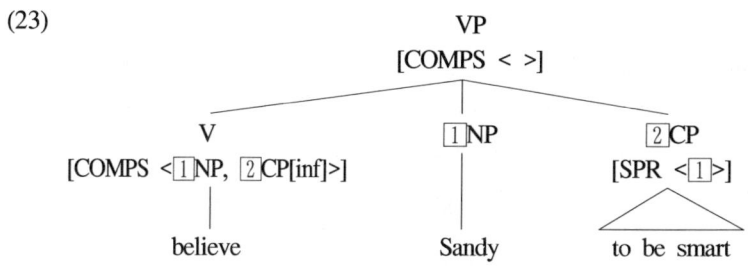

핵어-보어 도식에 의하여 어휘 범주 believe의 COMPS 요구 사항이 V 의 자매로 실현되고 VP의 COMPS 자질가는 영 자질가(empty value)가 되어 있다.

7. *intransitive-equi* 유형

Equi 동사를 *intransitive-equi* 유형과 *transitive-equi* 유형으로 나눈다. NP 보어를 취하는 것을 *transitive-equi*, NP 보어를 취하지 않는 것을 *intransitive-equi*로 규정한다. 이들 동사에 대하여 통제(control) 현상을 다루는 제 6장 에서 상세히 다루게 되므로 여기서는 성분 구조에 대해서만 간략하게 알아보고 넘어간다.

(24)
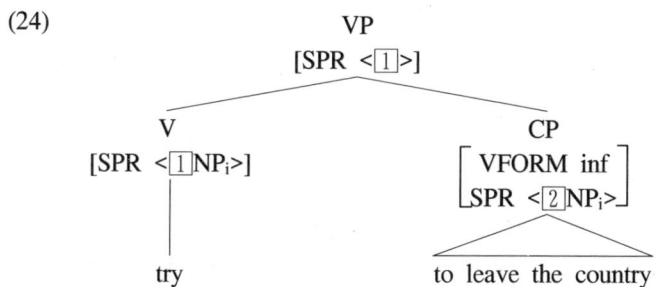

상승 동사의 경우와는 달리 Equi 동사의 to 부정사 보어(CP)의 미표시 주어(unexpressed subject)는 주동사의 주어와 의미 지표(index)가 같을 뿐이다. 상승 동사의 CP의 미표시 주어는 주동사의 주어와 완전히 같다. (지표는 물론 범주를 포함하여 모든 것이 같다.)

8. *transitive-equi* 유형
이 유형은 NP 보어와 to 부정사를 보어로 취한다.

(25)

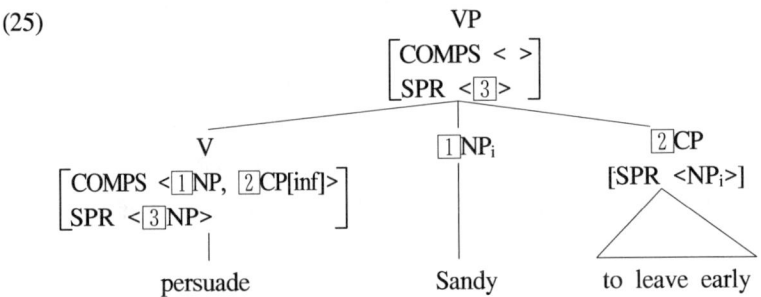

9. *strict-transitive* 유형
이 유형은 NP 보어 하나만을 취하는 가장 단순한 타동사 유형이다.

(26)

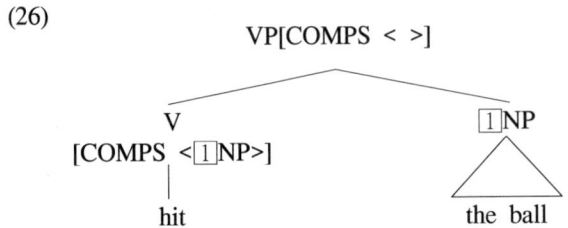

10. *ditransitive* 유형
이 유형은 전통 문법에서 수여 동사라고 부르는 것들을 포함한다. 두 개의 NP 보어를 취한다. COMPS 자질가는 [COMPS <NP, NP>]이다.

두 개의 명사구를 나란히 보어로 취하므로 어순이 문제가 된다. 어순에 관해서는 2장에서 간략히 다루었으나 여기서 수여 동사를 가지고 어순의 문제를 구체적으로 검토해 본다. HPSG는 어순을 위한 원리(Linear Precedence Principle, LPP)를 수립한다. LPP는 보어들의 사격성 위계(Obliqueness Hierarchy)에 토대를 두고 보어들의 어순을 정한다. 사격성이란 전통적 문법 개념에서 도입한 것이다. 동사가 요구하는 보어들이나 수식어들이 동사와 의미적 관련성을 맺고 있다고 보고 이 때 보어 또는 수식어의 종류에 따라 그 관련성의 정도가 다르다고 보는 것이다. 그러한 관련성의 정도의 차이에 따라 보어와 수식어의 사격성을 정의한다. 아래 동사 put과 그 보어를 예로 하여 생각해 보자.

(27) a. Sandy put the vase on the table.
　　 b. *Sandy put on the table the vase.

위의 문장에서 NP 보어가 PP 보어를 앞서야 정문이 된다. 왜 그럴까? HPSG는 그 이유를 사격성의 차이에서 찾는다. PP 'on the table'이 NP 'the vase' 보다 동사 'put'에 의미상 더 가까이 밀착되어 있다고 보고 PP가 NP보다 사격성이 더 크다고 규정한다. 이것이 영어 어순을 결정한다. 사격성이 작은 보어가 사격성이 큰 보어를 선행하는 것이 영어의 어순이다. 이를 HPSG의 LPP의 하나로 수립한다. 이것이 어순 제 2규칙이다. 직접 목적어와 간접 목적어의 경우도 이 어순 규칙에 의한다. 직접 목적어가 간접 목적어보다 사격성이 더 작으므로 직접 목적어가 간접 목적어를 선행해야 한다.

(28) a. Kim gave John a box.
　　 b.?Kim gave a box John.

NP 둘 중에 선행하는 것이 직접 목적어이고 후행하는 것이 간접 목적어이므로 (29a)에서 John이 직접 목적어이고 a box가 간접 목적어가 된다. 의미적으로는 직접 목적어가 "받는 자"가 되고 간접 목적어가 "주는 물건"이 된다. 그런데 (29b)가 문제다. 왜냐면 a box가 직접 목적어가 되어 "받는 자"가 되고 John이 간접 목적어가 되어 "주는 물건"이 되기 때문이다. 이 때문에 (29b)는 그 뜻이 부자연스럽다. 그러나 이런 문장이 일상의 문맥에 맞지 않는 것은 사실이지만 비문이라고 할 수는 없다. 그래서 우리는 이런 문장을 통사적으로 정문이지만, 의미적으로 또는 화용론적으로 기이한 문장으로 규정한다.

보어가 의미 관계에 관여하는 방식을 의미 자질 CONTENT를 활용하여 나타낸다. CONTENT 자질은 논항 구조(argument structure)를 수용하는 의미 자질이다. 동사 give의 결합가(valence) 자질과 논항 구조와의 연결은 다음과 같이 표기한다.

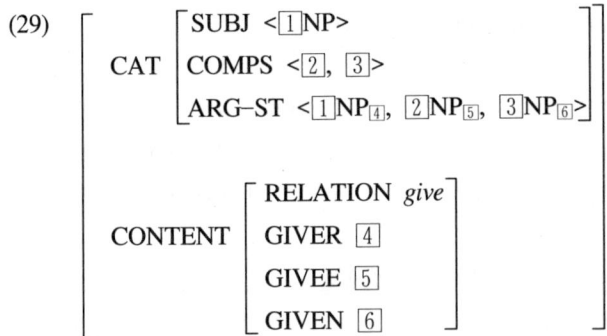

COMPS 자질가 두 개의 NP는 사격성 순서에 따라 배열된다. 첫째 NP가 사격성이 더 크므로 LP 제 2원리에 따라 어순상 이것이 선행한다. 그리고 이것이 GIVEE(받는 자) 논항과 지표(index)가 같으므로 - 지표가 ④이다 - 결국 선행하는 NP가 "받는 자"가 되는 것이다. 이와 같이 어휘 속성을 밝힘으로써 give와 같이 두 개의 명사구를 보어로 요구하는 동사의 경우 어순상 선행하는 명사가 항상 의미적으로 "받는 자" 논항이 되는 것을 보장할 수 있게 된다.

두 NP 중 선행하는 것을 직접 목적어로 간주하는 이유는 피동태 현상 때문이다.

   (30) a. Kim gave John a book.
        b. John was given a book by Kim.
        c. *A book was given Kim by Kim.

능동태 문장의 두 NP 보어 중 선행하는 NP John 만이 피동태의 주어가 될 수 있다. 후행하는 NP가 주어가 되면 비문이 초래된다. 따라서 선행하는 NP를 직접 목적어로 규정해야 피동태 기술을 할 때 직접 목적어의 정의가 일관성을 확보한다. 즉 직접 목적어란 항상 동사 직후의 NP라고 규정할 수 있게 된다.

HPSG는 피동태 현상을 어휘 규칙(lexicl rules)을 수립하여 기술한다.

3.4 능동태와 피동태

(31) 피동태 어휘 규칙(Passive Lexical Rule)

$$\begin{bmatrix} \textit{transitive-lexeme} \\ \text{PHON } \boxed{1} \\ \text{ARG-ST} < NP_i > \oplus \boxed{a} \end{bmatrix} \Longrightarrow \begin{bmatrix} \textit{word} \\ \text{PHON } F_{PSP}(\boxed{1}) \\ \text{VFORM } \textit{passive} \\ \text{ARG-STR } \boxed{a} \left\langle \oplus \left(\text{PP} \begin{bmatrix} \text{PFORM by} \\ \text{P-OBJ } NP_i \end{bmatrix} \right) \right\rangle \end{bmatrix}$$

피동태 어휘 규칙은 *transitive-lexeme* 유형의 동사를 입력으로 하고 피동태 형태의 파생어(*word* 유형)를 출력으로 생산하는 파생어 규칙이다. 가령 write를 입력하면 F_{PSP}(write)=written을, love를 입력하면 F_{PSP}(love)

=loved를 출력한다. 이렇게 파생어를 생산함과 동시에 입력 동사의 논항 구조에 변화를 가하여 새로운 피동태 동사의 논항 구조를 얻는다. 즉 입력의 ARG-STR의 리스트 값 중 최초 요소 NP가 없어지고 그 대신 그 NP 다음의 요소가 첫째 요소가 된다. 그리고 그 뒤에 선택적 요소로 PP가 올 수 있는데 이 전치사구의 목적어가 입력의 주어와 공지표 된다. PFORM은 PP의 전치사가 특별히 한 가지 전치사로 고정되어 있는 경우에(피동태의 by처럼) 그것을 표현하는 자질이다. P-OBJ는 전치사의 목적어 NP를 값으로 취한다. 예를 들어 피동태 어휘 규칙으로 말미암아 다음 (32a)의 능동태 타동사 어휘소 love에 대하여 (32b)에서 보여 주는 것과 같은 피동태 파생어의 존재가 보장된다.

(32) a. 능동태 어휘소 love의 논항 구조
$$\begin{bmatrix} transitive\text{-}lexeme \\ \text{PHON } love \\ \text{ARG-STR } < NP_i, NP_j > \end{bmatrix}$$
b. 피동태 단어 loved의 논항 구조와 VFORM
$$\begin{bmatrix} word \\ \text{PHON } loved \\ \text{VFORM } passive \\ \text{ARG-STR } \left\langle NP_j, \left(PP \begin{bmatrix} \text{PFORM by} \\ \text{P-OBJ } NP_i \end{bmatrix} \right) \right\rangle \end{bmatrix}$$

다음으로 이 피동태 단어가 be 동사의 보어가 되면 아래(35)와 같은 피동태 VP, 나아가서 피동태 문장이 형성된다. 이 be 동사는 *intransitive-raising* 유형이므로 그 VP 보어의 주어가 자신의 주어로 실현된다. be 동사의 논항 구조는 대강 다음과 같다.

(33) be 동사의 논항 구조
[ARG-ST <①>, VP[VFORM *passive*, SPR <①>]>]

(34)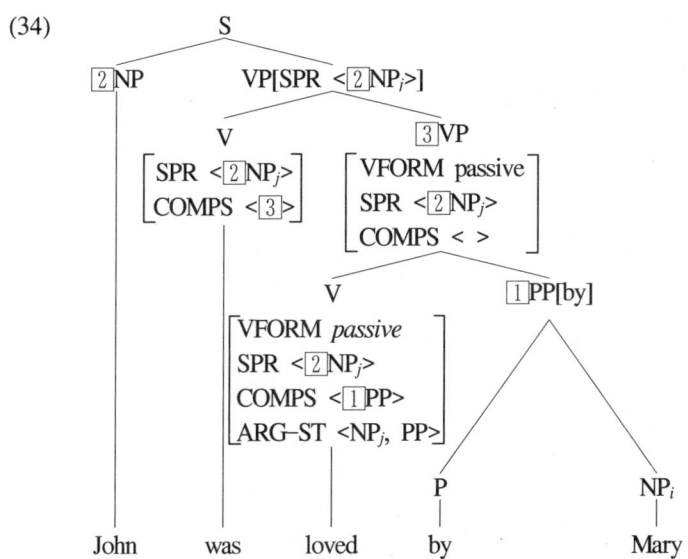

피동태 어휘 규칙은 love와 같은 *strict-transitive* 유형뿐만 아니라 모든 종류의 *transitive* 유형 즉 *verb-transitive* 유형의 모든 하위 유형에 다 적용되는 것은 물론이다. 이 점은 피동태 어휘 규칙의 입력에 반영되어 있는 조건들이 보장한다. 즉 이 규칙은 반드시 *transitive-lexeme* 유형에 적용된다는 것을 밝히고 있으며 따라서 이 유형의 ARG-ST 값의 첫째 요소는 주어 NP이고 그 다음은 요소들의 리스트라고 되어 있지만 사실상 그 리스트의 첫째 요소는 목적어 NP일 수밖에 없다. 그리고 NP 목적어 뒤에 다른 요소들이 더 올 수 있는 가능성을 열어 둠으로써 *transitive* 유형의 모든 하위 유형들에도 이 규칙이 적용될 수 있도록 되어 있다. 그래서 (30)의 수여 동사(*ditransitive* 유형)에도 적용되어 두 개의 NP 보어 중 첫째 NP가 피동화(*passivize*)되는 것이다. 또 *transitive-equi* 유형이나 *transitive-raising* 유형에도 피동태 어휘 규칙이 적용되어 다음과 같은 피동문을 가능하게 한다.

(35) a. Sandy was persuaded to leave early (by Kim).

b. Sandy was believed to be smart (by them).

11. *transitive-particle* 유형

이것은 NP 보어와 at, in, out, up과 같은 불변화사(particle) 보어를 요구한다.

(36)
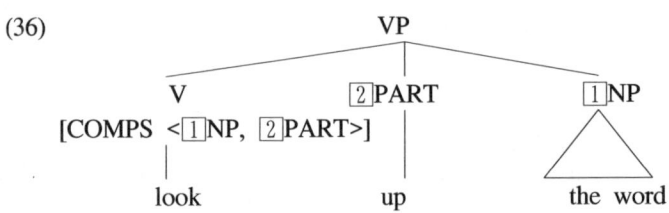

look up the word 어순 대신 look the word up 어순은 어떻게 처리하는가? 고전 변형 문법에서는 이것을 불변화사 이동 규칙(Particle Movement Transformation)으로 이것을 다루었다. look up the word를 심층 구조로 잡고 거기 불변화사 이동 규칙을 적용하여 look the word up을 도출했다.

HPSG의 접근은 다르다. HPSG는 이것을 보어 up과 the word의 자유 어순의 문제라고 보고 그 해결책을 찾는다. 이 현상을 어순 규칙 LPP로 다룬다. 보어의 어순을 결정하는 문제이므로 어순 제 2규칙이 적용되어야 한다. 그런데 어순 제 2규칙은 보어 구의 어순을 결정하는 규칙임에 유의해야 한다. 보어가 구일 때 이 규칙이 적용된다는 말이다. up the word의 두 보어 중 up은 구가 아니다. 그러므로 어순 제 2규칙은 여기에 적용될 수 없다. 그러면 up과 the word의 어순을 고정시키는 규칙이 없다는 결과가 된다.

HPSG는 보어들 사이의 상대적 순서가 고정되어 있는 경우에 한하여 그것을 어순 제약으로 제약을 형식화한다. 그와 같은 고정된 어순이 없는 경우에는 어순 제약을 수립하지 않는다. 어순 제약이 없어 어순 규칙을 수립하지 않는다는 것은 자유 어순이 허용된다는 뜻이다. 즉 위의 up과 the word 는 자유 어순이어서 "look up the word"의 어순도 되고 "look the word up" 어순도 된다.

12. *transitive-predicative* 유형

이 유형은 NP 하나 다음에 NP 또는 AP 또는 PP 또는 VP 하나를 보어로 요구한다. consider가 잘 알려진 이 유형의 예이다. 이 유형의 COMPS 자질가는 <NP, XP>가 된다. 둘째 보어는 AP, NP, VP[VFORM passive], VP[VFORM present-part], PP 중 어느 것도 될 수 있으므로 XP로 표현하였다.

(37) a. They consider Kim a geninus.
　　　b. We considered Sandy very dangerous.
　　　c. We considered Bill out of mind.
　　　d. We considered John fascinated by the event.

(38)
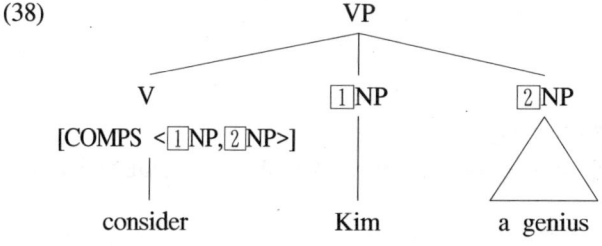

이 유형은 (37a)처럼 둘째 보어가 NP일 때는 *ditransitive* 유형과 외견상 같아 보인다. 그러나 의미 내용 면(CONTENT)에서 이 유형은 아주 다르다. 우선 *ditransitive* 유형의 경우는 의미 관계가 "주는 관계"(give)이고 *transitive-predicative* 유형의 경우는 의미 관계가 *predication*이다. 따라서 두 NP 보어의 논항 값이 다르게 정해진다.

(39)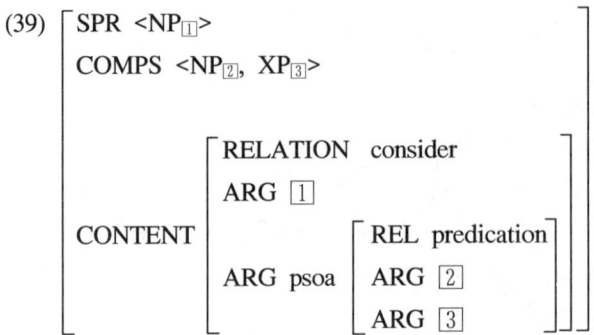

(XP는 AP, NP, VP, 또는 PP를 가리킨다.)

즉 예 (37a)의 "consider Kim a genius"에서 첫째 보어 Kim(지표 ②)과 둘째 보어 a genius(지표 ③) 사이에 주부-술부의 의미 관계가 있어서 "Kim이 천재이다"라는 뜻이 되는 반면, *ditransitive* 유형 "gave Kim a book"에는 그런 주부-술부 의미 관계와는 전혀 다른 의미 관계, 즉 "받는자"와 "주어지는 물건"의 의미역이 부여되어 "Kim에게 책을 주었다"는 뜻이 된다.

13. *transitive-causative* 유형

make, let 등이 이 유형에 속한다. [COMPS <NP,VP[VFORM base]>] 자질을 갖는다.

(40) a. We let him go
    b. Sandy made us accept the proposal.

지금까지 유형 13까지는 적어도 표면적으로 하나의 주어에 하나의 동사가 있는 단문들이다. 이하에서 that절이 관련된 복문들의 예를 알아본다.

14. *transitive-propositional* 유형

(41) We believe that he left.

이 유형에 속하는 동사는 say, believe, think, feel 등으로 that절을 보어로 취하는 것이 특징이다.

여기서 이 유형의 보어인 that절의 구조를 자세히 살펴볼 필요가 있다. 생성 문법 초기부터 보문자 또는 보문소(complementizer)라고 지칭되어 온 이 that절의 that에 대해서 많은 논의가 있었으나 that과 S와의 관계 등 그 통사 구조의 구체적인 문제에 대하여 아직도 논란이 많다. (HPSG는 이 that을 하나의 품사로 보므로 앞으로 우리는 그것을 보문사라고 부르기로 한다.)

이 문제에 관하여 HPSG는 that절이란 보문사 *comp*의 투영인 보문절 Complementizer Phrase(=CP)라고 하는 CP분석을 채택하고 있다. 원래 GB 캠프의 통설이 되어 온 이 CP 분석에 대하여 Pollard & Sag(1994)는 부정적인 입장이었으나 Sag & Wasow(1999) 등 최근의 HPSG 연구에서는 종래의 입장을 수정하여 이 CP 분석을 받아들이고 있다. 그러나 세부 사항에 있어서는 HPSG 특징이 그대로 나타난다.

(42)

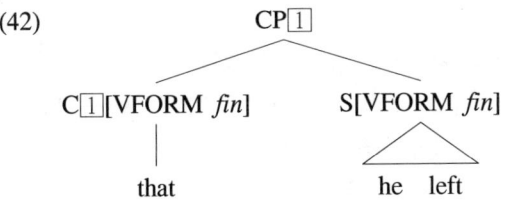

[VFORM *fin(ite)*] 자질은 that이 생략될 수 있는 현상을 설명하는 데 필수적인 장치이다. that이 있는 경우는 (42)처럼 CP가 *fin*이 되고, that이 없는 경우는 (43)처럼 S가 *fin*이 된다.

(43)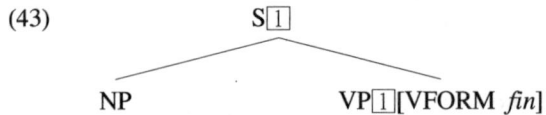

believe, say, think 등 동사가 요구하는 보어는 CP 또는 S 둘 중의 어느 것이라도 좋다. CP는 품사가 *comp*이고 S는 품사가 *verb*이다. 따라서 CP와 S를 동시에 지칭하는 방법은 품사에 대하여 미명세(underspecify)하는 방법이다. 즉 이들 동사의 ARG-ST 표시에는 다음과 같이 HEAD에 대하여는 미명세하고 나머지 자질만 명세한다.

(44) $\begin{bmatrix} \text{ARG-ST} \langle \begin{bmatrix} \text{VFORM finite} \\ \text{SPR} \quad <> \\ \text{COMPS} <> \end{bmatrix} \rangle \end{bmatrix}$

그런 다음 (44)에 [HEAD comp] 자질을 추가해주면 CP가 되고 [HEAD verb]를 주면 S가 된다. 말하자면 (44)는 S와 CP의 상위 유형이다. 이렇게 하여 CP와 S가 같은 종류(natural class)라는 것도 자연스럽게 기술할 수 있다. 아무튼 believe류가 미명세절 (44)를 보어로 취하게 함으로써 that이 있는 절 또는 that이 없는 절 중 어느 것이라도 그 보어가 될 수 있도록 해 준다.

한편 demand, require 등 특정의 몇몇 동사들을 다루기 위하여 *comp*의 VFORM이 base가 될 수도 있다고 보아야 한다. 아래 예문에서 보는 것처럼 이들 동사의 that절에서는 주동사의 형태가 *base*이어야 한다.

(45) They demand (that) he leave/*leaves.

*comp*는 보어 S를 취하여 CP가 되는 점에서 동사와 비슷한 성질을 가진다고 본다. 그래서 그것이 VFORM 자질도 가지는 것인데 이제 (45)의 demand와 같은 동사 때문에 *comp*의 VFORM 자질 값이 [VFORM finite]

이외에 [VFORM base]도 될 수 있다고 보아야 한다. believe류 동사가 요구하는 CP는 그 *comp*의 VFORM이 *finite*이고 demand, require 등의 경우에는 그것이 *base*이어야 하기 때문이다. 그러면 (45)의 동사구 구조는 다음과 같다.

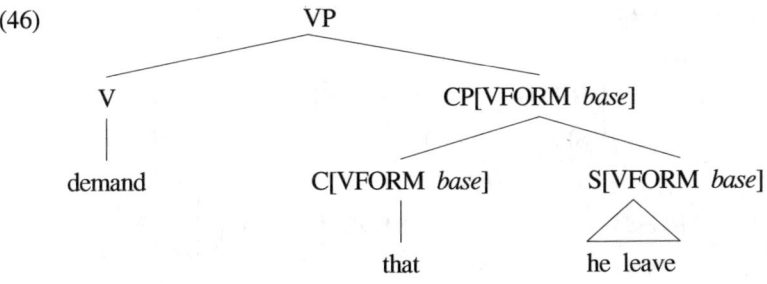

(46)

그리고 demand류 동사의 논항 요구 사항은 다음과 같다.

$$
(47) \quad \left[\text{ARG-ST} \left\langle \begin{bmatrix} \text{VFORM} & base \\ \text{SPR} & < > \\ \text{COMPS} & < > \end{bmatrix} \right\rangle \right]
$$

그러나 이 제약만으로 CP가 *base*이면서 그 절의 동사가 finite인 경우(*demand that he leaves)나 CP가 finite이면서 그 동사가 *base*인 경우(*say that he leave)를 배제하지 못한다. 이를 해결하기 위하여 *comp*와 그 보문 S는 VFORM 자질이 일치해야 한다는 제약을 that의 어휘 속성의 한 가지로 밝혀두어야 한다.

(48) that의 어휘 속성

$$
\begin{bmatrix} \text{HEAD} & \text{VFORM} \;\boxed{1} \\ \text{ARG-ST} < \text{HEAD [VFORM} \;\boxed{1}] \;> \end{bmatrix}
$$

To 부정사의 to가 또 하나의 *comp*이다. 이 to는 GPSG이후 조동사의 일종으로 분석해 왔는데 지금도 이와 유사한 견해이다. that이 S를 보어로 취하는 데 반하여 to는 VP를 보어로 취한다. to의 어휘 엔트리는 대강 다음과 같다.

(49) 보문사 to의 어휘 속성

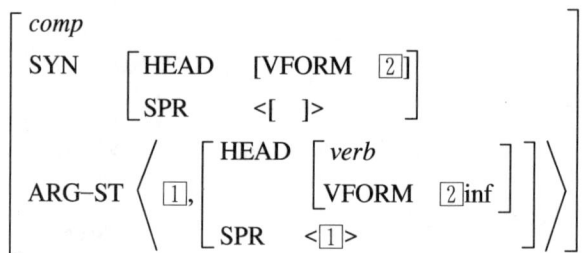

to 부정사 보어를 요구하는 동사는 그 COMPS 값이 CP[VFORM inf]가 될 것이다. 그 CP의 구조는 다음과 같이 나타난다.

(50)

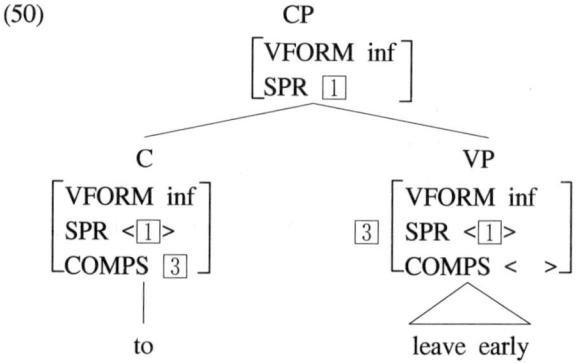

15. *expletive-subject* 유형

이 유형은 허사가 주어로 나타나는 유형이다. 영어의 허사는 it과 there 두 가지이다. 따라서 이 유형의 하위 유형으로 *it-expletive*와 *there-*

expletive 유형을 설정할 수 있다.

it-expletive 유형의 예는 아래와 같은 문장이다.

(51) a. It rained/snowed/thundered yesterday.
  b. It annoys Bill that Sandy drinks too much.
  c. That Sandy drinks too much annoys Bill.

날씨를 뜻하는 (51a)와 같은 문장을 다루기 위하여 해당 동사의 한 어휘적 속성으로 허사 it이 주어가 되어야 한다는 요구 사항을 논항 구조에 반영해야 한다.

(52) 날씨 동사의 논항 구조: [ARG-ST <*it*>]

(51b, c)는 외치(extraposition) 현상을 보여주는 예이다. 잘 알려진 바와 같이 변형 문법에서는 (51c)의 구조를 기저 구조로 잡고 거기에서 (51b)가 도출된다고 설명해 왔다. HPSG에는 물론 그러한 변형적 도출 과정 (transformational derivation) 같은 것은 없다. 외치 현상에 대한 HPSG의 어휘주위적 설명은 먼저 (51c)와 (51b)의 annoy를 둘 다 나름대로의 특성을 지닌 독립된 어휘로 다루는 데서부터 출발한다. 그래서 둘 다 어휘부의 어휘 엔트리에 올라 있다. 이 두 동사의 차이는 뚜렷하다. 하나는 주어가 반드시 허사 it이며 다른 하나는 주어가 반드시 that절이어야 한다. 또 하나는 직접 목적 뒤에 that절이 반드시 있어야 하나, 다른 하나는 그것이 있어서는 안된다. 그러나 그 두 단어가 공통점이 있다는 것도 명백하다. 첫째 두 동사는 뜻이 같다. 둘째 같은 타동사로서 직접 목적어를 취한다. 이와 같은 어휘의 공통적 특성과 개별적 독자성을 포착하는 HPSG의 이론적 장치가 어휘 규칙이다. 즉 독자성을 인정하여 별개의 어휘 엔트리를 인정한다. 그리고 양자간의 공통점을 포착하기 위하여 어휘 규칙을 수립한다.

(53) 외치 어휘 규칙(Extraposition Lexical Rule)

$$\begin{bmatrix} \textit{that-clause-tr-verb-lexeme} \\ \text{ARG-ST } \boxed{a} <\text{CP}> \boxed{b} \end{bmatrix} ==>$$

$$\begin{bmatrix} \textit{derived-lexeme} \\ \text{ARG-ST } <\text{NP[NFORM it]}> \oplus \boxed{b} \oplus \boxed{a} \end{bmatrix}$$

이 규칙은 CP를 주어로 택하는 특별한 타동사 *that-clause-transitive-verb-lexeme*을 입력으로 한다. 출력은 허사 it을 주어로 하고 CP를 마지막 논항으로 취하는 동사이다. 이 규칙으로 말미암아 어휘부에서 (51b)와 같은 외치문의 annoy가 (51c)와 같은 that절 주어 구문의 annoy에 의존한다. 이로써 전자와 후자의 어휘부에서의 관계를 포착함과 동시에 서로 다른 점은 논항 구조 값을 제외하고 아무 것도 없다는 것을 보장한다.

그런데 이 규칙은 하나의 *lexeme* 유형을 또 다른 하나의 *lexeme* 유형으로 파생시키는 어휘 규칙임에 유의할 필요가 있다. 보통 어휘 규칙은 *lexeme* 유형에 적용되어 *word* 유형을 파생시킨다. 어떤 어휘 규칙이 적용되어 일단 *word* 유형이 되면 거기에는 다른 어휘 규칙이 더 이상 적용될 수 없게 되어 있다. 이 점에서 외치 어휘 규칙은 특별한 종류의 어휘 규칙이라는 것을 알 수 있다.

외치 어휘 규칙은 *lexeme* 유형에 적용되어 *word* 유형을 파생시키는 것이 아니고 *lexeme* 유형을 파생시키는 특수한 어휘 규칙이다. 외치 어휘 규칙의 출력에 또 다른 어휘 규칙들이 적용될 수 있어야 하기 때문이다. 가령 *lexeme* 유형 "annoy"에 3인칭 단수 어휘 규칙이 적용되면 *word* 유형 annoys가 나오고 과거 어휘 규칙을 적용하면 *word* 유형 annoyed가 나온다. 그런데 *lexeme* 유형 annoy에 외치 규칙을 적용했을 때 *word* 유형이 나온다면, 어휘 규칙이 더 이상 적용될 수 없게 되어 외치문에 쓰이는 *word* 유형 annoys와 annoyed를 파생해낼 길이 없게 된다. 이런 이유로 외치 규칙의 출력이 *word* 유형이 아니라 *derived-lexeme* 유형이라고 규정한 것이다. 그래야만 거기에 3인칭 또는 과거 어휘 규칙이 더 적용될 수 있게 되기 때문이다. 이런 외치 어휘 규칙의 특이성을 피동태 어휘 규칙과 비교하여 아래와 같이 그림으로 요약할 수 있다. 피동태 어휘 규칙은 일반적인 어휘 규칙과 같이 lexeme을 word로 만들어 준다.

(54) a. 피동태 어휘 규칙(Passive Lexical Rule)

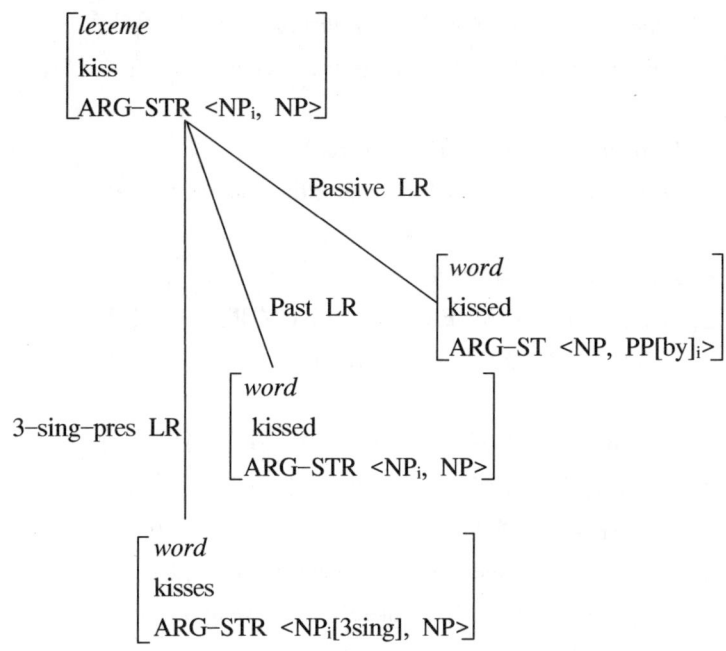

b. Extraposition Lexical Rule

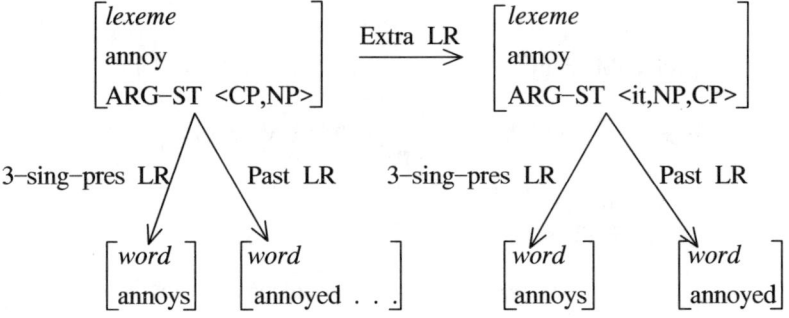

Passive LR은 *lexeme* 유형에 적용하여 kissed와 같은 피동태 단어(즉 word 유형)을 만든다. 그러나 Extraposition LR은 *lexeme* annoy에 적용하여 *lexeme* 유형 annoy를 만든다. extraposed *lexeme* 유형에 3인칭 단수 현재 또는 과거 어휘 규칙을 적용하여 annoys, annoyed 등 word 유형을 생산한다.

다음으로 *there-expletive* 유형은 허사 there를 주어로 취하는 동사이다. 대표적인 것이 be 동사이다. 이외에 happen, occur 등도 가능하다.

(55) a. There was a unicorn in the garden.
   b. There are many animals facing extinction in this area.

(56) Expletive be 동사의 논항 구조
   [ARG-ST <there[NUMBER ①], NP[NUMBER ①], {PP v
      VP[VFORM pres-part]}>]

첫째 논항은 be 동사의 주어(SPR의 값)가 되고 나머지 두 요소는 그대로 보어가 된다. NP 보어의 수와 there의 수가 일치해야 한다. 허사 there는 수에 따라 다른 형태를 취하는 것은 아니지만 be 동사의 형태와 일치시키기 위하여 단수 there와 복수 there가 따로 있다고 생각해야 한다. 단수 there는 is, was와 복수 there는 are, were와 일치하도록 한다. (55a)의 구조는 아래와 같다.

(57)
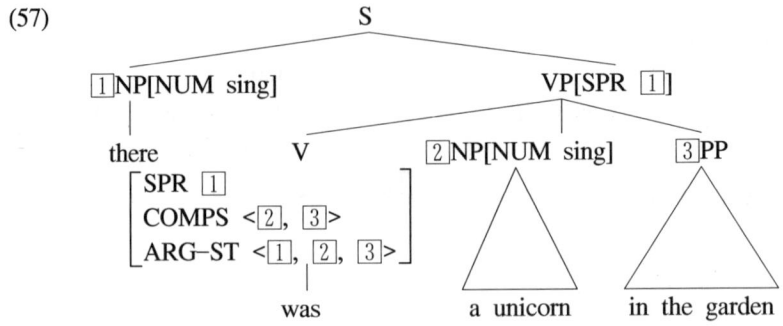

3.5 결론

이상으로 영어의 주요 동사 유형 열 여섯 가지와 그 보어 요구 사항들(complement requirements), 그리고 그와 관련된 문장 구조에 대하여 알아보았다. 여기서 다룬 것은 전통적으로 하위범주화(subcategorization)의 제목 아래에서 다루는 현상들이다. 이 문제에 대한 **HPSG**의 접근법의 특징은 유형 위계(type hierarchy)의 수립과 유형 제약(type constraint)의 설정에 있다. 동사들을 논항 구조의 차이에 따라 유형별로 분류하여 위계를 세우고 각 유형에 대하여 고유의 제약을 부여한다. 그러한 유형 제약은 원칙적으로 어휘 제약이므로 모두 어휘부에서 밝힐 사항들이다. 논항 구조(ARG-ST)와 주어(SPR) 및 보어(COMPS)와의 관계는 논항 실현의 원리(ARP)로 설명한다. 동사의 하위범주화를 다루는 데 있어서 유형 위계와 유형 제약의 중요성이 특히 부각된다. 또한 어휘 규칙은 원칙적으로 유형 제약으로 재정의 될 수 있다는 것도 확인하였다. 동사 유형과 하위범주화 문제에 대한 **HPSG** 접근은 **HPSG**의 어휘주의적 입장을 잘 보여 준다.

4장 장거리 의존 구문(Dependency Constructions)

4.1 서론

제 2장에서 HPSG의 비변형적 특성을 논의하면서 주제 구문을 가지고 의존 구문을 간략히 다룬바 있다. 이 장에서 주제 구문 이외의 의존 구문을 다룬다.

Wh 의문문의 경우를 예로 하여 의존 구문의 특징을 알아보도록 한다.

(1) a. Who does Kim meet?
    b. Who does Sandy think Kim meet?
    c. Who does Bill say Sandy thinks Kim meet?
    d. *Does Kim meet?
    e. *Who does Kim?
    f. *Does Sandy think Kim meet?
    g. *Who does Sandy think Kim?

(1a)에서 의문사 who와 주동사 meet 사이에 무슨 관계가 있는가? 전자는 후자의 목적어이다. 양자 사이의 이 문법적 관계가 있으므로, (1d, e, f, g)에서 보는 바와 같이 Who 없이 meet가 독립할 수 없고, meet 없이 Who가 독립할 수도 없다. 그래서 우리는 양자 사이에 의존 관계가 있다고 말한다. 그리고 그 관계는 (1b)에서도 성립하고 (1c)에서도 성립한다. 즉 Who와 meet 사이의 거리가 무한히 멀어질 수도 있다. 그래서 이 의존 관계를 무한 의존 관계(Unbounded Dependency) 또는 최근에는 단순

히 장거리 의존 관계(Long Distance Dependency)라고 부른다. 변형 문법 이론에서 이런 현상을 이동 규칙으로 다루어 온 것은 잘 알려져 있다. 즉 (1a)는 그것의 심층 구조 Kim does meet who에 이동 규칙을 적용하여 who를 문두로 이동하고 또 does를 주어 앞으로 이동하여 도출한다고 설명한다.

비변형 이론인 HPSG는 SLASH 자질과 Filler 딸의 성질을 가지고 이를 설명한다. SLASH 자질은 무엇인가가 결여되어 있다는 정보를 나타내고 Filler 딸은 채워주는 역할을 하는 성분이다. (1a)의 Who는 Filler 딸이고 이 딸 성분이 [SLASH] 자질을 가진 S와 결합하여 S를 이룬다. S의 이 SLASH 자질은 타동사 meet에서 발생하여 상속되어 올라온 것이며 SLASH의 값, 즉 그 S에서 모자라는 성분은 Filler 딸 성분에 의하여 채워진다.

제 2절에서 WH 의문문을 상세히 다룬다. 제 3절에서 관계절, 제 4절에서 Tough 구문에 대하여 논의한다.

4.2 WH 의문문

WH 의문문은 WH 의문사 하나와 특별한 종류의 S 하나로 구성된 의문문이다. 그 S가 특별한 종류라고 하는 것은 첫째 그것이 Yes-No 의문문이라는 점이고 둘째 그것은 반드시 한 요소가 결여되어 있는 의문문이라는 점이다. 다시 말해 그것은 [SLASH XP] 자질을 가진 Yes-No 의문문이다.

(2) WH 의문문 = WH 단어 + Yes-No 의문문[SLASH XP]
                     Who   does Kim meet?

의문문 (1a) "Who does Kim meet?"는 의문사 Who와 직접 목적어 NP가 결여된 Yes-No 의문문으로 구성되어 있다.

그러나 주격 의문사 의문문은 이와 다르다.

(3) Who saw the dog?

이런 의문문은 주어인 WH 의문사와 "saw the dog"이라는 완전한 술부 VP로 구성되어 있다. 그러므로 이런 WH 의문문은 통사적 뼈대가 보통 서술문과 다름이 없다.

(4) Sandy saw the dog.

VP "saw the dog" 앞에는 단순한 NP가 와도 좋고 WH 의문사가 와도 좋다. 단순한 NP가 오면 서술문이 되고 WH 의문사가 오면 WH 의문문이 된다는 차이는 있으나 어느 것이 와도 문장이 성립한다.
반면에 Yes-No 의문문 "did Kim meet John" 앞에는 WH 의문사도 올 수 없고 단순한 NP도 올 수 없다.

(5) a. *Who did Kim meet John?
    b. *Sandy did Kim meet John?

Yes-No 의문문은 그 자체로서 부족한 것이 없는 문장이므로 (5)에서와 같이 그 앞에 무슨 다른 요소가 오면 비문이 되는 것은 당연하다. 앞에서 지적한 바와 같이 무슨 다른 요소가 그 앞에 와서 정문이 되려면 "비정상적인" Yes-No 의문문, 즉 아래 (6)과 같이 한 요소가 결여된 Yes-No 의문문이라야 한다.

(6) *did Kim meet?

이런 것이 곧 [SLASH {NP}]의 Yes-No 의문문이다. 그러나 이 경우에도 그 앞에 올 수 있는 것은 오직 WH 의문사 뿐이라는 점이 중요하다.

보통 NP가 오면 (7)과 같은 비문이 된다.

(7) *Sandy did Kim meet?

(8) Who did Kim meet?

요약하면, 주격 WH 의문문은 주어가 WH 단어인 서술문 구조라고 말할 수 있고, 목적격 WH 의문문은 WH 의문사로 시작하는, SLASH가 있는 Yes-No 의문문이라고 정의할 수 있다.

첫째, WH 의문사가 반드시 있어야 한다는 제약은 [QUE] 자질로 다룬다. 이 자질은 모든 WH 의문사의 내재적 어휘적 속성으로서 비국부 자질(nonlocal feature)의 성질을 갖는다. [QUE] 자질이 일단 WH 의문사에 등장하면 그것은 자동적으로 위로 파급하여 꼭대기 S에까지 올라가도록 한다. 이렇게 함으로써 WH 의문문에는 반드시 WH 의문사가 있어야 한다는 제약을 반영하게 한다.

둘째, "SLASH가 있는 Yes-No 의문문"이라는 제약은 [SLASH] 자질과 [+INVERTED] 자질로 다룬다. 아래 그림을 보면서 이 부분을 알아보도록 하자.

(9)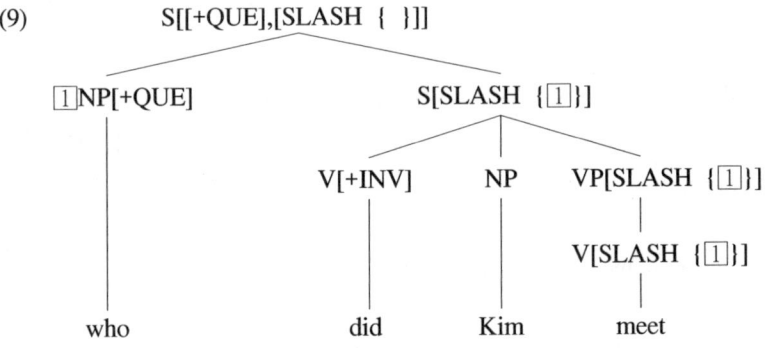

WH 의문문의 꼭대기 구조는 근본적으로 모든 다른 Filler-Head 구문과 같다. Filler 딸인 WH 의문사 하나와 SLASHed(성분 결여의) S Head 딸로 되어 있다. 이 구조는 핵 충전어 도식에 의하여 허가된다. 제 2장에서 소개한 이 도식을 여기 다시 써놓고 그 적용 방식을 좀더 자세히 알아 보기로 한다.

(10) 핵-충전어 도식 Head-Filler Schema
하나의 충전어 구와 하나의 핵 구가 결합하여 포화 상태의 범주를 이룬다. 이 때 충전어의 범주는 핵 구의 결여된 요소의 범주와 같아야 한다.

X → One Phrasal Filler-Daughter, One Phrasal Head-Daughter
[SYNSEM ①]   [SLASH <[SYNSEM ①]>]

(9)에서 충전어 구(Phrasal Filler-Daughter)가 의문사 whom이고 그 이하 did Kim meet이 핵 구(Phrasal Head-Daughter)이다. 이 핵구에 SLASH자질이 있고 그것의 SYNSEM 값이 NP이고 그것은 충전어 who의 SYNSEM 값과 같다. 그래서 "성분 결여"의 S "did Kim meet"의 결여된 그 부분을 충전어 who가 채워주고 있다. 이와 같이 해서 나무 그림 (9)의 꼭대기 구조는 핵 충전어 도식을 만족시킨다.

그런데 핵 구인 이 S는 의문문에 쓰이는 S로서 보통의 서술문 S와 차별화된다. 그 핵심적 차이는 [+INV(ERTED)]자질을 가진 동사, 이른바 조동사를 주동사로 취한다는 점이다. 이 조동사를 주동사로 취하게 되면 S의 구조가 달라지게 되는 바, 그 두드러진 차이는 동사가 문장의 선두 성분이 되는 점이다. 이런 S는 보통의 서술문 S를 생성하는 주어-핵 도식으로써는 기술할 수 없다. 따라서 이를 위하여 새로운 도식을 수립해야 할 필요가 있다.

(11) 도치 절 도식
S → V[+INV], NP, VP

이 도식으로 Yes-No 의문문과 같은 주어-동사 도치 어순의 구문을 기술한다.

(12) Did Kim meet Sandy?

[+INV] 자질을 가진 조동사 did는 NP와 VP를 sister로 취하여 포화 상태의 S를 이룬다. 보통 동사는 보어를 취하여 그것과 더불어 불포화 상태의 VP를 이루지만 [+INV] 조동사는 바로 포화 상태의 S를 이루는 것이 이 조동사의 특성이다.

도치 절 도식과 조동사의 어휘적 성질에 따라 Yes-No 의문문이 형성된다. (9)의 위에서 두 번째 S 구조가 이렇게 해서 생성된 것이다. 그 이하 VP구조는 SLASH 자질을 제외하고는 보통의 VP와 다름없다.

SLASH 자질은 두 가지 장치의 통제를 받는다. 첫째가 SLASH를 도입하는 규칙이고 둘째가 SLASH의 "파급"을 통제하는 규칙이다. 어떤 어휘 범주가 SLASH를 도입한다는 것은 그 범주가 요구하는 보어의 요구 조건을 유보한다는 말과 같다. 가령 타동사 meet은 NP 하나를 보어로 요구하고 그것과 함께 VP를 이루는데 이 타동사가 SLASH 자질을 가진다는 것은 보어 NP의 요구를 유보하여 보어 NP 없이 일단 VP를 이룬다는 말이다. 여기까지가 SLASH를 도입하는 규칙이 하는 일이다.

그런데 이 VP는 보어 NP 없이 타동사 V가 혼자서 이룬 VP이므로 보통 VP와 다르다. 무엇이 다른가? 바로 NP 하나가 결여되어 있다는 점이 다른 점이다. 즉 이 VP에는 SLASH 자질이 있다. 이는 V에 SLASH 자질이 있으므로 VP에도 SLASH 자질이 있게 된 것이라고 볼 수 있으며 이것이 곧 SLASH를 파급하는 규칙이 담당할 일이다. 이제 아래 정상적인 VP (13a)와 NP 보어가 없는 VP (13b)를 비교해 보면 SLASH를 도입하는 규칙과 그것을 파급하는 규칙이 어떻게 적용되었는지 뚜렷이 볼 수 있을 것이다.

(13) a.

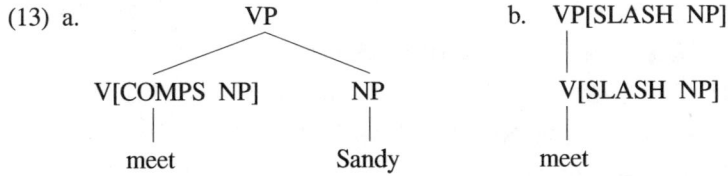

그런데 (13b)에서 COMPS 자질은 어떻게 되었는가? 이 V의 보어 요구 조건이 유보되었으므로 COMPS 값은 당연히 공백이 되어야 할 것이다. 즉 이 V는 [COMPS < >]를 갖는다. 이를 반영하면 (13b)의 구조는 다음 (14)로 고쳐져야 한다.

(14)   VP[SLASH NP]
               |
          V[COMPS < >]
           [SLASH NP]
              |
            meet

원래의 타동사 meet의 COMPS 값 NP를 지우고 그 대신 SLASH의 값에 그것을 넣어준 것이 (14)의 타동사 meet에 일어난 변화이다. 이것이 바로 SLASH 자질을 도입하는 규칙이 하는 일이다. 이 규칙은 COMPS의 값 NP를 SLASH의 값으로 보내고 자신은 공백이 됨으로써 그 NP 보어가 V의 자매 성분으로 나타나지 않아도 되게 해준다. 말하자면 NP 보어의 발생을 당분간 유보해준다고 할 수 있다. 이와 같이 보어의 요구 조건을 당분간 유보하는 것이 SLASH를 도입하는 규칙이 하는 일이다. 그래서 우리는 그 규칙을 "보어 유보" 규칙이라고 부르려고 한다. HPSG 문헌에서는 이것을 보어 추출(Complement Extraction)이라고 부르고 있다. 하지만 사실상 보어를 뽑아내어 버린다기 보다는 보어의 출현을 당분간 유보했다가 나중에 반드시 출현하게 하므로 "추출"보다는 "유보"가 더 적절한 표현이라고 생각된다.

그리고 이 보어 유보 규칙은 어휘 규칙임에 유의해야 한다. meet과 같은 타동사를 예로 해서 말하면, HPSG는 meet에 두 가지 용법이 있다고 본다. 첫째 용법은 보어 NP를 동반하여 나타나는 "정상적인" 타동사 용법이고 둘째 용법은 보어 NP 없이 나타나는 "특별" 용법이다. 그러므로 이 현상은 어휘 meet의 어휘적 양면성이라고 볼 수 있는 것이다. 어휘의 양면성을 포착하는 것은 어휘 규칙이다.

(15) 보어 유보 어휘 규칙(Complement Reservation Lexical Rule)
어휘 범주의 보어 요구 조건은 유보될 수 있다.

X[COMPS <Y, Z>] → X[[COMPS <Z>], [SLASH {Y}]]
단 X는 어휘 범주이고 Y와 Z는 구범주이다.

어휘 규칙 (15)에 따라 (13a)에서와 같이 V[COMPS NP] 자질을 가지는 타동사 meet이 있으면 (14)에서와 같이 V[[COMPS < >], [SLASH NP]] 자질을 가지는 또 다른 타동사 meet도 존재할 수 있게 된다. 전자는 정상적인 타동사 meet이고 후자는 보어 NP의 공기가 유보된 특별한 타동사 meet이다.

그러면 유보된 보어는 어떻게 되는가? 그것은 잠정적으로 유보되었다가 위의 나무 구조의 어느 지점에 가서 결국 실현되어야 한다. 이것이 어떻게 가능하게 되는가? SLASH 자질의 파급의 성질이 이를 가능하게 한다. SLASH가 어휘 범주 V에 발생하면 동일한 SLASH가 V의 모절점 (Mother Node) VP에도 발생하도록 보장해 줌으로써 SLASH가 계속 위로 파급할 수 있도록 하는 것이다. 이 파급 관계를 위에서 아래를 보고 기술할 수도 있다. 즉 모절점의 입장에서 보면 모절점의 SLASH 자질은 반드시 그 모절점의 핵딸의 SLASH 자질과 같다는 것을 보장함으로써 SLASH의 파급 효과를 보장할 수 있다. 이 과정을 SLASH 상속(inheritance)이라고 부르고 그것을 하나의 원리로 수립한다.

(16) SLASH 상속 원리(SLASH Inheritance Principle, SIP)
절의 SLASH의 값은 그 핵딸의 SLASH 값과 같다.

나무 그림 (9)에 돌아가서 다시 보면 VP의 SLASH와 V의 SLASH가 같은 것은 SIP가 올바로 적용되어 문제가 없으나, 그 위 S의 SLASH 값은 어디서 파급된 것인가? S의 핵딸 V에는 SLASH가 없으므로 거기에서 파급되어 올라 올 수가 없고, 핵딸이 아닌 VP의 SLASH가 파급되어 올라 온 것이라고 보아야 하는데 그렇게 되면 핵딸이 아닌 성분에서 SLASH가 올라 왔으므로 SIP를 위배하는 결과가 된다. 이 문제를 해소하는 한 가지 방법은 핵딸 V가 그 보어 VP의 SLASH를 이어받게 하는 방법이다. 그렇게 해서 핵딸 V가 SLASH 자질을 가지게 되면 이제는 SIP를 적용해서 S로 SLASH를 파급할 수 있게 된다. Sag(1997)은 이 과정을 SLASH 융합(amalgamation)이라고 부르고 다음과 같이 정리하였다.

(17) SLASH 융합(SLASH Amalgamation Convention, SAC)
어휘 핵(lexical head)은 그 보어들이 가지는 SLASH 자질과 같은 SLASH 자질을 가진다.

SAC의 작용으로 이제 SLASH는 항상 핵딸을 따라 파급될 수 있게 되었다. SIP에 의하여 V에서 VP로, SAC에 의하여 VP에서 V[+INV]에 융합되고, 그것이 다시 SIP에 의하여 S에까지 파급된다.
SAC의 적용 결과를 수용하여 나무 그림 (9)를 일부 수정하여 다음 나무 그림을 완성할 수 있다.

(18)

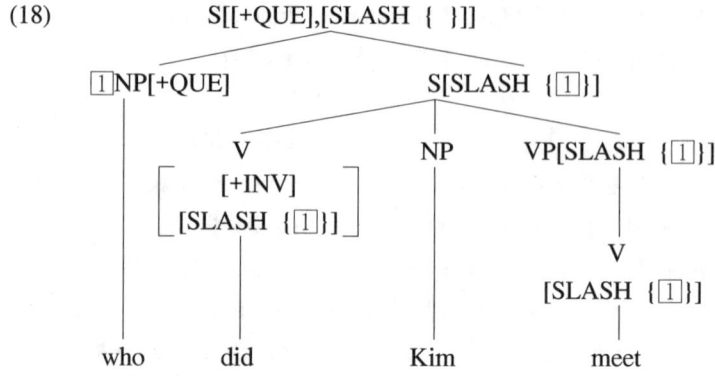

그런데 그 다음 과정에서 SIP에 의하여 SLASH가 다시 꼭대기 S에 파급되어야 하나 이 파급은 허용되어서는 안된다. 만약 이것이 허용된다면 꼭대기 S에 [SLASH {NP}] 자질이 남아 있게 되는데 그것은 이 의문문 (Who did Kim meet?) 자체에 아직 채워지지 않은 NP 하나가 있다는 것을 뜻한다. 이 의문문에는 결여된 것이 아무 것도 없으므로 이는 잘못된 요구이다. 그래서 꼭대기 S에 SLASH가 파급되는 것을 차단해야 한다. 이 일을 해주는 것이 핵어 충전어 도식이다. 꼭대기 S는 이 핵 충전어 도식에 의하여 허가된 것임을 상기하고, 또 이 도식에 의하면 핵어와 충전어가 결합하여 완전한 S, 즉 아무 것도 결여된 것이 없는 S가 이루어지게 되어 있음을 상기하라. SLASH 상속 원리에 따르면 꼭대기 S에 SLASH가 있어야 하고, 핵어 충전어 도식에 의하면 꼭대기 S에 SLASH가 있어서는 안된다. 이와 같이 SIP와 핵어 충전어 도식의 요구 사항이 서로 모순이 될 때에는 핵어 충전어 도식을 따르도록 함으로써 이 충돌을 해소한다. 그러니까 SIP는 다른 도식과 모순되지 않는 경우에만 적용한다는 조건이 전제되어 있는 것이다.

이 점은 SIP 뿐만 아니라 모든 원리에 두루 해당하는 것으로 HPSG를 이해하는 데 특별히 유의해야 할 사항이다. SIP는 일반 원리이고 핵어 충전어 도식은 특수 규칙이다. 일반 원리와 특수 규칙이 충돌할 때에는 반드시 특수 규칙이 우선한다. 특수 규칙이란 일반적인 현상에 제약을 가하는 것이기 때문이다.

다른 용어로 일반적인 규칙 SIP를 default 규칙이라고도 부른다. SIP를 우선하는 특정 규칙이 없는 경우에 한하여 SIP를 적용하기 때문에 SIP는 default 규칙이다.

보어 유보 어휘 규칙은 모든 주요 어휘 범주에 두루 적용됨은 더 말할 나위도 없다. 앞에서 타동사 meet를 가지고 설명했다. 이제 동사 depend에 어떻게 적용되는지 알아보자. [COMPS PP] 자질을 가지고 있는 depend에 보어 유보 어휘 규칙을 적용하면 보어 PP의 발생이 유보될 것이다. 아래 (19a)가 정상적인 depend, (19b)가 보어 유보 규칙을 적용한 depend이다.

(19) a. depend: V[[COMPS <PP>], [SLASH { }]]
    b. depend: V[[COMPS < >], [SLASH PP]]

그리고 아래 문장이 (19b)의 depend가 쓰인 문장이다.

(20) On whom did they depend?

이 문장 구조의 나무 그림은 아래와 같다.

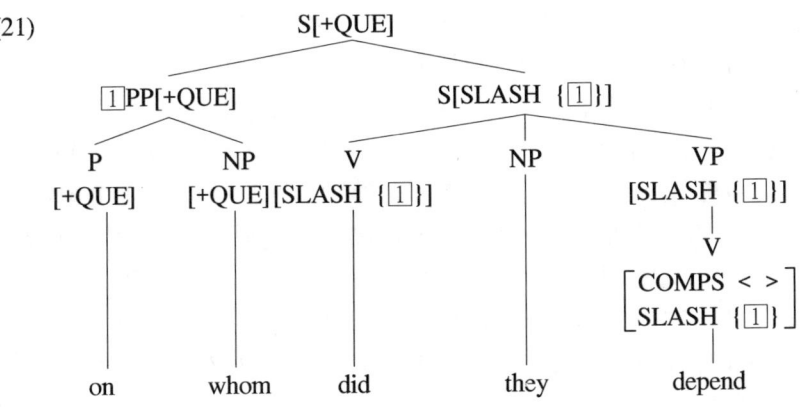

최근에 보어 유보 어휘 규칙의 방식에 대한 대안이 제시되어 주목을 끌고 있다. Malouf, Bousma 등은 논항 실현의 원리(ARP)를 이용하면 그러한 어휘 규칙을 세울 필요 없이 SLASH 자질과 관련하여 좀더 나은 흔적 없는 이론을 세울 수 있다는 주장을 펴고 있다. 그들은 논항 중의 하나가 SLASH 자질의 값이 되면 그것을 COMPS 자질에서 제외하는 과정을 어휘 규칙으로 설명하려하는 것이 문제라고 지적한다. 원래 어휘 규칙이란 한 단어가 여러 다른 형태로 바뀌어 쓰일 때 그것을 설명하기 위한 규칙이다. 그런데 보어 유보의 경우에는 동사의 형태에 아무 변화가 없는데도 이를 어휘 규칙으로 설명하고 있다. 그래서 이 방법이 과연 어휘 규칙의 올바른 활용인가 하는 문제가 일찍부터 제기되었다. 보어 유보 어휘 규칙의 방식 대신 ARP를 이용하면 이 문제가 해소된다.

ARP의 골격은 다음 자질 구조에 나타나는 바와 같다(제 2절의 (9b)를 아래 옮겨 놓는다.)

(9b) $\begin{bmatrix} \text{SPR} & \boxed{1} \\ \text{COMPS} & \boxed{2} \ominus \boxed{3} \\ \text{SLASH} & \boxed{3} \\ \text{ARG-ST} & \boxed{1} \oplus \boxed{2} \end{bmatrix}$

ARG-ST 값이 SPR과 COMPS 값으로 각기 실현되는데 만약에 SLASH 값이 있을 때는 그 값을 빼고 나머지를 COMPS 값으로 실현한다. 결과적으로 이 ARP는 보어 유보 어휘 규칙이 하는 일과 꼭 같은 일을 해 준다.

ARP 접근과 보어 유보 규칙의 접근은 결과적으로 같은 일을 하지만 이론적으로는 뚜렷한 차이가 있다. 보어 유보 접근은 (19a)와 (19b)가 별도의 어휘 엔트리로 존재한다고 보는 것과 같다. 이에 반하여 ARP 접근은 오직 하나 뿐인 어휘 엔트리가 (19a)로 실현될 수도 있고 (19b)로 실현될 수도 있는 것이라고 본다. 이 상황을 도표로 나타내면 아래 (19')과 같이 된다. 즉 어휘부에 존재하는 것은 ARG-ST만 밝힌 (19'a)이고 이것이 문장의 구조에 등장할 때는 PP 보어가 있는 (19'b)로 나타나거나 그

것이 없는 (19' c)로 나타난다.

(19')

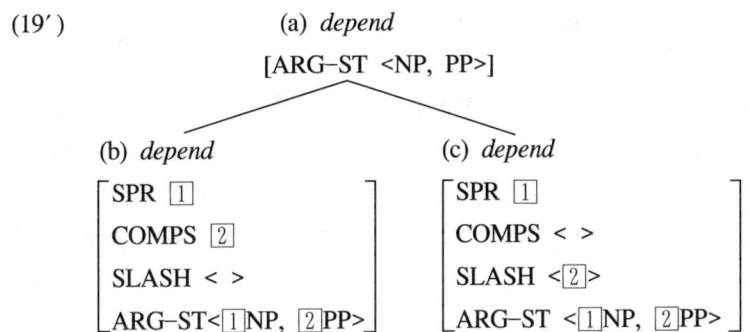

유보된 보어를 처리하는데 있어서 어휘 규칙의 접근은 원래 어휘에 존재하는 보어를 어휘 규칙을 적용하여 없애는 과정을 밟아야 하지만 ARP 접근은 유보될 보어는 처음부터 존재하지 않는 것으로 분석한다. 일반적으로 통사 구조에 없는 요소는 어느 단계에 있게 했다가 없애기보다 처음부터 없도록 하는 것이 이론상 바람직하다고 보는 것이 HPSG의 표면 구조적 정신이다. 이런 점에서 ARP 접근이 보다 HPSG적이라고 평가할 수 있다.

이하의 UDC 구문의 설명에 편의상 보어 유보 규칙을 채택하였으나 이 대신 ARP 접근을 대치해도 아무 지장이 없다.

4.3 관계절

영어 관계절에는 다음 예에서 보는 바와 같이 6가지 종류가 있다.

(22) a. the man *who visited Kim* (주격 관계절)
　　 b. the man *who Kim visited* (비주격 관계절)
　　 c. the man *that we visited* (that 관계절)

d. the man *we visited* (무관계(대명)사 관계절)
e. the man *for us to visit* (부정사 관계절)
f. the man *standing in the doorway* (축약 관계절)

(22a, b, c, d)의 관계절은 한정(finite) 동사가 있는 절이고, (22e, f)는 비한정(nonfinite) 동사로 된 관계절이다. 주격 관계절 (22a)는 공백이 없는 완전한 절이고, 비주격 관계절 (22b), that 관계절 (22c), 무관계사 관계절 (22d)에는 각각 공백이 있다. 이런 관계절의 성질을 아래 표로 정리할 수 있다.

(23)　　　　한정 동사　　공백 없음　　공백 있음　　비한정 동사

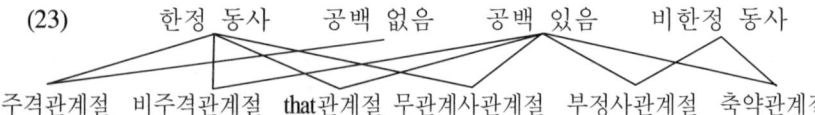

주격관계절　비주격관계절　that관계절　무관계사관계절　부정사관계절　축약관계절

이 모든 종류의 관계절은 수식절이다. 따라서 그것은 수식할 명사 즉 선행사가 있어야 한다. 다시 말하면, 관계절이란 명사를 수식하는 절이다. 어떤 표현이 수식어임을 표시하는 자질이 MOD(IFIER)이다. MOD는 수식어가 수식하는 요소의 범주를 값으로 취하는 자질이다. 관계절은 NP를 수식한다고 보면 관계절의 MOD는 NP를 값으로 취하게 된다. 그래서 모든 관계절은 다음과 같은 MOD 자질을 가진다.

(24) [MOD NP]

다음으로 관계 대명사에 대한 처리를 어떻게 할 것인가가 문제다. 이 문제를 푸는 방법의 열쇠는 REL(ATIVE) 자질이다. 이 자질은 WH 의문사의 자질 QUE와 같이 비국부 자질(nonlocal feature) 중의 하나로서 관계 대명사의 내재적 어휘 자질이다. 예를 들면, man who Kim visited에서 관계 대명사 who가 REL자질을 가진다. 그런데 이 자질의 값이 선행사 man과 일치하게 함으로써 관계절 who Kim visited가 선행사 man을

수식하는 의미 관계를 기술한다. 그런데 who와 man을 어떻게 일치시킬 것인가? 이는 근본적으로 대명사의 의미적 기능을 다루는 방법과 다를 바가 없다. 일반적으로 대명사 표현과 그 선행사 표현에 있어서 두 표현은 그 지시(referent)가 같다. 즉 관계 대명사 who의 지시와 선행사 man의 지시가 동일하다. 이것을 나타내는 장치가 지시 지표(referential index)이다. HPSG에서는 이 부분을 자질 INDEX를 설정하여 다룬다. 모든 명사와 대명사는 INDEX 자질을 가진다. INDEX 자질은 index를 값으로 취하며 index는 인칭, 수, 성에 따라 구별된다. 가령 man의 INDEX는 다음과 같다.

(25) 명사 man의 지시 지표

$$\begin{bmatrix} \text{INDEX} \begin{bmatrix} \text{PERSON} & 3 \\ \text{NUMBER} & \text{singular} \\ \text{GENDER} & \text{male} \end{bmatrix} \end{bmatrix}$$

그리고 관계 대명사 who도 위와 동일한 INDEX를 가진다. INDEX를 결정하는 자질에 격(CASE)이 포함되어 있지 않은 점에 유의하라. 대명사와 그 선행사의 일치 사항 중에 격을 제외해야 하기 때문이다. 관계 대명사는 visited의 목적어이므로 목적격이다. 그러나 선행사 man은 목적어에 국한되지 않는다. 그것은 목적어로도 쓰이고 주어로도 쓰인다.

(26) a. No one actually saw the man who Kim visited.
     b. The man who Kim visited was Bill.

또 주격 관계절의 경우에는 관계 대명사가 주격이지만 그 선행사는 주어로만 쓰이는 것이 아니라 목적어로도 쓰인다.

(27) a. No one actually saw the man who visited Sandy.
     b. The man who visited Sandy was there to see you.

그러므로 선행사 man의 격을 관계 대명사 who와 일치시켜서는 안된다. 이것이 INDEX의 값을 결정하는 데에 격을 제외시키는 이유이다. 그러나 인칭과 수와 성은 반드시 일치해야 한다.

(28) a. *the man who are leaving ....
　　 b. *the man who enjoyed herself ...
　　 c. *the man who enjoyed yourself ...

이와 같이 관계 대명사가 수, 인칭, 성에 있어 그 선행사와 동일한 값을 갖게 해줌으로써 관계절이 선행사를 수식하는 의미 관계를 정확히 기술할 수 있다. 이는 실제로 모든 wh 관계절이 지켜야 하는 기본적인 제약이다. 이 제약을 HPSG의 이론 장치에 수용하는 방법은 다음과 같다.

(29)
$$wh\text{-}rel\text{-}cl \Rightarrow \begin{bmatrix} \text{HEAD [MOD NP}_{\boxed{1}}] \\ \text{NON-HEAD-DTRS} <[\text{REL } \{\boxed{1}\}]> \end{bmatrix}$$

여기서 NON-HEAD-DAUGHTERS(비핵딸)이란 주어 또는 보충어에 해당하는 성분이며 NON-HEAD-DTRS<[REL {□}]>은 주어 또는 보충어에 포함되어 있는 REL 자질을 가리킨다. HEAD는 wh 관계절의 머리 자질을 가리킨다. (29)는 wh 관계절이 지켜야 할 세 가지 제약을 종합한 것이다. 첫째, wh 관계절은 MOD 자질을 가지며 그 자질 값은 NP일 것. 둘째, wh 관계절의 비핵딸에는 REL 자질이 있어야 함. 셋째, MOD의 자질 값 NP의 지시 지표와 REL 자질의 값 즉 관계사의 지시지표가 같아야 함. 한 마디로 wh 관계절의 선행사와 관계사는 공동 지시 지표(=공지표)(coreferential)되어야 한다는 제약이다.

그리고 the man who Kim visited에서 who가 visited의 목적어임은 어떻게 설명하는가? 그것은 충전어 및 공백과 관련된 제반 제약이 설명한다. 요컨대 그것은 자질 SLASH의 몫이다. 아래 그림을 보고 이 부분이 어떻게 되는지 알아보자.

(30)

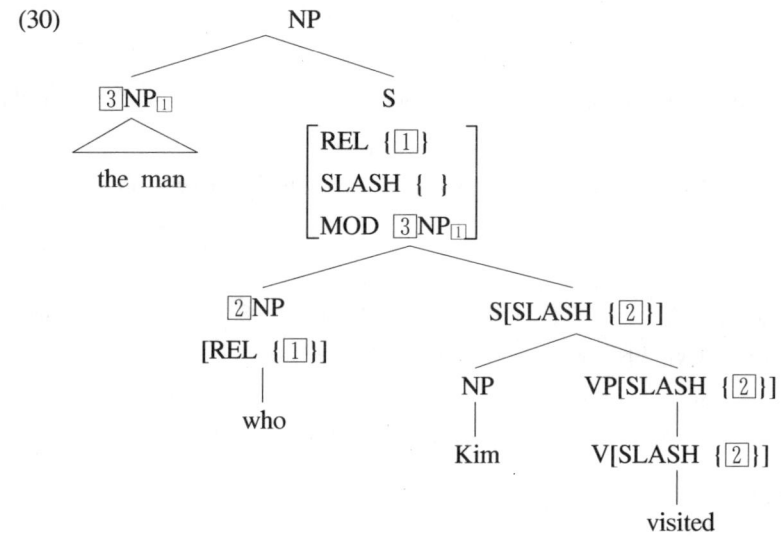

 여기 쓰인 타동사 visited는 보어 유보 규칙이 적용된 결과이다. 따라서 목적어가 나타나지 않는 대신 SLASH가 발생되어 있다. 이 SLASH가 S까지 파급되어 올라가고 거기서 충전어 who(즉 ②)에 의하여 공백이 해소된다(=채워진다). rel-cl 제약과 wh-rel-cl 제약에 따라 관계절 S에 MOD 자질이 있어야 하고 이 S의 비핵딸 즉 충전어에는 REL 자질이 있어야 한다. 그리고 그 REL의 자질 값은 지시 표지(①)이며 그것은 MOD의 자질 값 NP(즉 the man)의 지시 지표와 같아야 한다. 구조 (30)은 이 모든 제약을 만족시키고 있다.
 다음에 that 관계절과 that없는 관계절에 대하여 생각해 보자. Sag (1997)는 that 관계절을 단순히 wh 관계절의 하나로 다루고 있다. 그러니까 the man that Kim visited의 that Kim visited은 근본적으로 the man who Kim visited의 who Kim visited와 같은 종류라고 보는 것이다. 이 견해의 타당성을 증명하는 작업의 일환으로 Sag는 그 두 가지 관계절의 유사성

이 다음과 같은 등위문에서 발견된다고 지적한다.

(31) a. *Every essay she's written and that/which I've read is on that pile.
b. Every essay which she's written and that I've read is on that pile.
c. Every essay that she's written and which I've read is on that pile.

(31b, c)와 같은 등위문이 성립하는 것으로 보아 Wh 관계절과 that 관계절이 동일한 범주임이 틀림없다. 반면에 (31a) 비문은 that없는 관계절 she's written은 that 관계절이나 wh 관계절과는 범주가 다르다는 것을 보여준다. 만약 이 둘이 같은 범주라면 등위문이 성립하지 않을 리가 없을 것이다.

따라서 that, who, 또는 which로 시작하는 관계절은 크게 볼 때 모두 같은 부류에 속한다고 보고 그것을 wh 관계절이라고 부르기로 한다. 그러나 이들 셋이 각기 나름대로의 어휘적 특수성을 가지고 있음을 간과해서는 안된다. who 관계절은 선행사가 사람이어야하며(the city *who/that/which we visited...), that과 who 관계절은 pied piping을 허용하지 않는다. (the city in which/*that we were living..., the person with *who/*that we were talking..., the person who we were talking to.) 이러한 개별적인 특징은 각 관계 대명사의 어휘적 특수성으로 수용하여 처리하는 데 있어 아무 어려움 없다.

문제는 무관계사 관계절의 성질이다. 그런데 실은 이 관계절의 내재적인 특징은 REL 자질이 없다는 점 이외에는 다른 관계절과 별다른 점이 없다.

(32)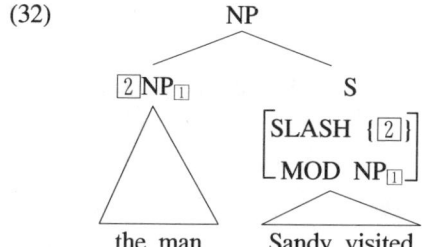

이 관계절의 특이한 점은 MOD의 자질 값 NP의 지시 표지(①)와 SLASH의 자질 값 NP의 지시 표지가 동일하다는 점이다. 이것은 관계대명사가 없는 이 관계절의 성질상 당연한 결과이다. 관계대명사가 있는 경우에는 관계절과 선행사 사이의 지시 표시는 그 관계대명사를 매개로 하여 등식이 성립하지만, 관계대명사가 없는 무관계사 관계절의 경우 그 지시 표시는 관계절과 선행사 사이에 직접 표현될 수밖에 없다.

무관계사 관계절에 있어서 더욱 흥미로운 점은 이것이 wh 관계절과 연이어 일어날 때 이 두 관계절의 어순이 어떻게 되느냐 하는 문제이다. 이른 바 관계절 중첩(relative clause stacking) 현상과 관련된 문제이다. 다음 예를 보라.

(33) a. The book [that I like] [which everyone else in the class hates] was writen in 1843.
  b. The book [which everyone else in the class hates][that I like] was written in 1843.
  c. The book [I like][which everyone else in the class hates] was written in 1843.
  d. *The book [which everyone else in the class hates] [I like] was written in 1843.

(34) a. The only person [Dana is willing to put up with] [who I like] [who Leslie hates] is Pat.

b. *The only person [who I like] [Dana is willing to put with] [who Leslie hates] is Pat.
   c. *The only person [who I like] [who Leslie hates] [Dana is willing to put up with] is Pat.

Wh 관계절들이 중첩될 때는 완전히 자유 어순이다. 그러나 무관계사 관계절이 wh 관계절과 섞이게 되면 어순 제약이 따른다. 위의 문장과 비문들이 보여주는 것은 무관계사 관계절은 반드시 모든 다른 wh 관계절을 선행해야 한다는 사실이다. 다시 말하면 중첩되는 관계절 중에 무관계사 관계절이 있으면 그것은 반드시 어순상 최초의 관계절이어야 한다.

지난 30년 동안 영어 생성 문법 학계에서 이러한 중첩 관계절의 어순 현상을 설명하기 위한 여러 가지 방안이 제시되어 왔으나 이 문제는 아직도 논란의 대상이 되고 있다. 이 문제에 대한 **Sag**의 **HPSG** 해법은 상당히 간명하다. 이 방법에서 **MOD** 자질이 중요한 역할을 한다. 각 관계절의 **MOD** 자질이 무엇을 값으로 취하는가를 밝힘으로써 관계절의 어순 문제 해결의 실마리를 찾는다. Wh 관계절의 **MOD** 자질 값과 무관계사 관계절의 **MOD** 자질 값을 서로 다르게 설정해 줌으로써 이 어순 제약을 설명할 수 있다. 더 쉽게 말하면, wh 관계절의 선행사의 통사 구조와 무관계사 관계절의 통사 구조가 서로 다르다는 점에 착안한다.

무관계사 관계절이 항상 중첩되는 관계절들의 선두 위치라는 것은 다른 말로 하면 이 관계절 앞에 올 수 있는 것은 그것이 수식하는 선행사 하나밖에 없다는 말이다. 그런가 하면, wh 관계절은 무관계사 관계절 뒤에 올 수 있고 그 뒤에 또 wh 관계절이 얼마든지 중첩될 수 있다. 또 wh 관계절들만 중첩될 경우에는 wh 관계절이 선행사 직후에 올 수도 있다는 것은 두 말할 여지가 없다. 이런 모든 제약을 종합적으로 기술하는 가장 좋은 방법은 각 관계절의 **MOD** 자질 값을 다음과 같이 부여하는 것이다.

(35) a. 무관계사 관계절 : [MOD N']
   b. wh 관계절 : [MOD NP]

N'는 SPECIFIER(=SPR) 즉 관사가 아직 부여되지 않은 범주(specifier-unsaturated category)이고, NP는 SPR이 부여된 포화상태의(specifier-saturated) 범주이다. X' 통사론이 정하는 대로 N'에 관사가 붙으면 NP가 되지만, N'에 수식어가 붙으면 그대로 N'가 되고 NP에 수식어가 붙으면 NP가 된다. 그러므로 무관계사 관계절이 N'에 붙으면 N'가 되고 거기에 관사가 붙으면 NP가 될 것이다. 그 NP에 wh 관계절이 붙을 수 있다. 이렇게 되면 무관계사 관계절이 wh 관계절을 선행하는 어순이 된다. 그런데 wh 관계절이 선행하면 어떻게 되는가? wh 관계절이 NP에 붙으면 다시 NP가 된다. 그 다음에 무관계사 관계절이 올 수 있는가? 무관계사 관계절은 올 수 없다. 무관계사 관계절은 N'에 붙을 수 있는데 이미 wh관계절이 NP에 붙어 NP가 되어 있으므로 거기에 무관계사 관계절이 붙을 수가 없는 것이다. 아래 그림을 보라.

(36)

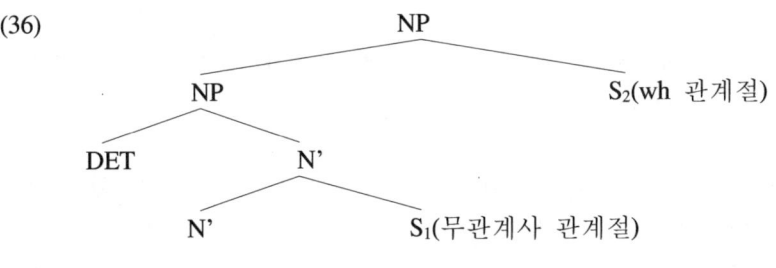

(37)

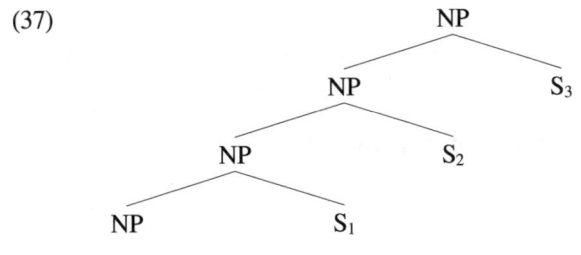

(36)에서는 S_1 무관계사 관계절이 N'의 자매 성분이 되어 있고 그 둘이 N'를 이룬다. 이 N'가 관사를 취하여 NP를 이루면 이것이 S_2 wh 관

계절의 자매 성분이 되어 다시 NP를 형성한다.

(37)에서는 S_1이 NP와 자매 관계에 있으므로 이 S_1은 wh 관계절이다. S_2와 S_3도 S_1과 같은 상황이다. NP를 수식할 수 있는 것은 wh 관계절이기 때문이다. 이렇게 해서 wh 관계절은 계속 중첩될 수는 있으나 일단 wh 관계절이 발생하면 그 다음에 무관계사 관계절은 일어날 수 없다. wh 관계절은 NP와 더불어 NP를 이룰 뿐 N'를 이룰 수 없다. 무관계사 관계절은 오직 N'의 자매 성분으로 일어날 수 있는데 N'가 없는 곳에서 무관계사 관계절이 나타날 수가 없는 것이다.

이와 같이 각 관계절의 MOD 자질 값을 활용하여 중첩 관계절의 어순을 설명할 수 있음을 알아보았다. 그런데 for us to visit과 같은 부정사 관계절도 같은 방법으로 다룰 수 있는지 생각해 보자.

(38) a. One book [for us to read] [that Leslie praised] was *Sense and Sensibility*.
b. *One book [that Leslie praised] [for us to read] was *Sense and Sensibility*.

(38)에서 우리는 부정사 관계절은 wh 관계절 뒤에 올 수 없다는 것을 확인할 수 있다. 이 제약은 무관계사 관계절의 경우와 같다. 그렇다면 부정사 관계절과 무관계사 관계절 사이의 어순은 어떻게 되는지 알아보자.

(39) a. One book [for us to read] [Leslie paised] was *Sense and Sensibility*.
b. One book [Leslie parised] [for us to read] was *Sense and Sensibility*.

부정사 관계절이 선행해도 정문이고 무관계사 관계절이 선행해도 정문이다. 이 사실은 부정사 관계절이 무관계사 관계절과 같이 N'를 자매 성분으로 취해야 한다는 것을 보여준다. 부정사 관계절이 N'와 더불어

N'를 이루면 그 N'에 다시 무관계사 관계절이 붙을 수 있기 때문이다. 그렇게 해서 이루어진 N'가 관사를 취하면 NP가 될 것이다. 따라서 우리는 [for us to read] [Leslie praised] 또는 [Leslie praised] [for us to read] 다음에 wh 관계절이 연이어 올 수 있을 것이라고 예측할 수 있다. 이 예측은 사실로 확인된다.

(40) a. One book [for us to read] [Leslie praised] [whose author was female] was *Sense and Sensibility*.
b. One book [Leslie praised] [for us to read] [whose author was female] was *Sense and Sensibility*.

그러나 wh 관계절이 선행사 다음에 오면 그 뒤에 부정사 관계절이나 무관계사 관계절은 올 수 없다.

(41) a. *One book [whose author was female] [for us to read] was *Sense and Sensibility*.
b. *One book [for us to read] [whose author was female] [Leslie praised] was *Sense and Sensibility*.
c. *One book [whose author was female] [for us to read] [Leslie praised] was *Sense and Sensibility*.

이상의 논의에서 무관계사 관계절과 부정사 관계절은 둘 다 [MOD N'] 자질은 가지고 있다는 점에서 같은 종류에 속하는 관계절이라고 결론 내릴 수 있다. 이와 달리 wh 관계절은 [MOD NP] 자질을 가진다.

이상에서 우리는 중첩 관계절의 어순 현상을 설명하는 데 있어서 MOD 자질을 이용하여 각 관계절의 개별적인 제약을 명시함으로써 그 어순 현상은 이들 제약들의 자연적 결과로 나타난 현상임을 보여줄 수 있었다. 이 부분은 HPSG의 제약 기반적 특징을 잘 드러내 보여준다. 여러 구문들이 각기 나름대로의 제약을 가지고 있는데 이들 제약의 상호 작용이 정문과 비문의 조건이 되는데, 이것을 형식화한 것이 HPSG 이론의 중심 부분이라고 할 수 있다.

그런데 제약을 일반적으로 형식화하기 위해서는 무엇보다 먼저 영어에 어떠한 구문이 존재하는가를 결정해야 한다. 특정 구문에 특정 제약이 있기 때문이다. 영어의 모든 구문을 다 고려해야 한다면 아마 그 수가 무수히 많을 것이라는 선입감이 들지도 모른다. 그러나 몇 가지 기준을 잘 설정하고 그에 따라 구문들을 차근차근 분류해 가면 모든 구문들을 하나의 체계적인 계통도 안에 수용할 수 있다는 것을 알게 될 것이다. 우리는 Sag(1997)의 제안에 따라 이 문제를 검토하기로 한다. Sag는 관계절을 포함하는 영어의 모든 구문을 유형별로 분류하여 하나의 유형 계통도(type hierarchy)를 수립할 수 있음을 보여준다.

앞에서 우리는 이미 관계절을 wh 관계절, that 관계절, 무관계사 관계절, 부정사 관계절 등 몇 가지 종류로 분류한 바 있다. 그런데 that 관계절은 wh 관계절의 하나이다. Wh 관계절이란 주격 wh 관계절과 비주격 wh 관계절을 포괄하는 구문이다. 그리고 우리는 앞에서 무관계사 관계절과 부정사 관계절은 중첩 관계절에서의 어순 제약에 있어서 공통점이 있다는 것을 확인한 바 있다. 즉 그 두 유형의 관계절은 N'를 선행사로 취한다. 이와 대조적으로 wh 관계절은 NP를 선행사로 취한다. 그러므로 우리는 주격 wh 관계절, 비주격 wh 관계절 그리고 that 관계절을 하나로 묶어 wh 관계절 유형으로 분류하고 무관사 관계절과 부정사 관계절을 하나의 유형으로 묶어서 비wh 관계절(non-wh relative clause)로 분류할 수 있다. 그래서 Sag는 [MOD N'] 자질을 가지는 후자를 wh-rel-cl 유형으로, [MOD NP] 자질을 가지는 전자를 non-wh-rel-cl 유형으로 분류한다.

(42)

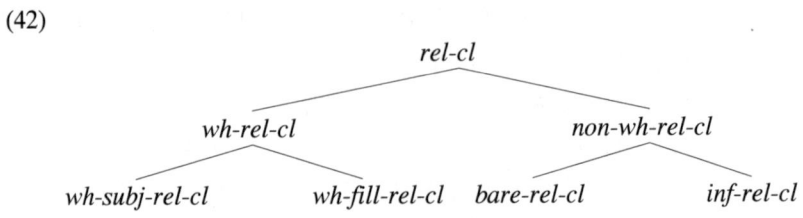

bare-rel-cl는 앞에서 말한 무관계사 관계절을 이름이고, wh-fill(er)-rel(ative)-cl(ause)는 비주격 wh 관계절을 이름이다. wh-fill-rel-cl 유형의 명칭에 "filler(충전어)"가 왜 나타나는지 유의해야 한다. 그것은 이 관계절 유형이 head-filler-phrase 유형의 한 하위 유형이기 때문이다. 이 부분은 곧 자세히 다루게 된다. (42)의 유형도에서 위로 올라 갈수록 상위 유형이고 아래로 내려갈수록 하위 유형이다. 하위 유형은 그 상위 유형이 갖고 있는 모든 자질을 다 갖고 있으며 그에 덧붙여 상위 유형에 없는 자질을 가지고 있다. 예를 들면, 하위 유형 wh-fill-rel-cl은 상위 유형 wh-rel-cl이 갖고 있는 모든 자질을 다 가지며 wh-rel-cl 유형이 갖고 있지 않은 자질을 한 가지 이상 가지고 있다. 또 rel-cl 유형은 wh-rel-cl보다 상위 유형이므로 wh-rel-cl 유형은 rel-cl 유형이 갖는 모든 자질을 다 갖고 있으나 rel-cl 유형에 없는 자질을 적어도 한 가지 가지고 있다. 제 2장에서 알아본 바와 같이 유형간의 이러한 관계를 포섭(subsumption)이라고 부르고, 상위 유형이 하위 유형을 포섭한다고 말한다. 포섭 관계를 나타내는 유형 계통도를 이용하여 각 구문이 가지고 있는 성질 또는 제약을 경제적으로 나타낼 수 있다. 그런 제약들을 자질로 나타내는데, 상위 유형에 등장하는 제약은 그 상위 유형의 모든 하위 유형에 자동적으로 등장한다고 전제한다. 따라서 제약의 진술은 해당 최고 상위 유형에 오직 한 번 나타난다. 이때 우리는 그 모든 하위 유형은 상위 유형의 제약을 상속받는다고(inherit) 한다. 가령 [MOD NP]라는 제약은 wh-rel-cl 유형에만 부여해두면 된다. 그러면 wh-rel-cl의 하위 유형인 wh-fill-relcl 유형이나 wh-subj-rel-cl 유형은 그것을 상속받기 때문이다. [MOD N'] 자질은 non-wh-rel-cl 유형의 성질로서 거기에만 부여해두면 된다. 그 하위 유형인 bare-rel-cl이나 inf-rel-cl에는 [MOD N'] 자질을 나타내줄 필요가 없다.

또 다른 예로 wh-fill-rel-cl 유형은 반드시 [SLASH]자질을 가져야 한다. 그러나 이 제약을 거기에 진술할 필요는 없다. 왜냐 하면 wh-fill-rel-cl 유형의 상위 유형인 head-filler-phrase 유형에 그것이 진술되어 있기 때문이다. (이 유형의 제약은 아래에서 곧 설명한다.) 즉 다음과 같은 포섭 관계가 전제되어 있는 것이다.

(43)

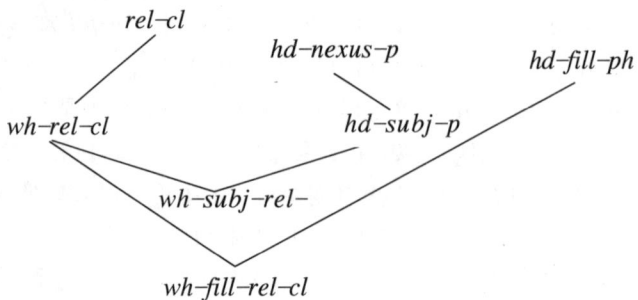

이에 앞서 좀더 근원적으로 다음과 같은 유형 계통도가 수립되어 있음을 전제한다.

(44)

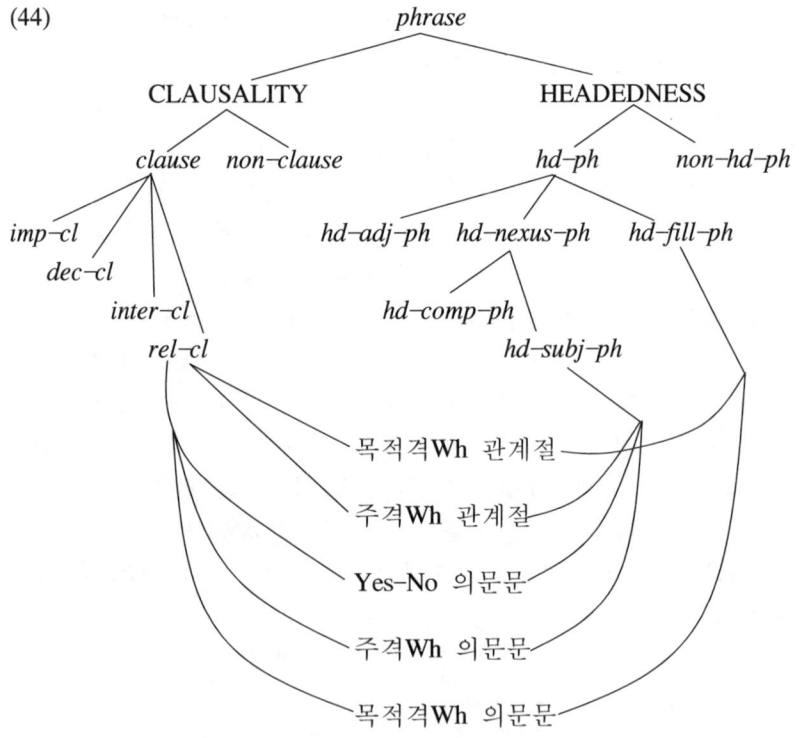

먼저 머리어(head) 또는 핵어를 기준으로 유형을 분류한다. 일단 핵어가 있고 그에 부속되는 주변어가 있는 것으로 분석되는 모든 종류의 표현을 *headed-phrase(=hd-ph)* 유형으로 잡는다. hd-ph 유형의 하위 유형은 *head-adjunct-hrase*와 *head-nexus-phrase*이다. *hd-adj-ph*(핵어 수식어 구)는 수식어와 핵어로 된 구문이다. *head-nexus-phrase*(핵어 연계어 구)란 머리어와 각종 연계어로 된 구문이다. 여기서 연계어란 핵어에 종속된 정도가 좀더 긴밀하고 유기적인 성분을 말한다. 수식어 역시 머리어에 종속되어 있으나 그것은 부가적인 것이어서 있어도 되고 없어도 되는 요소인 반면에 연계어는 핵어와의 관계가 유기적이어서 없어서는 안되는 요소이다. 연계어의 종류에는 주어, 보어, 지정어(specifier) 등 세 가지가 있다. 이에 따라 *hd-nexus-ph* 유형의 하위 유형도 *head-subject-ph*(핵어 주어 구), *head-complement-ph*(핵어-보어 구), *head-specifier-ph*(핵어 지정어 구) 등 세 가지가 있다. *head-nexus-ph* 유형의 구들은 모두 SLASH 자질을 위로 파급시키는 점에서 공통점이 있으며 이 점에서 *head-fill-ph* 유형과 구별된다. SLASH 자질의 파급을 중지시키는 것이 *head-fill-ph* 유형의 성질이다.

다른 한 편으로 절의 종류에 따라 유형 분류를 할 수 있다. *imperative-cl*(명령절), *declarative-cl*(서술절), *interrogative-cl*(의문절), *relative-cl*(관계절) 등 네 가지 종류의 절이 있다. rel-cl 유형의 하위 유형은 위의 (42)와 (43) 계통도에 나타나 있다.

이제 이와 같은 유형 계통도에 따라 Yes-No 의문문은 *inter(rogative)-cl* 유형인 동시에 *head-subject-phrase* 유형이며, 목적격 Wh 의문문은 *interrogative-cl* 유형인 동시에 *head-filler-phrase* 유형이다. 또 목적격 Wh 관계절은 *rel-cl*유형이며 동시에 *hd-fill-ph* 유형이다.

관계절의 기술에 필수적인 몇 가지 제약을 알아본다.

(45) rel-cl => $\begin{bmatrix} \text{HEAD} \begin{bmatrix} \text{MC} & - \\ \text{INV} & - \\ \text{MOD [HEAD noun]} \end{bmatrix} \end{bmatrix}$

모든 관계절은 독립적인 절이 될 수 없다. [MC −] 자질이 이 점을 보장한다. 또 관계절의 어순은 도치 어순이 될 수 없다. [INV −] 자질이 이것을 나타낸다. 그리고 관계절은 명사를 수식하는 수식절이다. 다시 말하면 모든 관계절은 반드시 [MOD] 자질을 가진다.

(46)
$$wh\text{-}rel\text{-}cl \Rightarrow \begin{bmatrix} \text{HEAD} & [\text{MOD NP}_{\boxed{1}}] \\ \text{NON-HD-DTRS} & <[\text{REL }\{\boxed{1}\}]> \end{bmatrix}$$

wh-rel-cl 유형의 관계절은 반드시 wh 관계대명사가 있어야 한다. [REL] 자질이 이를 나타낸다. [REL]이란 관계대명사에만 있는 관계대명사의 고유 자질이다. 그리고 REL 자질은 지시 지표(index)를 자질 값으로 취하며 그 값은 반드시 MOD 자질 값과 같아야 한다. 즉 관계대명사의 지시 지표와 관계절이 수식하는 선행사의 지시 지표는 같아야 한다.

(47)
$$wh\text{-}subj\text{-}rel\text{-}cl \Rightarrow \begin{bmatrix} \text{HD-DTR} & [\text{REL }\boxed{3}] \\ \text{NON-HD-DTRS} & <[\text{REL }\boxed{3}]> \end{bmatrix}$$

wh-subj-rel-cl 유형에는 관계명사가 반드시 있고 그것이 주어이다. 이 유형 제약에 주어에 대한 언급이 전혀 없다. 그것은 이 유형이 *head-subj-ph*의 하위 유형이기 때문이다. *head-subj-ph* 유형의 제약에 주어에 관한 제약이 명시되어 있고 그것이 *wh-subj-rel-cl* 유형에 상속되는 것이다. *hd-subj-ph* 유형의 제약은 다음과 같다.

(48)
$$head\text{-}subj\text{-}ph \Rightarrow \begin{bmatrix} \text{SUBJ} & <> \\ \text{HD-DTR} & [\text{SUBJ }<\boxed{1}>] \\ \text{NON-HD-DTRS} & <[\text{SYNSEM }\boxed{1}]> \end{bmatrix}$$

HEAD-DAUGHTER에 SUBJ 자질이 있으며 그 자질 값은 NON-HEAD-DAUGHTER의 SYNSEM 자질 값과 같다. 그리고 자신의 SUBJ 자질의 자질 값은 공자질이다. 그 이유는 NON-HEAD-DTR가 주어인데 또다시 주어가 나타나서는 안되기 때문이다. 다음 그림을 참조하라. (49)는 보통의 서술문이고 (50)은 wh-subj-rel-cl 유형의 관계절이다. 두 구문은 기본 골격은 같으나 주어가 다르다. 보통 서술문의 주어는 보통의 NP인 데 반하여 관계절의 주어는 [REL] 자질이 있는 관계대명사이다. 이 차이가 매우 다른 결과를 낳는다.

(49)
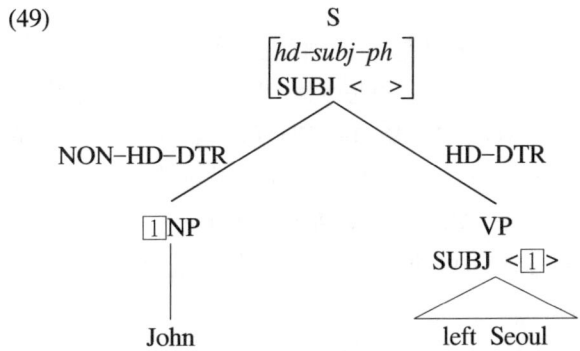

(50)
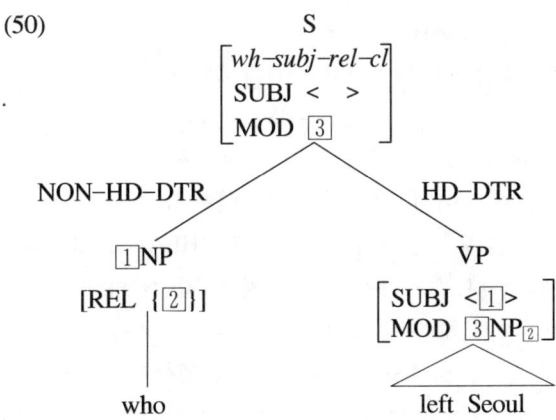

who Kim met과 같은 *wh-fill-rel-cl* 유형에 대해서는 별다른 제약을 가할 필요가 없다. 왜냐면 그것은 *wh-rel-cl*의 하위 유형이고 동시에 *head-filler-phrase*의 하위 유형이므로 그 둘로부터 모든 필요한 제약을 상속받기 때문이다. *hd-fill-ph*의 제약은 다음과 같다.

(51)
hd-fill-phrase => $\begin{bmatrix} \text{SLASH} & \boxed{2} \\ \text{HD-DTR} & \begin{bmatrix} \text{HEAD verbal} \\ \text{SLASH} & \{\boxed{1}\} \cup \boxed{2} \end{bmatrix} \\ \text{NON-HD-DTRS} & <\text{LOCAL} \boxed{1}> \end{bmatrix}$

이 제약은 관계절은 물론 wh 의문문, 주제문 등 모든 의존 구문이 지켜야 할 제약이다. *hd-fill-ph*의 핵딸 성분에는 반드시 SLASH 자질이 있어야 하고 그 자질 값은 NON-HEAD-DAUGHTER 즉 충전어의 범주와 같아야 한다. ①이 이를 나타낸다. 그리고 더 아래에서 파급되어온 SLASH 값이 있으면 그것은 그대로 위로 파급된다. ②가 이것을 나타낸다. (이 부분은 SLASH 자질 값이 둘 또는 그 이상이 될 수 있는 경우를 설명하기 위한 것이다.)

(52)
non-wh-rel-cl => $\begin{bmatrix} \text{HEAD} & [\text{MOD N'}_{\boxed{1}}] \\ \text{SLASH} & \{\ \} \\ \text{HD-DTR} & [\text{SLASH} \{\text{NP}_{\boxed{1}}\}] \end{bmatrix}$

앞에서 지적한 *non-wh-rel-cl* 유형의 특징을 요약한 것이 위의 제약이다. [MOD]자질의 값이 N'이어야 한다는 것을 앞에서 설명하였다. 그리고 이 관계절에는 반드시 공백이 있으므로 HEAD-DAUGHTER에 SLASH 자질이 있어야 한다. 그 다음 MOD 자질 값 N'의 지시 표지와 SLASH 자질 값 NP의 지시 표지가 일치해야 한다는 것이 중요하다. 관계절에서 빠져 있는 성분(즉 SLASH 자질 값)과 선행사는 의미적으로 동지시이다. 이 관계절 자체의 SLASH 자질 값은 공백인 점에 유의하라.

즉 SLASH의 파급이 관계절 내에서 끝나야 한다. 아래 구조를 보라.

(53)
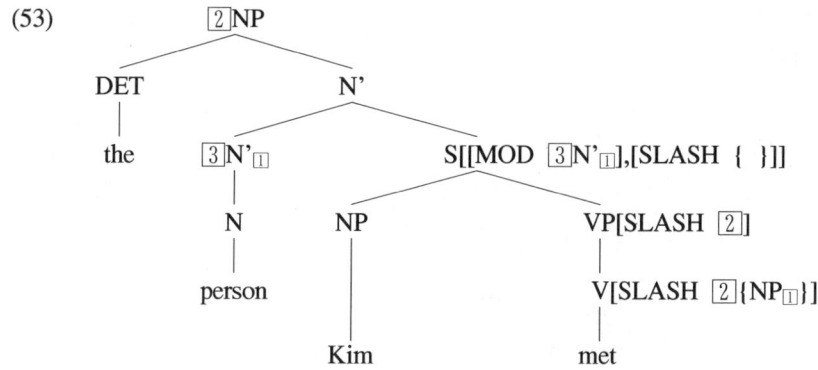

bare-rel-cl 유형인 'Kim met'의 SLASH 자질 값이 { }이다. 그래서 SLASH는 그 관계절의 핵딸인 VP까지 파급된 다음 더 이상 올라가지 않고 관계절에서 해소된다. 만약에 계속 파급된다면 N'와 NP까지 올라가서 SLASH 해소가 불가능하게 될 것이다. SLASH가 일단 발생하면 계속 위로 파급되는 것이 SLASH의 성질이고 이를 보장하는 것이 SLASH 상속 원리(SLASH Inheritance Principle, SIP)이다. (앞의 (16) 참조) 그러니까 non-wh-rel-cl 제약의 SLASH 해소 과정은 이 원리와 정면으로 모순되고 있다. 이러한 모순에도 불구하고 non-wh-rel-cl 유형 제약이 적용되어야 SLASH 해소 과정이 가능해진다. 이와 같이 일반적 원리와 개별적 제약이 충돌할 경우에는 항상 개별적 제약이 우선하도록 되어 있는 것이 HPSG 이론의 조처 사항이다. 다시 말하면 일반적 원리란 모든 다른 개별적 특수 제약과 충돌하지 않을 때에 비로소 그 효력을 발휘하는 규칙이다.

지금까지 알아본 이러한 제약들은 모두 특별한 관계절 구문에 적용되는 제약이다. 그리고 그러한 관계절 구문은 유형 계통 체계 내에서 포섭 관계에 따라 상하 관계가 결정되어 있다. 유형 계통도의 하위 유형은 그 상위 유형의 모든 제약을 상속 받으므로 새로운 제약은 그것이 적용되는 최상위 유형에 한번 부여하면 그 하위 유형에 모두 계속 적용될 수 있게 된다. 이러한 제약의 복합적 상속(multiple inheritance)은 HPSG 이론의 한 가지 큰 특징이다. Sag(1997)은 이것을 다음과 같은 표를 이용하여 일목요연하게 나타내고 있다.

(54) 관계절 유형

TYPE	CONSTRAINTS	ISA
rel-cl	HEAD [MC −, INV −] MOD [HEAD noun]	clause
wh-rel-cl	HEAD [MOD NP₁] NON-HD-DTRS <REL {1}>	rel-cl
wh-subj-rel-cl	HD-DTR [REL 1] NON-HD-DTRS <[REL 1]>	wh-rel-cl & hd-subj-ph
wh-fill-rel-cl		wh-rel-cl & hd-fill-ph
non-wh-rel-cl	HEAD [MOD N'1] SLASH { } HD-DTR [SLASH NP₁]	rel-cl
bare-rel-cl		non-wh-rel-cl
inf-rel-cl	HEAD [verb, VFORM inf]	rel-cl & hd-comp-ph

첫째 칸에는 유형이 나열되어 있고, 둘째 칸에는 그 유형의 제약이 밝혀져 있다. 셋째 칸 ISA(즉 "is a") 관계는 유형 계통을 나타낸다. 즉 첫째 칸 유형의 상위 유형을 ISA 칸에 보여준다. 예컨대, *wh-rel-cl*의 상위 유형이 무엇인지를 같은 줄 ISA 칸에서 밝힌다. 이것을 "*wh-rel-cl* IS A *rel-cl*"라고 읽고 *wh-rel-cl* 유형은 *rel-cl*의 하위 유형, 또는 반대로 *rel-cl* 유형은 *wh-rel-cl* 유형의 상위 유형이라는 뜻으로 이해하면 된다. 또 다른 예로 *wh-fill-rel-cl*는 *wh-rel-cl*의 하위 유형이고 동시에 *hd-fill-ph*의

하위 유형이라는 것을 알 수 있다.

4.4 Tough 구문

Tough, difficult, easy 등과 같은 형용사는 그 구문상의 특이성 때문에 변형 문법 초기부터 많이 논의되어 왔다. 특히 60년대 초에 Noam Chomsky가 구조주의 통사론의 단점을 공격하고 변형 문법의 우수성을 과시하는 과정에서 이 tough구문의 특징을 십분 활용했는데, 그 후 이 구문은 영어 통사론에서 아마도 가장 논란이 많은 구문 중의 하나가 되었다고 해도 과언이 아닐 것이다.

Chomsky는 이 구문이 표면적으로는 eager, willing 등의 형용사 구문과 동일하지만 실은 그 둘이 아주 다른 성질의 구문이라고 지적하였다.

(55) a. He is eager to please.
　　 b. He is easy to please.

표면적으로 볼 때 (55a)나 (55b)에서 꼭 같이 주어가 있고 그 다음에 be 동사가 있고 그 다음에 형용사가 나타나고 그 뒤에 to 부정사구가 이어진다. 구문상 차이점이 아무 것도 없는 듯이 보인다. 그러나 깊이 살펴 보면 중요한 차이가 드러난다. 의미적으로 eager의 경우 he가 주어이지만 easy의 경우 he가 주어인 것 같기도 하고 그렇지 않은 것 같기도 하다. (55a)에서는 he가 무언가를(즉 기쁘게 해주기를) 열렬히 하고 싶어 하는 주체이다. 그러나 (55b)에서는 he가 쉽다는 뜻이라기보다 he를 기쁘게 해주는 것이 쉽다는 뜻이 먼저 떠오르기 때문이다. 또 (55a)의 to please는 자동사인데 반하여 (55b)의 to please는 타동사이며 의미상 그것의 직접목적어가 "he"이다.

이와 같이 eager류 형용사와 tough류 형용사가 표면적으로 유사하지만 심층적으로 매우 판이하다는 사실을 가지고 Chomsky와 변형론자들은 표면 구조밖에 볼 수 없는 구조주의 통사론은 심층 구조도 들여다 볼 수 있는 변형 문법보다 열등하다고 주장하면서 구조주의 통사론을 비판했던 것이다. 그러나 막상 tough 구문을 정확히 어떻게 기술하는가의 문제 자체에 대한 해답은 60년대 그 당시에 불분명했고 80년대의 GB 시대를 지나 Pinciples and Parameters 시대에도 여전히 논란의 대상이었고 Minimalist Program의 시대인 오늘날에 와서 이 문제는 더욱 더 어려운 문제가 되어 있는 것 같다.

Easy 구문의 가장 중요한 특징은 "to please"의 (의미상) 직접 목적어가 표면적으로 "is easy"의 주어인 "he"로 이해된다는 점이다. 그래서 (55b)는 의미상 아래 (56)과 비슷하다고 할 수 있다.

(56) It is easy to please him.

이에 따라 초기 변형론자들은 (56)과 같은 구조를 (55b)의 기저 구조로 잡고, (56)의 "him"을 "It" 위치로 이동함으로써 (55b)를 도출하는 식의 분석을 제시하기도 했다. 그러나 이런 분석은 지배 결속(Government-Binding, GB) 이론의 원칙상 받아들일 수 없다. 그러한 Move-α 이동 규칙은 있을 수 없기 때문이다. 이동 규칙에는 두 가지 종류가 있는데, 논항 위치에서 비논항 위치로 이동하고 논항 위치에 흔적을 남기는 이동 규칙이 있고 NP가 격을 받을 수 없어서 격을 받을 수 있는 논항 위치로 이동하는 이동 규칙이 있다. 전자를 WH 이동이라고 하고 후자를 NP 이동이라고 부른다. 그런데 문제의 "him"을 "It"위치로 이동하는 것은 이 둘 중 어느 것도 아니다. 논항 위치로 이동하므로 WH 이동이 아니며 그 자리에 가만히 있어도 격을 받을 수 있는 위치이므로 NP 이동도 아닌 것이다. 그래서 이를 해결하는 한 가지 방법으로 공백의 연산자(empty operator)를 이용하는 것이 있었다.

(57) He$_i$ is easy [$_S$ O$_i$ [PRO to please ___$_i$]]

Easy와 to please 사이에 두 개의 추상적 요소가 있다. PRO는 to please 의 불특정 주어를 가리키고 O는 공백 연산자인데 이것이 흔적을 결속하고 동시에 주어 He와 동지표 관계를 맺는다. 이것이 만약 Wh 연산자이거나 NP라면 문두의 비논항 위치나 또 다른 어떤 위치로 이동하게 되겠지만 공연산자이기 때문에 어디로도 이동하지 않는다는 설명이다. 말하자면 결속과 동지표 관계만 책임지는 추상적 요소로서 표면에는 나타나지 않는 것이다. 그러나 오늘 날의 Minimalist Program의 이론 틀 안에서 이런 공연산자와 같은 공범주가 인정될 수 있는 것인지 알 수 없고, 나아가서 tough 구문을 어떻게 분석하는지 불분명하다.

HPSG에서는 Tough구문이 그리 큰 문제 거리가 아니다. 이 특별한 형용사 부류의 특징을 어휘적 속성으로 인정하고 그것들을 어휘정보로 정리하면 문제는 해결된다. 이들 형용사 때문에 새로운 이론 장치를 만든다거나 새로운 규칙을 세울 필요가 없다.

(58) Tough 류 형용사의 어휘 속성
$$\begin{bmatrix} \text{SUBJ NP}_{[1]} \\ \text{COMPS <(PP[for],) VP}[\textit{inf}, \text{ SLASH } \{\text{NP}[acc]:\textit{ref}_{[1]},...\}]> \\ \text{NONLOCAL | SLASH } \{ \ \} \end{bmatrix}$$

Tough류 형용사의 보어는 to부정사 동사구이고 그 안에 SLASH 자질이 있다. 그 SLASH의 자질 값은 목적격의 NP이며 그것은 또한 유형이 *ref(erential)*이고 그 지표가 주어의 지표와 같다. 그리고 형용사 자신의 SLASH는 반드시 공자질가이어야 한다.

(59)
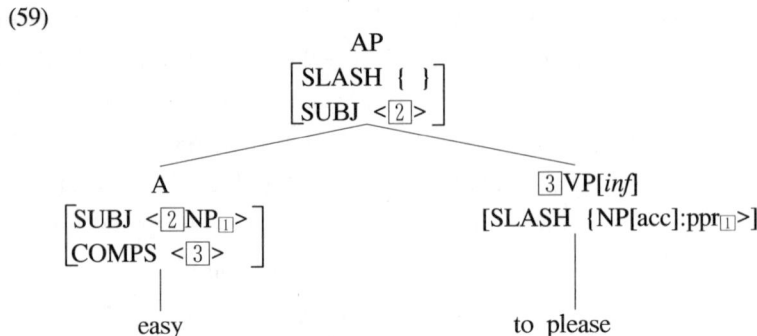

Easy는 to please를 보어로 취한다. 그리고 to please안에 있는 gap은 NP[acc]이며 그것의 지표는 easy의 주어의 지표와 같다. 즉 "please" 행위의 대상자는 "easy"속성의 주체자 그 사람이다. 이 모든 사항은 easy구문의 통사적, 의미적 속성을 그대로 반영한 것일 뿐이다.

한가지 의미적 제약은 gap 즉 SLASH의 값 NP[acc]의 *index*가 *referential* 유형이라는 제약이다. 다른 말로 하면 there와 it은 이 NP gap이 될 수 없다는 제약이다. 그리고 중요한 것은 easy의 주어의 지표가 이 지표와 같아야 하므로 easy의 주어도 *referential index*이어야 한다. 이 제약은 다음과 같은 비문을 막아 준다.

(60) a. *There is easy to be a unicorn in the garden.
    b. *It was tough to prevent from becoming obvious that things were out of control.

Easy나 tough의 주어가 *referential* 유형의 명사이므로 그것은 의미역을 가진다. 의미역을 갖는 명사는 to 부정사 to be a unicorn in the garden의 주어가 될 수 없고 외치된 that절을 받을 수 없다. 이 성질은 tough류 형용사 고유의 중요한 성질로서 likely, seem, tend 등 이른 바 상승(raising) 술어의 경우와 확실히 다른 부분이다. 상승 술어들은 그 주어가 의미 역할을 갖지 않는 것이 특징이다. (John is likely to win.에서 주어 John은 의미역이 없으며 to win의 의미상 주어이다.) 의미 역할이 없으므로 상승 술어와 의미 관계를 맺을 수 없고 그 술어의 to 부정사 보어의 의미상 주어(unexpressed subject)의 역할을 하도록 되어 있는 것이다. 이를 형식화한 것이 **Raising Principle**이거니와 easy류의 주어가 의미 역할을 가지기 때문에 easy의 주어가 그 보어인 to부정사의 의미상 주어가 되지 않아도 **Raising Principle**을 위배하지 않게 된다. (이에 대해서는 **Control**을 다루는 6장에서 자세히 공부하게 된다.)

Is easy의 주어가 의미역을 갖는다고 분석함으로써 다음과 같은 문장의 의미 차이를 쉽게 설명할 수 있다.

(61) a. This sonata is easy to play on this piano.
　　 b. This piano is easy to play this sonata on.

이 두 문장의 의미는 분명히 다른 점이 있다. 그런데 만약에 is easy의 주어에 의미역이 부여되지 않으며, 둘 다 "＿＿＿ is easy to play this sonata on this piano"에서 도출된다고 분석한다면 이 두 문장의 의미 차이를 설명할 길이 막연하다. 그러나 This sonata와 This piano가 각기 의미역을 가지고 있다고 보면, 그 차이가 곧 두 문장의 의미 차이를 낳는다고 자연스럽게 설명할 수 있다.

다음에 SLASH에 관한 제약을 살펴보자. 이 SLASH의 값이 공자질가이다. 이것은 SLASH의 파급을 차단하는 방법이다. To 부정사구에서 발생한 SLASH를 해소할 요소가 문장 내 어디에도 없기 때문에 형용사 자신이 그것을 해소하도록 조처해 둔 것이다. SLASH 공자질가에 대한 조치는 SLASH의 파급을 조기에 차단하는 한 가지 방법이다.

(62)

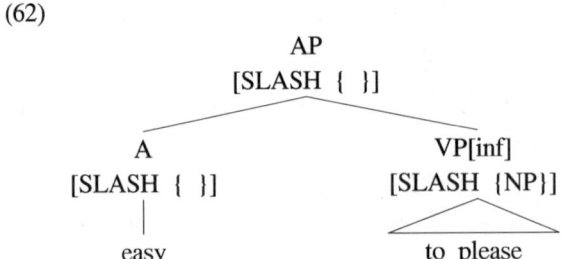

SIP에 의한다면 VP[*inf*]의 [SLASH {NP}]가 머리어인 A로 합병된 다음 모범주인 AP로 파급되겠지만 easy의 SLASH 공자질가의 어휘 제약으로 말미암아 A에 [SLASH {NP}]가 나타나지 않고 [SLASH { }]가 나타나고 이것이 VP에 파급된 것이다. 이 SLASH의 파급을 형용사 자신이 차단해 줌으로써 다음과 같은 주제화 비문을 막을 수 있다.

(63) *Bill, John is easy to please.

Eager류 형용사에는 SLASH 공자질가 제약이 없다. 따라서 다음 주제화 문장이 정문이다.

(64) Bill, John is eager to please.

(65)

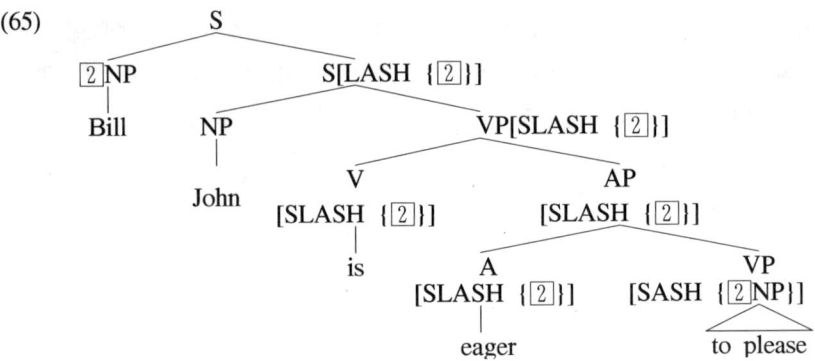

Eager는 자기의 보어 VP에 있는 SLASH를 병합한다. 그 다음 모범주로 올라가면 핵어 V가 다시 병합하는 식으로하여 계속 위로 파급된다. 이와 달리 easy의 경우 그 자신의 SLASH 값이 { }라는 어휘적 제약 때문에 이 병합 과정이 일어나지 않는다. 이 때문에 (63) 비문의 발생이 차단된다.

SLASH의 값 NP의 격이 대격이어야 한다는 제약은 정문 (56)이나 다음 (66a)에서 보는 바와 같이 gap이 대격이기 때문에 필요하다. 이 제약은 주격 gap이 있는 (66b)와 같은 비문을 정확히 차단해 준다.

(66) a. John is easy to believe Mary would kiss ____.
     b. *John is easy to believe ____ is capable of doing something that stupid.

이상의 tough류 형용사의 논의를 종합하면 앞의 문장 (55b)의 분석은 이렇게 된다.

(67)

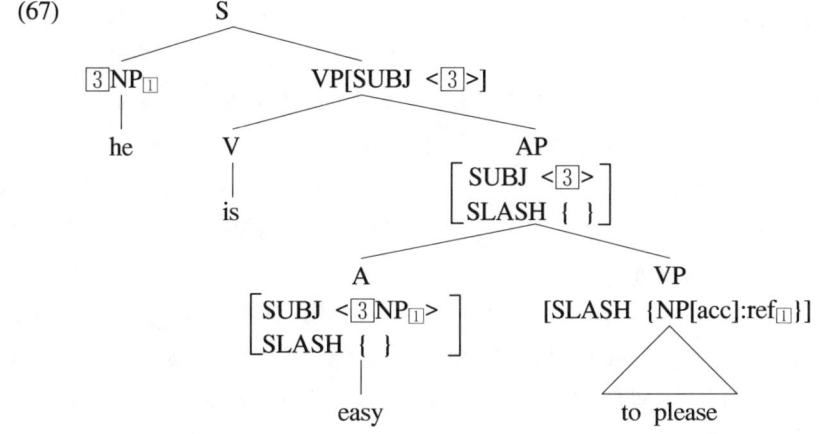

4장 장거리 의존 구문(Dependency Constructions)   423

4.5 결론

장거리 의존 구문의 분석은 SLASH 자질이 핵심적인 역할을 한다. 이 자질은 마치 "나는 지금 반드시 있어야 할 요소 하나가 없는데 그것을 찾고 있는 중이오" 하고 말하고 있는 것과 같다. 그래서 SLASH 자질을 가진 요소는 이 정보를 지닌 채 결핍된 요소를 찾을 때까지 위로 파급된다.

HPSG는 동사가 문장의 주동사로 쓰일 때 두 가지 선택이 있다고 본다. 첫째는 그 동사가 요구하는 보어들을 다 갖추고 쓰이는 경우이다. 이 경우의 동사는 정상적인 구문을 형성한다. 그러나 보어 요구 사항을 충족시키지 못하여 한 요소를 갖추지 않고 쓰이는 경우, 즉 그 동사가 구성하는 VP에서 보어가 발생하지 않고 쓰이는 경우이다. 이 경우가 장거리 의존 구문이 발생하는 경우인데, 이를 기술하는 데 필요한 것이 SLASH 자질이다. (HPSG는 이러한 동사의 보어 요구 사항에 대한 선택을 동사의 어휘적 선택이라고 보고 이를 어휘적 속성으로 다룬다. 이것을 보어 유보 어휘 규칙으로 다루었으나 최근에 그것은 논항 실현의 원리(ARP)로 다루어야 한다는 새로운 제안이 나왔다.) 일단 SLASH 자질이 동사의 한 어휘적 자질로 나타나면 일정한 경로를 따라 일정한 위치까지 위로 파급된다. 이를 보장하는 것이 SLASH 상속의 원리(SIP)이다. 그러면 어느 특정 지점에서 빠진 요소(즉 충전어)를 만나 SLASH의 요구 사항이 충족되는 것이다. 기본적으로 이 방법으로 wh 의문문, 각종 관계절, tough 구문 등 모든 장거리 의존 구문들을 무리 없이 다룰 수 있다는 것을 살펴보았다.

특히 관계절을 다루는 과정에서 구의 유형 위계를 수립할 필요가 있으며 각 구는 특정의 제약(즉 유형 제약)을 지킨다는 것을 확인하였다. 장거리 의존 구문의 분석은 (i) SLASH를 발생시키는 부분을 ARP로 설명하고, (ii) SLASH의 요구 사항(즉 결핍된 것을 채우는 일)을 최종적으로 충족시키는 것은 head-filler 문법 규칙이 맡으며 (iii) SLASH 발생 지점에서 SLASH 충족 지점까지 파급되는 것은 SIP에 따른다. (iv) 특정 구문의 특이 사항들은 특정 유형 제약이 책임진다. 이와 같이 HPSG는 이동 규칙이 없이, 유형 제약을 주축으로 하는 제약 기반의 비변형적 접근을 체계화하려고 한다.

5장 결속 현상

5.1 서론

생성 문법에서 myself, yourself, himself 등 재귀 대명사와 each other, one another 등 상호 대명사를 포괄하여 조응사(anaphor)라고 부른다. 이런 조응사를 포함하여 대명사들은 반드시 선행사(antecedent)를 갖기 마련이다. 대명사와 그 선행사의 관계를 결속(binding)이라고 한다. 가령 아래 문장 (1)에서 선행사 John이 조응사 himself를 결속한다고 말한다.

(1) John enjoyed himself.

이와 같은 조응사와 선행사의 결속 관계를 결정하는 원리를 결속 원리(Binding Principle)라고 하여 생성 문법의 한 가지 중요한 문제로 다루어지고 있다. (GB에서는 이것을 결속 이론(Binding Theory)이라고 부른다) 이 장에서 HPSG의 결속 이론의 특징을 논의한다.

5.2 비형상적(Nonconfigurational) 결속 이론

HPSG의 결속 이론은 나무 구조를 전혀 이용하지 않는 비형상적 이론이다. 이 점은 GB 등 변형 이론의 형상적 결속 이론과 뚜렷이 구별되는 특징이다. 형상적(configurational) 결속 이론은 c-command 등과 같은, 나무 구조 없이는 정의할 수 없는 개념과 장치에 토대를 두고 있다. 이와 대조적으로 비형상적 HPSG 결속 이론은 조응사의 선행사를 술어의 ARG-ST의 자질 값인 논항(arguments)의 리스트를 가지고 정의한다. (ARG-ST

자질과 논항 실현에 대해서는 3장 2절 참조) 예를 들어 (1)의 주동사 enjoy의 ARG-ST 자질 값은 아래 (2)에 나타나는 바와 같다.

   (2) <NP, NP>

ARG-ST의 자질 값은 논항의 리스트인데, 리스트의 요소들간에 일정한 순서가 정해져 있는 리스트(ordered list)이다. 그 순서는 이른 바 사격성(obliqueness)의 크기에 따라 정해진다. (사격성에 대해서는 제 2장 제 3절에서 어순 문제와 관련하여 간략히 다루었다.) HPSG에서 규정한 사격성의 순서(obliqueness hierarchy)는 다음과 같다.

   (3) 주어<목적어<PP보어<to부정사 보어

ARG-ST의 값 < > 안에는 사격성이 작은 것을 먼저 놓고 뒤로 갈수록 사격성이 큰 것을 놓는다. 주어 NP가 목적어 NP보다 사격성이 작으므로 (2)에서와 같은 순서가 된 것이다. 그런 다음 조응사와 그 선행사의 관계를 다음과 같이 규정한다.

   (4) 동사의 한 논항이 조응사이면 그 논항보다 사격성이 작은 논항이 그 조응사의 선행사가 될 수 있다.

이에 따르면, 논항이 주어와 목적어일 때 목적어가 조응사이고 주어가 그 선행사가 되면 정문이 된다.

논항이 주어, 목적어, PP 보어일 때는 여러 가지 가능성이 있다. 첫째 목적어가 조응사일 경우 그 선행사가 될 수 있는 것은 주어 뿐이다. 둘째 PP보어가 조응사이면 주어나 목적어 둘 중 어느 것이라도 그 선행사가 될 수 있다. 끝으로 만약 주어가 조응사일 경우에는 그보다 사격성이 더 작은 논항이 있을 수 없으므로 그 선행사는 존재하지 않으며 따라서 그런 문장은 항상 비문이 된다. 다음 예들이 이것을 설명해 준다.

(5) a. Bill told Mary about John.
 b. Bill$_i$ told himself$_i$ about John.
 c. Bill$_i$ told Mary about himself$_i$.
 d. Bill told Mary$_i$ about herself$_i$.
 e. *Bill told herself$_i$ about Mary$_i$.
 f. *Himself$_i$ told Mary about John.

동사 tell의 ARG-ST 값은 <NP[nom], NP[acc], PP[about]>이다. (5b)의 경우 조응사와 그 선행사를 ARG-ST 리스트에 나타내면 <NP$_i$, NP:anaphor$_i$, PP>와 같이 된다. (5c)의 경우에는 <NP$_i$, NP, PP:anaphor$_i$>, (5d)의 경우에는 <NP, NP$_i$, PP:anaphor$_i$>와 같이 된다. 세 경우 모두 조응사가 선행사보다 사격성이 작으므로 정문이 된다. 그러나 비문 (5e)와 (5f)의 경우, ARG-ST 값이 각각 <NP, NP:anaphor$_i$, PP$_i$> 그리고 <NP:anaphor$_i$, NP, PP>의 상황이다. 이는 모두 선행사가 조응사보다 사격성이 크기 때문에 비문이 된다.

HPSG는 결속 현상을 일반적으로 기술하기 위하여 먼저 사격 통어(oblique-command = o-command), 사격 결속(oblique-bound = o-bound), 사격 자유(oblique-free = o-free) 등의 개념을 정의한다. 이는 모두 한 동사의 논항들 간의 관계를 형식화한 것이다.

(6) a. 사격 통어: Y와 Z가 서로 다른 성분이고 Y가 *referential* 유형일 때 다음 중 하나의 조건이 충족되면 Y가 Z를 사격 통어한다.
 i. Y가 Z보다 사격성이 작다.
 ii. Y가 어떤 X를 사격 통어하고 X가 Z를 하위범주화 한다.
 iii. Y가 어떤 X를 사격 통어하고 X가 Z의 투영(projection)이다.
 b. 사격 결속: Y가 Z를 (국부적으로) 사격 통어하고 이 둘이 서로 공지표(coindex)되어 있으면 Z는 Y에 (국부적으로) 사격 결속되어 있다.
 c. 사격 자유: 사격 결속되지 않은 명사 표현은 사격 자유이다.

이들 개념에 토대를 두고 결속 원리를 수립한다. (사격 통어의 세 가지 조건 중 첫째 조건을 먼저 설명하고 둘째와 셋째 조건은 뒤에 가서 자세히 설명하도록 한다.)

HPSG 결속 원리는 명사 표현의 선행사를 결정하는 원리이다. 따라서 아래와 같은 모든 명사 표현을 망라하는 유형 위계를 전제하고 있다.

(7) 명사 표현의 유형

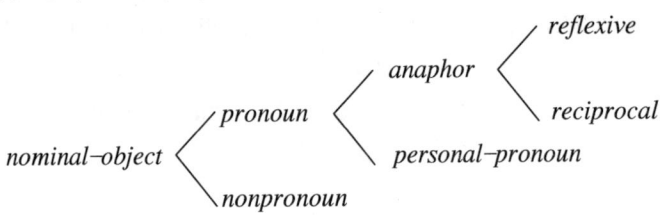

모든 명사 표현은 일단 *nominal-object* 유형이다. 그 하위 유형이 *pronoun*과 *nonpronoun*이다. 전자는 대명사이고 후자는 대명사가 아닌 모든 명사들이다. *pronoun* 유형은 다시 *anaphor*(조응사) 유형과 *personal-pronoun*(인칭 대명사) 유형으로 나누고 조응사는 다시 *reflexive*(재귀대명사) 유형과 *reciprocal*(상호 대명사) 유형으로 나눈다. 이렇게 분류한 다음 조응사, 인칭 대명사, 비대명사 유형에 대하여 각각 결속 관계를 정의하는 것이 결속 원리이다.

(8) 결속 원리

A: 조응사(*anaphor*)가 국부적으로 사격 통어되면 그것은 반드시 사격 결속되어야 한다. (A locally o-commanded *anaphor* must be o-bound.)

B: 인칭 대명사(*personal-pronoun*)는 국부적으로 사격 자유이어야 한다. (A *personal-pronoun* must be locally o-free.)

C: 비대명사(*nonpronoun*)는 사격 자유이어야 한다. (A *nonpronoun* must be o-free.)

조응사의 결속은 주절과 종속절에 달리 작용하기 때문에 그 선행사가 국부적 범위(locality) 안에 있는가 없는가를 고려해야 한다. 즉 조응사가 종속절에 있을 때는 그 선행사가 반드시 같은 종속절 안에 있어야 한다는 제약을 포착해야 한다.

(9) a. John$_j$ thinks that Mary$_i$ hates herself$_i$.
 b. *John$_j$ thinks that Mary$_i$ hates himself$_j$.

조응사 herself가 Mary를 선행사로 취하는 경우에 그것은 국부적으로 사격 통어되어 있고 따라서 국부적으로 사격 결속되어 있어서 결속 원리 A를 준수한다. 그러나 himself가 John을 선행사로 취한다면 결속 원리 A를 위배한다. 조응사 himself는 hates의 ARG-ST 값 <NP$_i$ NP: anaphor$_j$>에 있고 John은 thinks의 ARG-ST 값 <NP$_j$, S>에 있다. 그러므로 himself가 국부적으로 사격 통어되어 있지 않다. 따라서 himself는 국부적으로 사격 결속되어 있지 않은 상태가 된다. 그러므로 조응사는 반드시 국부적으로 사격 결속되어야 한다는 결속 원리 A를 위배하는 것이다. 그래서 (9b)는 비문이다.

여기서 우리는 HPSG가 ARG-ST 값을 이용하여 주절과 종속절을 구별하는 것을 엿볼 수 있다. 즉 Mary와 herself는 종속절의 주동사 hates의 공동 논항(coargument)이고, John과 that절은 주절의 주동사 thinks의 공동 논항이다. 두 보어(=논항) 사이에 사격 통어 관계가 있는가 없는가 하는 문제는 그 보어들이 한 동사의 ARG-ST 값이 되어 공동 논항일 때에 한하므로 결국 국부적 범위를 벗어날 수 없도록 되어 있다. 이렇게 함으로써 HPSG 결속 원리는 나무 구조에 전혀 의존함이 없이 사격성 위계라는 비형상적 개념에 토대를 두고 대명사와 그 선행사의 결속 관계를 정의할 수 있다.

앞에서 직접 목적어와 전치사구를 요구하는 tell의 경우 조응사의 결속 관계가 어떻게 되는지 알아보았다. 이번에는 두 개의 전치사구를 요구하는 talk의 경우에도 결속 원리 A가 이를 잘 설명하는지 알아보기로 한다.

(10) a. Mary talked to John about Bill.
   b. Mary talked about Bill to John.

(11) a. Mary talked to John$_i$ about himself$_i$.
   b. Mary$_j$ talked to John about herself$_j$.
   c. Mary talked about himself$_i$ to John$_i$.
   d. Mary$_j$ talked to herself$_j$ about John.
   e. Mary$_j$ talked about John to herself$_j$.
   f. Mary$_j$ talked about herself$_j$ to John.
   g. *Mary talked about Bill$_i$ to himself$_i$.
   h. *Mary talked to himself$_i$ about Bill$_i$.

여기 쓰인 talk의 보어는 to 전치사구와 about 전치사구이다. 이 두 전치사구의 어순이 자유 어순이어서 어느 것이 선행해도 좋다.

이제 (11)에서 재귀 대명사가 쓰인 환경을 검토해 보면 to 전치사구가 about 전치사구보다 사격성이 낮다는 것을 알 수 있다. (11a)에서 about 전치사구의 조응사가 to 전치사구의 명사를 선행사로 취하고 있다. 이것은 to 전치사구가 about 전치사구보다 사격성이 낮다고 보면 결속 원리 A에 부합되어 잘 설명된다. 주어를 선행사로 취하는 (11b, d, e, f)도 쉽게 설명된다. 두 전치사구 중 어느 것이든 주어보다는 사격성이 크기 때문에 어느 것이 조응사가 되더라도 그것은 주어에 사격 통어될 수 있게 된다. (11c)가 흥미롭다. 조응사가 선행사를 선행하는 어순이라도 조응사가 사격성이 크다면 선행사가 조응사를 사격 통어할 수 있다. 비문 (11g, h)가 중요하다. About 전치사구가 선행하든 to 전치사구가 선행하든 어순에 관계없이 to 전치사구에 조응사가 있고 about 전치사구의 명사가 그 선행사로 되면 비문이 초래된다. 이 상황은 (11a, c)와 완전히 대조적이다. (11a, c)에서는 어순에 관계없이 about 전치사구에 조응사가 있고 to 전치사구의 명사가 그 선행사이고 그래서 그 결과는 정문이 된다. 이 사실은 to 전치사구와 about 전치사구의 사격성의 상대적 크기를 정할 수 있는 결정적 단서가 된다. 즉 to 전치사구의 사격성이 about 전치사구의 사격성 보다 작다고 봄으로써 위의 사실을 결속 원리 A가 정확히 설명할 수 있다. 결론적으로 동사 talk의 ARG-ST 값은 다음과 같이 되어야 한다.

(12) <NP[nom], PP[to], PP[about]>

그리고 이 세 요소 중 어느 것이 조응사가 되고 어느 것이 선행사가 되는지를 다음과 같이 요약할 수 있다.

(13) a. <NP[nom], PP[to]$_i$, PP[about, ana]$_i$> : (11a, c)의 경우
 b. <NP[nom]$_i$, PP[to], PP[about, ana]$_i$> : (11b, f)의 경우
 c. <NP[nom]$_i$, PP[to,ana]$_i$, PP[about]> : (11d, e)의 경우
 d. *<NP[nom], PP[to,ana]$_i$, PP[about]$_i$> : (11g, h)의 경우

(13a, b, c)에서와 같이 정문이 되는 것은 모두 사격성이 큰 보어가 조응사이고 그보다 사격성이 작은 보어가 선행사로 되어 있는 경우이다. 그래서 조응사가 선행사에 사격 결속되어 있다. 모두 결속 원리 A를 일관성있게 지키고 있다.

비문이 되는 (13d)의 경우는 사격성이 작은 보어가 조응사가 되고 사격성이 큰 보어가 선행사가 되어 사격 결속이 될 수 없는 경우이다. 이 경우는 모두 결속 원리 A를 위배한다.

5.3 면제된 조응사(Exempt Anaphors): 담화의 기준을 따르는 조응사

결속 원리 A는 "국부적으로 사격 통어된 조응사는 사격 결속 되어야 한다"는 제약이다. (A locally o-commanded anaphor must be o-bound.) 이 원리는 다음과 같이 두 부분으로 되어 있는 것으로 이해할 수 있다.

(14) 조건: 만약 조응사가 국부적으로 사격 통어 되어 있으면
    제약: 그 조응사는 사격 결속되어야 한다.

첫째, 조건이 충족되면 제약이 지켜져야 한다. 그러면 그것은 정문이 된다. 둘째, 만약 조건이 충족되었는데도 제약이 지켜지지 않으면 비문이 초래된다. 셋째, 조건 자체가 충족되지 않을 경우도 있다. 조건이 충족되지 않을 경우는 두 가지 다른 상황에서 연유한다. 첫째, 조응사가 없을 경우이다. 둘째, 조응사는 있으나 국부적으로 사격 통어될 수 없는 경우이다. 첫째 경우는 결속 원리 A를 적용할 필요가 없으므로 문제가 되지 않는다. 둘째 경우가 문제다. 조응사가 있으므로 정문이 되느냐 비문이 되느냐를 결정해야 한다. 이제 위의 세 가지 경우를 차례로 좀더 자세히 검토하기로 한다.

(15) John thinks that Mary hates herself/*himself.

여기서 조응사 herself가 Mary에 의하여 사격 통어되어 있다. 즉 결속 원리 A의 조건을 충족시킨다. 그러면 그 조응사는 사격 결속되어야 한다는 제약을 반드시 지켜야 한다. 다시 말하면 조응사 herself와 그 선행사 Mary는 동사 hates의 공동 논항(coargument)이고 이 두 논항이 공동 지표를 가지고 있으면 조응사는 사격 결속된다.

조응사 himself 역시 Mary에 의하여 사격 통어된다. 그래서 결속 원리

A의 조건을 만족시킨다. 그러면 그것도 herself처럼 사격 결속되어야 하지만 himself와 Mary의 지표(index)가 같을 수가 없는 까닭에 himself는 결속될 수가 없다. 결속 원리의 조건을 충족시킴에도 불구하고 제약을 지키지 않고 있으므로 결속 원리 A를 위배한다. 다시 말하면 himself와 Mary는 hates의 공동 논항이지만 이 둘은 내재적으로 지표가 다르므로 공동 지표를 가질 수 없다.

이와 같이 결속 원리의 조건을 충족시키면 결속 원리의 제약을 지켜야 하고 그럴 경우 정문이 되며, 만약 제약을 지키지 않으면 비문이 된다.

그런데 만약 어떤 조응사가 결속 원리의 조건을 충족시킬 수 없는 경우에는 어떻게 되는가? 다시 말하면 조응사는 있으나 그것을 사격 통어할 공동 논항이 없는 경우에는 어떻게 되는가 하는 문제이다. 일정한 조건이 충족 될 때에 일정한 제약이 지켜지도록 되어 있는 것이 결속 원리의 논리이다. 그런데 그 조건이 충족 될 수 없는 환경이라면 그 제약이 적용 될 수 없고 따라서 결속 원리는 적용될 수 없게 될 것이다. 그러나 유의할 사항은 결속 원리가 적용될 수 없다고 해서 반드시 비문이 초래되는 것은 아니라는 점이다. 비문이 되는 것은 결속 원리의 제약을 위배했을 경우이다. 결속 원리의 조건이 충족 될 수 없어서 결속 원리가 적용 될 수 없는 마당에 결속 원리의 제약을 위배했는지 준수했는지는 문제가 되지 않는다. 말하자면 결속 원리 A는 이 경우와 무관한 원리이다. 이 때 그 표현이 정문이 되느냐 비문이 되느냐 하는 것은 결속 원리 A가 관여할 사항이 아니다. 이 경우의 조응사를 면제된 조응사(exempted anaphors) 라고 한다. 면제된 조응사는 결속 원리와 같은 통사 의미론적 원리에 의하여 그 적형성이 결정되는 것이 아니고 담화(discourse)의 원리에 의하여 결정되는 것이라고 HPSG는 설명한다.

다음 예들이 면제된 조응사의 출현을 보여 준다.

(16) a. The children thought that pictures of each other were on sale.
　　　b. The picture of himself in Newsweek bothered John.

이들 문장들은 이른 바 picture 명사가 관련되어 있다. 이 명사는 두 개의 논항을 취한다고 본다. 그런 점에서 이 명사는 타동사와 비슷하다. (16a)의 pictures of each other에서 pictures는 each other를 직접 목적어로 하고 있고 주어는 나타나 있지 않다. (16b)에서도 himself가 picture의 목적어이고 주어는 안 나타나 있다. 이 때 직접 목적어 논항이 조응사이므로 이를 통어할 수 있는 것은 주어 뿐이다. 그런데 주어는 없다. 조응사가 있으나 그것을 통어해 줄 공동 논항이 없는 상황이다. 즉 이 조응사들은 국부적으로 통어되어 있지 않는 경우이다. 위에서 지적한 바와 같이 이 경우가 곧 결속 원리의 조건이 충족되지 않는 경우이다. 결속 원리 A의 조건이 충족되지 않으므로 결속 원리 A는 작동할 수 없다. 이런 상황의 조응사를 면제된 조응사라고 부른다. 면제된 조응사에는 결속 원리가 적용되지 않는다.

Pollard & Sag (1994)는 면제된 조응사는 문법 규칙인 결속 원리로써는 설명할 수 없고 담화 원리의 하나인 관점(point of view)의 차이로써 설명할 수 있다고 제안한다. (16a)에서는 상황을 기술하는 관점이 "그 아이들"의 관점이다. 그 아이들의 관점에서 그 상황을 묘사하고 있다는 말이다. 이 때 그 관점의 주인공 즉 "그 아이들"이 each other의 선행사가 될 수 있다.

(16b)에서는 John이 목적어이지만 동사 bother의 의미적 특성상 경험자(experiencer)의 의미역이므로 John이 그 상황 서술의 관점의 주인공이 될 수 있다. 따라서 그 관점의 주인공인 John이 himself의 선행사가 될 수 있는 것이다.

관점이 달라지면 선행사도 달라진다. 다음 문장을 보자.

(17) a. The picture of himself$_i$ in Newsweek bothered John's father$_i$.
     b. *The picture of himself in Newsweek bothered John's mother.

(17a)에서 himself의 선행사는 John이 될 수 없고 John의 아버지가 된다. 왜냐면 이 문장의 상황을 기술하는 관점이 John이 아니라 John의 아

버지이기 때문이다. (17b)가 비문이 되는 것은 당연하다. 이 문장에서의 관점은 John의 어머니이고 따라서 himself의 선행사가 John의 어머니가 되어야 하나 이것이 불가능하다.

Pollard & Sag는 관점의 차이가 조응사의 선행사 결정에 어떤 역할을 하는지를 다음과 같은 문맥의 텍스트에서 더욱 뚜렷이 볼 수 있음을 지적한다.

(18) John$_i$ was going to get even with Mary. That picture of himself$_i$ in the paper would really annoy her, as would the other stunts he had planned.

서술자는 이 문맥의 상황을 John의 관점에서 서술하고 있다. 첫 문장에서 그렇게 시작되어 다음 문장에서 그대로 유지된다. 그래서 둘째 문장의 himself가 John을 지시할 수 있다.

(19) Mary was taken aback by the publicity John$_i$ was receiving. That picture of him/*himself$_i$ in the paper had really annoyed her, and there was not much she could do about it.

(18)과는 달리 이 텍스트에서는 첫 문장에서 둘째 문장에 이르기까지 Mary의 관점이 유지되고 있다. 그러므로 조응사 himself는 관점의 주인공이 아닌 John을 지시할 수 없다.

지금까지 조응사를 설명하는 결속 원리 A를 알아보았다. 다음에 대명사 유형과 비대명사 유형의 결속 관계를 알아본다. 대명사는 결속 원리 B에 의하여, 비대명사는 결속 원리 C에 의하여 설명된다.

앞 (8)에서 제시한 두 원리를 옮겨 적어 놓는다.

(20) 결속 원리

B: 인칭 대명사(*personal-pronoun*)는 국부적으로 사격 자유이어야

한다. (A *personal-pronoun* must be locally o-free.)
C: 비대명사(*nonpronoun*)는 사격 자유이어야 한다.
(A *nonpronoun* must be o-free.)

인칭 대명사는 국부적으로 사격 자유이어야 하고 비대명사는 국부적으로 그리고 문장 전체적으로 사격 자유이어야 한다고 규정하는 것이 결속 원리 B와 C이다. 여기서 인칭 대명사 유형이란 조응사가 아닌 모든 대명사를 포함한다. 실제로 인칭 대명사인 he, she, I, you 등은 물론 it, there 등도 포함한다. 비대명사 유형이란 고유 명사와 보통 명사를 가리킨다.

사격 자유란 무엇인가? 사격 자유는 사격 결속과 상대적 개념이다. 사격 자유란 사격 결속되지 않은 상태를 말한다. (앞의 (6) 참조)

(21) a. Mary likes her.
  b. *Mary$_i$ likes her$_i$.
  c. Mary$_i$ likes herself$_i$.

(21b)의 인칭 대명사 her와 (21c)의 재귀 대명사 herself는 사격 결속되어 있다. 각기 자신 보다 사격성이 작은 주어와 공동 지시되어 있으므로 사격 결속된다. 그러면 재귀 대명사는 국부적으로 사격 결속되어야 한다는 결속 원리 A를 지키므로 (21c)는 정문이다. 그러나 인칭 대명사는 국부적으로 사격 자유이어야 한다는 결속 원리 B를 (21b)의 her가 위배하므로 (21b)는 비문이다. 이와 달리 (21a)의 인칭 대명사 her는 사격 자유이다. 이 her는 사격 결속되어 있지 않다. 따라서 (21a)는 결속 원리 B를 준수하고 있고 그러므로 정문이다.

(22) a. Jane$_i$ believes that Mary likes her$_i$.
  b. *Jane believes that Mary$_i$ likes her$_i$.

인칭 대명사가 사격 결속되더라도 국부적으로만 사격 결속되지 않으면 결속 원리 B를 위배하지 않는다. (22a)의 her가 바로 이런 경우에 해당하는 대명사로서 그것은 결속되어 있으나 국부적 범위밖에 있는 Jane과 결속되어 있다. 따라서 이 her는 사격 자유이다. 따라서 (22a)는 결속 원리 B를 준수하고 있다. 이와 대조적으로 (22b)는 (21b)와 같은 이유, 즉 인칭 대명사 her가 국부적으로 사격 결속되어 있으므로 비문이다.

다음은 결속 원리 C의 작용을 설명한다.

(23) a. Mary$_i$ likes Ann$_j$.
 b. *Mary$_i$ likes Ann$_i$.
 c. *Ann$_i$ likes Ann$_i$.
 d. *Jane$_i$ believes that Mary likes Ann$_i$.
 e. *Ann$_i$ believes that Mary likes Ann$_i$.
 f. Ann$_i$ believes that Mary$_j$ likes Ann$_k$.

결속 원리 C는 대명사가 아닌 모든 명사 표현 즉 고유 명사와 보통 명사의 결속 여부를 결정하는 원리이다. 대명사가 아닌 명사 표현을 *nonpronoun* 유형이라고 한다. 결속 원리 C에 의하면 이 유형은 국부적으로나 국부적 범위를 벗어나서나 항상 사격 자유이어야 한다. (23b)에서 목적어 Ann이 주어 Mary에 사격 결속되어 있다. 이는 결속 원리 C의 위반이다. (23c)에서 보는 바와 같이 동일한 고유 명사라도 역시 결속 원리 C를 위배한다. 고유 명사는 국부적 범위밖에 있다고 해서 그 명사를 선행사로 취할 수 있는 것도 아니다. 비문 (23d, e)가 이를 증명한다. (23a)와 (23f)에서 보는 바와 같이 고유 명사는 국부 범위 안에서나 밖에서나 반드시 사격 자유스러워야 한다.

다음 (24)는 대명사와 선행사의 선후 관계가 (22a)와는 반대이다. (22a)에는 대명사가 종속절에 있고 그 선행사가 주절에 있다. (24)에서는 대명사가 주절에 있고 그 선행사가 종속절에 있다.

(24) *She$_i$ believes that Mary likes Jane$_i$.

주지하는 바와 같이 (24)처럼 주절의 인칭 대명사는 종속절의 명사를 선행사로 취할 수 없다. 결속 원리가 이것을 어떻게 설명하는가? 주절의 주어 she와 that절 안의 Jane이 결속 원리를 지키는가가 문제이다. 동사 believes의 논항은 주어 she와 that절이다. 그런데 주어 she 보다 더 작은 사격성을 가진 논항이 있을 수 없고 있다고 하더라도 that절과는 공동 지시 될 수 없다. 그러므로 she는 사격 통어될 수 없으므로 사격 자유이다. 따라서 인칭 대명사 she는 결속 원리 B를 지킨다. 그래서 인칭 대명사 she는 (24)가 비문인 점과는 무관하다. 다음 고유 명사 Jane은 어떠한가? Jane은 사격 결속되어 있다. 이것은 결속 원리 C의 위배 사항이다. (24)가 비문인 것은 고유 명사가 사격 자유가 아니기 때문이다.

사격 결속을 기술하는 데 있어서 지금까지 우리는 사격 통어의 정의의 조건 세 가지 중에 첫째 조건("Y가 Z보다 사격성이 작을 때")이 충족되는 경우만 다루었다. 둘째와 셋째 조건이 왜 필요한지 언급하지 않았다. 앞의 (6)을 여기에 옮겨 놓고 이 문제를 논의하고 이 장을 끝맺기로 한다.

(25)(=(6)) 사격 통어:
    Y와 Z가 서로 다른 성분이고 Y는 referential일 때 다음 중 하나의 조건이 충족되면 Y가 Z를 사격 통어한다.
      i. Y가 Z보다 사격성이 작다.
      ii. Y가 어떤 X를 사격 통어하고 X가 Z를 하위범주화 한다.
      iii. Y가 어떤 X를 사격 통어하고 X가 Z의 투영(projection)이다.

(ii)와 (iii)의 취지는 첫째, 사격 결속을 완전히 비형상적으로(nonconfigurationally) 정의하기 위한 것이다. 둘째, 결속 관계는 통제(control) 현상과 상호 관련되어 있음을 파악하기 위한 것이다. 먼저 (ii)와 (iii)의 조건이 어떻게 작용하는지 알아보자.

이 조건들은 서로 연결되어 있어서 한 조건이 다른 조건의 여건을 제공한다. 조건 (iii)에 의하면 X가 Z의 투영이고 Y가 X를 사격 통어할 때 Y가 Z를 사격 통어한다. 그러나 이 조건이 성립하기 위해서는 Y가 X를 사격 통어해야 한다. 이것은 조건 (i)에 의하여 정의된다. 다음 조건 (ii)의 핵심은 하위범주화이다. Y가 X를 사격 통어하고 X가 Z를 하위범주화하면, 다시 말하면, Z가 X의 보어이면 Y가 Z를 사격 통어한다. 그러니까 조건 (ii)는 조건 (iii)이 전제 조건이고 조건 (iii)은 조건 (i)없이는 정의될 수 없는 상황이다. 조건 (i)이 조건 (iii)의 조건이 되고 조건 (iii)은 조건 (ii)의 조건이 되어 있어서 이 조건들이 회귀적으로 (recursively) 연결되어 있다.

실례를 들어 위의 정의를 다시 검토해 본다.

(26) John felt that he wanted to leave.

조건 (i)에 의하여 'John'이 that절을 사격 통어한다. 이 that절은 'wanted'의 투영이므로 조건 (iii)에 의하여 'John'이 wanted를 사격 통어한다. 그러면 'wanted'가 'he'와 'to leave'를 하위범주화하므로 조건 (ii)에 따라 'John'이 'he'와 'to leave'를 사격 통어한다.

조건 (ii)와 (iii)을 통하여 주절의 주어 'John'이 종속절의 주어 'he'를 사격 통어한다는 점이 중요하다. 이 두 조건이 있음으로 말미암아 나무 구조에 의존하지 않고 전자가 후자를 사격 통어할 수 있게 되기 때문이다. 이 두 조건 없이 'John'이 'he'를 사격 통어할 수 있게 하려면 상하 위계의 나무 구조의 힘을 빌리지 않을 수 없다. 'John'이 that절(S)을 사격 통어하고 이 S가 지배(dominate)하는 'he'를 'John'이 사격 통어하는 것으로 정의할 수 있는데 이 때 S가 'he'를 지배한다는 조건이 필수적이고 이것이 바로 나무 구조에 의존하는 형상적(configurational) 개념이다. 그런데 조건 (ii)와 (iii)을 도입함으로써 사격 통어의 정의는 순전히 평면적인 두 개념 즉 사격 위계와 하위범주화 분류로써 사격 통어를 정의할 수 있는 것이다.

특히 이 부분에서 문제가 되는 것이 종속절 안의 인칭 대명사이다. 이 인칭 대명사에 결속 원리 B가 어떻게 적용되느냐가 문제가 된다. 종속절 안의 인칭 대명사가 주절의 명사를 선행사로 취하는 경우이므로 이 대명사의 사격 통어 여부를 결정하는 데 있어서 종속절이 그 대명사를 지배하는지 여부가 관건이 된다면 그것은 형상적 결속 이론이 될 것이고 그런 지배의 개념을 쓰지 않으면 비형상적 결속 이론이 될 수 있다. 앞에서 지적한 바와 같이 조건 (ii)와 (iii)으로써 형상적 개념을 모두 제거하여 비형상적 결속 이론을 수립하였고 이로써 위 예문 (26)의 'he'를 설명할 수 있다.

(26)에서 인칭 대명사 'he'가 'John'과 공지표될 수도 있고 안 될 수도 있다. 말하자면 'he'의 지시는 John이 될 수도 있고 John이 아닌 제 3자가 될 수도 있어서 (26)은 중의적이다. 어느 경우든 결속 원리 B가 적용되어야 한다. 결속 원리 B는 "인칭 대명사는 국부적으로 사격 자유(o-free)이어야 한다"고 규정한다. 'John'은 that절을 국부적으로 사격 통어하지만 'he'를 국부 사격 통어하지는 않는다. 그래서 만약 'he'가 'John'과 공지표 된다면 'he'는 사격 결속 되게 되지만, 그것이 국부적으로 사격 결속되어 있지는 않으므로 'he'는 국부적으로 사격 자유이다. 그러므로 사격 원리 B를 지킨다. 또 만약 'he'가 결속되지 않고 있다면, 그것은 그대로 사격 자유이므로 사격 원리 B를 준수한다.

한편 that절 안에서 he가 to leave를 사격 통어한다. 그리고 to leave는 VP이므로 주어 NP를 요구하지만 to 부정사 VP이므로 주어가 실현되지 않는다. 이런 VP를 불포화(unsaturated) VP라고 한다. 이 VP도 [SUBJ NP] 자질을 가지고 있다. 그런데 이 NP가 조응사라고 하면 to leave의 의미상 주어가 wanted의 주어인 he와 일치하는 사실을 결속 원리 A가 설명할 수 있다. 이 부분은 원래 통제(control)의 문제로 다루어지지만 HPSG는 통제 현상이 결속의 원리도 지킨다고 본다. wanted의 논항 구조가 다음과 같이 된다고 보면 위에서 설명한 바와 같이 통제 구문 He wanted to leave에서 to leave의 의미상 주어가 He로 이해되는 것을 결속 원리 A의 적용 결과로 설명할 수 있다.

(27) a. He wanted to leave.
　　 b. <NP$_i$, VP[inf, SUBJ <NP:refl$_i$>]>

동사 wanted의 주어 NP가 VP를 사격 통어하고 이 VP는 leave의 투영이므로 사격 통어의 조건 (iii)에 의하여 wanted의 주어가 leave를 사격 통어한다. 사격 통어의 조건 (ii)에 의하여 wanted 의 주어가 leave의 보어인 [SUBJ <NP:refl>]를 사격 통어한다. 이 때 사격 범위는 모두 국부적 범위이므로 wanted의 주어 NP는 [SUBJ <NP: refl>]를 국부적으로 사격 통어한다. 따라서 to leave의 주어인 재귀 대명사는 wanted의 주어에 사격 결속된다. 이 결과는 결속 원리 A에 잘 맞는다. 통제 현상은 다음 장에서 본격적으로 다루게 되는데 통제 원리와 결속 원리가 상호 작용하는 모양에 대하여 더 자세히 공부하게 될 것이다.

5.4 결론

HPSG의 결속 원리의 큰 특징은 비형상적이라는 점이다. 나무 도형을 이용하지 않고 주동사의 논항(들)의 리스트에 따라 조응사와 그 선행사를 결정하는 방식이다. 비형상적 결속 원리의 수립은 비변형적 접근을 더욱 확실하게 하고 제약 기반의 이론을 완성하는 데에 중요한 공헌을 할 수 있다.

또 결속 원리가 통제 현상과 연결되어 있다는 점이 HPSG 결속 원리의 중요한 특징이다. 동사의 VP보어의 미표시 주어가 조응사라고 전제함으로써 이것이 결속 원리를 지키게 하고 이로써 미표시 주어의 의미상 정체를 밝힐 수 있다는 것을 보여준다.

6장 통제 현상(Control)

6.1 서론

VP에 주어 NP가 부여되면 S가 된다. 이 때 VP의 동사는 반드시 한정 동사(finite verb) 형태이다. 가령 한정 동사 VP "leaves early"는 주어 NP "Sandy"를 부여받으면 S "Sandy leaves early."가 된다. 그리고 이 S는 필요한 요소들이 다 갖추어져 포화 상태(saturated)에 이르렀다고 말하고 이런 S(=VP)를 포화 상태의 VP라고 한다. 그런데 VP에 주어 NP가 부여되지 않는다면 어떻게 될까? 한정 동사 VP에는 주어가 반드시 부여되어야 하므로 주어 NP가 부여되지 않는 일이 있을 수 없다. 그러면 어떤 VP가 주어가 부여되지 않을 수 있는 VP인가? To 부정사 VP "to leave early" 또는 현재 분사형 VP "leaving early"나 과거 분사형 VP "left early"와 같은 것이 그러한 경우이다.

(1) a. Sandy persuaded me <u>to leave early</u>.
    b. Sandy promised me <u>to leave early</u>.
    c. Sandy wants <u>to leave early</u>.
    d. Sandy's <u>leaving early</u> was a surprise.
    e. Sandy had <u>left early</u>.

여기 쓰인 to부정사 VP, 현재 분사 VP, 과거 분사 VP에는 주어 NP가 부여되어 있지 않았다. 물론 의미상 그 VP의 주어가 무엇인지는 명백하다. 그러나 문장에 그 주어는 나타나지 않고 있다. 이러한 VP를 불포화 (상태의) 동사구(unsaturated VP)라고 부른다.

이러한 불포화 상태의 VP의 주어가 무엇인지 결정하는 문제가 통제의 문제이다. 이 문제는 지난 30년의 생성 문법 연구 역사상 아마 가장 많이 논의된 문제 중의 하나라고 해도 과언이 아닐 것이다. 이 문제에 대하여 그동안 많은 학자들이 이른바 상승 동사(raising verbs)와 탈락 동사(Equi verbs) 등과 관련하여 다양한 의견을 제시해 온 터이다.

HPSG는 이 문제를 통사론과 의미론의 접합 영역의 문제로 보고 상당히 세밀하고 복합적인 의미적 장치를 개발하여 이 문제의 해결에 접근한다. 전통적으로 이 문제는 "의미상 주어"를 찾는 문제로 알려져 왔다. 가령 (1a)에서 to leave early의 의미상 주어는 persuaded의 목적어인 me이고 (1b)에서는 to leave early의 의미상 주어가 promised의 주어인 Sandy이며, (1c)의 경우에도 그러하다. 왜 의미상 주어가 어떤 경우에는 목적어로 이해되고 어떤 경우에는 주어로 이해되는가? 이런 질문에 대답을 제공할 어떤 일반적인 원리가 있는가? HPSG는 전통 문법은 이런 문제에 체계적인 해결책을 제시하지 못할 뿐만 아니라 기존의 생성 문법의 여러 이론들도 순수한 통사적 해결책 추구에 몰두한 나머지 이 문제에 대한 종합적이고도 통합적인 해결에 이르지 못했다고 보고 있다. HPSG는 통제의 현상은 근본적으로 의미론 또는 심지어 화용론의 문제이나 이것이 통사적 장치와 밀접히 연결되어 있어서 두 영역의 상호 작용을 밝히지 않고는 이 현상의 전모가 드러나지 않는다고 본다.

6.2 통제 현상의 의미론적 성질과 통사적 연관성

"의미상 주어"(understood subject)라는 전통 문법적 용어는 매우 함축적이다. 불포화 상태의 VP는 반드시 한 문장의 보어로 쓰이고 있으며 그 VP의 주어가 무엇인지는 그 문장의 주동사의 의미가 무엇인가에 달렸기 때문이다. 가령 (1a)에서 불포화 상태의 VP "to leave early"는 persuaded의 보어이다. 그런데 그것의 "의미상" 주어 즉 '떠나는 사람'이 '나'로 이해되는 것은 persuade '설득하다'의 의미상 그렇게 밖에 될 수 없는 것이라고 생각할 수 있다.

"의미상 주어"라는 전통 문법적 용어가 일리는 있으나, 문법 이론상 통제 현상과 직접 연결시키기 위하여 앞으로 이것을 미표시(unexpressed) 주어라고 부르고 미표시 주어와 공지표되는 요소를 통제자(controller)라고 부르기로 한다. 가령 (1a)에서 to leave early의 미표시 주어를 통제하는 통제자는 직접 목적어 NP Sandy라고 말하기로 한다. (통제자 NP Sandy가 to leave early의 "의미상 주어"이다.)

그런데 따지고 보면 통제자가 왜 그렇게 되는가 하는 것은 주동사의 의미 때문이다. '설득하다'라는 의미가 성립하기 위해서는 설득하는 사람이 설득당하는 어떤 사람에게 어떤 행동을 수행하도록 해야 한다. 설득의 의미의 3 요소는 설득자와 피설득자, 그리고 설득의 내용에 해당하는 상황이다. 이 3 요소가 바로 '설득하다'라는 동사의 의미역(semantic 또는 thematic roles)이다. 여기서 중요한 사항은 그 3 요소를 이어주는 하나의 연결 고리가 있다는 점이다. 즉 설득의 내용에 해당하는 상황은 반드시 어떤 행동이며 그 행동의 수행자는 피설득자와 일치해야 한다. 이 연결 고리가 작용하지 않으면 설득의 상황이 성립할 수 없다. (1a)의 예로 다시 돌아가서 보면, Sandy가 설득자이고 me가 피설득자이며 (to) leave early가 설득의 내용이다. 즉 "Sandy가 나에게 일찍 떠나도록 설득했다"는 것이 (1a)의 설득의 상황이다. 이때 to leave early의 통제자는 무엇인가, 다시 말해 '떠나는 사람'은 누구인가? 떠나는 사람은 '나'이다. 즉 통제자는 me이다. 만약 이렇게 되지 않는다면 설득의 상황이 성립할 수 없다. 가령 Sandy가 나에게 떠나도록 설득했을 때 떠난 사람이 내가 아니고 Sandy라거나 그 외의 어느 다른 인물이라고 하면 이런 설득의 상황은 성립할 수 없다. 그러므로 to leave early의 통제자가 피설득자가 되는 것은 '설득하다' persuade의 의미가 성립하기 위해서 반느시 시켜져야 할 필수 사항이다.

(1b)의 주동사 promise의 경우에는 불포화 상태의 to 부정사 VP의 통제자가 왜 promise의 주어 Sandy가 되는가? 이 역시 promise 동사의 의미 때문이다. 약속하는 사람이 약속의 수혜자에게 무엇인가를 해주겠다고 약속할 경우에 그 무엇인가를 해주는 사람이 누구이어야 하는가는 자명

하다. 그것을 해주는 사람은 약속을 하는 사람 그 자신 이외의 어느 누구도 될 수 없다. 만약 해주는 사람이 약속하는 사람이 아닌 다른 어떤 사람 예컨대 약속의 수혜자나 기타 제 3자라면 그것은 이미 약속의 행위가 아니다. 가령 Sandy가 나에게 내가 일찍 떠나겠다고 약속한다거나 Sandy가 나에게 John이 일찍 떠나겠다고 약속한다고 가정해 보라. 그러한 약속은 있을 수 없다.

(1c)의 want의 경우에 있어서도 to 불포화 부정사 VP "to leave early"의 미표시 주어는 want 동사의 의미로 말미암아 want의 주어와 일치해야 한다. 여기서 want의 의미는 '무엇인가를 하고자 하는 마음을 느낀다'는 것이다. 다시 말하면, 의향, 의도, 욕구 등의 심리적 상태를 경험한다는 뜻이다. 이때 그러한 욕구의 대상이 되는 행동의 주체자는 누구이어야 하는가? Sandy가 일찍 떠나고 싶은 욕구를 경험할 때 떠나는 사람이 누구인가? 그것은 그 욕구를 경험하는 자 Sandy 이외의 다른 사람이 결코 될 수 없다.

이와 같이 통제자의 결정은 본동사의 의미적 특징에 의존한다. 위에서 세 가지 동사를 가지고 그 의미와 통제의 문제에 대하여 논의했다. 그런데 실은 통제와 관련되는 많은 다른 동사들이 이 세 동사의 경우와 같은 방식으로 통제자의 선택이 결정된다는 것을 발견하고 이를 체계화한 것이 Pollard & Sag (1994)의 통제 이론이다. 그에 의하면 order, compel, force, convince, allow, permit 등의 동사들이 persuade와 같은 방식으로 통제자가 결정된다. 또 swear, agree, attempt, offer, choose, threaten 등의 동사들이 promise와 유사하다. 그리고 desire, hope, long, hate, expect 등의 동사들이 want와 비슷하다. 그래서 Pollard & Sag (1994)는 persuade 류를 *influence* 유형, promise 류를 *commitment* 유형, 그리고 want 류를 *orientation* 유형으로 명명하고 그것들을 HPSG 유형 위계(type hierarchy)에 편입시킨다.

(2) *quantifier-free-parametrized-state-of-affairs* 유형의 유형 위계

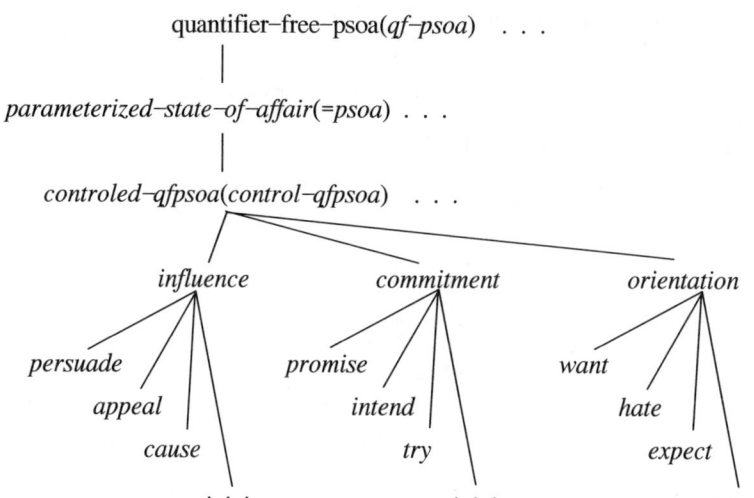

parameterized-state-of-affair(=psoa) 유형은 상황 의미론에서 도입한 개념이다. 그것은 모든 개별적인 상황을 포괄하는 일반적 상황이다. 그것은 기본적으로 상황의 구성 요소인 관계(relation)와 그 관계에 참여하는 사물 또는 인물들로 구성된다. 관계의 성질에 따라 참여자의 수와 종류가 정해진다. 가령 '좋아한다'는 관계는 '좋아하는 자'와 '좋은 자(=좋아하는 대상)'가 참여하여 성립하는 상황이다. 이 *psoa*를 AVM으로 나타내면 아래와 같다.

(3) $\begin{bmatrix} psoa \\ \text{RELATION} \quad like \\ \text{LIKER} \quad \boxed{1}ref \\ \text{LIKED} \quad \boxed{2}ref \end{bmatrix}$

먼저 이 상황의 유형은 *psoa*이다. 이 *psoa*는 세 가지 기본 자질에 의

하여 특징지워 진다. 첫째, 관계 자질의 값이 "like"이다. 이 관계에 두 개의 참여자가 있어야 한다. 하나는 LIKER이고 다른 하나는 LIKED이며 그 값은 *rerferential nominal* 유형(*ref*)이다. *ref*는 허사 it이나 there를 배제하는 역할을 한다.

또 다른 예로 무엇인가가 아름답다는 관계는 '아름다운 것' 또는 '아름다운 자'가 그 관계에 참여하고 있다.

(4) $\begin{bmatrix} psoa \\ \text{RELATION} \quad beautiful \\ \text{INSTANCE} \quad \boxed{1} \end{bmatrix}$

여기서 LIKER, LIKED 등은 술어 논리학에서의 논항, 의미론에서의 의미 역할(semantic role) 또는 의미역(thematic role) 등의 개념에 비교할 수 있는, 그와 유사한 개념이다.

이상 예에서 볼 수 있는 바와 같이 *psoa* 유형은 보통 사람들의 세계에 대한 상식을 형식화한 것이라고 볼 수 있다. 그것은 세계의 모든 상황을 포함하는 만큼 그 수가 엄청나고 그 성질이 다분히 백과사전적이다. 그래서 이러한 내용을 낱낱이 다루는 것은 언어 이론의 범위를 벗어난다고 보고 HPSG는 이를 모두 구체적으로 논의하지는 않는다. 다만 통제 관계의 정의에 직접 관련되는 범위 안에서 논의하는 것으로 충분하다. *qf-psoa* 이하의 유형이 그러한 사항들이고 이들에 대해서 아래 (6)과 같이 자질 선언을 하고 이를 이용하여 통제 이론을 수립한다.

(6) 각 유형들의 제약
    a. *control-qfpsoa*: [SOA-ARG *psoa*]
    b. *influence*: $\begin{bmatrix} \text{INFLUENCE} \ ref \\ \text{INFLUENCED} \ ref \end{bmatrix}$
    c. *commitment*: [COMMITOR *ref*]
    d. *orientation*: [EXPERIENCER *ref*]

e. *persuade*
$$\begin{bmatrix} \text{INFLUENCE} & \boxed{1}\textit{ref} \\ \text{INFLUENCED} & \boxed{2}\textit{ref} \\ \text{SOA-ARG} & \end{bmatrix}$$

f. *promise*
$$\begin{bmatrix} \text{COMMITOR} & \boxed{1} \\ \text{SOA-ARG} & \end{bmatrix}$$

g. *want*
$$\begin{bmatrix} \text{EXPERIENCER} & \textit{ref} \\ \text{SOA-ARG} & \end{bmatrix}$$

(SOA-ARG = State-of-Affair-Argument, 상황논항)

SOA-ARG의 값은 불포화 상태의 to 부정사의 의미 내용에 따라 정해진다. 위 (1a, b, c)의 경우에 다 같이 to leave early의 의미 내용이 SOA-ARG의 값이 된다. 유형 *persuade*의 경우를 먼저 보자.

(7) (=(1a) Sandy persuaded me to leave(early는 생략했음.))

$$\begin{bmatrix} \text{CONTENT} & \begin{bmatrix} \textit{persuade} \\ \text{INFLUENCE} & \boxed{1}\textit{ref} \\ \text{INFLUENCED} & \boxed{2}\textit{ref} \\ \\ \text{SOA-ARG} & \begin{bmatrix} \text{REL } \textit{leave} \\ \text{LEAVER } ? \end{bmatrix} \end{bmatrix} \end{bmatrix}$$

SOA-ARG의 값이 to leave의 psoa이다. 그리고 일항 술어 leave의 의미역(또는 논항)이 LEAVER인 것까지 밝혀졌다. 그러나 아직 **CONTENT** 자질 구조에서 가장 중요한 부분이라고 할 수 있는 몇 문제가 미결 상태이다.

첫째, INFLUENCE와 INFLUENCED 의미역의 값이 지시 지표인 것만 밝혀져 있지 그것이 무엇인지 또는 누구인지 밝혀지지 않았다. 즉 누가 설득하는 사람이고 누가 설득 당하는 사람인지 아직 알 수 없다. 둘째, SOA-ARG의 값 psoa의 REL 값 leave가 어디서 어떻게 왔는지 위의 자질 구조에는 아직 나타나 있지 않다. 셋째, 의미역 LEAVER의 값이 밝혀지지 않았다. 떠나는 사람이 누구인지 즉 통제자가 누구인지 밝혀져 있지 않다. 이중에서 첫째와 둘째 문제는 persuade 동사의 어휘적 속성으로 어휘부에 밝힐 사항이다. persuade의 어휘적 속성에 의하여 설득하는 사람은 persuade의 주어인 Sandy이고 설득 당하는 사람은 그 직접 목적어인 me이며 설득의 내용은 to 부정사 VP의 의미 내용이라는 것이 밝혀진다.

셋째 문제를 밝히는 것이 통제의 문제이다. 통제 원리에 의하여 떠나는 사람이 persuade의 직접 목적어인 "me"라는 것이 밝혀질 것이다. persuade 뿐만 아니라 모든 통제 동사들을 대상으로 통제자의 정체를 밝혀 일반적으로 기술할 필요가 있다. 그것이 바로 HPSG의 통제 원리이다.

통제 원리를 수립하는 데 있어서 고려해야 할 또 하나의 중요한 사항은 의미적 장치만으로 통제자의 정체를 밝히는 일을 다 할 수 없다는 점이다. 다른 어휘적 속성의 경우와 같이 통제자의 결정도 의미 장치가 통사 구조에 유기적으로 연결되는 의미 구조와 통사 구조의 접합 속에서 비로소 정의될 수 있다. 이때 핵심적 역할을 하는 통사적 장치가 논항 구조(argument structure)이다. 논항 구조의 값이 되는 보어(complement) (또는 논항(argument)) 중의 어느 하나와 의미 구조의 의미역이 지표를 공유함으로써 통제 관계가 통사-의미적으로 결정된다. 이와 같이 통제 현상은 통사론과 의미론의 상호 협조에 의하여 포착 될 수 있다. HPSG의 통제 원리는 아래와 같다.

(8) 통제 이론(Control Theory)(예비안)

하나의 불포화 상태의 VP의 CONTENT가

SOA-ARG이고 그 SOA-ARG가 어떤 psoa의
한 논항이며 그 *psoa*의 유형이
*controlled-quantifier-free-psoa(control-qfpsoa)*일 때,
그 불포화 상태 VP 보어의 SPR 값은
그 *psoa*의 *control-qfpsoa* 유형의 하위 유형이
무엇인가에 따라 다르게 정해진다. 그 하위 유형이
influence 유형이면 그 VP의 SPR 값은
INFLUENCED 의미역과, *commitment*
유형이면 COMMITOR 의미역과, 그리고
orientation 유형이면 EXPERIENCER 의미역과
각각 공지표(coindex)된다.

이제 이 통제 이론에 따라 또 한편으로 각 동사의 내재적 어휘 속성에 따라 각 동사의 ARG-STR와 CONTENT의 값이 아래와 같이 결정된다.

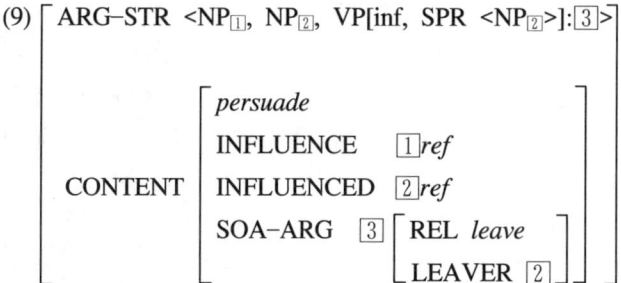

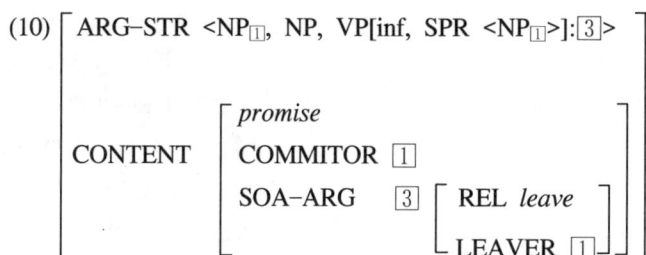

6장 통제 현상(Control)　453

(11)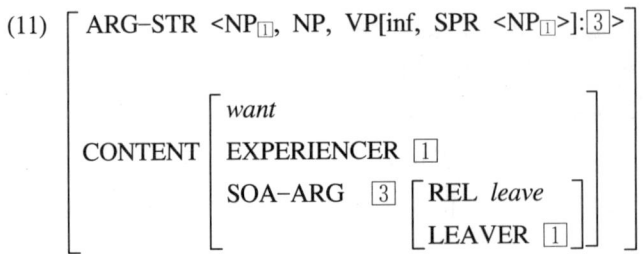

　(9)의 동사 persuade의 ARG-STR의 값은 주어 NP, 직접 목적어 NP, to 부정사 VP 등 세 개의 보어로 되어 있다. Persuade의 의미 유형은 *influence* 유형의 하부 유형인 *persuade* 유형이다. (유형 위계도 (2)를 보라.) 이 유형은 세 개의 의미역을 가진다. INFLUENCE, INFLUENCED, 그리고 SOA-ARG가 그것이다. 첫째 의미역으로 유정 명사와 무정 명사가 다 가능하기 때문에 그 명칭을 AGENT나 INFLUENCER라고 하지 않고 INFLUENCE라고 했다. (Cf. Ignorance of thermodynamics compelled Pat to enroll in a poetry class.) INFLUENCE 의미역의 값은 지시 지표 (referential index)이다. 이 지표와 ARG-STR 값의 첫째 보어 즉 persuade의 주어 NP의 지표가 같다. 이것을 번호표 1로 나타내었다. (아래 첨자 번호표(subscript tag)는 지시 지표를 나타낸다.) persuade의 주어가 INFLUENCE 의미역을 담당한다는 뜻이다. 둘째 의미역이 INFLUENCED이다. 영향을 받는 자, 여기서는 설득 당하는 자에 해당한다. 그것은 persuade의 직접 목적어와 지표를 공유한다. 번호표 2로써 그 관계를 나타내었다. persuade의 셋째 보어 to 부정사 VP의 의미 내용은 SOA-ARG이다. 그것을 번호표 3으로 나타내었다. (" : " 다음의 번호표는 의미 내용을 가리킨다. "VP:3"은 VP의 의미 내용을 뜻한다.) 여기까지가 persuade 동사의 내재적 의미 속성이다.

　다음 불포화 VP의 SPR 값이 NP이며 그 지표가 INFLUENCED의 지표와 같다. 이 부분이 통제 이론의 정하는 바에 따른 것이다. 이 SOA-ARG의 REL 값이 *leave*이고 이 일항 술어의 의미역 LEAVER의 값과 to 부정사 VP의 SPR의 값이 공지표되는 것은 동사 leave의 내재적 어휘 속성에 의한 것이다. 그러니까 LEAVER의 지표와 INFLUENCED의 지표가 같은 것은 간접적으로 결정된 결과이다. LEAVER의 지표가 to 부정사 VP의 미표시 주어 NP의 지표와 같고 INFLUENCED의 지표가 또한 to 부정사 VP의 미표시 주어 NP의 지표와 같으므로 LEAVER의 지표와 INFLUENCED의 지표가 같게 된 것이다.

여기서 한 가지 주의할 사항은 to 부정사의 미표시 주어는 직접 목적어 NP와 같다는 식으로 말해서는 안된다는 점이다. 미표시 주어는 문장 상에 나타나지도 않으며 직접 목적어는 persuade의 직접 목적어일 뿐이다. 있지도 않은 어떤 것과 직접 목적어가 서로 같다는 것은 말이 안된다. 같은 것은 그 두 요소의 지시 지표이다. 그 두 통사 요소가 공지표 (coindex) 되므로 "떠나는 사람"이 "설득 당하는 사람"으로 이해되는 것이라고 설명하려고 하는 것이다. 이와 같이 미표시 주어의 정체를 의미적 관계 속에서 의미적 공지표 현상으로 파악하는 것이 HPSG 통제 원리의 골자이다.

유형 *promise*는 COMMITOR와 SOA-ARG 두 의미역을 가진다. 불포화 VP 보어의 미표시 주어 NP의 지표가 통제 원리에 따라 COMMITOR의 값과 공지표된다. 유형 *want*는 의미역 EXPERIENCER와 SOA-ARG를 가지고 불포화 VP 보어의 미표시 주어는 EXPERIENCER와 공지표된다. 그 이외의 모든 사항은 위의 *persuade*의 경우에 대한 설명과 같다.

6.3 통제자 실현의 문제

통제자 배정을 결정하는 통제의 원리는 불포화 동사구의 미표시 주어의 통제자가 무엇인지를 의미적 장치로써 결정한다. 그러나 그 통제자가 통사적으로 어떻게 실현되는지, 또는 반드시 실현되는지, 실현되지 않을 수도 있는지의 문제는 통제의 원리가 관여하는 사항이 아니다. 물론 지금까지 우리가 검토한 세 가지 유형의 통제 동사의 경우에 통제자는 직접 목적어이거나 주어였다. 그러나 이것은 통제의 원리의 결정 사항이 아니고 개별 동사의 의미적 특성으로 말미암아 간접적으로 얻어지는 결과라는 것을 앞에서 언급한 바 있다. 예를 들면, promise의 경우에 그 불포화 동사구의 미표시 주어가 promise의 주어이지만, 통제의 원리가 이렇게 규정하는 것은 아니다. 통제의 원리가 규정하는 것은 그 미표시 주어는 promise의 의미 내용 psoa(약속의 psoa)의 COMMITOR 의미역과 공지표된다는 것 뿐이다. 그리고 promise 자체의 내재적 의미 특징에 따라 COMMITOR 의미역은 promise의 주어 NP와 공지표되고 약속의 psoa의 또 하나의 의미역인 SOA-ARG의 값은 promise의 불포화 동사구 보어의 의미내용 psoa와 같고 그 psoa의 첫째 의미역이 COMMITOR 의미역과 공지표된다. 이런 결과로 미표시 주어와 promise의 주어가 공지표되어 결국 미표시 주어가 통사적으로 promise의 주어로 실현된 것처럼 보이는 것이다.

어떤 의미에서 미표시 주어가 이런 과정을 통하여 실현된다고 말할 수 있을지도 모른다. 그러나 그 과정은 통제자가 통사적으로 어떻게 실현되는가 하는 문제에 대한 대답이 될 수는 없다. 왜 통제자가 주어 또는 목적어로 실현되는가 하는 질문에 대한 직접적인 대답이 될 수 없기 때문이다. 통제자의 의미적 배정의 문제와 통제자의 통사적 실현의 문제는 같은 문제가 아니다.

HPSG는 통제자의 실현의 문제에 대하여 흥미 있는 해결책을 제시한다. 근본적으로 통제자 실현은 결속의 원리에 따른다는 입장을 취하고 있다. 결속 원리가 왜 여기에 관여하는가? 이 견해의 열쇠는 통제 동사의 불포화 동사구의 미표시 주어 NP가 조응사라고 보는 데서 출발한다. 미표시 주어가 조응사라면 그것은 결속의 원리를 따라야 한다. 다음 통제 동사들의 ARG-STR 값들을 보라.

(12) a. *influence* 유형: ARG-STR <NP, NP$_i$, VP[*inf*, SUBJ <NP:*refl*$_i$>]>
    b. *commitment* 유형: ARG-STR <NP$_i$,(NP), VP[*inf*, SUBJ <NP:*refl*$_i$>]>
    c. *orientation* 유형: ARG-STR <NP$_i$, VP[*inf*, SUBJ <NP:*refl*$_i$>]>

먼저 주어 **NP** 또는 직접 목적어 **NP**가 VP 보어의 미표시 주어를 사격 통어한다는 것을 상기하라. 앞장에서 우리는 사격 통어를 정의할 때 이러한 경우를 고려한 바 있다. 사격 통어의 조건 (ii)와 (iii)이 중요한 역할을 한다. (앞장의 (24) 참조) 조건 (i)에 의하여 주어 또는 직접 목적어가 VP[*inf*]를 사격 통어하고, 그 다음은 (ii)와 (iii)이 작용한다. 즉 이 VP[*inf*]는 그 주동사의 투영이며 자신의 미표시 주어는 그 주동사가 하위범주화하므로 통제동사의 주어 또는 직접 목적어가 그 미표시 주어를 사격 통어하게 된다.

(12a) *influence* 유형의 경우에 미표시 주어가 조응사이므로 결속 이론 A를 지켜야 한다. 재귀 대명사인 미표시 주어는 국부적으로 사격 결속되어야 한다. 그것을 사격 결속할 수 있는 선행사는 주어, 직접 목적어 둘 중의 어느 하나이다. 둘 중 어느 것도 VP 보어보다 사격성이 작기 때문이다. 통제의 시각에서 보면 주어나 직접 목적어 중 어느 하나가 통제자가 된다는 말과 같다. 그리고 통제자는 이 둘 이외의 어느 것도 되어서는 안된다. 만약 다른 것이 통제자가 되면 결속 이론 A를 위배하게 된다. 그러므로 통제자는 주어 아니면 직접 목적어로 실현되어야 한다.

그런데 통제의 원리의 적용 결과로 주어가 배제된다. 만약에 주어로 실현되면 통제의 원리의 결과와 모순된다. 다시 말하면 결속 이론 A에 의하여 주어가 선행사로 선택되고 통제 원리에 의하여 통제자가 **INFLUENCED** 의 미역과 공지표 되면 지시의 모순이 발생하여 의미적 해석 불능 상태를 초래한다. 아래 상황이 이 모순을 나타낸다.

(13) $\begin{bmatrix} \text{ARG-STR} <\text{NP}_{\boxed{1}}, \text{NP}_{\boxed{2}}, \text{VP}[\textit{inf}, \text{SPR} <\text{NP}:\textit{refl}_{\boxed{1}}>]:\boxed{3}> \\ \text{CONTENT} \begin{bmatrix} \textit{persuade} \\ \text{INFLUENCE} \quad \boxed{1}\textit{ref} \\ \text{INFLUENCED} \quad \boxed{2}, \boxed{1}\textit{ref} \\ \text{SOA-ARG} \quad \boxed{3} \end{bmatrix} \end{bmatrix}$

결속 이론 A에 의하여 미표시 주어가 본동사의 주어와 공지표되어 있다. 이렇게 되면 INFLUENCED 의미역의 값에 문제가 생긴다. *influence* 유형의 내재적(어휘적) 의미 속성에 의하면 지시지표가 ②가 되어야 하고 통제 원리에 의하면 ①이 되어야 한다. 이것은 의미적 모순으로 있을 수 없는 상황이다.

이를 피하는 길은 미표시 주어가 본동사의 직접 목적어와 공지표 되는 길이다. 그렇게 되면 결속 이론 A도 만족시키고 통제 이론도 만족시킨다. 또 influence동사의 어휘적 속성도 정상적으로 구현된다. 즉 통제자가 오로지 직접 목적어로 실현될 때 정문이 성립한다. 그러니까 우리는 통제자는 결속 원리 A와 통제의 원리를 다 만족시키는 직접 목적어로 실현되는 것이라고 말할 수 있다.

HPSG는 결속 원리가 통제자 실현의 한 중요한 제약이 된다는 것을 구체적으로 보여준다. Pollard & Sag (1994)는 생성 문법계에서 오랜 동안 논란이 되어 온 몇 가지 통제의 문제를 결속 이론의 제약으로써 잘 설명할 수 있음을 보여 주고 있다.

첫째, 동사 help의 특이성과 관련된 문제이다.

(14) a. John helped them (to) trim the sail.
　　 b. John helped (to) trim the sail.

Help는 두 가지로 달리 쓰인다. (14a)처럼 직접 목적어를 가지고 쓰이기도 하고 (14b)처럼 그것 없이 쓰이기도 한다. (14a)의 help는 *influence* 유형으로 분석하면 별문제 없다.

(14b)가 문제다. 이 문장에서 to trim the sail의 미표시 주어가 John이 아니라 어떤 다른 사람으로 이해된다는 점이 중요하다. 이 미표시 주어가 John으로 이해되지 않는 것으로 보아 이것이 *commitment* 유형이나 *orientation* 유형에 속하지 않는다는 것이 확실하다. 그러면 (14b)의 help는 무슨 유형인가? 변형 문법식으로 생각하여 to 부정사 VP 앞에 음성적으로 실현되지 않는 불특정 미표시 주어가 있다고 가정하면 이 help도

(14a)의 help와 같이 *influence* 유형이 아닌가 하고 생각할 수도 있다.

(15) John helped somebody to trim the sail.

음성적으로 실현되지 않은 불특정 미표시 주어를 'Somebody'로 나타낸다고 하면 (14b)는 (15)에서 somebody를 생략하고 얻은 결과라고 분석할 것이다.
그러나 이 분석은 사실과 맞지 않는다.

(16) a. John$_i$ helped the barbers to shave him$_i$.
 b. *John$_i$ helped to shave him$_i$.
 c. John helped to shave them.

만약에 to부정사 앞에 불특정 미표시 주어가 있다고 하면 (16b)가 왜 비문이 되는지 설명할 수 없게 된다. 실제로 주어가 나타나 있는 (16a)에서 보는 바와 같이 John과 him이 공지표 되는데, (16b)가 불특정 미표시 주어가 있는 John helped somebody to shave him과 같은 구조에서 도출된다고 하면 John과 him이 공지표되는 것을 무엇으로 방지하나?
또 이 분석은 의미상 문제점이 있다. 직접 목적어가 나타나 있는 경우와 안 나타나 있는 경우에 help의 의미가 다르다는 점을 간과하고 있다. 직접 목적어가 있는 (14a)나 (16a)에서 help는 누구를 도와서 그가 무슨 일을 하게 해 준다는 뜻이다. 직접 목적어가 없는 (14b) 또는 (16c)의 help의 뜻은 도와 준다는 뜻 보다는 '참여한다' 또는 '동참한다'에 가깝다.
Pollard & Sag (1994)는 이 점에 착안하여 직접 목적어가 있는 것을 "보조의 help"(help of assistance), 직접 목적어가 없는 것을 "참여의 help" (help of participation)라고 부르고 새로운 설명을 제시한다. 그리고 그것들은 의미가 다른 만큼 통사적 성질도 다르다. 보조의 help는 앞에서도 말한 바와 같이 타동사로서 *influence* 유형이다. 그러나 참여의 help는 to부정사를 보어로 취하는 자동사이다. 그리고 그것은 *influence* 유형이 아니다. *commitment* 유형이나 *orientation* 유형도 물론 아니다. 따라서 보조의 help는 통제의 원리를 지켜야 하나 참여의 help는 통제의 원리와는 무관하다. 참여의 help의 to 부정사의 통제자(미표시 주어)가 단순히 help의 주어가 될 수 없다는 것은 다음 문장을 보면 확실해진다.

(17) a. *John$_i$ helped to shave himself$_i$.
　　 b.?*John helped to get the tenure.

(17a)가 이상한 것은 John이 스스로를 도와서 면도를 했다고 하기 때문이다. 자기의 얼굴을 면도하는 것을 자기가 돕는다는 것이 기이한 상황이다. (이것이 통사 의미적으로 비문이 되는 이유를 아래에서 곧 설명한다.) 이를 (16a)와 대조해 보라. (16a)에서는 이발사가 John을 면도해 주고 그것을 John이 도와 준 상황이므로 어색함이 없다. (17b)는 John이 누군가를 도와서 공동으로 tenure를 받았다고 말하고 있다. 이런 공동 교수직이 현실적으로 있을 수 없는 일이기 때문에 이 문장은 화용론적으로 기이하다. 그런데 만약 to 부정사의 통제자가 help의 주어라면 "John shaved himself"나 "John got the tenure"가 정문이듯이 (17a, b)도 정문이 되어야 한다고 볼 수밖에 없다. 그렇게 되면 이 두 문장의 기이함을 설명할 방법이 없게 된다. 따라서 참여의 help의 to 부정사 보어의 미표시 주어의 통제자는 help의 주어가 아니라고 보아야 한다. 그러면 그 미표시 주어의 정체는 무엇인가? 그것은 help의 주어 John을 포함하는 제 3자이다. (14b)와 (16c)의 의미를 다시 생각해 보라. 이는 모두 John이 어떤 사람과 협조하여 같이 무슨 일을 한다는 상황이다. 그러나 이때 그 어떤 사람이 문장상에 나타나면 이런 의미가 될 수 없다. (15)가 이 점을 확실히 보여 준다. 여기서는 John이 어떤 사람을 도와 주었을 뿐이고 배를 수리한 주체자는 그 어떤 사람이다. (14b)는 이런 뜻이 아니다. John이 배를 수리하는 일의 한 주체이고 또 다른 주체자가 있는 상황이다. 그것이 바로 참여의 뜻이다. 자동사 help는 공동 참여의 뜻을 나타낸다.

이러한 상황을 설명하기 위하여 Pollard & Sag (1994)는 참여의 help의

to 부정사 VP의 SUBJ의 값의 의미 유형이 통제 동사와 달리 *refl*가 아니라 *ppro*이어야 한다고 제안한다.

(18) 참여의 help: ARG-STR <NP, VP[inf, SPR<NP: *ppro*>]>

미표시 주어의 CONTENT 값이 *ppro* 유형임에 유의하라. 통제 동사의 경우 미표시 주어의 CONTENT 값이 *refl* 유형이지만 참여의 help의 경우 그것이 *ppro* 유형이다. 그래서 통제 동사의 경우에는 결속 이론 A가 적용되지만, 참여의 help의 경우에는 보어 VP의 미표시 주어 NP의 유형이 인칭 대명사(*ppro*)이므로 결속 이론 B가 적용된다. 그러면 인칭 대명사는 반드시 국부적으로 사격 자유이어야 하므로 미표시 주어는 help의 주어가 되어서는 안된다. 이와 같이 결속 이론 B의 제약을 지키게 함으로써 미표시 주어가 help의 주어와 동일시 될 수 없는 사실을 잘 설명해 준다.

특히 (16a)와 (17b)를 잘 설명할 수 있다. 그 문장들을 아래 다시 반복한다.

(19) a. *John$_i$ helped to shave him$_i$.(=16a)
    b. *John$_i$ helped to shave himself$_i$.(=17b)

(19a)는 결속 이론 B를 위배하여 비문이다. 인칭 대명사(*ppro*)는 국부적으로 사격 자유이어야 하는데 여기서는 주어 John에 결속되어 있으므로 결속 이론 B를 위배한다. (19b)도 결과적으로 결속 이론 B를 위배하는 것이 비문의 원인이다. himself의 선행사가 John인 것은 결속 이론 A를 지킨 것이므로 이 자체는 문제가 없다. 그러나 to shave himself 안에서 역시 결속 이론 A에 따라 미표시 주어가 himself와 공지표 되어야 하는데 그렇게 되면 결과적으로 그 미표시 주어가 help의 주어 John과도 공지표되게 된다. to shave himself의 미표시 주어는 인칭 대명사 *ppro*인데 이것이 주어 John과 공지표 된다는 것은 결국 결속 이론 B의 위반이다.

그리고 help는 통제 동사가 아니므로, 즉 *control-qfpsoa* 유형이 아니므로(앞에 제시한 유형 계통도 (2) 참조), 통제의 원리에 구속되지 않는다. 따라서 통제자가 무엇인지는 통사 의미적으로 결정할 수 없고 할 필요도 없다. 그것은 화용적 문맥에 따라 정해질 수 있을 뿐이다. 그래서 아래 (20a)와 같이 Mary와 him이 공지표 되지 않으면 결속 원리를 위배하지 않고 따라서 정문이 되는 데 하자가 없다.

(20) a. Mary$_j$ helped to shave him$_i$.
     b. *Mary$_j$ helped to shave himself$_i$.

그러나 (20b)는 비문이다. Mary와 himself가 공지표되지 않는 것은 좋으나 재귀 대명사가 선행사를 가질 수 없으므로 결속 이론 A를 위배한다. 부정사 to shave himself의 미표시 주어가 *ppron*이기는 하나 아무리 *ppron*이라고 해도 미표시 주어인 이상 재귀대명사의 선행사가 될 자격이 없는 것이다. 재귀 대명사의 선행사는 반드시 실제로 표현된 논항이어야 한다. HPSG의 결속 이론은 이 점을 분명히 하고 있다. 이런 면에서 to shave . . .의 주어가 실제로 구조의 한 성분으로 등장하는 이론(예컨대, GB이론)에서는 이 문제를 설명하기가 매우 곤란할 것이 예상된다.

이런 문제가 전혀 발생하지 않는 *commitment*나 *orientation* 유형의 경우를 보라.

(21) a. John$_i$ promised to shave himself$_i$.
     b. John$_i$ wanted to shave himself$_i$.

통제 동사의 경우에 to shave himself의 미표시 주어가 재귀 대명사(*refl* 유형)이므로 결속 이론 A에 따라 John과 공지표되고, himself 역시 재귀 대명사이므로 to 부정사구 안에서 *refl* 유형의 그 미표시 주어와 공지표된다. John과 himself는 직접 공지표되는 것이 아니라 미표시 주어를 매개로 하여 간접적으로 공지표된다는 것을 알 수 있다.
 이상으로 우리는 help 동사의 특이한 성질은 HPSG의 통제 이론과 결속 이론이 서로 협조하여 잘 설명할 수 있다는 것을 확인할 수 있다.
 다음으로 signal 류의 동사는 help와 또 다른 매우 흥미 있는 특성을 지니고 있다.

(22) a. The car signalled to turn left.
　　 b. Col. Jones signalled to land.

이들 문장은 모두 중의적이다. (22a)는 어떤 차가 자신이 좌회전하겠다는 신호를 보내는 상황으로 이해될 수도 있고 그 차가 다른 차를 보고 좌회전하라고 신호를 보내는 상황으로 이해 될 수도 있다. (22b)도 비슷하다. 존스 대령이 자기가 착륙하겠다고 신호를 보냈다고도 해석할 수 있고 다른 비행기에게 착륙할 것을 지시하는 신호를 보냈다고도 해석할 수 있다.
 동사 signal은 to전치사구나 명사구를 보어로 취할 수도 있다.

(23) a. The police car signalled (to) the oncoming car to turn left.
　　 b. Col. Jones signalled (to) the control tower to land.

이 경우에도 signal은 두 가지 해석을 가능하게 한다. (23a)는 경찰차가 자기쪽으로 오고 있는 차에게 좌회전하라고 신호를 보냈다고 해석할 수도 있고 경찰차 자신이 좌회전하겠다고 신호를 보냈다는 뜻도 될 수 있다. (23b)는 존스 대령이 자기가 착륙하겠다는 뜻밖에 없지만 구조적으로 중의성이 없어서 그렇게 되는 것이 아니고 관제탑이 착륙한다는 것이 현실적으로 있을 수 없는 일이기 때문에 그러하다.
 이와 같은 특성을 가진 signal 류의 동사를 다루는 방법에 두 가지가 있다고 보여진다. 첫째, signal을 두 가지 다른 종류의 동사로 나누고 하나는 *influence* 유형이고 또 하나는 *commitment* 유형이라고 보는 방법이다. (23a)의 경우 오는 차에게 좌회전하라고 신호를 보내는 경우는 signal이 *influence* 유형의 동사가 되고, 경찰차 자기가 좌회전하겠다고 신호를 보내는 경우는 *commitment* 유형이라고 보는 견해이다. 그러나 이 방법은 (22)의 경우를 설명하지 못한다. 이것은 직접목적어가 없으므로 *influence* 유형도 아니고 *commitment* 유형도 아니다.

둘째 방법은 Pollard & Sag (1994)의 제안이다. 이 방법은 signal은 통제 동사가 아니라는 전제에서 출발한다. 그런데 (22)에서와 같이 전치사구(또는 명사구) 보어가 없는 경우에는 to 부정사 VP 보어의 미표시 주어 NP의 유형이 *pron*이라고 보자는 제안이다. 이에 반하여 (23)과 같이 전치사구(또는 명사구) 보어가 있는 경우에는 그것이 *refl* 유형이 되어야 한다고 설명한다. 아래 (24a)가 전자에 해당하고 (24b)가 후자에 해당한다. (통제 동사의 경우 그것이 *refl*이고, help의 경우 그것이 *ppro*임을 상기하라.)

(24) a. signal: ARG-STR <NP, VP[*inf*, SPR <NP:*pron*>]>
　　　b. signal: ARG-STR <NP, (PP[to]), VP[*inf*, SPR <NP:*refl*>]>

미표시 주어의 의미 유형이 *pron*이면 그 하부 유형이 *refl*과 *ppro*이므로 *refl*로 실현되든가 *ppro*로 실현된다. (제 5장. (7) 참조) *refl* 유형으로 실현되면 결속 원리 A가 적용되어 미표시 주어의 통제자가 주어가 된다. (22)에서 그 차 자체가 좌회전하는 경우와 존스 대령 자신이 착륙하는 해석이 이 경우이다. 미표시 주어가 *ppro*로 실현되면 결속 원리 B가 적용되어 미표시 주어의 통제자가 주어가 아닌 다른 사람이 되어야 한다. (22)에서 좌회전하는 사람이나 착륙하는 사람이 주어가 아닌 다른 제 3자인 경우가 이에 해당한다. (23)에서와 같이 to 전치사구 보어가 있는 경우에는 (24b)에서 보는 바와 같이 미표시 주어가 *refl* 유형이므로 두 가지 가능성이 있다. 결속 원리대로 주어가 통제자가 될 수도 있고 to 전치사구가 통제자가 될 수도 있다.

이와 같이 명사의 의미 유형을 이용하여 help와 signal 문장의 중의성을 잘 설명할 수 있다. 중요한 것은 통제의 문제는 결속의 문제와 긴밀히 연결되어 있다는 것을 반영함으로써 통제자의 실현 방식도 아울러 설명할 수 있다. 이 점을 통제의 원리에 반영하여 앞에서 제시한 통제의 원리(예비안)를 다음과 같이 수정할 필요가 있다. 미표시 주어의 의미 유형이 *refl*이라는 점을 반영하여 수정하였다.

(25) 통제 이론(Control Theory)(수정안)

하나의 불포화 상태의 VP의 CONTENT가
SOA-ARG이고 그 SOA-ARG가 어떤 *psoa*의
한 논항이며 그 *psoa*가 유형이 *control-qfpsoa*일 때,
(ⅰ) 그 불포화 상태 VP 보어의 SPR 값은 *reflexive* 유형이고,
(ⅱ) 그 *psoa*의 *control-qfpsoa* 유형의 하위 유형이 *influence* 유형이면 그 불포화 VP의 SPR 값은 INFLUENCED 의미역과, *commitment* 유형이면 COMMITOR 의미역과, 그리고 *orientation* 유형이면 EXPERIENCER 의미역과 각각 공지표된다.

6.4 통제자의 이동 현상(Controller Shift)

다음과 같은 문장에서 통제자가 보통의 경우와 다르게 이해된다.

(26) a. Kim promised Lee to be allowed to leave.
    b. Kim asked Lee to be allowed to leave.

정상적인 경우라면 (26a)에서는 to be allowed to leave의 미표시 주어의 통제자가 Kim이 될 것이고, (26b)의 경우에는 ask가 *influence* 유형이므로 통제자가 Lee가 될 것으로 예상된다. 그러나 사실은 이와 다르다. (26a)에서는 Lee가 통제자이다. (26b)의 일차적 해석에서는 Kim이 통제자

이지만, 또 다른 해석에서는 Lee가 통제자가 되는 것이 가능하다. 말하자면 정상적인 경우의 통제자가 여기서는 다른 곳으로 이동된 것처럼 보인다. 이와 같이 예상을 뒤엎는 통제자의 이동 현상에 대하여 생성 문법에서 많은 논란이 있었다.

HPSG는 이 문제를 의미적 변용의 문제로 보고 해결책을 찾는다. 이런 의미적 변용의 원인은 통제 동사 promise와 ask의 보어 VP에 의미적으로 문제가 있기 때문이다. 이 통제 동사의 보어인 to 부정사 VP는 행위 혹은 동작을 뜻하는 것이 정상적이다. 어떤 행위나 동작을 하겠다고 약속한다든지 또 어떤 행위나 동작을 해달라고 요청하는 것이 정상적이다. 그렇지 않고 그것이 어떤 상태이기를 약속한다든가 어떤 상태이기를 요청하는 것은 비정상적이다. 물론 어떤 상태에 이르기를, 또는 어떤 상태에 놓여 있기를 약속하는 것은 정상적인 약속이고, 어떤 상태로 가기를 또는 어떤 상태에 놓여 있기를 요청하는 것은 정상적인 요청 행위이다. 그러나 이것은 이미 상태가 아니고 행위나 동작에 속한다. 통제 동사의 보어 to 부정사 VP는 반드시 행위 혹은 동작을 뜻하는 것이어야 한다는 의미적 제약이 있는 것이 분명하다.

그런데 이 to 부정사 보어가 행위나 동작을 뜻하지 않고 상태를 뜻할 경우에 어떤 사태가 발생할까? (26)이 바로 그런 경우이다. "to be allowed to . . ."는 동작이 아니고 상태이다. 그래서 이것은 통제 동사의 보어에 대한 의미 제약을 어긴 것이다. 이렇게 될 때 두 가지 가능성이 있는 것 같다. 첫째는 있는 그대로 어색하고 부자연스런 해석을 묵인하는 것이다. 둘째는 어색한 해석을 자연스런 해석으로 바꾸어 해석하는 융통성을 발휘하는 방법이다. 이 둘째 방법은 Pollard & Sag (1994)가 제시한 것으로 그들은 어색한 해석을 자연스런 해석으로 돌려놓는 방법 중에 사역 의미를 추가함으로써 상태를 행동으로 바꾸는 방법이 있음을 지적한다. 그들은 그것을 "사역 강요"(causative coercion)라고 부른다. (26)에 사역 강요 과정이 적용되어 부자연스런 문장을 자연스런 문장이 되게 해준다는 것이다.

이러한 사역 강요 과정이 (26)에 적용되면 결과적으로 다음과 같은 문장과 같은 뜻이 된다.

(27) a. Kim promised Lee <u>to cause</u> to be allowed to leave.
b. Kim asked Lee <u>to cause</u> to be allowed to leave.

밑줄 친 부분 to cause 가 개입(interpolate)되었음에 유의하라. 먼저 (27a)에서 to cause의 미표시 주어는 통제 이론에 따라 Kim이다. 다음 문제는 to be allowed to leave의 미표시 주어가 무엇인가 하는 문제이다. 그것은 Lee일 수도 있고 Kim일 수도 있다. Lee일 경우가 앞에서 언급한 바와 같은 해석 즉 to be allowed to leave의 통제자가 Lee가 되는 해석이다. 그렇게 되면 "Lee가 떠나도록(허용되게) Kim이 해 주겠다고 Kim이 Lee에게 약속했다"는 해석이 가능해진다. 이것은 정상적인 약속 행위이다. 이런 의미의 (27a)를 다음과 같은 직접 화법의 문장으로 고쳐 써서 나타낼 수 있다.

(28) Kim promised Lee, "I will cause you to be allowed to leave."

반면에 to be allowed to leave의 주어가 Kim이 되면 어색한 해석이 초래된다. "Kim이 Lee에게 Kim(자기)가 떠나도록(허용되게) Kim(자기)가 해 주겠다고 약속했다"는 것은 이상한 현상이다. 이것은 화용론적 이유로 매우 부자연스럽다. 다음 직접 화법을 보면 왜 그것이 부자연스러운지 분명해진다.

(29) Kim promised Lee, "I will cause myself to be allowed to leave."

내가 나 자신을 시켜서 내가 떠나도록 허락을 받게 하겠다고 약속한다는 것은 공허한 약속이다. 자기가 떠나는 것을 자기를 시켜서 허락 받게 하는 행위 자체가 이상한 행위려니와 그런 것을 누구에게 약속한다는 것은 더욱 해괴하다.

이와 같이 해서 (27a)의 의미를 해석하는 데 있어서 (28)과 같은 의미 즉 (27a)의 개입된 사역 동사 cause의 to 부정사 보어 to be allowed to leave의 미표시 주어가 Kim이 되는 해석이 (27a)의 올바른 해석이 되고 그것이 결국 (26a)의 올바른 해석이 된다.
　다음 (27b) ask의 경우에도 의미적으로 개입된 "to cause"의 to 부정사 보어 to be allowed to leave의 미표시 주어가 누구냐에 따라 두 가지 의미 해석이 가능해지고 그중 하나가 정상적 상황이 된다. 그것이 Lee일 경우와 Kim일 경우의 직접 화법 고쳐쓰기가 다음과 같이 될 것이다.

(30) a. Kim asked Lee, "(You) Cause yourself to be allowed to leave."
　　　b. Kim asked Lee, "(You) Cause me to be allowed to leave."

　(30a)는 to be allowed to leave의 미표시 주어가 Lee로 이해될 경우이고 (30b)는 그것이 Kim으로 이해될 경우이다. Kim이 Lee에게 무언가를 부탁하는 상황이라면 (30b)가 정상이고 (30a)는 비정상이다. 상대방 스스로 떠나도록 허가받게 해달라는 것은 상대방에게 부탁하는 내용이 될 수 없다. 반면에 자기가 떠나도록 해달라는 것은 정상적인 부탁이 될 수 있다. 그러나 만약에 (30)의 상황이 Kim이 Lee에게 무언가를 요청하는 상황이라면 (30a)가 정상이 되고 (30b)가 비정상이 된다. 왜냐면 상대방에게 무언가를 하게 하는 것은 정상적인 요청이 되고 자기 자신에게 무언가를 하도록 요청하는 것은 비정상적이기 때문이다. 앞에서 (26b)의 해석이 두 가지로 될 수 있고 이 두 해석이 각각 상이한 통제자를 요구한다는 것을 언급하였거니와 (30a)와 (30b)의 차이로써 이 점을 설명할 수 있다.
　이상에서 논의한 통제자의 이동 현상은 통제 동사 *commitment* 유형과 *influence* 유형의 원래의 의미에 사역의 의미가 개입됨으로써 일어나는 것이므로 통제 동사의 본래의 의미가 확장되는 현상으로 볼 수 있다. 이러한 의미 확장의 현상은 한 어휘의 용법의 융통성의 문제이므로 이것을 어휘 규칙으로 다루게 된다. 한 어휘의 용법이 다양할 때 그 중 한 가지 용법을 기본으로 잡고 나머지 용법들을 기본에서 파생되는 용법으로 볼 수 있고 이와 같은 어휘의 용법의 다양성은 어휘 규칙을 수립하여 포착할 수 있다. HPSG는 이를 위하여 다음과 같은 어휘 규칙을 제시한다.

(31) 사역 강요 어휘 규칙(Causative Coercion Lexical Rule)

$$\begin{bmatrix} \text{CATEGORY} \mid \text{ARG-STR} <\ldots, \text{VP[SPR<NP}\boxed{1}\text{>]}:\boxed{2}, \ldots> \\ \text{CONTENT} \begin{bmatrix} \text{RELN } commitment \text{ or } influence \\ \text{SOA-ARG } \boxed{2} \end{bmatrix} \end{bmatrix}$$

==>

$$\begin{bmatrix} \text{CATEGORY} \mid \text{ARG-STR} <\ldots, \text{VP[SPR<NP>]}:\boxed{3}> \\ \text{CONTENT} \mid \text{SOA-ARG} \begin{bmatrix} \text{RELN } i\text{-}cause \\ \text{INFLUENCE} \quad \boxed{1} \\ \text{INFLUENCED} \quad \boxed{2} \\ \text{SOA-ARG} \quad \boxed{3} \end{bmatrix} \end{bmatrix}$$

앞의 AVM이 commitment와 influence 유형의 정상적인 의미 내용이고 뒤의 AVM이 그것의 변용으로서 사역의 의미가 개입된 것이다. i-cause (interpolated-cause의 줄임)는 개입된 사역의 의미를 나타내는 술어이다. 이것은 위 (26)의 다시쓰기 형태인 (27)에 나타난 사역 동사 "to cause X"에 해당한다. 그러나 이것은 의미 관계에 등장할 뿐 문장에 나타나는 실재의 동사가 아니라는 점에 유의해야 한다. i-cause는 순전히 의미론적 요소이다. 그리고 i-cause는 실재의 사역 동사 cause와 같이 influence 유형이다. 따라서 그것은 INFLUENCE, INFLUENCED, SOA-ARG 등 세 개의 논항을 갖는다. i-cause의 INFLUENCE와 INFLUENCED 논항의 값은 통제 이론의 통제자 결정 과정에 따라 정해진다. 먼저 INFLUENCED의 값 ①은 통제 동사가 *commitment* 유형일 때는 COMMITOR 논항과 공지 표되고 그것이 *influence* 유형일 때는 INFLUENCED 유형과 공지표될 것이다. 다음 *i-cause*의 INFLUENCED의 값 ②는 통제 이론과 관계없이 문맥 상황에 따라 적절한 명사와 공지표된다.

*i-cause*의 셋째 논항 SOA-ARG는 to 부정사 VP 보어(즉 to be allowed to leave)의 의미 내용 그대로를(이것이 ③으로 표시되어 있음) 값으로 취한다. 이 psoa ③의 첫째 논항(즉 to be allowed to leave의 주어)은 *i-cause* 가 *influence* 유형이므로 통제 이론에 따라 *i-cause*의 INFLUENCED 값과 같아야 한다.

이 사역 강요 어휘 규칙이 적용된 결과를 아래 보인다. (32)는 통제 동사가 promise인 (26a)의 구조이고 (33)은 통제 동사가 ask인 (26b)의 구조이다.

(32) 변용된 promise의 어휘 속성

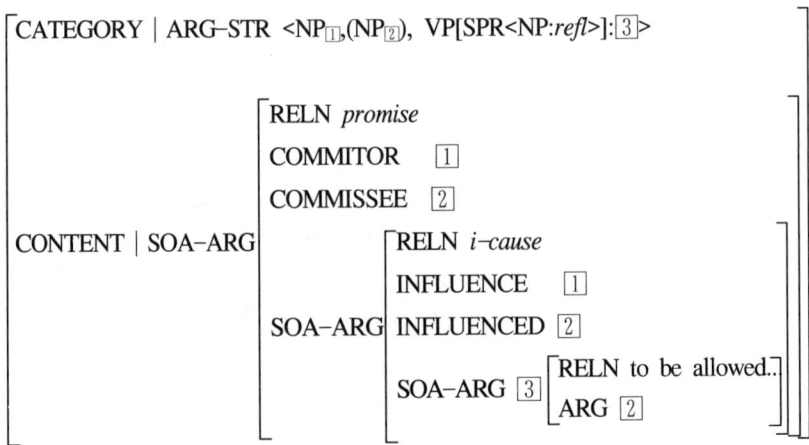

(33) 변용된 ask의 어휘 속성

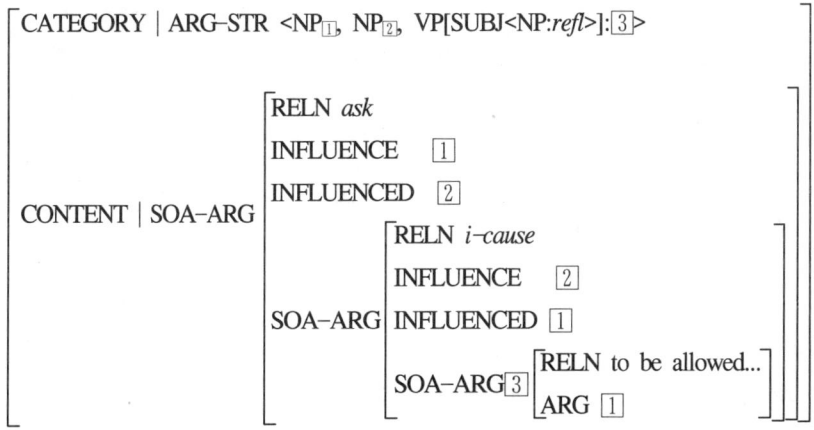

먼저 통제 동사 promise, ask와 to be allowed to leave사이에 *i-cause*가 개입되어 있는 데에 유의하라. 그리고 (32)에서는 promise의 COMMITOR 값이 *i-cause*의 INFLUENCE 값과 같고 (33)에서는 ask의 INFLUENCED 값이 *i-cause*의 INFLUENCE 값과 같다. 이는 통제 이론의 적용 결과이다. 다음 (32)의 i-cause의 INFLUENCED 값은 promise의 COMMISSEE의 값과 같지만 (33)의 그것은 ask의 INFLUENCED 값과 같다. 이것은 통제 이론에 의한 것이 아니고 화용적 상황에 따라 그렇게 된 것이다. 논리적으로 (32)의 *i-cause*의 INFLUENCED 값이 promise의 COMMITOR와 같고 (33)의 그것이 ask의 INFLUENCE와 같다고 해서 안될 것은 없다. 그러나 그렇게 되면 앞에서 지적한 바와 같이 현실적으로 있을 수 없는 기이한 상황이 되기 때문에 화용적 이유로 이 논리적 가능성이 배제된 것이다. 끝으로 *i-cause*의 SOA-ARG의 값은 to 부정사 보어 to be allowed to leave의 의미 내용이며 그것의 첫째 논항의 값은 반드시 *i-cause*의 INFLUENCED 값과 같아야 하는데 이는 물론 통제 이론에 의한 것이다.

이와 같이 통제자 이동은 *commitment* 유형과 *influence* 유형의 통제 동사가 취하는 to 부정사 보어의 의미가 행동이나 동작이 아닌 경우에 발생하는 현상이다. HPSG는 *i-cause*라는 *influence* 유형의 의미적 요소가 개입한다고 전제함으로써 이 현상을 설명한다. 이 의미적 전제 하나만 추가되면 나머지는 모두 통제 이론에 의해 정상적으로 설명될 수 있다.

사역 강요 과정은 통제 동사의 통제자 이동 현상에만 있는 것이 아니다. 여러 다른 구문에서도 이 과정을 볼 수 있다. 다음과 같은 명령문에서 이런 현상을 볼 수 있다.

(34) a. Be optimistic
 b. Be careful.
 c. ?*Be tall.

명령문에 있어서 명령의 내용이 행위 또는 동작인 것이 정상이다. 그런데 위의 형용사들은 모두 행위나 동작이 아니고 상태이다. 그래서 글자 그대로는 "낙관적이어라, 조심스러워라, 키가 커라" 등등 모두 어색한 명령문이다. 그러나 실제로 명령문(34)는 "낙관적이 <u>되도록 해라</u>, 조심스럽게 <u>되도록 해라</u>, 키가 <u>커지도록 해라</u>" 식으로 이해되고 그렇게 되면 상당히 자연스런 명령문이 된다. 이것이 바로 사역 강요를 통하여 상태가 행위로 바뀐 결과이다. 즉 이들은 "Make yourself be optimistic. Make yourself be careful. Make yourself be tall"처럼 모두 사역적 의미가 가미되어 이해되는 것이다.

6.5 결론

HPSG는 통제 현상이란 통사론과 의미론의 상호 작용임을 잘 보여 준다. 통제란 보어 VP의 미표시 주어의 정체성을 결정하는 과정이고 그것은 주동사의 의미에 크게 좌우되는 것이므로 일차적으로 의미적 현상이다. 그러나 통사적 장치의 도움이 없이 순전히 의미론적인 설명만으로 통제 현상을 다룰 수가 없다. 통제의 조건은 반드시 논항 구조 즉 보어에 의존하기 때문이다. 통제는 결속 현상과도 연결되어 있다는 것을 확인했는데 이도 또한 통제의 문제가 의미와 통사의 상호 작용임을 명백히 보여 주는 대목이다.

  통제 이론은 무엇보다도 유형의 이론을 활용한다. 통제 동사라는 유형을 도입하는 것이 중요하다. 통제 동사의 하위 유형으로 *influence* 동사, *commitment* 동사, *orientation* 동사 등 세 유형이 있으며 이들이 각기 유형 특유의 논항 구조와 의미 내용을 가진다. 통제의 문제는 이들 동사의 유형 제약을 정밀하게 밝힘으로써 대부분 해결된다.

7장 통사론과 형태론의 상호 작용과 어휘부의 조직

7.1 머리말

HPSG 이론은 어휘부와 형태론과 통사론의 상호 작용의 이론이라고 말해도 과언이 아니다. HPSG가 이처럼 형태 통사론의 접합(interface) 현상을 잘 설명할 수 있는 것은 무엇보다도 HPSG의 어휘주의적 특징과 자질 이론적 특징 때문이다. HPSG는 어느 다른 이론보다 어휘주의적 특징이 두드러진다. HPSG는 한 문장의 통사 의미 구조란 그 문장을 구성하는 어휘들의 내재적 속성들의 실현 그 자체라고 본다. 그리고 이러한 어휘주의적 특징은 HPSG의 자질 이론으로써 표현된다. 자질 구조는 HPSG의 표현 수단이다. 형태소에서부터 통사 범주와 의미 개념에 이르기까지 모든 언어적 표현과 개념들이 자질로 표현된다. HPSG는 자질 구조로써 어휘주의를 실현하는 이론이며 따라서 형태론과 통사론은 이론의 성질상 상호 작용할 수밖에 없도록 되어 있다.

HPSG는 어휘주의적 특징으로 말미암아 어휘부의 조직에 깊은 관심을 가지고 정제된 어휘부의 수립을 시도한다. 이로 말미암아 다른 이론에서 잘 볼 수 없는 어휘부와 통사부의 접합 과정을 여러 국면에서 개발하고 있다.

7.2 형태론과 통사론의 상호 작용

아래 문장의 통사 구조가 형태론과 어떻게 연결되어 있는지 살펴보자.

(1) The books are expensive.

　관사 "the", 복수 어미 "-s", 명사 "book", 동사 "are", 형용사 "expensive" 등이 어휘부에 등재될 때 그 어휘적 성질들이 모두 자질 구조로 표현되어 해당 어휘와 함께 등재된다.

(2) the: 범주가 지정어(SPR)이다.
　　-s: 명사 뒤에 붙는 어미이다. 복수를 나타낸다.
　　book: 범주가 명사이다. SPR을 요구한다.
　　are: 범주가 동사이다. 복수 주어를 요구한다. 형용사 보어를 요구한다.
　　expensive: 범주가 형용사이다.

　이들 어휘들이 결합하여 구를 이루고 종국에 하나의 문장을 이루는 것은 근본적으로 각 어휘가 가지고 있는 어휘적 성질로 말미암아 그렇게 되는 것이다. "book"과 "-s"가 각기 그 어휘적 성질로 말미암아 결합하여 "books"를 이룬다. "books"와 "the"의 성질로 말미암아 이 둘이 결합하여 "the books"라는 명사구를 이룬다. 또 "are"와 "expensive"는 각자의 성질로 말미암아 하나의 구로 결합되어 "are expensive"가 된다. 최종적으로 "the books are expensive" 역시 "the books"의 성질과 "are expensive"의 성질로 말미암아 그렇게 결합하도록 되어 있다.
　이와 같이 단어가 결합하여 구를 이룰 때 핵 자질 원리(Head Feature Principle), 결합가 원리(Valence Principle) 등 보편적 통사 원리들이 역할을 하기는 하지만 이러한 원리는 이론적 통일성과 일관성을 기하기 위한 것이고 근본적으로 구구조와 문장 구조는 단어들의 성질이라는 씨에서 자라난 나무와 꽃이라고 할 수 있다. 구구조의 나무와 꽃을 활짝 피우기 위해서는 보다 상세한 정보와 제약이 필요하다. 이런 정보와 제약을 모두 단어의 성질에 반영하여 풍부하고 정확한 어휘 정보를 갖게 해야 한다.

(3) 'book'의 어휘 속성

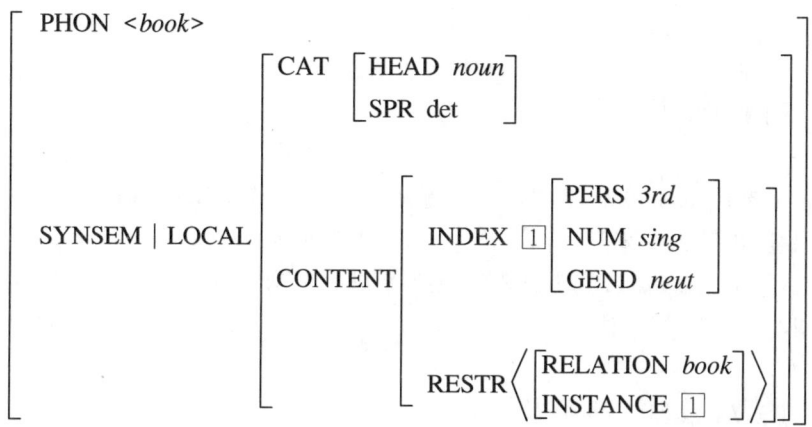

(3)은 책을 뜻하는 한 영어 단어의 어휘 정보를 자질 구조로 나타낸 것이다. 그 정보를 풀어 쓰면 대강 다음과 같다.

(4) a. 그 단어의 PHON 값 즉 발음은 'book([buk])'이다.
 b. 그 단어의 통사 범주는 *noun*이다.
 c. 그 단어는 지정어를 요구한다. 그때 지정어의 범주는 *det*(관사)이다.
 d. 그 단어는 사물을 지칭한다. 그 사물은 3인칭 단수 중성이다.
 e. 그 단어가 지칭하는 사물의 속성은 책이어야 한다.

복수 어미 -s가 명사 어근 *book*에 붙는 현상을 설명하는 방법으로 두 가지가 가능하다. 첫째, 어휘 규칙으로 처리하는 방법이 있다. 둘째, 유형 제약을 수립하여 설명하는 방법이 있다. 먼저 어휘 규칙을 수립하는 방법을 알아보자.

(5) 복수 어휘 규칙

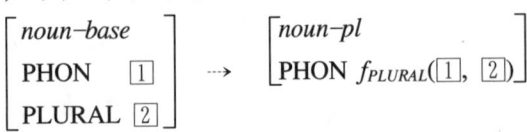

이것은 *noun-base* 유형의 명사를 입력으로 하고 *noun-plural* 유형의 명사를 출력으로 하는 어휘 규칙이다. 이때 *noun-plural* 유형의 PHON 값은 함수 f_{PLURAL}(①, ②)에 의해 결정된다. 이 함수의 값은 다음 두 가지 방법 중 하나로 결정한다.

(6) f_{PLURAL}(①, ②)의 값
   a. 입력에 ②의 값이 주어져 있으면 그것을 값으로 취한다.
   b. 입력에 ②의 값이 주어져 있지 않으면 ①에 어미 -s를 붙인 것을 값으로 한다.

자질 [PLURAL ②]는 불규칙 복수 명사를 처리하기 위한 자질이다. 어휘부의 각 명사의 어휘 자질에 이 자질을 포함하는데, 불규칙 복수 명사 형태가 있는 경우에 그것을 이 자질의 값으로 표기한다. 규칙적인 복수 명사 형태를 갖는 것은 이 자질의 값이 영(zero)이다. 가령 불규칙 명사 'child'의 어휘 항목은 [PLURAL children] 자질을 포함한다. 그러나 규칙 명사 'book'의 어휘 항목은 [PLURAL zero]가 된다.

그러면 위의 복수 어휘 규칙에 따라 'child'에 있어서는
f_{PLURAL}(child,children)='children'의 등식이 성립되고
'book'은 f_{PLURAL}(book, zero)='books'의 등식이 성립되어 child의 복수는 children이, book의 복수는 books가 되는 것을 설명한다.

둘째 방법은 유형에 제약을 가함으로써 복수 형태를 기술하는 방법이다. 먼저 명사 형태에 단수 유형이 있고 복수 유형이 있다고 가정한다. 영어 단어의 유형 위계에 다음과 같은 명사 형태에 관한 부분이 포함되어 있어야 한다.

(7)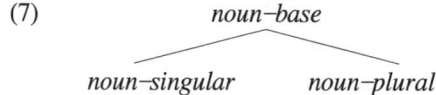

그리고 각 유형은 나름대로의 제약이 있는데 특히 *noun-plural* 유형이 지켜야 할 형태적 제약을 (8)과 같이 형식화함으로써 복수 명사의 형태적 적형성을 정의하는 것이다.

(8) *noun-plural* 유형의 제약

$$\begin{bmatrix} \textit{noun-plural} \\ \text{PHON } f_{PLURAL}(\boxed{1},\boxed{2}) \\ \text{STEM } \boxed{1}\textit{noun-base} \\ \text{AFFIX } \boxed{2}\text{-s} \\ \text{CONTENT | INDEX | NUMBER } \textit{plural} \end{bmatrix}$$

첫째, *noun-plural* 유형은 그 어근이 *noun-base* 유형이어야 한다. 둘째, 어미는 -s 이어야 한다. 셋째 INDEX | NUMBER의 값이 *plural*이다. 그리고 PHON의 값은 $f_{PLURAL}(\boxed{1},\boxed{2})$의 값이다. 함수 $f_{PLURAL}(\boxed{1},\boxed{2})$의 값이 어떻게 결정되는지는 앞에서 설명한 바와 같다.

다시 말하면, 영어의 복수 명사가 지켜야 할 형태적 제약을 (8)과 같이 형식화함으로써 복수 명사의 형태적 적형성을 정의하는 것이다.

이 이외의 모든 자질은 단수 명사의 자질 그대로이다. 관사를 요구한다든가 범주가 *noun*이라든가 하는 명사의 기본적 자질들을 다 유지하는 것은 물론이다.

이상에서 복수 명사 **books**가 형성되는 과정을 기술하는 방법이 두 가지 있음을 살펴보았다. 하나는 어휘 규칙에 의한 방법이고 또 하나는 유형 제약에 의한 방법이다. 두 가지 방법에 기술적인 차이가 있지만 근본적으로 **book**과 -s의 어휘적 속성이 실현된 것이라고 보는 것은 마찬가지이다. 그리고 이 명사구가 are expensive 라는 VP와 결합하여 포화 상태의 구 S가 성립할 수 있는 것도 동사 are의 어휘적 속성에 기인한다. 또 그 이전에 are가 형용사와 결합하여 VP를 이루는 것도 역시 are의 어휘적 속성 때문이다. 이 모든 어휘 속성들이 are의 결합가 자질에 명시되어 있다.

(9) are의 결합가 자질들(Valence Feature)
$$\begin{bmatrix} \text{AGR-STR} < \boxed{1}\text{NP:plural}, \boxed{2}\text{AP}> \\ \text{SPR} < \boxed{1}> \\ \text{COMPS} < \boxed{2}> \end{bmatrix}$$

동사 are는 보어로서 형용사구 하나를 요구하고 주어로서 복수 명사 하나를 요구하는데 이 두 가지가 are의 어휘적 속성이다. SPR 자질가가 NP:*plural*이라는 것은 이 단어 are의 주어가 될 수 있는 것은 CONTENT | INDEX | NUMBER의 값이 *plural*이라는 것을 의미하며 이는 또한 그 주어 NP의 유형이 *noun-plural*이라는 것을 의미한다.

그러나 이 어휘적 속성 속에 구를 이루는 데 필요한 모든 정보가 다 들어 있는 것은 아니다. 구를 이루는 데 필요한 구성 요소들이 무엇인가에 관한 정보는 있으나 그와 같은 구성 요소를 제공했을 때 구체적으로 어떤 구가 어떻게 이루어지는지에 대해서는 그 어휘 속성 안에 아무런 정보가 없다. 이를 통제하는 정보가 도식(Schemata)과 원리(Principles)들이라고 할 수 있다. 그리고 이러한 도식과 원리들은 통사론의 장치들이다. 하나의 문장 구조가 완성되기 위해서는 그 문장을 구성하는 어휘들의 어휘 속성들과 통사론의 장치들이 상호 협력해야 된다. 이것이 곧 형태론과 통사론의 상호 작용이다. HPSG는 형태론과 통사론의 상호 작용을 이론 속에 구체적으로 내재화하고 있다고 말할 수 있다.

(10)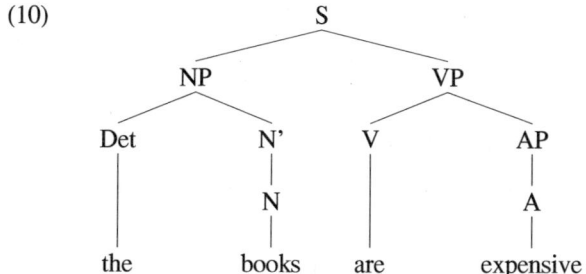

the와 book과 -s가 결합하여 NP를 이룰 수 있는 논리적 가능성의 가지수는 무수히 많지만 위의 나무 구조가 오직 정당한 구조로 보장되는 것은 통사론의 도식과 원리가 있음으로 해서이다. are와 expensive가 결합하여 VP를 이루는 경우도 마찬가지이다. 최종적으로 the books와 are expensive가 결합하는 데는 두 가지 다른 어순에 따른 두 가지 다른 구조가 있겠으나 이 경우에도 하나의 원리, 즉 통사적인 어순 원리로써 두 가지 중 하나가 올바른 구조로 보장받을 수 있도록 한다.

이와 같이 어휘 속성들은 결합 가능성의 단초를 제공하고 통사 규칙(즉 도식과 원리)들이 마무리 작업을 하는 것이라고 정리할 수 있다. 이 양자는 서로 유기적인, 상호 보완적 관계를 맺고 있는 것이다.

한편 최근의 새로운 경향에 따라 좀 더 철저한 제약 위주의 방식을 채택하면 어휘 규칙을 없애고 구를 유형 위계에 편입시켜 설명하는 방법이 가능하다. (Sag (1997), Malouf et al (1998)) 이 새로운 방법은 제 4 절에서 논의한다.

7.3 어휘부에서 유형 위계의 역할

여기서 우리는 제 2장에서 언급했던 어휘부의 잉여성 문제를 좀 더 상세히 논의한다.

어휘부에 등재되는 어휘 항목에는 그 어휘가 가지고 있는 모든 속성들이 구체적으로 기록되어 있다. 가령 앞의 (3)에서 본 바와 같은 그러한 자질 구조가 어휘 항목 book에 포함되어야 한다. 그리고 pencil, man, tree, flower 등 명사의 어휘 항목에도 그와 유사한 자질 구조를 밝혀 주어야 할 것이다. 또 books, pencils, trees, flowers 등의 명사의 어휘 항목에는 복수라는 점만 제외하고는 역시 앞의 자질 구조와 똑같은 자질 구조가 등재되어야 할 것이다.

그런데 이렇게 하다 보면 꼭 같거나 거의 같은 자질 구조를 너무 많이 반복하게 되는 것이 문제가 된다. 즉 중복성의 문제에 부딪치게 된다. 가령 book의 어휘 항목과 pencil의 어휘 항목을 비교해 보면 pencil의 자질 구조는 [RESTRICTION | RELATION pencil] 자질을 제외하고 book의 자질 구조와 완전히 동일하다. 이런 사정은 모든 다른 단수 명사의 경우에도 마찬가지이다. 결국 영어 명사의 수 만큼 동일한 자질 구조를 반복해서 언급하게 된다. 이것은 엄청난 비경제이다. Pollard & Sag (1987)은 이 같은 중복성을 수직적 잉여성(vertical redundancy)이라고 부르고 있다.

어휘부에 나타날 수 있는 또 하나의 중복성은 수평적 잉여성(horizontal redundancy)이다. 한 어휘 항목 안에서 동일한 자질들이 계속 반복되는 것을 수직적 잉여성이라고 한 데 반하여, 동일한 어휘 항목 또는 유사한 어휘 항목들이 반복 등재되는 것을 수평적 잉여성의 문제라고 한다. 수평적 잉여성을 해소하는 방법으로 어휘 규칙을 이용하는 방법이 있으며 그 한 가지 예로서 앞에서 복수 명사를 다루는 방법을 알아 본 바 있다 (즉 book과 books를 처리하는 방법을 알아보았다).

HPSG의 어휘부는 일반적으로 아래와 같은 형태를 취한다.

(11) 어휘부(Lexicon)의 형태

$$\text{어휘소 } L_1, \quad \text{어휘소 } L_2, \quad \ldots, \quad \text{어휘소 } L_n$$

$$\text{자질} \begin{bmatrix} F_{1-1} \\ F_{1-2} \\ \vdots \\ F_{1-k} \end{bmatrix} \quad \text{자질} \begin{bmatrix} F_{2-1} \\ F_{2-2} \\ \vdots \\ F_{2-l} \end{bmatrix} \quad \text{자질} \begin{bmatrix} F_{n-1} \\ F_{n-2} \\ \vdots \\ F_{n-m} \end{bmatrix}$$

영어 어휘부에는 L_1부터 L_n까지 약 40만(?)개의 어휘소가 등재된다. 각 어휘소는 어휘 속성을 나타내는 자질 F_{1-1}부터 F_{n-m}까지의 자질 중에서 나름대로의 자질들을 선택하여 각기 자신의 자질로 지니고 있다. 어휘소들은 수평적으로 나열되고 자질들은 수직적으로 나열된다. 이런 가정아래 어휘소와 관련된 잉여성을 수평적 잉여성이라고 하고 자질과 관련된 것을 수직적 영여성이라고 하는 것이다.

어휘부의 수직적 잉여성의 문제는 유형 위계(type hierarchy)를 수립하여 해결하려고 한다. 모든 언어 표현은 유형별로 분류되고 각 유형은 고유의 유형 제약(type constraints)이 있으며 이 제약들을 자질 구조로 나타낸다. 그런데 각 유형은 유형 위계의 어느 한 위치에 놓여 있고 위로는 상위 유형(supertype)이, 아래로는 하위 유형(subtype)이 분포해 있다. 그리고 유형 위계의 성질상 하위 유형은 상위 유형의 모든 자질을 물려받는다. (물려받는다는 것(inheritance)은 하위 유형의 자질 안에 상위 유형의 모든 자질이 들어 있으나 그 역은 반드시 성립하지는 않는다는 뜻이다.) 나아가서 하나의 하위 유형은 두 개 또는 그 이상의 상위 유형으로부터 자질을 물려받는 경우도 흔히 있다. 이와 같은 상위 유형과 하위 유형의 관계를 자질의 다중 상속(multiple inheritance)이라고 부른다. 유형 위계 내에서의 다중 상속의 관계를 이용하여 수직적 잉여성의 문제를 해결한다. 한 유형의 제약은 그 유형의 하위 유형의 제약과 같고 그 하위 유형에는 그것의 상위 유형에 없는 제약이 적어도 하나가 있다. 이제 그 하위 유형을 어휘부에 등재한다고 가정해 보자. 이 때 어휘부에 유형 위계가 포함되어 있다면 그 유형의 어휘 항목에는 상위 유형에 없는 자질만 밝히고 나머지 모든 자질은 유형 위계의 상위 유형에서 상속받을 수 있으므로 그에 대한 명세는 모두 생략할 수 있다. 이와 같은 방법으로 어휘 항목마다 동일한 자질들을 계속 반복되는 것을 피할 수 있다. 즉 수직적 잉여성을 방지하는 방법이다.

어휘 규칙과 유형 위계를 활용함으로써 어휘부에 나타날 수 있는 수평 잉여성과 수직 잉여성을 최소화할 수 있다. 각 어휘소 엔트리에는 그 어휘소의 유형과 어휘소 고유의 특이한 속성만을 밝히면 된다. 예를 들어 보통 명사 book과 pencil에 해당하는 어휘소 엔트리에는 그 유형 *common-noun*, 그 PHON 자질, 그리고 의미 자질 중 RESTRICTION 자질만 밝히면 된다.

   (12) "book"의 어휘 엔트리
$$\begin{bmatrix} common\text{-}noun \\ \text{PHON} \ /buk/ \\ \text{CONTENT} \mid \text{RESTR book} \end{bmatrix}$$

   (13) "pencil"의 어휘 엔트리
$$\begin{bmatrix} common\text{-}noun \\ \text{PHON} \ /pensl/ \\ \text{CONTENT} \mid \text{RESTR pencil} \end{bmatrix}$$

*common-noun*이라는 유형이 밝혀져 있으므로 유형 위계의 정하는 바에 따라 이 유형의 모든 상위 유형의 유형 제약을 물려받아 통사적, 의미적 속성을 보충해 주면 그것으로써 단어 book과 pencil이 된다.
   파생어 "books", "pencils" 등은 어휘 규칙의 적용 결과 생산되는 단어이므로 어휘부의 어휘 엔트리에 등재되지 않는다. 어휘부에는 어휘소만 등재된다.
   유형과 제약에 대해서는 관계절의 종류와 구조를 설명할 때 잠깐 살펴 본 바가 있었다. 관계절을 몇 가지 유형(type)으로 분류하여 유형 위계(type hierarchy)를 수립하고 각 유형에 고유의 제약(constraint)을 명시하면 다중 상속(multiple inheritance)의 방식에 따라 자질 구조의 단순화와 관계절의 경제적인 기술을 기할 수 있다는 것을 보았다. 이 방법은 관계절 뿐만 아니라 원칙적으로 모든 종류의 구와 절에 다 적용될 수 있다.

7.4 어휘부(lexicon)와 통사부의 접합(interface)

어떠한 언어 이론에서나 어휘부에서 어휘들의 내재적 성질을 밝히고 그것을 통사부(syntactic component)에 실현하여 문장의 구조를 기술하는 것은 통사론의 기본이다. 그러나 어휘부의 역할에 얼마나 큰 비중을 두느냐 하는 것은 이론마다 다르다. 가능한 한 큰 비중을 두려고 하는 것이 어휘주의적(lexicalist) 입장이다. 주지하는 바와 같이 HPSG는 최대한 어휘주의적 이론이 되려고 한다. 그런데 이와 같이 어휘부와 통사부가 상호 작용하는 정도를 넘어 이 두 부문이 완전히 유착된 상태를 두 부문의 접합이라고 할 수 있다. HPSG는 이와 같이 어휘부와 통사부가 접합된 상태를 지향하고 있다.

Sag와 Wasow (1999)는 어휘소(lexeme)와 단어(word)의 구분을 명백히 하고 이것으로 어휘부와 통사부의 접합 현상을 설명하려고 한다. 어휘소는 어휘부의 단위이고 단어는 통사부의 단위이다. 이를 유형 위계의 최상부에 다음과 같이 위치시키고 있다.

(14)
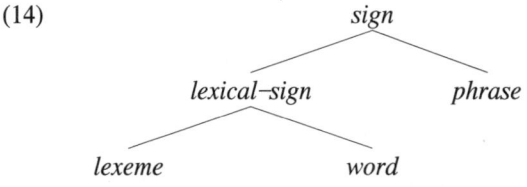

모든 언어 기호(*sign*)는 어휘 기호(*lexical-sign*)이거나 구(*phrase*)이다. 즉 기호(*sign*) 유형의 하위 유형은 어휘 기호(*lexical-sign*) 유형과 구(*phrase*) 유형이다. 구는 어휘 기호들이 결합하여 구성되는 언어 단위이다. 어휘 기호는 어휘소(*lexeme*)이거나 단어(*word*)이다. 어휘소는 구에 참여하기 이전의 상태, 즉 어휘부에 등재된 존재들이다. 다시 말하면 어휘소는 구에 나타날 수 없고 단어가 되어야 비로소 구의 일부가 된다. 이렇게 이 두 단위는 엄격히 구별되는 요소이다. 그러나 다른 한편으로 이 두 단위는 서로 독립된 단위가 아니라 완전히 상호 의존적인 관계이다. 단어 유형이란 어휘소 없이 존재할 수 없고 어휘소는 단어로 실현되는 것을 전제로 존재하는 것이기 때문이다. 어휘소와 단어는 이처럼 유착되어 접합의 관계를 이루는 것이다.

영어 동사를 예로 이 관계를 생각해 보자. 가령 run, runs, ran, running 등은 각기 단어 유형 word 이다. run은 They can run 또는 They run과 같은 구에서, runs는 He runs와 같은 구에서, ran은 He ran과 같은 구에서, 그리고 running은 They are running과 같은 구에서 각기 그 구의 일부로 나타나 있다. 이 네 요소는 단어 유형으로 보면 모두 서로 다른 요소들이다. 그러나 이 네 단어들은 하나의 요소라고 볼 수도 있다. 즉 그것들은 모두 하나의 어휘소 run의 실현이다.

앞에서도 잠시 논의했지만 어휘소 유형과 단어 유형을 연결하는 방법이 어휘 규칙이다. 또 완전히 제약 위주의 새로운 방향에 충실하려면 어휘 규칙 대신 유형 제약을 수립하여 그 양자의 관계를 정의할 수 있다.

가령 단어 runs는 어휘소 run에 3인칭 단수 어휘 규칙이 적용되어 단어가 되는 것이라고 간주하는 것이 어휘 규칙을 이용하는 방법이다.

(15) 3인칭 단수 어휘 규칙

$$< \boxed{1}, [\text{verb-lxm}] > \implies \left\langle F_{3SG}(\boxed{1}), \begin{bmatrix} \text{word} \\ \text{SYN} \mid \text{HEAD} \mid \text{FORM fin} \\ \text{ARG} \left\langle \begin{bmatrix} \text{CASE nom} \\ \text{AGR } 3sing \end{bmatrix}, \ldots \right\rangle \end{bmatrix} \right\rangle$$

이 어휘 규칙은 동사의 형태를 $\boxed{1}$에서 $F_{3SG}(\boxed{1})$로 바꾼다. $\boxed{1}$은 *verb-lxm* 유형의 동사의 형태이고 $F_{3SG}(\boxed{1})$는 word 유형이다. 예를 들어 $\boxed{1}$이 run이면 함수 $F_{3SG}([\text{run}])$의 값은 runs이다. (다른 예로 $\boxed{1}$이 go이면 $F_{3SG}([\text{go}])$의 값은 goes가 된다.) word 유형 runs는 문장의 일부로 문장의 구성에 참여할 수 있게 된다. 이 유형은 동사 형태가 한정 동사 *fininte*이

며 주격 3인칭 단수의 NP 주어를 요구하는 성질로 말미암아 He runs와 같은 문장에 주동사로 일어날 수 있는 것이다.

(15)와 같은 어휘 규칙 대신 그것의 하는 일을 한 유형에 대한 제약으로 재정의하여 해당 유형에 부여해 줄 수 있다. 이것이 유형 제약의 방법이다. 이를 위하여 *lexeme* 유형과 *word* 유형의 하부 유형을 더 자세히 밝혀야 한다.

(16)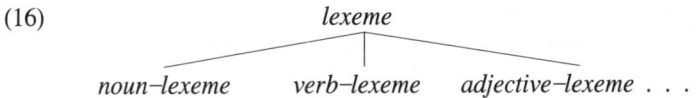

(17)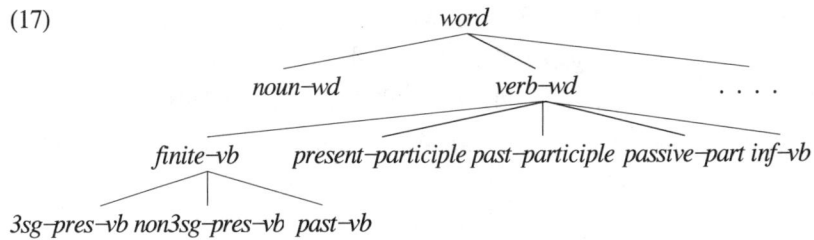

이렇게 유형 위계를 수립하면 run은 *verb-lexme* 유형, runs는 *3sg-pres-vb* 유형, ran은 *past-verb* 유형에 속하게 된다. 각 유형은 각기 고유의 제약을 가지고 있다. 예컨대 *3sg-pres-vb* 유형의 제약은 다음과 같다.

(18)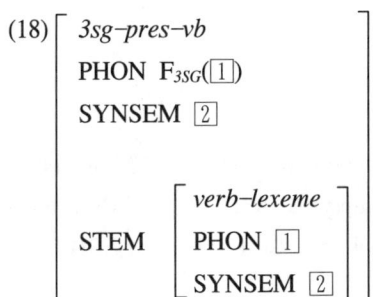

7장 통사론과 형태론의 상호 작용과 어휘부의 조직   487

최근에 장거리 의존 구문을 어휘부와 통사부의 접합 현상으로 다루는 것이 바람직하다는 흥미 있는 제안이 나왔다. (Bouma, Malouf and Sag (1998)) 이 제안에 의하면 먼저 *synsem-structure* 유형을 두 가지 하위 유형으로 나눈다.

(19) *synsem-structure*의 유형

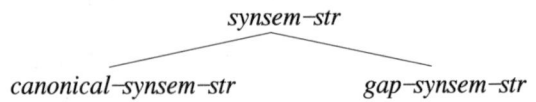

synsem-str 유형이란 통사 정보와 의미 정보를 갖춘 모든 종류의 범주들을 말한다. NP, PP, VP 등이 모두 *synsem-str* 유형에 속한다. 그런데 이 유형이 *can-ss*과 *gap-ss*으로 나뉘어진다는 것이다. *can-ss*는 정상적인 보통 범주이고, *gap-ss*는 PHON 값이 영가이고 SLASH 자질가가 있는 특별한 *synsem-str*이다. 다음 *can-ss*과 *gap-ss*의 제약을 비교해 보자.

(20) a. $\begin{bmatrix} can\text{-}ss \\ \text{PHON} <[\ ]> \\ \text{LOC } \boxed{1} \\ \text{NONLOC [SLASH \{ \}]} \end{bmatrix}$

b. $\begin{bmatrix} gap\text{-}ss \\ \text{PHON} < > \\ \text{LOC } \boxed{1} \\ \text{NONLOC [SLASH \{}\boxed{1}\text{\}]} \end{bmatrix}$

can-ss 유형은 PHON 값이 있고(nonempty) SLASH 값이 없다(empty). 반면에 *gap-ss* 유형은 PHON 값이 없고(empty) SLASH 값이 있다(nonempty). *gap-ss* 유형이 일어나면 SLASH 자질이 발생하게 된다. SLASH 자질의 발생은 장거리 의존 구문의 단초가 되는 것이다.

SLASH 자질은 ARG-ST 자질의 값이 실현될 때 COMPS나 SPR의 값이 비어 있도록 하는 결과를 낳게 하여 결국 "결핍된 요소"에 대한 정보를 나타내는 효과를 낸다. 이 효과를 이해하기 위하여 ARG-ST 자질 값이 어떻게 실현되는지를 먼저 이해해야 한다. 이 방법은 최근 Bouma, Malouf & Sag (1998)과 Sag & Wasow (1999) 등이 구체화하고 있다. 여기서 그들은 *word* 유형에 대한 하나의 제약으로 논항 실현 원리(Argument Realization Principle)를 제안한다. 즉 *lexeme* 유형의 한 자질 ARG-ST가 *word* 유형에서 실현되는 과정을 이 원리로 설명한다. 가령 어휘소 like의 자질 구조가 다음과 같이 된다고 가정한다.

(21) $\begin{bmatrix} lexeme \\ \text{SPR} \quad < > \\ \text{COMPS} \quad < > \\ \text{ARG-ST} \left\langle \boxed{1}\begin{bmatrix} synsem \\ NP \end{bmatrix}, \boxed{2}\begin{bmatrix} synsem \\ NP \end{bmatrix} \right\rangle \end{bmatrix}$

그러면 ARG-ST의 값들 중에 최초 요소가 SPR의 값으로 실현되고 나머지는 COMPS의 값으로 실현된다. 이것이 곧 논항 실현의 원리(Argument Realization Principle, ARP)의 내용이다. ARP는 다음과 같이 *word* 유형에 대한 제약으로 일반화할 수 있다.

(22) 논항 실현 원리(Argument Realization Principle, ARP)
$\begin{bmatrix} word \\ \text{SPR} \quad <\boxed{1}> \\ \text{COMPS} \quad <\boxed{2} \ominus \text{list}(gap\text{-}ss)> \\ \text{ARG-ST} \quad <\boxed{1} \oplus \boxed{2}> \end{bmatrix}$

여기서 중요한 것은 *gap-ss* 보어에 대한 처리 방법이다. ARG-ST의 보어들이 COMPS에 실현될 때 보어 중에 *gap-ss* 유형의 보어가 있으면 그

것을 빼고 나머지를 COMPS의 값으로 한다.

어떤 경우에 ARG-ST의 보어가 *gap-ss* 유형이 되는가? (19)에서 밝힌 *synsem-str*의 두 가지 하위 유형이 필요한 연유가 여기에 있다. 어휘소의 *synsem* 유형의 NP 논항이 단어 유형에서는 그 하위 유형 *can-ss*이나 *gap-ss* 유형 둘 중 하나로 나타난다.

(23) $\begin{bmatrix} word \\ \text{SPR} \quad <\boxed{1}> \\ \text{COMPS} \quad <\boxed{2}> \\ \text{ARG-ST} \quad \left\langle \boxed{1} \begin{bmatrix} can\text{-}ss \\ \text{NP} \end{bmatrix}, \boxed{2} \begin{bmatrix} can\text{-}ss \\ \text{NP} \end{bmatrix} \right\rangle \end{bmatrix}$

(24) $\begin{bmatrix} word \\ \text{SPR} \quad <\boxed{1}> \\ \text{COMPS} \quad < \, > \\ \text{ARG-ST} \quad \left\langle \boxed{1} \begin{bmatrix} can\text{-}ss \\ \text{NP} \end{bmatrix}, \boxed{2} \begin{bmatrix} gap\text{-}ss \\ \text{NP} \end{bmatrix} \right\rangle \\ \text{SLASH} \, \{ \, \text{NP} \, \} \end{bmatrix}$

(23)과 (24)는 어휘소가 단어로 실현되었을 뿐만 아니라 ARP도 적용된 결과이다. (23)에서는 어휘소의 직접 목적어 보어 *synsem* 유형이 *canonical-ss*으로 실현되었고, (24)에서는 *gap-ss* 유형으로 실현되었다. *canonical-ss*은 그대로 COMPS의 값으로 실현된다. 그러면 *head-comp-phrase* 유형의 제약에 따라 이 NP가 NONHD-DTRS로 실현되고 like는 HD-DTR가 되어 동사구를 이루게 된다.

(25)
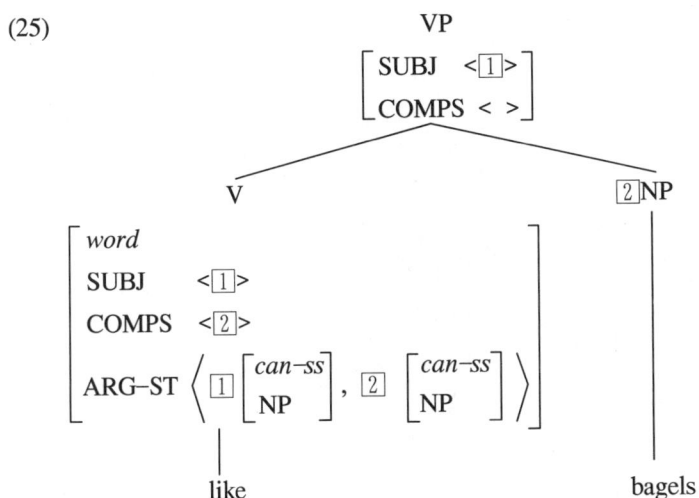

| like | bagels |

그러나 (24)의 경우처럼 *synsem* 유형이 *gap-ss* 유형으로 실현되면 COMPS의 값은 그것을 뺀 나머지가 된다. NP에서 NP를 빼면 영이 되므로 COMPS는 영가 < >가 된다. 그렇게 되면 이 단어가 VP를 이루는 단계에서 보어가 실현되지 않은 채로 VP를 이루게 된다. 그 대신 SLASH의 값에 NP가 등장한다. 말하자면 ARG-ST의 *gap-ss* 보어는 COMPS를 비워두게 하는 대신 SLASH를 차게 한다. SLASH 값은 위로 파급하여 *head-filler-phrase* 유형을 완성하는 역할을 수행하게 된다.

(26)

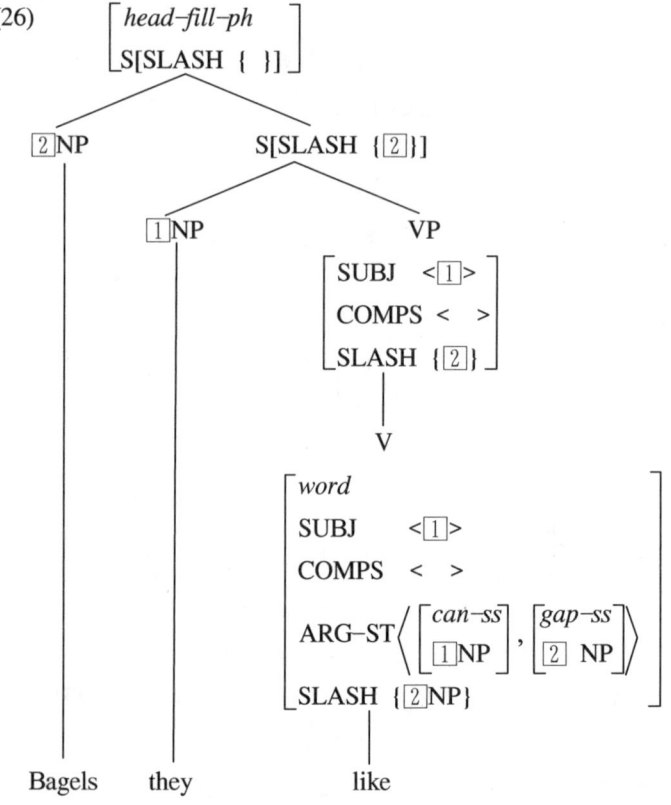

제 4장에서는 보어 추출 어휘 규칙(Complement Extraction Lexical Rule)을 적용하여 (26)과 같은 효과를 가진 자질 구조를 얻었다. 이 어휘 규칙으로 정상적인 어휘 속성을 가진 (즉 보어가 갖추어진) 자질 구조가 (24)와 같은 구조 즉 보어가 빠진 구조로 바뀌게 된다. 그러나 (19)의 *synsem* 하위 유형을 이용하는 이 방법의 장점은 이러한 어휘 규칙을 세울 필요가 없다는 점이다. 어휘 규칙의 방법은 보어를 COMPS의 값에 등장시켰다가 이를 다시 제거시키는 과정이다. 이에 반하여 *gap-ss* 유형을 이용하는 방법은 나타나지 않을 보어는 처음부터 COMPS의 값에 등장시키지 않아도 되게 해 준다. 그리고 유형 제약으로 모든 것을 설명하

는 유형 기반의 이론에 충실한 것은 더 말할 나위가 없다.

7.5 결론: 기호 위주(Sign-Based)의 언어 이론

이 장에서 통사론과 의미론 또 어휘부와 통사론의 상호 작용에 대하여 HPSG 이론이 어떻게 설명하는지 살펴보았다. 이 과정에서 어휘부의 역할이 더욱 증대되고 유형 제약의 중요성이 더욱 부각되는 것을 보았다. 실은 이와 같이 어휘주의적(lexicalist) 입장을 더욱 강화하고 좀더 확실히 제약 위주의(constraint-based) 방향으로 나아가려는 것이 HPSG의 발전 방향이다. HPSG의 이같은 제약 위주의 어휘주의적 입장을 최근 Sag & Wasow (1999)는 기호 위주의(sign-based) 이론이라고 부르고 있다.

기호라는 용어는 19세기말 20세기 초 스위스의 언어학자, 구조주의의 원조 Ferdinand de Saussure에서 기원한다. 일찍부터 Sag는 Saussure의 기호 언어론에 관심을 보여 왔는데 그것은 언어란 정보를 담은 기호의 체계라는 Saussure의 언어관이야말로 균질화되고 통일된 언어 이론의 개발을 가능하게 한다고 믿고 있기 때문이다. 균질화라는 것은 언어 이론이 잡다한 사물을 대상으로 하여 잡다한 구성물로 되어 있는 것이 아니라 오직 한 가지 사물을 대상으로 균질의 요소로 되어 있다는 뜻이다. Saussure의 기호론을 채택하면 이것이 가능해진다. 즉 Saussure에 의하면, 언어 이론은 오직 기호를 대상으로 하기 때문이다. 물리적으로 관찰할 수 있는 것은 오직 기호 뿐이다. 그런데 기호는 의미 정보를 내포하므로 인간 심리적 실체이다. 물리적 실체는 음성(또는 문자)이고 심리적 실체는 의미이다. 언어 기호는 음성과 의미의 연합체, 다시 말하면 물리적 실체와 심리적 실체의 복합체이다. 다시 말하면 음성과 의미의 연합체가 언어 기호이다. 여기까지는 Saussure의 언어관이다. 그런데 Saussure의 기호론에는 중대한 결함이 하나 있다. 거기에 통사 정보가 없다는 점이다. 통사 정보가 결핍된 기호는 온전한 언어 기호가 될 수 없다. 이를 보완한 것이 Sag가 말하는 기호 위주의 언어 이론이다. 통사 정보를 추가하면 음성과 의미의 연합체가 통사 정보를 내포하게 되어 완전한 언어의 기호 체계가 된다. 이를 이론적으로 실현하는 것이 HPSG의 언어 이론이다.

고전 변형 문법이나 GB 이론도 기호 위주의 이론이라고 할 수 있을까? 그 이론에는 표면 구조 이외에 심층 구조가 따로 존재한다. 심층 구조 뿐만 아니라 심층 구조가 표면 구조에 도달하기까지 다수의 중간 구조들이 존재한다. 이러한 구조들은 물리적인 실체가 아니다. 그것들은 추상적인 이론적 구조물이다. 기호 위주의 이론이 되려면 기호의 체계라는 하나의(표면) 구조가 있을 뿐이며 그 외 모든 것은 정보(즉 자질)로서 그 기호 속에 담겨져 있어야 한다. (더 쉬운 말로 하면, 하나의 기호 체계가 다양한 정보를 "나타내고" 있어야 한다.) 그런데 GB이론에서는 하나의 표현에 대하여 다수의 구조 연결체가 존재하고, 각 구조는 각기 다른 정보를 나타낸다. 극단적으로 말하면, 하나의 정보를 기술할 때마다 새로운 구조가 필요하다. 이런 언어 이론은 기호 위주의 언어 이론과는 거리가 멀다.

이 장에서 우리는 어휘부, 통사부, 의미부의 상호 작용 현상에서 HPSG의 중요한 특징을 살펴볼 수 있었다.

참고 문헌

≪제1부 : 지배 결속 이론 (원리 매개) GB≫

양동휘. 1989. 지배 결속 이론의 기초. 서울: 신아사.

한학성. 1995. 생성문법론. 서울: 태학사.

Baltin, Mark. 1982. A landing site theory of movement rules. *Linguistic Inquiry 13*, 1-38.

Belletti, Adriana, and Luigi Rizzi. 1988. Psych verbs and theta theory. *Natural Language and Linguistic Theory 6*, 291-352.

Bouchard, Denis. 1984. *On the Content of Empty Categories*. Dordrecht: Foris.

Bresnan, Joan. 1970. On complementizers: toward a syntactic theory of complement types. *Foundations of Language 6*, 297-321.

Bresnan, Joan. 1998. *Lexical-Functional Grammar*. London: Blackwell

Burton, Strang. and J. Grimshaw. 1992. Coordination and VP-internal subjects. *Linguistic Inquiry 23*, 305-13.

Burzio, Luigi. 1986. *Italian Syntax*. Dordrecht: Reidel.

Campos, Hector. 1986. Indefinite object drop. *Linguistic Inquiry 17*, 354-59.

Chomsky, N. 1955/1975. *The Logical Structure of Linguistic Theory*. Chicago: University of Chicago Press.

Chomsky, N. 1957. *Syntactic Structures*. The Hague: Mouton.

Chomsky N. 1964. The logical basis of linguistic theory. In H. Lunt ed., *Proceedings of the Ninth International Congress of Linguists*. The Hague: Mouton.

Chomsky, N. 1965. *Aspects of the Theory of Syntax*. Cambridge, MA: MIT Press.

Chomsky, N. 1970. Remarks on Nominalizations. In R. Jacobs and P. Rosenbaum (eds.), *Readings in English Grammar, Waltham. MA: Blaisdell,

184-221.

Chomsky, N. 1973. Conditions on transformations. In S. Anderson and P. Kiparsky (eds.), *A Festschrift for Morris Halle*. New York: Holt, Rinehart and Winston, 232-86.

Chomsky, N. 1977. On WH-Movement. In P. Culicover, T. Wasow, and A. Akmajian eds., *Formal Syntax*. New York: Academic Press, 71-132.

Chomsky, N. 1980. On binding. *Linguistic Inquiry 11*, 1-46.

Chomsky, N. 1981. *Lectures on Government and Binding*. Dordrecht: Foris.

Chomsky, N. 1982. *Some Concepts and Consequences of the Theory of Government and Binding*. Cambridge, MA: MIT Press.

Chomsky, N. 1986a. *Knowledge of Language*. New York: Praeger.

Chomsky, N. 1986b. *Barriers*. Cambridge, MA: MIT Press.

Chomsky, N. 1995. *The Minimalist Program*. Cambridge, MA: MIT Press.

Chomsky, N. and H. Lasnik. 1993. *Principles and parameters theory*. In Chomsky 1995.

Cole, Peter. 1982. *Imbabura Quechua*. Amsterdam: North Holland Publishing Company.

Cole, Peter, G. Hermon, and L-M Sung. 1990. Principles and parameters of long-distance reflexives. *Linguistic Inquiry 21*, 1-22.

Culicover, Peter. 1997. *Principles and Parameters*. Oxford: Oxford University Press.

Culicover, Peter, and R. Jackendoff. 1997. Semantic subordination despite syntactic coordination. *Linguistic Inquiry 28*, 195-218.

Emonds, Joseph. 1976. *A Transformational Approach to English Syntax*. New York: Academic Press.

Evans, Gareth. 1980. Pronouns. *Linguistic Inquiry 11*, 337-62.

Grimshaw, Jane. 1990. *Extended Projection*. ms. Brandeis University.

Haegeman, Liliane. 1995. *The Syntax of Negation*. Cambridge: Cambridge University Press.

Halle, Morris, and A. Marantz. 1993. Distributed morphology and the pieces of Inflection. In K. Hale and S.J. Keyser (eds.), *The View from Building 20*. Cambridge, MA: MIT Press, 111-76.
Horvath, Julia. 1997. The status of WH-expletives and the partial WH-movement construction in Hungarian. *Natural Language and Linguistic Theory 15*, 509-72.
Huang, C-T James. 1982. *Logical Relations in Chinese and the Theory of Grammar*. MIT Doctoral Dissertation.
Huang, C-T James.1983. A note on Binding Theory. *Linguistic Inquiry 14*, 554-61.
Huang, C-T James. 1984. On the distribution and reference of empty pronouns. *Linguistic Inquiry 15*, 554-61.
Huang, C-T James. 1989. Pro-drop in Chinese: A generalized control approach. In O. Jaeggli and K. Safir (eds.), T*he Null Subject Parameter*. Dordrecht: Kluwer, 185-214.
Huang, C-T James. 1993. Reconstruction and the structure of VP. *Linguistic Inquiry 24*, 69-102.
Kayne, Richard. 1994. *The Antisymmetry of Syntax*. Cambridge, MA: MIT Press.
Koopman, Hilda. and D. Sportiche. 1991. The position of subjects. *Lingua 85*, 211-58.
Kornai, Andras and Geoffrey Pullum. 1990. The X-bar Theory of phrase structure. *Language 66*, 24-50.
Lakoff, George. 1986. Frame semantic control of the coordinate structure constraint. *Papers from the Parasession on Pragmatics and Grammatical Theory*, 152-67, Chicago Linguistics Society, Chicago, IL.
Larson, Richard. 1988. On the double object construction. *Linguistic Inquiry 19*, 355-92.
Lasnik, Howard. and M. Saito. 1984. On the nature of proper government.

Linguistic Inquiry 15, 235-89.

Lasnik, Howard. and M. Saito. 1992. *Move Alpha*. Cambridge, MA: MIT Press.

Lasnik, Howard. and J. Uriagereka. 1988. *A Course in GB Syntax*. Cambridge, MA: MIT Press.

Lees, Robert. 1960. *The Grammar of English Nominalizations*. The Hague: Mouton.

Levin, Beth, and Malka Rappaport Hovav. 1995. *Unaccusativity*. Cambridge, MA: MIT Press.

Li, Charles. and S. Thompson. 1976. *Subject and Topic*. New York: Academic Press.

Manzini, Rita. 1983. On control and control theory. *Linguistic Inquiry 14*, 421-46.

Manzini, Rita. 1992. *Locality*. Cambridge, MA: MIT Press.

McCloskey, James. 1997. Subjecthood and Subject Positions. In L. Haegeman (ed.), *Elements of Grammar*. Dordrecht: Kluwer, 197-236.

Moore, John. 1998. Turkish copy-raising and A-Chain locality. *Natural Language and Linguistic Theory 16*, 149-89.

Ortiz de Urbina, Jon. 1987. *Parameters in the Grammar of Basque*. Dordrecht: Foris.

Perlmutter, David. 1978. *Impersonal passives and the unaccusative hypothesis*. In Proceedings of the Fourth Annual Meeting of the Berkeley Linguistics Society, 157-89.

Pesetsky, David. 1997. Optimality and syntax: movement and pronunciation. In D. Archangeli and D.T. Langendoen (eds.), *Optimality Theory: An Overview*. Oxford: Blackwell Publishers, 134-70.

Peters, P. Stanley, and R.W. Ritchie. 1973. On the generative power of transformational grammars. *Information Sciences 6*, 49-83.

Pollock, Jean-Yves. 1989. Verb movement, universal grammar, and the structure of IP. *Linguistic Inquiry 20*, 365-425.

Radford, Andrew. 1988. *Transformational Grammar*. Cambridge: Cambridge University Press.

Riemsdijk, Henk van. and E. Williams. 1981. NP-Structure. *The Linguistic Review 1*, 171-217.

Rizzi, Luigi. 1990. *Relativized Minimality*. Cambridge, MA: MIT Press.

Rizzi, Luigi. 1997. The fine structure of the left periphery. In L. Haegeman (ed.), *Elements of Grammar*. Dordrecht: Kluwer, 281-338.

Rosen, Carol. 1981. *The Relational Structure of Reflexive Clauses: Evidence from Italian*. Harvard University Doctoral Dissertation,

Ross, John R. 1967. *Constraints on Variables in Syntax*. MIT Doctoral Dissertation.

Travis, Lisa. 1984. *Parameters and Effects of Word Order Variation*. MIT Doctoral Dissertation.

Yoon, James H-S. 1996. Ambiguity of government and the chain condition. *Natural Language and Linguistic Theory 14*, 105-62.

Zanuttini, Raffaela. 1991. *Syntactic Properties of Sentential Negation: A Comparative Study of Romance Languages*. University of Pennsylvania Doctoral Dissertation.

Zubizaretta, Maria-Luisa. 1998. *Prosody, Focus and Word Order*. Cambridge, MA: MIT Press.

≪제2부 : 어휘 기능 문법(Lexical Functional Grammar)≫

신수송, 류수린. 1996. 어휘기능문법. 서울: 서울대학교 출판사.
안상철. 1998. 형태론, 대우학술총서: 인문사회과학 105. 서울: 민음사.
Ackerman, F. and G. Webelhuth. 1998. *A Theory of Predicates*, Stanford: CSLI Publications.
Alsina, A., J. Bresnan, and P. Sells. (eds.) 1998. *Complex Predicates*. Stanford: CSLI Publications.
Alsina, A. and S. Mchombo. 1989. Object asymmetries in the Chichewa applicative construction. In S. Mchombo (ed.), *Theoretical Aspects of Bantu Grammar*. Stanford: CSLI Publications.
Andrew, A. and C. Manning. (in print) *Complex Predicates and Information Spreading in LFG*.
Baker, M. 1985. Syntactic affixation and English gerunds. In J. Goldber et al. (eds.), *Proceedings of the West Coast Conference on Formal Linguistics*. vol. 4, Stanford: CSLI Publications.
Barron, J. 1998. *Have* contraction: Explaining "Trace Effects" in a theory without movement. *Linguistics 36*: 223-51.
Bod, R. 1999. *Beyond Grammars*: *An Experience-Based Theory of Language*.
Bolinger, D. 1979. Pronouns in discourse. In T. Givon (ed.), *Syntax and Semantics vol. 12: Discourse and Syntax*, 289-309, New York: Academic Press.
Borjars, K. 1998. Clitics, affixes and parallel correspondence. In the *On-Line Proceedings of LFG98*.
Borsley, R. and J. Kornfilt. 1996. Mixed extended projections. Paper presented at *the International Conference on Syntactic Categories*, University of Wales, Bangor, June 1996.
Bresnan, J. ed. 1982. *The Mental Representation of Grammatical Relations*.

Cambridge: The MIT Press.

Bresnan, J. 1995. Lexicality and argument structure. Paper presented at the Paris Syntax and Sematics Conference.

Bresnan, J. 1996. Morphology competes with syntax: explaining typological variation in weak crossover effects. In P. Barbosa et al. (eds.), *Is the Best Enough? Optimality and Competition in Syntax*, 59-92. Cambridge: The MIT Press. 1998.

Bresnan, J. 1997a. Optimal Syntax. In *The Pointing Finger: Conceptual Studies in Optimality Theory*, 1997. On-line, The Holland Institute of Generative Linguistics: http://www.leidenuniv.nl/hil/ot/.

Bresnan, J. 1997b. Mixed categories as head sharing constructions. M. Butt and T. King (eds.), *Proceedings of the LFG97 Conference*. Stanford: CSLI.

Bresnan, J. 1997c. The emergence of the unmarked Chichewa pronominals in Optimality Theory. BLS 23.

Bresnan, J. 1997d. The emergence of the unmarked pronoun II. Paper presented at *the Hopkins Optimality Theory Workshop*, Maryland, May 1997.

Bresnan, J. 1999. Explaining morphosyntactic competition. To appear in M. Baltin et al. (eds.), *Handbook of Contemporary Syntactic Theory*. Oxford: Blackwell Publishers.

Bresnan, J. (in press) *Lexical Functional Syntax*. Oxford: Blackwel Publishers.

Bresnan, J. and J. Kanerva. 1989. Locative inversion in Chichewa: A case study of factorization in grammar. *Linguistic Inquiry 20*, 1-50.

Bresnan, J. and A. Zaenen. 1990. Deep unaccusativity in LFG. In K. Dziwerk et al (eds.), *Grammatical Relations: A Cross-Theoretical Perspective*, 45-58. Stanford: CSLI Publications.

Butt, M. 1998. Constraining argument merger through aspect. In E. Hinrichs et al. (eds.), *Syntax and Semantics 30: Complex Predicates in*

Nonderivational Syntax, 73-113. Academic Press.

Choi, H.-W. 1997. *Optimizing Structure in Context: Scrambling and Information Structure*. Stanford University Doctoral dissertation. (To appear in the Stanford Dissertation Series.)

Dalrymple, M., J. Maxwell, and A. Zaenen. 1995. *Modeling syntactic constraints on anaphoric binding*. In Dalrymple et al. 1995, 167-76.

Dalrymple, M. ed. 1999. *Semantics and Syntax in Lexical Functional Grammar: The Resource Logic Approach*. Cambridge: The MIT Press.

Dalrymple, M., R. Kaplan, J. Maxwell, A. Zaenen. (eds.) 1995. *Formal Issues in Lexical Functional Grammar*. Stanford: CSLI Publications.

Evans, G. 1980. Pronouns. *Linguistic Inquiry 11*, 337-62.

Grimshaw, J. 1997. Projection, heads, and optimality. *Linguistic Inquiry 28*, 373-422.

Halvorsen, P. 1983. Semantics for Lexical Functional Grammar. *Linguistic Inquiry 14*.

Horrocks, G. 1987. *Generative Grammar*. London: Longman.

Inkelas, S. and D. Zec. 1990. *The Phonology-Syntax Connection*. Stanford: CSLI Publications.

Jackendoff, R. 1977. *X' Syntax: A Study of Phrase Structure*. Cambridge: The MIT Press.

Kaplan, R. 1996. A probabilistic approach to LFG. Paper presented as the keynote lecture held at LFG-workshop, Grenoble.

Kaplan, R. and J. Maxwell III 1995. *An algorithm for functional uncertainty*. In M. Dalrymple et al. 1995, 177-98.

Kaplan, R. and J. Bresnan. 1982. *Lexical-Functional Grammar*: a *formal system for grammatical representation*. In J. Bresnan 1982, 173-281.

Kaplan, R. and A. Zaenen. 1989. Long-distance dependencies, constituent structure, and functional uncertainty. In M. Baltin and A. Kroch (eds.), *Alternative Conceptions of Phrase Structure*, 17-42. Chicago: Chicago

University Press. [reprinted in Dalrymple et al. 1995, 137-66.]
Kaplan, R. and J. Maxwell III. 1995. *An algorithm for functional uncertainty*. In M. Dalrymple et al. 1995, 177-98.
Kaplan, R. and J. Maxwell. 1995. *Constituent coordination in Lexical Functional Grammar*. In M. Dalrymple et al. 1995, 199-210.
King, T. 1993. *Configuring Topic and Focus in Russian*. Stanford University Doctoral Dissertation.
Kiparsky, P. 1987. *Morphological Syntax*, ms., Stanford.
Lasnik, H. 1989. *Essays on Anaphora*. Dordrecht: Kluwer Academic Publishers.
Lees, R. 1963. *The Grammar of English Nominalizations*. Bloomington: Indiana University Press.
Levin, L. 1986. *Operations on Lexical Forms: Unaccusative Rules in Germanic Languages*. MIT Doctoral Dissertation.
Marantz, A. 1984. *On the Nature of Grammatical Relations*. Cambridge: The MIT Press.
Nordlinger, R. 1997. *Constructive Case: Dependent-Marking Nonconfigurationality in Australia*. Stanford University Doctoral Dissertation.
Nordlinger, R. and J. Bresnan. 1996. Nonconfigurational tense in Wambaya, In M. Butt and T. King (eds.), *Proceedings of the First Annual LFG Conference* (on-line, Stanford University: http://www-csli.stanford.edu/publications- /LFG/lfg1.html).
Reinhart, T. 1983. *Anaphora and Semantic Interpretation*. Chicago: University of Chicago Press.
Reinhart, T. 1987. Specifier and operator binding. In E. Reuland et al. (eds.), *The Representation of (In)definiteness*, 130-67. Cambridge: The MIT Press.
Rens, B. and R. Kaplan. 1998. A probabilistic corpus-driven model for Lexical-Functional Analysis. In *Proceedings of ACL/COLING*, Montreal, Canada.

Reyle, U. 1988. Compositional semantics for LFG. In U. Reyle et al. (eds.), *Natural Language Parsing and Linguistic Theory*. Dordrecht: D. Reidel.

Sadler, L. 1996. New developments in Lexical Functional Grammar. In K. Brown and J. Miller (eds.), *Concise Encyclopedia of Syntactic Theories*. Oxford: Elsevier Science.

Safir, K. 1984. Multiple variable binding. *Linguistic Inquiry 15*, 603-38.

Sells, P. 1985. *Lectures on Contemporary Syntactic Theories*. Stanford: CSLI Publications.

Sells, P. 1998. *Japanese postposing involves no movement*. Paper presented at the meeting of the Linguistics Association of Great Britain, Lancaster, April 1998.

Speas, M. 1990. *Phrase Structure in Natural Language*. Dordrecht: Kluwer Academic Publishers.

Stowell, T. 1981. *The Origins of Phrase Structure*. MIT Doctoral Dissertation.

≪제3부 : 핵어 중심 구구조 문법(Head-Driven Phrase-Structure Grammar)≫

박병수. 1997. 어휘 형성 과정과 제약, 언어연구 15. 경희대학교 언어연구소.

박병수. 1994. 핵어 중심 구구조 문법(HPSG): 영어의 무한 의존 구문(UDC)을 중심으로. 장석진 편, 현대언어학 지금 어디로. 한신문화사.

박병수. 1993. 핵어 중심 구구조 문법. 이환묵 등 편. 80년대의 통사 의미론. 한신문화사.

장석진. 1993. 정보 기반 한국어 문법. 언어와 정보사.

장석진. 1987. HPSG: 통사 의미의 통합 기술. 최준기박사 회갑기념 논문집.

Abeill, Anne and Dani'le Godard. 1997. The syntax of French negative adverbs. In Paul Hirschbuhler and F. Marineau (eds.), *Negation*: *Syntax and Semantics*, 1-17. Amsterdam: John Benjamins.

Anderson, Stephen R. 1992. *A-Morphous Morphology*. Cambridge: Cambridge University Press.

Baker, C. L. 1989. *English Syntax*. Cambridge, MA: MIT Press.

Baker, Mark. 1988. *Incorporation: A Theory of Grammatical Function Changing*. Chicago: University of Chicago Press.

Borsley, Robert. 1987. Subjects and complements in HPSG. Technical report no. CSLI 107-87. Stanford: CSLI Publications.

Bouma, Gosse, Rob Malouf and Ivan A. Sag. 1998. A unified theory of complement, adjunct, and subject extraction. Gosse Bouma et al (eds.), *Proceedings*: *Joint Conference on Formal Grammar, Head-Driven Phrase Structure Grammar, and Categorial Grammar*. Saarbruecken, Germany.

Bratt, Elizabeth. 1995. *Argument Composition and the Lexicon*: *Lexical and Periphrastic Causatives in Korean*. Doctoral Dissertation. Stanford

University.

Bresnan, Joan. 1982 (ed.). *The Mental Representation of Grammatical Relations*. Cambridge, MA: MIT Press.

Bresnan, Joan and Sam A. Mchombo. 1995. The lexical integrity principle: evidence from Bantu. *Natural Language and Linguistic Theory 13*, 181-254.

Carpenter, Bob. 1992a. *The Logic of Typed Feature Structures: with Applications to Unification Grammar, Logic Programs, and Constraint Resolution*. Cambridge University Press.

Carpenter, Bob. 1992b. Categorial Grammars, lexical rules, and the English predicative. In R. Levine (ed.), *Formal Grammar: Theory and Implementation*. New York and Oxford: Oxford University Press.

Chomsky, Noam. 1957. *Syntactic Structures*. The Hague: Mouton.

Chomsky, Noam. 1965. *Aspects of the Theory of Syntax*. Cambridge, Mass.: MIT Press.

Chomsky, Noam. 1970. Remarks on nonimalization. In R. A Jacobs and P. S. Rosenbaum (eds.), *Readings in English Transformational Grammar*. Waltham, Mass.: Ginn-Blaisdell.

Chomsky, Noam. 1981. *Lectures on Government and Binding*. Dordrecht: Foris.

Chomsky, Noam. 1991. Some notes on economy of derivation and representation. In R. Friedin (ed.), *Principles and Parameters in Comparative Grammar*, 417-54. Cambridge, MA: MIT Press.

Chomsky, Noam. 1993. A minimalist program for linguistic theory. In Kenneth Hale and Samuel Keyser (eds.), *The View from Building 20*, 1-52. Cambridge, MA: MIT Press.

Chung, Chan. 1995. *A Lexical Approach to Word Order Variation in Korean*. Ohio State University Ph.D. Dissertation.

Chung, Chan. 1998. Argument composition and long-distance scrambling in

Korean: an extension of the complex predicate analysis. In Hinrichs et al. (eds.), *Complex Predicates in Nonderivational Syntax*, 159-220. New York: Academic Press.

Copestake, Ann, Dan Flickinger, and Ivan A. Sag. 1997. *Minimal recursion semantics: an introduction*. Ms. Stanford University.

Davis, Anthony. 1995. *Linking and the Hierarchical Lexicon*. Doctoral Dissertation, Stanford University.

Di Sciullo, Anna M. and Edwin Williams. 1987. *On the Definition of Word*. Cambridge, MA: MIT Press.

Emonds, Joseph. 1976. *A Transformational Approach to English Syntax: Root, Structure-Preserving, and Local Transformations*. New York: Academic Press.

Fillmore, Charles J. and Paul Kay (forthcoming) *Construction Grammar*. Stanford: CSLI Publications.

Flickinger, Daniel P. 1987. *Lexical Rules in the Hierarchical Lexicon*. Stanford University Doctoral Dissertation.

Flickinger, Daniel, Carl Pollard and Thomas Wasow. 1985. Structure sharing in lexical representation. In *Proceedings of the 23rd Annual Meeting of the Association for Computational Linguistics*. Morristown, N.J.: Association for Computational Linguistics.

Flickinger, Daniel P. and John Nerbonne. 1992. Inheritance and complementation: a case study of *easy* adjectives and related nouns. *Computational Linguistics 18*: 269-309.

Gazdar, Gerald. 1981. Unbounded dependencies and coordinate structure. *Linguistic Inquiry 12*: 155-84.

Gazdar, Gerald. 1982. Phrase Structure Grammar. In P. Jacobson and G. K. Pullum (eds.), *The Nature of Syntactic Representation*. Dordrecht: Reidel.

Gazdar, Gerald, Ewan Klein, Geoffrey K. Pullum, and Ivan Sag. 1985. *Generalized Phrase Structure Grammar*. Cambridge, MA: Harvard

University Press.

Ginzburg, Jonathan, and Ivan A. Sag (forthcoming) *English Interrogative Constructions*. Stanford: CSLI Publications.

Goldberg, Adele. 1995. *Constructions: A Construction Grammar Approach to Argument Structure*. Chicago: University of Chicago Press.

Haegeman, Liliane. 1994. *Introduction to Government and Binding Theory*, second edition. Oxford and Cambridge, Mass.: Basil Blackwell.

Hukari, Thomas E. and Robert D. Levine. 1995. Adjunct extraction. *Journal of Linguistics, 31*(2): 195-226.

Hukari, Thomas E. and Robert D. Levine. 1996. Phrase Structure Grammar: the next generation. *Journal of Linguistics 32*: 465-96.

Jackendoff, Ray. 1972. *Semantic Interpretation in Generative Grammar*. Cambridge, MA: MIT Press.

Jackendoff, Ray. 1997. *The Architecture of the Language Faculty*. Cambridge, MA: MIT Press.

Kathol, Andreas. 1994b. Passives without lexical rules. In John Nerbonne, Klaus Netter, and Carl Pollard (eds.), *German in Head-Driven Phrase Structure Grammar*, 237-72. Stanford: CSLI Publications.

Kim, Jong-Bok. 1995. English negation from a non-derivational perspective. In Jocelyn Ahlers, Leela Bilmes, Joshua S. Guenter, Barbara A. Kaiser, and Ju Namkyung (eds.), *Proceedings of the 21st Annual Meeting of the Berkeley Linguistics Society (BLS)*, 186-97. Berkeley, CA: Berkeley Linguistic Society.

Kim, Jong-Bok and Ivan A. Sag. 1995. The parametric variation of French and English negation. In Jose Camacho, Lina Choueiri, and Maki Watanabe (eds), *Proceedings of the Fourteenth West Coast Conference on Formal Linguistics (WCCFL)*, 303-17. Stanford: SLA CSLI Publications.

Kim, Jong-Bok. 2000. *The Grammar of Negation: A Constraint-Based Approach*. Stanford: CSLI Publications.

Koenig, Jean-Pierre. 1999. *Lexical Relations*. Stanford: CSLI Publications.

Lasnik, Howard. 1989. *Essays in Anaphora*. Dordrecht: Kluwer.

Malouf, Robert. 1997. *Mixed Categories in the Hierarchical Lexicon*. Doctoral Dissertation. Stanford University.

Miller, Philip H. and Ivan A. Sag. 1997. French clitic movement without clitics or movement. *Natural Language and Linguistic Theory*.

Nerbonne, John, Klaus Netter, and Carl Pollard (eds.), *German in Head-Driven Phrase Structure Grammar*. Stanford: CSLI, 11-37.

Newmeyer, Frederick J. 1986. *Linguistic Theory in America*, Second Edition. London: Academic Press.

Nunberg, Geoffrey, Ivan A. Sag, and Thomas Wasow. 1994. Idioms. *Language 70*: 491-538.

Park, Byung-Soo. 1988. How to handle Korean verbal suffixes: a unification grammar approach. In Eung-Jin Baek (ed.), *Papers from the Sixth International Conference on Korean Linguistics*, 593-600. Seoul: International Circle of Korean Linguistics.

Park, Byung-Soo. 1995. Modification vs. complementation: the so-called internally headed relative clauses. Akira Ishikawa and Yoshihiko Nitta (eds.), *Kyoto-Conference: A Festschrift for Professor Akira Ikeya*. The Logic-Linguistic Society of Japan.

Park, Byung-Soo. 1998. The semantic and pragmatic nature of honorific agreement in Korean. *Language and Information*, Vol.2: 116-56.

Park, Byung-Soo. 1999. Relative clause constructions with possessive specifier gaps: a constraint-based approach. Wang, Jhing-Fa and Chung-Hsien Wu (eds.), *Proceedings for the 13th Pacific Asia Conference on Language, Information and Computation*.

Pinker, Steven. 1994. *The Language Instinct*. New York: Morrow.

Pollard, Carl. 1996. *The nature of constraint-based grammar*. Talk given at the Pacific Asia Conference on Language, Information, and Computation held at Kyung Hee University.

Pollard, Carl and Ivan A. Sag. 1987. *Information-Based Syntax and Semantics, Volume 1: Fundamentals.* CSLI Lecture Note Series No. 13. Stanford University: CSLI Publications. Distributed by University of Chicago Press.

Pollard, Carl and Ivan A. Sag. 1992. Anaphors in English and the scope of Binding Theory. *Linguistic Inquiry 23:* 261-303.

Pollard, Carl and Ivan A. Sag. 1994. *Head-Driven Phrase Structure Grammar.* Chicago: University of Chicago Press.

Pollock, Jean-Yves. 1989. Verb movement, universal grammar, and the structure of IP. *Linguistic Inquiry 20:* 365-424.

Pollock, Jean-Yves. 1992. Reviews on generalized verb movement. *Language 68:* 836-40.

Postal, Paul. 1974. *On Raising.* Cambridge, Mass.: MIT Press.

Przepiorkowski, Adam. 1998. Adjuncts as complements: Evidence from case assignment. In Andreas Kathol, Jean-Pierre Koenig, and Gert Webelhuth (eds.), *Lexical and Constructional Aspects of Linguistic Explanation.* Stanford: CSLI Publications.

Pullum, Geoffrey K. 1982. Syncategorematicity and English infinitival *to.* *Glossa 16:* 181-215.

Pullum, Geoffrey K. and Gerald Gazdar. 1982. Natural languages and context-free languages. *Linguistics and Philosophy 4:* 471-504.

Quirk, Randoph, Sidney Greenbaum, Geoffrey Leech, and Jan Svartvik. 1985. *A Comprehensive Grammar of the English Language.* London and New York: Longman.

Radford, Andrew. 1997. *Syntactic Theory and the Structure of English: A Minimalist Approach.* New York and Cambridge: Cambridge University Press.

Riehemann, Susanne. 1993. *Word Formation in Lexical Type Hierarchies: A*

Case Study of bar-Adjectives in German. M.A. Thesis, University of Tuebingen.

Sag, A. Ivan. 1976. *Deletion and Logical Form.* Doctoral Dissertation. MIT (Published by Garland Publishing in 1980).

Sag, Ivan A. 1982. Coordination, extraction, and generalized Phrase Structure Grammar. *Linguistic Inquiry 13*: 329-35.

Sag, Ivan, Gerald Gazdar, Thomas Wasow and Steven Weisler. 1985. Coordination and how to distinguish categories. *Natural Language and Linguistic Theory 3*: 117-71.

Sag, Ivan and Janet Fodor. 1994. Extraction without traces. In Raul Aranovich, William Byrne, Susanne Preuss, and Martha Senturia (eds.), *Proceedings of the West Coast Conference on Formal Linguistics 13*, 365-84. Stanford: Stanford Linguistic Association.

Sag, Ivan A. 1997. English relative clause constructions. *Journal of Linguistics 33*: 431-83.

Sag, Ivan and Tom Wasow. 1999. *Syntactic Theory: A Formal Approach.* Stanford: CSLI Publications.

Sells, Peter. 1995. Korean and Japanese morphology from a lexical perspective. *Linguistic Inquiry, 26*: 277-325.

Sells, Peter. 1998b. Structural relationships within complex predicates. In Byung.-Soo. Park and James H.-S. Yoon (eds.), *The 11th International Conference on Korean Linguistics.* Seoul: Hankwuk Publishing.

Speas, Margaret. 1990. *Phrase Structure in Natural Language.* Dordrecht: Kluwer Academic Publishers.

Spencer, Andrew. 1991. *Morphological Theory.* Cambridge: Cambridge University Press.

Warner, Anthony R. 1993. *English Auxiliaries: Structure and History.* Cambridge: Cambridge University Press.

Webelhuth, Gert. 1995. *Government and Binding Theory and the Minimalist*

Program. Cambridge: Blackwell.

Williams, Edwin. 1994. *Thematic Structure in Syntax*. Cambridge: MIT Press.

Yoo, Eun Jung. 1997. *Quantifiers and Wh-Interrogatives in the Syntax-Semantics Interface*. Ohio State University Ph.D. Dissertation.

Yoon, James. 1994. Korean verbal inflection and Checking Theory. In Heidi Harley and Colin Phillips (eds.), *The Morphology-Syntax Connection*, 251-70. Cambridge: MITWPL.

Yoon, James and Jeongme Yoon. 1990. Morphosyntactic mismatches and the function-content distinction. In K. Deaton, M. Noske, and M. Ziolkowski (eds.), *Papers from the 26th Regional Meeting of the Chicago Linguistics Society*, 453-67.

Zwicky, Arnold M. 1982. Stranded *to* and phonological phrasing in English. *Linguistics 20*: 3-57.

Zwicky, Arnold M. 1985. Heads. *Journal of Linguistics 21*, 1-29.

Zwicky, Arnold M. and Geoffrey K. Pullum. 1983. Cliticization vs. inflection: English n't. *Language 59*: 502-13.

국문 색인

ㄱ

가시화 조건 73, 150
값 196
강교차 147, 166
개념 구조 179
gap-ss 유형 488, 491, 492
격 399
격 수가 76
격 이론 66
격 중출 현상 75
격 할당 73
격 할당/점검자 150
격-지배자 77
격 여과 73
격 이론 71, 73
결속 270, 277, 427
결속 기능핵 범주 269, 270
결속 대명사 276
결속 원리 139, 271, 430, 440
결속 원리 B 440
결속 원리 C 439, 440
결속 이론 A 461
결속 이론 B 461
결속 현상 172, 217, 267, 338
결속-통제 구문 65
결속 구문 252

결합가 315, 354
결합가 원리 332, 362, 476
경제성 원리 291
경험자 40, 436
계사구문 83
고유지배 120
고유핵지배 123, 128
공동 논항 431, 434
공동 지시 지표 400
공동핵 191, 192
공백 97, 253
공백의 연산자 418
공백화 68
공범주 35, 265, 292, 294, 297
공범주 e 250, 252
공범주 명사 144
공범주 원리 33, 119, 120
공자질 413
공지시 268, 270
공지표 400, 442
관계 모델 176
관계절 397
관계절 구문 97
관계절 중첩 403
관사 318
관점 436
관찰적인 적절성 26

괄호 매김 199
괄호 매김 모순 206
구 327, 485
구 범주 321
구 핵 328
구구조 규칙 19
구구조 문법 311
구성 성분 20
구성 성분 구조 319
구조 공유 322
구조 보존 조건 126
구조에 관한 제약 110
구체적인 통사론 178, 244, 250
구체화 201
국부 구조 51
국부성 조건 125
국부적 70
국부적으로 성분 통어하는 71
국지성 206
국지적 종속성 219
굴절 접사 289
규정짓기 280
규칙 위주 이론 348
기능 구조 171, 176, 178, 180, 196, 199, 201, 203, 205, 247, 254, 261, 263, 290, 304
기능 기술 180, 201, 205
기능 도식 190, 192, 196, 200, 222, 240, 254, 255
기능 등급 269
기능 범주 55, 57
기능 불확정성 원리 245

기능 위계 269
기능 유일성 원리 299
기능 통제 215, 218, 221, 231, 233, 240, 255, 256, 258, 263
기능 통제 관계 250
기능 통제의 어휘 규칙 235, 236
기능-논항 유일성 원리 186
기능-논항 유일성 조건 185
기능불확정성 원리 246, 249, 252, 259, 263, 265
기능불확정식 254, 257
기능적 대용어 규칙 241
기능적 불확실성 65
기능 통어 242
기능핵 범주 217, 218, 223, 224, 269
기술적 적절성 26
기저(심층) 구조 25, 176
기저생성 24, 47
기저형 24
기점 39
기호 위주 493
기호 위주의 이론 348
기호연쇄체 249
꼬리표 180, 190
꼬리표 붙은 범주 구조 193

ㄴ

내부 구조 178
내심 구조-기능 연결 원리 296
내심성 51, 186, 291, 305

내심성 구조-기능 연결 원리 191
내심성 원리 226, 227
내재적 분류 183
nominal-object 유형 430
noun-base 유형 478
noun-plural 유형 478, 479
논리 형태 31
논항 20, 190, 268
논항 구조 39, 171, 178, 180, 181, 354, 452
논항 구조 자질 38
논항 실현 규칙 46
논항 실현 원리 45, 355, 357, 396, 489
논항 연결 원리 32
논항 위계 181
논항 이동 65, 71, 79, 82
논항 이동의 흔적 144
논항 연쇄 81
논항 자리 79
능격 언어 182

ㄷ

다 대 일 206
다 대 일 대응 199
다단계의 문법 323
다분지 53
다시쓰기 규칙 50
다양성 원리 203
다중 상속 343, 352, 483
다층 구조 35

단어 289, 327, 485
단일 계층의 문법 323
단편성 204
담화 구조 211
담화 결속 143
담화구조상 결속 원리 142
담화의 원리 435
대명사 134
대상 40
대용사 134
대용사류 133
대용어적 결속 관계 258
대용어적 통제 231, 232, 240
대용어적 통제 현상 242
대주어 140, 141, 151
대치변형 90
that 관계절 99, 397, 408
wh 관계절 404, 405, 406, 408
WH-감탄문 105
WH-기준 89
(WH)-비교구문 106
WH-섬 제약 92
WH 의문문 386
WH 의문사 387, 398
WH 이동 85, 418
WH-전치 변형 규칙 25
wh-fill-rel-cl 유형 414
wh-subj-rel-cl 유형 413
there-expletive 유형 379
Theme/Patient 기호화 원리 183, 184
도구 40
도식 480

도출에 관한 제약 110, 111
도치 절 도식 389
도치구문 23
동명사구 225
동사구 37
동사구내 주어 294
동일명사구 삭제구문 215
뒤섞기 209
뒤섞기 구문 252, 291
뒤섞기 현상 172
등급 303
등위구문 제약 91
등위문 402
등위접속 구문 85, 259, 263
d-nexus-ph 유형 411
derived-lexeme 유형 380
ditransitive 유형 366, 371
default 값 358
default 규칙 395
default 제약 358
Tough 구문 106, 417

ㅁ

말뭉치 분석 303
매개(변인)화된 원리 30
매개변인 30
면제된 조응사 434, 435
명사구 37
명사구 이동 71
명사적 동사구 225
명제 55
목표/수여자 39
무관계(대명)사 관계절 398, 402, 404, 405, 408
Move-α 이동 규칙 418
무제한적 종속성 245
무표적 분류 183
무표적 분류 원리 185
무한 의존 관계 385
무한 의존 구문 65
문맥 340
문법 관계 21, 66, 71
문법 규칙 353
문법 기능 175
문법 범주들 186
미명세 376
미표시 316, 357
미표시 주어 366

ㄹ

reciprocal(상호 대명사) 유형 430
rerferential nominal 유형 450
refl 유형 461
lexeme 유형 487
리스트 더하기 356
리스트 빼기 356

ㅂ

밖으로부터의 기능불확정성 252

밖으로의 길 252
반결속 조건 277, 278, 279, 284
발화-지각 구조 32
verb-lexme 유형 487
범주 구조 171, 178, 186, 194, 199, 203, 205, 216, 290, 304
범주 불일치 177
범주 자질 38
범주화 자질 352
bare-rel-cl 유형 415
Bach의 일반화 237
변형 172
변형 규칙 19, 311
변형 규칙/도출의 상정 35
변형 문법 19
변형론자들 417
보문소 375
보문자 375
보문자-흔적 여과 93
보문절 55
보어 유보 어휘 규칙 392
보어 추출 391
보어 추출 어휘 규칙 492
보조의 help 459
보충어 51, 116, 188
보편 문법 30, 173
보편성 원리 203
복수 어휘 규칙 478
복잡성 도출이론 228
복합명사구 제약 91
복합적 상속 416
부가어 51, 116, 188

부가어 제약 92
부가어 최대투사제약 52
부가어-핵 도식 52, 53
부가절 55
부분 구조 간의 국지적 공동기술 199
부분적 포화 상태 318
부적절이동 조건 127
부정사 관계절 398, 408
부정성분 전치구문 107
분기점 280
분사형 225
분열 선행사 159
분열문 105
분열선행사 160
불규칙 복수 명사 478
불변화사 이동 규칙 372
불포화 VP 442
불포화 상태 318, 447
불포화 상태의 VP 452, 453
불포화(상태의) 동사구 445
VFORM 자질 363
VP 전치구문 107
비공지시 원리 280
비국부 자질 388, 398
비논항 190, 268
비논항 이동 65, 86, 93
비논항 이동의 흔적 144
비논항 자리 44, 79
비담화기능 190
비대격 가설 48
비대격 인상구문 83
비대격성 184

비대칭적 포함 342
비도출적 187
비도출적 이론 323
비도출적 접근 방식 173
비변형적 생성 문법 311
비변형적 이론 323
비변형적 접근 323, 425
Visser의 일반화 236
비영 속성가 317
비영 요소 344
비의미역 주어 218, 219
비제한적 관계절 97
비주격 관계절 397
비한정 동사 398
비핵구성분 322
비핵성분 319, 321
비형상 언어 186

3sg-pres-vb 유형 487
상대 최소성 조건 124
상대적 어휘완결성 290
상속 343
상승 동사 356, 362, 446
상위 유형 342, 483
상호 대명사 427
상호사 134
상호조응 176
상황 340
상황 의미론 449
선행사 427
선형 논리 306
설명적 적절성 26
섬 제약 90, 96
성분 구조 20, 175
성분 등위접속 259
성분 통어 77, 243, 269
소절 62, 218
속성 196
속성 속성가 행렬 314
수동 변형 42
수동자 20
수동형태소 48
수반현상 95
수의적 49
수의적 통제 구문 158
수직적 잉여성 482
수평적 잉여성 482
순서가 있는 리스트 315
순위 189
순행 대명사화 283

사격 78
사격 결속 429
사격 자유 429, 438
사격 통어 137, 429, 440
사격성 428
사격적 위계 337, 338, 367
사격성의 순서 428
사격 위계 137
사상 171, 199
사역 강요 466
사역 강요 어휘 규칙 469

술어화 공준 222
strict-intransitive 유형 360
strict-transitive 유형 366
SLASH 상속 원리 393, 415
SLASH 상속의 원리 424
SLASH 융합 393
SLASH 자질 386, 390, 391, 392, 396, 411, 424
SLASH 자질 값 415
synsem 유형 491
synsem-str 유형 488
synsem-structure 유형 488
siv 유형 343
실제 문법 30
심리동사구문 83
심층 구조 31, 323
심층 목적어 80

anaphor(조응사) 유형 430
안으로부터의 기능불확정성 252, 253
안으로의 길 252
REL 자질 401
α-이동 66, 67
약교차 305
약교차효과 285
약교차효과 현상 286
양화사 이동 85
어미 절점 52
어순 제 2규칙 367

어휘 기능 문법 171
어휘 기호 485
어휘 범주 187, 321
어휘 사상 원리 182, 209
어휘 사상 이론 171, 214
어휘 삽입 353
어휘 잉여규칙 28
어휘 제약 349
어휘 중심성 186
어휘 표상 20
어휘 항목 20
어휘 핵 328
어휘 형태 조작 183, 184, 185
어휘 형태 조작 원리 213, 214
어휘부 179, 481
어휘부의 잉여성 481
어휘사상가설 65
어휘소 485
어휘주의 가설 57
어휘주의적 493
어휘주의적 이론 57
어휘주의적 입장 485
언어 기호 485
언어심리 표현 대명사 287
언어의 존재론 340
Yes-No 의문문 386, 387
SUBJ 자질 413
sg-pres- vb 유형 487
stv 유형 343
Agent 기호화 원리 183, 184
eflexive(재귀대명사) 유형 430
expletive-subject 유형 378

X′-이론 50
X-bar 이론 57
nfluence 유형 458
NP 이동 418
LF-이동 168
REL(ATIVE) 자질 398
LP 제 1원리 336
LP 제 2원리 337
MOD 자질 404, 407
MOD 자질 값 406
여격교체구문 83
역행 대명사화 282
연결 규칙 46
연산 체계 31
연산부와 어휘부의 접합점 32
연쇄 동일성 조건 126
연쇄적 기능 통제 231
연쇄조건 80
영 자질가 365
영가설 155
영격 74
영대명사 292
영역지배 범주 160
영요소 329, 344
영주어 매개변인 147
영주어 언어 147
영주제 164
예외적 격 할당 78
오른쪽 지붕 제약 91
orientation 유형 448, 453, 456, 458, 460
완결성 조건 197, 255, 262, 292
완전 기능복합체 152

완전해석 원리 33
외부 구조 178
외부 화제 258
외심성 186
외심성 범주 187
외치 어휘 규칙 380
외치 현상 379
외치화 220
우위성 조건 94
운용자 복합구 286, 287
word 유형 487
weak-crossover 305
원리 480
원리 C 285
원리 위주의 이론 348
원리-매개 이론 19, 31
위계 구조 174, 176
위반 가능성 303
유형 332, 453
유형 계통 340
유형 계통도 408, 410
유형 상속 347
유형 위계 383, 483
유형 제약 348, 349, 383, 425, 483
융합 292, 298
음성 형태 31
음운론적 단어 300
의문사 이동 86
의미 - 개념 구조 32
의미 구조 176
의미 단위 175
의미 역할(semantic role) 450

의미상 주어　446
의미역　39, 181, 447, 450
의미역 공유　65
의미역 기준　32, 41
의미와 통사의 상호 작용　473
의미적 변용　466
의사분열문　105
의존 구문　385, 424
e-유형 대명사　268, 276, 285
이동시 나타나는 모순　176
이동할 자리　70
이분지　53
이접지시 조건　139
INDEX 자질　399
intransitive 유형　343
intransitive-equi 유형　365
intransitive-linking 유형　360
intransitive-particle 유형　360
intransitive-preposition 유형　361
intransitive-preposition 유형　361
intransitive-raising 유형　362
intransitive-raising 유형　362
INFLUENCE 의미역　454
INFLUENCED 의미역　458
influence 유형　448, 453, 456, 457, 459, 463, 464, 465, 468
인허 영역　165
일관성 원리　203, 204
일관성 조건　256
일반 구구조 문법　311
일치자질　59
일치접사　300

잉여 생산　25
잉여성　341
잉여적인 정보　345
it-expletive 유형　378

ㅈ

자매　23
자유관계절　97
자질　313
자질 공유　65
자질 명세　314
자질 선언　450
자질 이론　313
자질 점검　130
자질의 통합　173
자질 전달　206
자질 점검　131
자질 점검 자리　59
잠재표시　183
장거리　245
장거리 결속　272
장거리 의존 관계　386
장거리 종속 구문　252, 263
장거리 종속문　246
장거리 종속성　219
장벽이론　115
장소　39
재귀 대명사　427
재귀사　134, 267
전위구문　285

절-수반현상 96
절구조 57
접근 가능성 140
접근 가능한 대주어 161
접어 300
정보 구조 172
정보 기반 319
정의 등식 200
정합성 247
정합성 조건 197, 255, 258, 292
정형성 조건 185
제 1 어순 원리 336
제약 173, 189, 304, 305
제약 기반 425
제약 기반의 문법 327
제약 기반적 특징 407
제약 위주 493
제한적 관계절 97
조건 등식 200
조동사 축약 68
조응사 427
조합적 54
존재구문 83
종속 관계의 연쇄적 교차현상 194
종점 기호 320
좌분지 제약 91
주격 관계절 397
주어 상승 82
주어 조건 185
주어로의 상승 364
주어절 제약 91
주절 55

주제 280, 284
주제-평언 172
주제-평언 구조 287
주제부각형 164
주제부각형 언어 163
주제화 구문 106, 291
주제화 운영자 108
중간 구조 323
중립범주제약 52
중첩 관계절 404
지배 76, 233
지배 결속 이론 173
지배 범주 139, 140, 217, 223, 269
지배 영역 76
지배자 76
GB 이론 494
지시 지표 258, 340
지시 의존 268
지시적 의존 관계 134
지시적 표현 134
지정어 51, 116, 188
지정어-핵 도식 52, 53
직접목적어 제한 81
직접적 통사기호화 원리 203, 204
진리조건 61

참여의 help 459, 461
참여자 450
처소격도치 222

최대 범주 328
최대 투사 범주 187
최소주의 59
최적이론 172, 303
최적통사론 303
최적형 304
추상격 72, 73, 75
축약 관계절 398

ㅋ

can-ss 유형 488
Comp 이중 채우기 제약 94
commitment 유형 448, 456, 458, 460, 463, 464, 468
qf-psoa 이하 450

ㅌ

탁월성 위계 190
탈락 동사 446
통사 범주 313
통사부와 의미부 간의 간극 55
통사적 지식 19
통사화된 담화기능 190
통제 구문 178
통제 동사 356
통제 영역 165
통제 이론 231, 448, 452, 465
통제 현상 215

통합 196
투사 범주 187
투사 원리 32, 42
투영 원리 176, 215, 219
투영원리 232
transitive 유형 343
transitive-causative 유형 374
transitive-equi 유형 366, 371
transitive-lexeme 유형 371
transitive-particle 유형 372
transitive-predicative 유형 373
transitive-raising 유형 362, 365

ㅍ

parameterized-state-of-affair(=psoa) 유형 449
past-verb 유형 487
판별원리 242
personal- pronoun(인칭 대명사) 유형 430
평면 구조 176
평언 280, 282, 284
평언 구조 280
폐쇄연산자 247
포섭 409
포섭 관계 409
포화 상태 317
표면 구조 31, 176, 323
표면형 24
표현 구조 178
표현의 경제성 290

풀이규칙 199
prepostional-tansitive 유형 358
pronoun 유형 430
pro-drop 현상 147
proposition- complement 유형 364
proposition-complement 유형 375
psoa 유형 450
피동태 어휘 규칙 369, 381
PRO 정리 150
ppro 유형 461
필수적 통제 구문 158
Filler-Head 구문 388

핵-보어 규칙 331, 335, 336
핵-보어 도식 362
핵-수식어 규칙 339
핵-수식어 도식 362
핵-주어 규칙 331, 332, 333, 334, 335
핵-충전어 규칙 338
핵-충전어 도식 389
핵계층 이론 28
핵성분 319, 321, 322
핵심 문법 30
핵어 311
핵어 어순 매개변인 51
핵어 연계어 구 411
핵어 이동 65
핵어 중심 328
핵어-보충어 54
핵어-보충어 도식 52
행위자 20, 39
허사 41, 450
head-complement-ph 유형 348
head-complement-phrase 제약 349
head-filler-ph 유형 348
head-filler-phrase 유형 411
head-fill-ph 유형 411
head-nexus-ph 유형 348
head-subject-phrase 유형 411
head-subject-phrase의 제약 349
headed-ph 유형 348
headed-phrase(=hd-ph) 유형 411
형상 구조 174, 176
형상 언어 186
형상성 34

ㅎ

하위 유형 342, 483
하위범주화 23, 215, 254, 383
하위범주화 자질 38, 353
하위범주화 정보 181
하위인접 조건 93, 112, 232
한정 동사 398
한정 동사 형태 445
함수 196
함수 유일성 조건 197, 201, 250
함수적용 방식 252
함수적용 표현 248
핵 23, 174, 188
핵 딸 절점 52
핵 이동 192, 226
핵 자질 332
핵 자질 원리 332, 336, 362, 476

형상적 88
형상적 개념 441
형상적 결속 이론 427
형태론과 통사론의 상호 작용 480
형태론적인 격 73
형태접사 174
형태통사론 305
형태통사이론 303
호의자/피해자 40
혼합 범주 225
화제 280, 281, 282, 287
화제 구문 193, 294
확대 X′ 이론 186
확대 기능위계 284
확대 정합성 원리 258, 264
확대 정합성 조건 198, 247, 254
확대 투사 범주 227
확대 투사 원리 43
확대 핵 65, 227
확대 핵 이론 227
후보 303
후보들 189
후치사 78
흔적 176, 218

영문 색인

A

A'-Movement 65
A/NP-trace 144
ABLATIVE 78
abstract Case 72
Accessibility 140
accessible SUBJECT 161
adjunct 51
adjunct clause 55
Adjunct Condition 114
Adjunct Island constraint 92
Adjuncts 188
Adjunct-Head Schema 52
Affix Hopping 70
Agent 20, 46
Agent encoding principle 183
AGR 163, 165, 167
anaphor 134, 427
Anaphora 133
anaphora 133
anaphoric control 231
annotated c-structure 193
annotation 180, 190
antecedent 427
Anti- binding condition 277
argument 452

Argument Linking Principle 32
Argument Realization Principle 45, 46, 355, 489
Argument Structure 171, 178, 354
ARG-STR 453
ARP 357, 396, 489
Articulatory-Perceptual System 32
asymmetric inclusion 342
attribute 196
Attribute Value Matrix 314
auxiliary contraction 68
AVM 25, 314
A-movement 65, 71, 85, 146
A′-movement 86
A-movement or NP-movement 71
A-position 79
A′-position 79
A′/WH-trace 144

B

Bach's generalization 237
backwards pronominalization 282
Barriers 115
base-generated 24
binary branching 53

binding 172, 217, 338, 427
Binding Domain 139
binding nucleus 269
Binding Theory 139
bound pronominals 276
Bounding Condition 115
Bounding Node 115
bracketing 199
bracketing paradoxes 206
break 280

C^0 188
candidates 189, 303
can-ss 488, 490
CASE 399
Case assignment 73
Case Filter 73
Case Theory 66, 71
Case valence 76
Categorial Structure 171, 178
category mismatches 177
Category Neutrality Constraint 52
causative coercion 466
Causative Coercion Lexical Rule 469
c-command 77, 138, 243, 269, 427
CD 165, 166, 167
CFC 152
Chain Condition 80, 128
Chain Uniformity Condition 126, 130

characterizing 280
checking position 59
Clausal Pied-piping 96
clause-mate disjoint reference condition 139
Cleft sentence 105
clitics 300
CNPC 91
coargument 431, 434
Coherence Condition 197
COMMISSEE 470
commitment 449, 450, 453
COMMITOR 450, 451, 453, 455, 456, 470
common-noun 484
comp 87, 375, 378
complement 51, 188
complement clause 55
Complement Extraction 391
Complement Extraction Lexical Rule 492
Complement Reservation Lexical Rule 392
complementizer 375
Complementizer Phrase 375
Complementizer Trace Filter 96, 98, 101, 119
complete functional complex 152
Completeness Condition 197
Complex NP Constraint 91
Computational System 31
conceptual unit 175
concrete syntax 178
Condition A loophole 146

configurational 88, 427, 441
configurational structure 174
Configurationality 34
constituent 20
Constituent Coordination 259
constituent structure 20, 175, 319
constraining equation 200
constraints 189, 304
Constraints on Derivation 110, 111
Constraints on representation 110
Constraint-Based Grammar 327
CONTENT 368, 451, 453, 470, 471
context 340
context-free rewrite rule 50
Control 62
Control Construction 178
Control Domain 165
Control Theory 452, 465
control verbs 356
controled-qfpsoa 449
control-qfpsoa 450
Coordinate Structure Constraint 91
coreference 268, 270
coreferential 400
correspondence 176
CP 375
cross-serial dependencies 194
CTF 119, 122, 155
CSC 91

D

D^0 188
daughter node 52
default classifi- cations 183
defining equation 200
Dependency Constructions 385
derivational theory of complexity 228
determiner 318, 319
Direct Object Restriction 81
discourse 435
Discourse Binding 142
Discourse Structure 211
Dislocation Construction 285
ditransitive 342
DOP 306
Doubly-filled Comp Filter 94
Doubly-filled Comp(DFC) Filter 101
dtr 342
dtv 343, 344
D-structure 31

E

Economy of Expression 290
ECP 119, 120, 121, 154
empty categories 144
Empty Categories 35
Empty Category Principle 33, 119, 120, 130
empty element 344

empty operator　418
empty value　329, 365
Endocentric Structure-Function Association　191
endocentricity　51, 186, 291
Equi verbs　446
Equi-NP Deletion Construction　215
ergative language　182
Exceptional Case-marking　78
excocentricity　186
exempted anaphors　435
EXPERIENCER　450, 451, 453, 455
expletive　41
Expression Structure　178
Extended Coherence Condition　198, 247
Extended Head　65
Extended Head Theory　227
Extended Projection Principle　43
Extended X′ Theory　186
External Structure　178
external topic　258
extraction　220
extraposition　379
Extraposition Lexical Rule　380
e-type pronominals　276

F

feature propagation　206
feature specification　314
Feature Theory　313

feature unification　173
features　313
finite　398
finite verb　445
flat structure　176
forwards pronominalization　283
fragmentability　204
Free Relative Clause　97
function　196
functional application expression　248
functional categories　55, 186
functional control　215, 231
functional description　180, 201
functional hierarchy　269
functional schemata　190
functional structure　171
functional uncertainty　65, 245
Functional Uniqueness Condition　197
Function-Argument Biuniqueness Condition　185
F-command　242

G

gap　97
Gapping　68
gap-ss　488, 490
GC　139
Generalized Phrase Structure Grammar　311
gerundive VP　225
Governing Category　139, 217, 269

government   233
Government Binding Theory   173
government domain   76
governor   76
GPSG   311
Grammar Rules   353
grammatical function   175
Grammatical Relations   66, 71

head-nexus-phrase   346, 347, 411
Head-Specifier Rule   331
head-specifier-ph   347, 348
help of assistance   459
help of participation   459
HFP   332, 336
hierarchical structure   176
horizontal redundancy   482

H

hd-fill-ph   414
head   23, 174, 188, 311
head daughter   319
Head Feature Principle   332, 476
head features   332
Head Movement   65, 130, 192, 226
Headedness Parameter   51
headed-phrase   346, 347, 348
head-adjunct-hrase   411
Head-Complement Rule   331
Head-Complement Schema   52
head-complement-ph   347
head-daughter   321
Head-driven   328
Head-Filler Rule   338
Head-Filler Schema   389
head-filler-phrase   346
head-filler-ph   347
Head-Modifier Rule   339
Head-Movement   67

I

I^0 188
Improper Movement Condition   127
incorporation   292
INDEX   399, 400, 477
Infinitival relative   103
INFL   58, 79, 87
inflectional affix   289
INFLUENCE   449, 450, 451, 452, 454, 470, 471
INFLUENCED   450, 451, 452, 453, 454, 455, 457, 470, 471
Infl-to-Comp Raising   70
Information Structure   172
Information-Based   319
inheritance   343
Inside-Out Functional Uncertainty   252, 253
instantiation   201
Internal Structure   178
intransitive   342, 344
intrinsic classifications   183

IP 69
IS A 344
ISA 416
Island constraints 90
i-cause 469, 470, 471
I-to-C 87

K

kernel sentences 24

L

landing site 70
LBC 91
Left Branch Condition 91
levels of representation 31
lexeme 20, 485
lexical category 321
Lexical Functional Grammar 171
lexical head 328
lexical insertion 353
Lexical Mapping Theory 65, 171
lexical redundancy rule 28
lexical representation 20
Lexical Rule of Functional Control 235
lexicalist 485
lexicalist hypothesis 57
lexical-sign 485
Lexicon 179

lexocentricity 186
licensing domain 165
linear logic 306
Linear Precedence Principle 336, 367
Linking Rules/Principles 46
local 70
local co-description of partial structures 199
local dependency 219
local tree 51
locality 206
locality condition 125
locally c-commanding 71
Locative Inversion 222
Logical Form 31
Logophoric Binding 142
logophoric pronoun 287
Long Distance Dependency 386
long-distance 245
long-distance binding 272
long-distance dependency 219
LPP 367

M

many-to-one 199, 206
mapping 171, 199
matrix clause 55
maximal category 328
maximal projection 187
Minimalist Program 59

mixed category   225
MOD(IFIER)   398, 401, 403
Modifier Maximality Constraint   52
modular   54
monostratal   323
morpholexical operations   183
morphological affix   174
mother node   52
Move Alpha   29, 66
Movement Paradoxes   176
multiple inheritance   343, 352, 416, 483
multistratal   323
Multi-stratality   35

non-head-daughter   321
Non-obligatory Control   158
Non-restrictive Relative Clause   97
non-thematic SUBJ   218
non-thematic($\bar{\theta}$)-position   79
NP   37
NP-trace   144, 146
nucleus   217, 269
null Case   74
null hypothesis   155
null subject language   147
null subject parameter   147, 163
null topic   164
n-ary branching   53

N

Negative Preposing   107, 108, 109
NOC   159
nominal VPs   225
Noncoreference Principle   280
nonderivational   187, 323
nonderivational approach   173, 323
nonempty elements   344
nonempty value   317
nonfinite   398
nonhead daughter   319
nonlocal feature   388, 398
nontransformational   323
nontransformational generative grammar   311, 323
non-headed phrase   346

O

O(bliqueness)-command   137
obligatory control   158
oblique Case   78
obliqueness   428
obliqueness hierarchy   137, 337, 338, 367, 428
oblique-bound   429
oblique-command   429
oblique-free   429
Obviation Principle   242
OC   158, 159
operator complex   286
Optimality Theory   172, 303
Optional Control   158

ordered list 315
orientation 449, 450
OT-LFG 303
Outside-In Functional Uncertainty 252
overgeneration 25
o-bound 429
o-command 138, 429
o-free 429

P

P-marker 25
parameter 30
parameterized principles/constraints 30
parameterized-state-of-affair 449
parsed corpus 303
partially saturated 318
participial VP 225
Particle Movement Transformation 372
Passive Lexical Rule 369, 381
PathIn 252
PathOut 252
Patient 20
Phonetic Form 31
phonological words 300
phrasal category 321
phrasal head 328
phrase 327, 347, 485
Phrase Structure Rule 19
phrase structure rules 311
Pied-piping 95, 99

piv 342, 344
point of view 436
potential barrier 116
PPA 19
ppro 461
ppron 462
predication template 222
preposition transitive 342
prespositional intransitive 342
Principle of Full Interpretation 33
Principles 480
Principles and Parameters Approach 19
principle-based 348
pro 133, 144, 156, 165, 166, 167
PRO 74, 75, 133, 144, 149, 150, 156, 157, 167, 168, 215, 233, 241
PRO Theorem 150
projection 187
Projection Principle 32, 42, 55, 176
prominence hierarchy 190
pronominal 134
proper government 120
Proper Head Government 123, 128
proper head governor 128
Proposition 55
PRO-Theorem 150, 151
pro-drop 162
Pseudo-cleft 105
psoa 449, 450, 451, 453
ptv 342, 344
P-OBJ 370

Q

Quantifier floating 85
quantifier-free-psoa 449

R

raising 362
Raising Principle 421
raising verbs 356, 446
ranking 189, 303
reciprocal 134
recoverability 102
redundancy 341
ref 450
referential dependence 134, 268
referential dependency 135
Referential Expression, R-expression 134
referential index 258
refl 457, 461
reflexive 134, 267
RELATION 449
relational model 176
relative clause stacking 403
Relativized Lexical Integrity 290
Relativized Minimality 124, 155
RESTR 477
Restrictive Relative Clause 97
rewrite rule 50
rhematic structure 280
rheme 280

Right Roof Constraint 91
RM 124
Rule of Functional Anaphora 241
rule-based 348

S

SAC 393
saturated 317
schemata 480
scrambling 172, 209, 252, 291
semantic 447
Sentential Subject Constraint 91
sign 347, 485
sign-based 348, 493
SIP 393, 394, 395, 415, 422, 424
sister 23
siv 342, 343, 344
SLASH 89, 388, 393, 401, 421
SLASH Amalgamation Convention 393
SLASH Inheritance Principle 393, 415
small clause 62, 218
SOA-ARG 450, 451, 452, 453, 454, 456, 470, 471
solution algorithm 199
SP 453
SpCP 100, 114, 166
specifier 51, 188, 318, 405
specifier-saturated 405
specifier-unsaturated category 405
Specifier-Head Schema 52

split antecedent 159
SPR 405
SSC 91, 153, 155
state of affairs 340
str 342
Strict Cycle Condition 117
strict intransitive 342, 361
strict transitive 342
strong crossover 147, 166
structure 452
Structure Preservation Condition 126
structure sharing 322
stv 344
subcategorization 23, 383
subcategorization features 352
Subjacency 93, 112, 114, 118, 146
subjacency condition 232
SUBJECT 140, 151
Subject Condition 185
Subject-Aux Inversion 70
Subject-Auxiliary Inversion Construction 69
Subject-Object Raising 60
Subject-Subject Raising 60
Subject-to-Subject Raising 82, 364
subsumption 409
subtype 342, 483
Superiority Condition 94, 96, 99, 119
supertype 342, 483
surface structure 24, 176
Syntactic Category 313
syntactic rank 269

S-structure 31

T

terminal symbol 320
The Principle of Direct Syntactic Encoding 203
Thematic Roles 181
thematic roles 39, 447
thematic(θ)-position 79
theme 46, 280
Theme/Patient encoding principle 183
theme-rheme 172
Theta Criterion 32, 41
topic 280
Topic Construction 193
Topic Operator 108
topicalization 106
topic-prominent 163
trace 176, 218
transformation 19, 172
Transformational Grammar 19
transformational rules 311
transitive 342, 344, 345
TSC 153
type 332
type constraints 349, 483
type hierarchy 340, 383, 408, 483

UDC 65
Unaccusative Hypothesis 48
unaccusativity 184
unbounded dependency 245
Unbounded Dependency Construction 65
underlying structure 24, 176
underspecification 183
underspecified 316, 357
underspecify 376
understood subject 446
unexpressed subject 366
unification 196
unify 89
Universal Grammar 173
unsaturated 318, 442
unsaturated VP 445
unspecified 316

valence 315
Valence Principle 332, 476
VALP 332, 333
value 196
variable 166
Verb-to-Infl Raising 70
vertical redundancy 482
violability 304
Visibility Condition 73, 150, 157

Visser's generalization 236
VP 37
VP-internal subject 294
VP-Internal Subject Hypothesis 59, 61
VP-preposing 107

W(WH)-comparative 106
weak crossover effects 285
Well-formedness Condition 185
WH-Criterion 89
WH-island constraint 92
WH-movement 93
WH-trace 144
word 289, 327, 485

X

XADJUNCT 233
XADJUNCTS 220, 239, 240
XCOMP 220, 222, 233, 238, 254
X-bar Theory 28, 50

Z

zero pronominal 292

한/영 대조표

가시화 조건 : Visibility Condition
값 : value
강교차 : strong crossover
개념 구조 : Conceptual Structure
개입 : interpolate
격 : Case
격 수가 : Case valence
격 여과 : Case Filter
격 이론 : Case Theory
격 표지 : case marker
격 할당 : Case assignment 또는
　　　　　Exceptional Case-marking
결과 표현 : resultative predicate
결속 기능핵 범주 : binding nucleus
결속 대명사 : bound pronominals
결속 영역 : Binding Domain
결속 원리 : Binding Principle
결속 현상 : binding
결합가 : valence
결합가의 원리 : Valence Principle, VALP
경험자 : Experiencer
고리 : link
고유지배 : proper government
고유핵지배 : Proper Head Government
공기 : cooccurrence
공동 논항 : coargument
공백 : gap

공백의 연산자 : empty operator
공백화 : Gapping
공범주 : Empty Categories
공범주 원리 : Empty Category Principle
공식의 일반성 : generality of formulation
공지시 : coreference
공지표 : coindexing
관계 모델 : relational model
관계절 : relative-clause
관계절 중첩 현상 : relative clause stacking
관사 : determiner
관점 : point of view
관찰적인 적절성 : descriptive or
　　　　　observational adequacy
관할 : dominate
괄호 매김 : bracketing
괄호 매김 모순 : bracketing paradoxes
구 : phrase
구 범주 : phrasal category
구 핵 : phrasal head
구구조 규칙 : phrase structure rule
구구조 도식 : phrase structure schema
구구조 문법 : phrase structure rules
구성 성분 : constituent
구성 성분 구조 : constituent structure
구조 공유 : structure sharing
구조 층위 : levels of representation

구조 보존 조건 : Structure Preservation Condition
구조에 관한 제약 : Constraints on representation
구체적인 통사론 : concrete syntax
구체화 : instantiation
국부 구조 : local tree
국부성 : locality
국부성 조건 : locality condition
국부적으로 성분 통어하는 : locally c-commanding
국지성 : locality
국지적 종속성 : local dependency
굴절 접사 : inflectional affix
귀환적 : recursive
규정 : stipulation
규정짓기 : characterizing
규칙 위주 : rule-based
기능 구조 : Functional Structure
기능 기술 : functional description
기능 도식 : functional schemata
기능 등급 : syntactic rank
기능 범주 : functional categories
기능 불확정성 : Functional Uncertainty
기능 위계 : functional hierarchy
기능 통어 : F-command
기능 통어 조건 : F-command requirement
기능 통제 : functional control
기능 통제의 어휘 규칙 : Lexical Rule of Functional Control
기능-논항 유일성 조건 : Function-Argument Biuniqueness Condition
기능문법적 : Functional Grammar
기능적 대용어 규칙 : Rule of Functional Anaphora
기능적 불확실성 : functional uncertainty
기능핵 범주 : nucleus
기술 언어 : description languages
기술적 적절성 : Descriptive Adequacy
기저 구조 : underlying structure
기저생성 : base-generated
기저형 : underlying structure
기점 : Source
기호 : sign
기호 위주의 이론 : sign-based
길 : Path
꼬리표 : annotation
꼬리표 붙은 범주 구조 : annotated c-structure
나무 그림 : tree diagram
내부 구조 : Internal Structure
내부적 통사속성 : internal syntax
내부주어 가설 : VP-Internal Subject Hypothesis
내심성 : endocentricity
내심성 구조-기능 연결 원리 : Endocentric Structure-Function Association
내재격 : inherent case
내재적 분류 : intrinsic classifications
논리 형태 : Logical Form
논항 : arguments
논항 구조 : Argument Structure
논항 구조 자질 : Argument structure

논항 실현 원리 : Argument Realization Principle
논항 연결 원리 : Argument Linking Principle
논항 이동 : A-Movement
능격 언어 : ergative language
다 대 일 : many-to-one
다 표시된 형태가 되는 것 : fully specified
다단계의 : multistratal
다분지 : n-ary branching
다시 쓰기 규칙 : Rewrite Rule
다양성 원리 : Variability Principle
다중 상속 : multiple inheritance
다층 구조 : Multi-stratality
단거리 결속 : Local Binding
단순한 구조 : kernel sentences
단어 : word
단일 계층의 : monostratal
단편성 : fragmentability
담화 : discourse
담화 결속 : discourse-bound
담화 구조 : Discourse Structure
담화 구조상 결속 원리 : Discourse Binding 혹은 Logophoric Binding
담화 기능 : discourse function
대명사 : pronominal
대명사적 대용어 : pronominal anaphor
대상 : Theme
대용사 : anaphor
대용사류 : anaphora
대용어적 통제 : anaphoric control

대주어 : SUBJECT
대치 변형 : Substitution
that-관계절 : That-relative clause
WH 전치 : WH-Fronting
WH-기준 : WH-Criterion
WH-비교구문 : WH-comparative
WH-섬 제약 : WH-island constraint
WH-의문문 : WH-Question
Theme/Patient 기호화 원리 : Theme/Patient encoding principle
도구 : Instrument
도식 : schemata
도출 : derivation
도출에 관한 제약 : Constraints on Derivation
도출이론 : derivational theory of complexity
동명사구 : gerundive VP
동사 : verbal
동사구내 주어 : VP-internal subject
동일명사구 삭제구문 : Equi-NP Deletion Construction
Do 지탱 : Do-Support
뒤섞기 : scrambling
등급 : ranking
등위구문 제약 : Coordinate Structure Constraint, CSC
딸 절점 : daughter node
Lola를 본 사건들 : occasions of my seeing Lola
말뭉치 : corpus
말뭉치 분석 : parsed corpus

매개(변인)화된 원리 : parameterized principles/constraints
매개변인 : parameter
매개변인 이론 : Parametric theory
면제된 조응사 : Exempt Anaphors
명령절 : imperative-clause
명사 : nominal
명사구 이동 : NP-movement
명사적 동사구 : nominal VPs
명사화 : nominalization
명시되지 않은 부정사구 : infinitival VP
명시된v underspecified
명시주어조건 : Specified Subject Condition
명제 : Proposition
목표/수여자 : Goal/Recipient
무표적 분류 : default classifi- cations
무표적인 : unmarked
무한 의존 관계 : Unbounded Dependency Constructions
무한 의존 구문 : Unbounded Dependency Construction
문맥 : context
문법 관계 : Grammatical Relations
문법 규칙 : Grammar Rules
문법 기능 : grammatical function
문법 범주들 : functional categories
문법구 : Functional Phrase
미표시 : unspecified
밖으로부터의 기능불확정성 : Outside-In Functional Uncertainty
밖으로의 길 : PathOut
반결속 조건 : Anti- binding condition

반향의문문(혹은 메아리 의문문) : echo question
발화-지각 구조 : Articulatory-Perceptual System
범범주적 : cross-categorial
범주 구조 : Categorial Structure178
범주 불일치 : category mismatches
범주 자질 : Categorial feature
Bach의 일반화 : Bach's generalization
변항 결속 : variable-binding
변형 : transformation
변형 규칙 : transformational rules
변형 문법 : Transformational Grammar
보문자 : complementizer
보문자-흔적 여과 : Complementizer-trace filter, 혹은 "that-t" filter
보문절 : complement clause
보어 : complements
보어 유보 어휘 규칙 : Complement Reservation Lexical Rule
보어 추출 : Complement Extraction
보어 추출 어휘 규칙 : Complement Extraction Lexical Rule
보조의 help : help of assistance
보충어 : complement
보편 문법 : Universal Grammar
보편 연결 가설 : Universal Alignment Hypothesis
보편성 원리 : Universality Principle
보편적 제약 : universal constraint
복원가능성 : recoverability
복잡성 도출이론 : derivational theory of

complexity
복합명사구 제약 : Complex NP Constraint, CNPC
복합술어 : complex predication
부가 : adjunction
부가어 : adjunct
부가어 제약 : Adjunct Island constraint
부가어 최대투사제약 : Modifier Maximality Constraint
부가어-핵 도식 : Adjunct-Head Schema
부가절 : adjunct clause
부분 구조 간의 국지적 공동기술 : local co-description of partial structures
부분적 포화 상태의 : partially saturated
부적절이동 조건 : Improper Movement Condition
부정성분 전치구문 : Negative Preposing
분배 : distribute
분사형 : participial VP
분열 선행사 : split antecedent
분열문 : Cleft sentence 혹은 clefting
분포 : distribution
불변화사 : particle
불변화사 이동 규칙 : Particle Movement Transformation
불일치 : mismatch
불포화 상태의 : unsaturated
불포화(상태의) 동사구 : unsaturated VP
VP 전치구문 : VP-preposing
비wh 관계절 : non-wh relative clause
비공지시 원리 : Noncoreference Principle
비국부 자질 : nonlocal feature

비논항 이동 : A'-Movement
비대격 가설 : Unaccusative Hypothesis
비대격성 : unaccusativity
비대칭적 성분 통어 : asymmetrically c-command
비대칭적 포함 관계 : asymmetric inclusion
비도출적 : nonderivational
비변형적 생성 문법 : nontransformational generative grammar
비변형적 접근 : Nonderivational Approach
비영 속성가 : nonempty value
비영 요소 : nonempty elements
비위계적 : flat
비의미역 주어 : non-thematic SUBJ
Visser의 일반화 : Visser's generalization
비제한적 관계절 : Non-restrictive Relative Clause
비지시적 의미역 : non-referential role
비한정적 : indefinite
비핵성분 : nonhead daughter
비형상적 : Nonconfigurational
사격 : oblique Case
사격 위계 : Obliqueness Hierarchy
사격 자유 : oblique-free = o-free
사격 통어 : oblique-command = o-command
사격성 : obliqueness
사격성 위계 : Obliqueness Hierarchy
사상 : mapping
사역 강요 : causative coercion
사역 강요 어휘 규칙 : Causative Coercion Lexical Rule

3분지 : ternary branching
상대적 어휘완결성 : Relativized Lexical Integrity
상대최소성 : Relativized Minimality
상보적 분포 : complementary distribution
상속 : inheritance
상속된 장벽 : inherited Barrier
상승 동사 : Raising verbs
상위 유형 : supertype
상태 술어 : depictive predicate
상호 (대명)사 : reciprocal
상호조응 : correspondence
상황 : state of affairs
생득적 : innate
생성기재 : generative device
서술절 : declarative-clause
선행사 : antecedent
선행사 지배 : antecedent government
선형 논리 : linear logic
설명적 적절성 : Explanatory Adequacy
섬 제약 : Island constraints
성분 구조 : constituent structure
성분 등위접속 : Constituent Coordination
성분 전치 : constituent fronting
성분 조건 : Element Condition
성분 통어 : c-command
소절 : small clause
속성 : attribute
속성 속성가 행렬 : Attribute Value Matrix
속성가 : value
수동 변형 : passive transformation
수동자 : Patient

수반현상 : Pied-piping
수의적 : optional
수의적 통제 구문 : Non-obligatory Control (Optional Control, NOC)
수직적 잉여성 : vertical redundancy
수평적 잉여성 : horizontal redundancy
순서 쌍 : ordered pair
순위 : ranking
순행 대명사화 : forwards pronominalization
순환범주 : cyclic node
술어적 : predicative
술어적 보충어 : predicate complement
술어화 공준 : predication template
SLASH 상속 원리 : SLASH Inheritance Principle, SIP
SLASH 융합 관례 : SLASH Amalgamation Convention, SAC
SLASH 융합 : SLASH amalgamation
승계성 : Succession
시제주어조건 : Tensed Subject Condition
실제 문법 : Particular Grammars
심리동사 : psych verb
심리적 실재성 : psychological reality
심층구조 주어 : Deep Structure Subject
심층 구조 : D-structure
심층 구조 목적어 : Deep Structure Object
안으로부터의 기능불확정성 : Inside-Out Functional Uncertainty
안으로의 길 : PathIn
@-이동 : Move Alpha
약교차 : weak-crossover
약교차효과 : weak crossover effects

양태조동사 : modal auxiliary
양화사 이동 : Quantifier floating
어미절점 : mother node
Agent 기호화 원리 : Agent encoding
   principle
어휘 기능 문법 : Lexical Functional
   Grammar
어휘 기호 : lexical-sign
어휘 범주 : lexical category
어휘 사상 이론 : Lexical Mapping Theory
어휘 삽입 : lexical insertion
어휘 잉여규칙 : lexical redundancy rule
어휘 중심성 : lexocentricity
어휘 지배 : lexical government
어휘 표상 : lexical representation
어휘 항목 : lexeme
어휘 핵 : lexical head
어휘 형태 조작 : morpholexical operations
어휘부 : lexicon
어휘사상가설 : Lexical Mapping Theory
어휘소 : lexeme
어휘주의 가설 : lexicalist hypothesis
어휘주의적 이론 : lexicalist theory
어휘표상 : lexical representation
억제 : supress
언어 생성과 이해 : language production
   and processing
언어개별적 : language-particular
언어능력 : competence
언어수행 : performance
언어심리 표현 대명사 : logophoric
   pronoun

엄마 절점 : mother node
엄밀순환 조건 : Strict Cycle Condition
역사적 우연 : historical accident
역행 대명사화 : backwards
   pronominalization
연결 규칙 : Linking Rules/Principles
연결 규칙성 : Linking Regularities
연산 체계 : Computational System
연쇄 : chain
연쇄 동일성 조건 : Chain Uniformity
   Condition
연쇄적 교차현상 : cross-serial
   dependencies
연쇄조건 : Chain Condition
연역적 : deductive
영 자질가 : empty value
영가설 : null hypothesis
영격 : null Case
영대명사 : zero pronominal
영역 : domain
영역지배 범주 : Domain Governing
   Category, DGC
영요소 : empty element
영의 속성가 : empty value
영주어 매개변인 : null subject parameter
영주어 언어 : null subject language
영주제 : null topic
Yes-No 의문문 : Yes-No question
예외적 격할당 : Exceptional Case-marking
예외적으로 격을 받는 것 : Exceptional
   Case Marking
오른쪽 지붕 제약 : Right Roof Constraint

오른쪽으로 이동하는 현상 : rightward movement
완결된 : fully specified
완결성 : integrity
완결성 조건 : Completeness Condition
완전해석 원리 : Principle of Full Interpretation
외부 구조 : External Structure
외부 화제 : external topic
외부적 통사속성 : external syntax
외심성 : excocentricity
외치(화) : Extraposition
왼편으로 향한 이동 : leftward movement
우연적 공지시 : accidental co-reference
우위성 조건 : Superiority Condition
운용자 : operator
운용자 복합구 : Operator complex
운용자-변항 : operator-variable
원리 위주의 이론 : principle-based
원리-매개 이론 : Principles and Parameters Approach, PPA
원소 : member
위계 : hierarchy
위계 구조 : hierarchical structure
유형 : type
유형 계통 : Type Hierarchy
유형 위계 : sort hierarchy
유형 제약 : type constraints
융합 : incorporation
음성 형태 : Phonetic Form
음운 변별 자질 : phonological distinctive feature

음운론적 단어 : phonological words
의문사 이동 : WH-movement
의문절 : interrogative-clause
의미 단위 : conceptual unit
의미 역할 : semantic roles
의미-개념 구조 : Conceptual-Intensional System
의미상 주어 : unexpressed subject
의미역 : thematic roles
의미역 기준 : Theta Criterion
의미역 첨가구문 : Applicative Construction
의미역이 없는 자리 : non-thematic(θ)-position
의미역이 있는 자리 : thematic(θ)-position
의미합성 : semantic composition
의사분열문 : Pseudo-cleft
의존 구문 : Dependency Constructions
e-유형 대명사 : e-type pronominals
이격-능격 : dual-ergative
이동 : movement
이동시 나타나는 모순 : Movement Paradoxes
이론-중립적 : theory-internal
이분지 : binary branching
이접적 : disjunctive
이접지시조건 : clause-mate disjoint reference condition
인지 의미론 : Cognitive Semantics
인칭 대명사 : personal-pronoun
인허 원칙 : licensing principle
인허영역 : licensing domain
일관성 원리 : Monotonicity Principle

일반 구구조 문법 : Generalized Phrase
　　Structure Grammar, GPSG
일반적 번역 원리 : generalized translation
　　principle
일치자질 : agreement
임의적 : arbitrary
임의적 PRO 통제 : arbitrary control
잉여 생산 : overgeneration
잎 : leaves
자료중심 분석 : Data-Oriented Parsing:
　　DOP
자매 : sister
자연 집단 : natural class
자유 관계절 : Free Relative Clause
자질 : features
자질 구조 : feature structure
자질 명세 : feature specification
자질 이론 : feature theory
자질 이름 : feature name
자질 전달 : feature propagation
자질 점검 자리 : checking position
자질의 통합 : feature unification
잠재적으로 장벽 : potential barrier
잠재표시 : underspecification
장거리 결속 : long-distance binding
장거리 또는 무제한적 종속성 :
　　long-distance or unbounded dependency
장거리 재귀사 : long-distance reflexive
장거리 종속 관계(=종속성) :
　　long-distance dependency
장벽이론 : Barriers
장소 : Location

재구성 : Reconstruction
재귀(대명)사 : reflexive
재분석 : reanalysis
적용제한 조건 : Bounding Condition
전/후치사 : pre-postpositional
전역적 : across-the-board
전역적 이동 : Across-the-Board
　　Movement, ATB movement
전위구문 : Dislocation Construction
전형적 : canonical
절-수반현상 : Clausal Pied-piping
접근 가능한 대주어 : accessible SUBJECT
접근가능성 : Accessibility
접사이동 : Affix Hopping
접속성분 조건 : Conjunct Condition
접속적 : conjunctive
접어 : clitics
접합점(현상) : interface
정보 구조 : Information Structure
정보 기반의 : Information-Based
정원길 문장 : garden-path sentence
정의 등식 : defining equation
정합성 조건 : Coherence Condition
정형성 조건 : Well-formedness Condition
제 1 어순 원리 : Linear Prcedence
　　Principle
제약 : constraints
제약에 기반을 둔 : constraint-based
제약에 기반을 둔 의미론 :
　　Constraint-Based Semantics
제한적 관계절 : Restrictive Relative Clause
조건 등식 : constraining equation

조동사 도치 : Aux-Inversion
조동사 축약 : auxiliary contraction
조동사-주어 도치구문 : Subject-Auxiliary Inversion Construction
조응 : corresponedence
조응사 : anaphor
조응적인 대명사 : anaphoric pronoun
조합 : assemble
조합적 : modular
종점 기호 : terminal symbol
좌분지 제약 : Left Branch Condition, LBC
주변 문법 : peripheral grammar
주어 상승 : Subject-Subject Raising
주어 제약 : Subject Condition
주어 조건 : Subject Condition
주어-목적어 상승 : Subject-Object Raising
주어-조동사 도치 : Subject-Aux Inversion
주어부각형 : Subject-prominent
주어상승 : Subject-to-Subject Raising
주어절 제약 : Sentential Subject Constraint, SSC
주절 : matrix clause
주제 : theme
주제-평언 : theme-rheme
주제부각형 : topic-prominent
주제화 구문 : Topicalization
주제화 운영자 : Topic Operator
중립범주제약 : Category Neutrality Constraint
지배 : dominate 또는 government
지배 범주 : Governing Category
지배 영역 : government domain

지배자 : governor
지시 의존 : referential dependence
지시 지표 : referential index
지시적 대명사 : deictic pronoun
지시적 의존 관계 : referential dependenc
지시적 표현 : Referential Expression, R-expression
지시적인 의미역 : referential theta role
지정어 : specifier
지정어-핵 도식 : Specifier-Head Schema
지정어-핵 일치 : Specifier-Head Agreement
지표 : index
직접목적어 제약 : Direct Object Restriction
직접적 통사기호화 원리 : The Principle of Direct Syntactic Encoding
진단적 자질 : diagnostic property
진정한 보편 문법 : Universal Grammar
착지점 : landing site
참여의 help : help of participation
처소격 : Locative
처소격도치 : Locative Inversion
최대 범주 : maximal catetgory
최대 투사 범주 : maximal projection
최소 : minimal
최소고리 조건 : Minimal Link Condition
최적(성) 이론 : Optimality Theory
최적통사론 : OT-LFG
최후의 수단 : last resort
추상격 : abstract Case
축약 : contraction

충돌 : conflict
충전어 : filler
Comp 이중 채우기 제약 : Doubly-filled Comp Filter
타동적 : transitive
탁월성 위계 : prominence hierarchy
탈락 동사 : Equi verbs
통계적 총체 : statistical ensemble
통사 범주 : Syntactic Category
통사 자질 : syntactic featur
통사부 : syntactic component
통사부와 의미부 간의 간극 : syntax-semantics mismatch
통사적 성질 : syntactic characterization
통사화 : Syntacticization
통제 구문 : Control Construction
통제 동사 : Control Verbs
통제 영역 : Control Domain
통제자의 이동 현상 : Controller Shift
통합 : unification
투사 범주 : projection
투사(=투영) 원리 : Projection Principle
특정적 : specific
판별 원리 : Obviation Principle
평면 구조 : flat structure
평언 : rheme
평언 구조 : rhematic structure
포섭 : subsumption
포화 상태 : saturation
표면 구조(=형) : surface structure 또는 S-structure
표현 구조 : Expression Structure

표현의 경제성 : Economy of Expression
풀이 규칙 : solution algorithm
PRO 정리 : PRO-Theorem
피동 어휘 규칙 : Passive Lexical Rule
필수적 PRO 통제 : obligatory control
필수적 통제 구문 : Obligatory Control, OC
하위 유형 : subtype
하위범주화 : subcategorization
하위범주화 자질 : subcategorization features
하위인접 조건 : subjacency condition
한정 동사 : finite verb
한정사 : determiner
한정성 : finiteness
함수 : function
함수 유일성 조건 : Functional Uniqueness Condition
함수 적용 표현 : functional application expression
함의 : entail
함축 : implication
해소 : bind off
핵 이동 : head movement
핵 자질 : head features
핵 자질의 원리 : Head Feature Principle, HFP
핵(=핵어) : head
핵-보어 규칙 : Head-Complement Rule
핵-수식어 규칙 : Head-Modifier Rule
핵-주어 규칙 : Head-Specifier Rule
핵-충전어 규칙 : Head-Filler Rule

핵계층 이론 : X-bar Theory
핵성분 : head daughter
핵심 문법 : Core Grammar
핵심 통사부 : core syntax
핵어 어순 매개변인 : Headedness Parameter
핵어 이동 : Head Movement
핵어 이동 제약 : Head Movement Constraint(HMC)
핵어-보충어 도식 : Head-Complement Schema
행위자 : Agent
허사 : expletive
형상 구조 : configurational structure
형상성 : Configurationality
형식적 정확성 : formal precision
형용사 : adjectival
형태접사 : morphological affix
형태통사론 : Morphosyntax
호의자/피해자 : Benefactive/Malefactive
혼합 범주 : mixed category
화제 : topic
화제 구문 : Topic Construction
확대 X′이론 : Extended X′ Theory
확대 정합성 조건 : Extended Coherence Condition
확대 투사 원리 : Extended Projection Principle
확대 핵 : Extended Head
확대 핵 이론 : Extended Head Theory
후보 : candidates
후보들 : candidates

후치 : postposing
휴지 : pause
흔적 : trace

▶ 저자 약력

- **박병수**　경희대학교 영어영문학과 졸업
　　　　　미국 University of Pittsburgh 대학원 졸업 (언어학 박사)
　　　　　현재 경희대학교 영어학부 교수
　　저서　'The semantic and pragmatic nature of honorific agreement in Korean' (1998) 외 논저 다수

- **윤혜석**　서울대학교 영어영문학과 졸업
　　　　　미국 University of Illinois 대학원 졸업 (언어학 박사)
　　　　　현재 University of Illinois 언어학과 교수
　　저서　'Ambiguity of government and the chain condition' (1996) 외 논저 다수

- **홍기선**　서울대학교 영어영문학과 졸업
　　　　　미국 Stanford University 대학원 졸업 (언어학 박사)
　　　　　현재 서울대학교 영어영문학과 교수
　　저서　'한국어 관용구와 논항구조 이론' (1998) 외 논저 다수

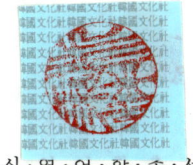

신·영·어·학·총·서 11

문법이론

(Grammatical Theories: GB, LFG & HPSG)

인쇄 ▷ 1999년 11월 20일
발행 ▷ 1999년 11월 30일
지은이 ▷ 박병수·윤혜석·홍기선
발행인 ▷ 김 진 수
발행처 ▷ **한국문화사**
등록번호 ▷ 제 2-1276호
133-112 서울시 성동구 성수1가 2동 13-156
Tel (02)464·7708   Fax (02)499·0846
e-mail ▷ munhwasa@hanmail.net
정가 ▷ 20,000원

ISBN 89-7735-685-7 93740
ISBN 89-7735-361-0 (세트)

* 잘못된 책은 바꾸어 드립니다.